Ökonomien und Gesellschaften im Wandel

Reihe herausgegeben von

Markus Hans-Peter Müller, Frankfurt am Main, Deutschland

Die Ökonomien, in denen wir leben, verändern sich stetig. Diese Veränderungen erfolgen in zeitlich unterschiedlichen Dimensionen – lang-, mittel- bis kurzfristig. Gründe sind mannigfaltige, sich gegenseitig bedingende Einflüsse, kultureller, sozialer sowie struktureller und konjunktureller Natur. Diese Veränderungen sind entscheidend, stoßen aber immer wieder auf Herausforderungen, wie Ablehnung und Unverständnis. Das Resultat ist ein inhärentes Gefahrenpotenzial für die positive Entwicklung einer Ökonomie und der in ihr und von ihr lebenden Gesellschaft. Das Ziel dieser Reihe ist es, mit dem Leser gemeinsam ein Verständnis dessen zu entwickeln, was die Veränderung von Gesellschaften und Ökonomien ausmacht, sie treibt und wie solche Veränderungsprozesse verlaufen können. Zudem wird ein Verständnis aktueller ordnungspolitischer Sachverhalte und Entscheidungen vermittelt. Ökonomie wird nicht als disjunkt zur Politik und Gesellschaft verstanden. Die Reihe betrachtet in diesem Kontext die Entwicklung verschiedener Länder, ihrer Gesellschaften und politischen Systeme und zeigt die entstehenden Spannungsfelder auf, wie u. a. soziale Ungleichheit, die ökologischen Herausforderungen von Wachstum sowie die immanente Herausforderung des Populismus und der stetigen Erneuerung. Die Inhalte werden als Monographien und Herausgeberbände veröffentlicht.

Markus Hans-Peter Müller ·
Anna Katharina Meyer

Natur als Kapital: Evolution oder Revolution?

Unternehmerische Steuerung als zentrales Transformationselement unserer Ökonomie

Springer Gabler

Markus Hans-Peter Müller
Frankfurt am Main, Hessen, Deutschland

Anna Katharina Meyer
Haan, Nordrhein-Westfalen, Deutschland

ISSN 2730-6739 ISSN 2730-6747 (electronic)
Ökonomien und Gesellschaften im Wandel
ISBN 978-3-658-49414-8 ISBN 978-3-658-49415-5 (eBook)
https://doi.org/10.1007/978-3-658-49415-5

Die Deutsche Nationalbibliothek verzeichnet diese Publikation in der Deutschen Nationalbibliografie; detaillierte bibliografische Daten sind im Internet über https://portal.dnb.de abrufbar.

Springer Gabler ist ein Imprint der eingetragenen Gesellschaft Springer Fachmedien Wiesbaden GmbH und ist ein Teil von Springer Nature.
Die Anschrift der Gesellschaft ist: Abraham-Lincoln-Str. 46, 65189 Wiesbaden, Germany

Geleitwort

Prof. Dr. Klement Tockner, Generaldirektor der Senckenberg Gesellschaft für Naturforschung, eine Forschungseinrichtung der Leibniz-Gemeinschaft

Die Natur ist unser wertvollstes Kapital – und doch behandeln wir sie, als wäre sie unbegrenzt und kostenlos verfügbar. Fruchtbare Böden, sauberes Wasser, biologische Vielfalt und natürliche Kohlenstoffspeicher bilden die elementaren Grundlagen allen wirtschaftlichen und gesellschaftlichen Handelns. Dennoch erodieren sie mit wachsender Geschwindigkeit: Das Artensterben verläuft heute hundertfach schneller als der natürliche Referenzwert, und die genetische Vielfalt – wesentliche Grundlage jeder Anpassungsfähigkeit – schrumpft noch dramatischer, fast unbemerkt. Die wirtschaftlichen, sozialen und ökologischen Folgen dieser Entwicklung sind weder vollständig verstanden noch umkehrbar.

Das Buch *Natur als Kapital: Evolution oder Revolution* von Dr. Anna Katharina Meyer und Markus H.-P. Müller ist ein Weckruf. Zugleich liefert es wegweisende Perspektiven, Denkanstöße und eine Einladung zur breiten Diskussion. Es macht deutlich: *Business as usual* ist keine Option, denn wirtschaftliche Prosperität, soziale Gerechtigkeit und ökologische Integrität sind untrennbar miteinander verwoben. Die Autorin und der Autor plädieren daher für eine evolutionäre Transformation – weg von einem extraktiven Wirtschaftsmodell hin zu einer naturpositiven, regenerativen Ökonomie.

Wirksame Hebel stehen bereit: Kreislaufwirtschaft, nachhaltige Landwirtschaft, naturnahe Stadtentwicklung und ressourcenschonende Lieferketten. Doch diese Instrumente entfalten ihr Potenzial nur dann, wenn sie durch verbindliche Rahmenbedingungen, innovative Geschäftsmodelle und tragfähige Finanzierungssysteme sowie durch eine breite gesellschaftliche Allianz und Akzeptanz gestützt werden.

Und es braucht neue Ansätze, um Wachstum und Fortschritt zu messen – nicht allein über das Bruttoinlandsprodukt, sondern über die Qualität unserer Beziehung zur Natur.

Dieses inspirierende Buch verbindet wissenschaftliche Erkenntnisse, strategische Perspektiven und konkrete Transformationspfade auf kluge und mutige Weise. Es ist ein Aufruf zu ökonomischer Weitsicht, politischer Verantwortung und gesellschaftlicher

Gestaltungskraft. Denn naturpositives Wirtschaften ist eine Investition in das gerechte und nachhaltige Wohlergehen heutiger und künftiger Generationen.

Geleitwort

Prof. Dr. Dirk Messner, Präsident des Umweltbundesamtes

Die Frage, welchen ökonomischen, aber auch kulturellen Wert wir der Natur beimessen – in unseren politischen Entscheidungen, wirtschaftlichen Geschäftsmodellen und gesellschaftlichen Leitbildern – gehört zu den zentralen Herausforderungen dieses Jahrhunderts. Die Klimakrise, der Verlust biologischer Vielfalt und die Übernutzung unserer Ressourcen zeigen in aller Deutlichkeit: Unsere derzeitigen Wirtschafts- und Lebensmodelle sind nicht zukunftsfähig, wenn wir weiterhin so tun, als stünden die Ökosysteme dieser Erde grenzenlos zur Verfügung.

Gleichzeitig wächst das Bewusstsein dafür, dass es ohne intakte Umwelt keine wirtschaftliche Stabilität, keine Wohlstandssicherung und -entwicklung, keine soziale Gerechtigkeit und keine kooperative internationale Ordnung geben kann. Nachhaltigkeit, Klimaschutz und der Erhalt unserer natürlichen Lebensgrundlagen sind längst keine abstrakten Zukunftsaufgaben mehr – sie sind zur Voraussetzung für unsere Demokratie, Freiheit und Sicherheit geworden.

Das Buch *Natur als Kapital* von Dr. Anna Katharina Meyer und Markus H.-P. Müller setzt genau an diesem Punkt an – und liefert einen ebenso fundierten, wie praxisnahen Beitrag zu einer der entscheidenden Debatten unserer Zeit: Wie gelingt es uns, den Wert der Natur sichtbar, messbar und wirksam in unsere ökonomischen und politischen Strukturen und Entscheidungsfindungsprozesse zu integrieren, ohne dabei den Fehler zu begehen, Natur lediglich auf monetäre Kennzahlen zu reduzieren? Und wie können wir dabei sicherstellen, dass globale Gerechtigkeit, ökologischer Respekt und wirtschaftliche Innovationskraft zusammengedacht werden?

Was dieses Buch auszeichnet, ist die Verknüpfung von wissenschaftlicher Analyse, ökonomischem Sachverstand und politischer Gestaltungslogik. Beide Autor:innen bringen dabei wertvolle Perspektiven ein: Anna Katharina Meyer, mit der mich seit unserer gemeinsamen Zeit am Deutschen Institut für Entwicklungspolitik (DIE) das Interesse an globalen Zusammenhängen, Nord-Süd-Beziehungen und transformativen Lösungsansätzen verbindet. Und Markus H.-P. Müller, der mit seiner Erfahrung im internationalen

Finanzsystem entscheidende Impulse dazu liefert, wie Kapitalmärkte, Investitionen und nachhaltige Entwicklung sinnvoll zusammenspielen können.

Die Kernbotschaft dieses Buches ist klar: Natur ist kein beliebiges Gut – sie ist unsere Lebensgrundlage, unser gemeinsames Kapital, ohne das kein gesellschaftliches oder wirtschaftliches System dauerhaft funktionieren kann. Und doch behandeln wir natürliche Ressourcen und Ökosystemleistungen noch viel zu oft, als seien sie grenzenlos verfügbar und ohne Kosten. Dieses Missverständnis hat uns an den Rand planetarer Belastungsgrenzen gebracht – mit spürbaren Folgen für Wohlstand, Sicherheit und Gerechtigkeit, insbesondere im globalen Süden.

Als Präsident des Umweltbundesamtes sehe ich täglich, wie dringend wir neue Konzepte, Instrumente und Allianzen brauchen, um den notwendigen Wandel voranzutreiben. *Natur als Kapital* liefert hier wertvolle Denkanstöße. Besonders wichtig erscheint mir dabei der integrative Ansatz: Ökologische Grenzen, soziale Verantwortung und wirtschaftliche Entwicklung dürfen nicht gegeneinander ausgespielt werden – sie müssen in Einklang gebracht werden. Das gelingt nur, wenn wir auch den Finanz- und Unternehmenssektor konsequent in die Transformation einbinden.

Unsere Zeit verlangt Mut zur Veränderung, klare politische Rahmenbedingungen, Staatsmodernisierung, Veränderungsbereitschaft und den Aufbau einer neuen Verantwortungskultur – lokal, national und global. Die ökologische Transformation wird nur gelingen, wenn wir sie als gesamtgesellschaftliche Aufgabe verstehen, die auf sozialem Ausgleich, globaler Gerechtigkeit und ökonomischer Innovationskraft basiert. Dazu geben Anna Katharina Meyer und Markus H.-P. Müller wichtige Anstöße.

Natur als Kapital lädt uns ein, wirtschaftliches Denken neu zu justieren, ökologische Grenzen konsequent mitzudenken und den Wert der Natur nicht nur zu erkennen, sondern aktiv zu schützen. Es bietet Orientierung in einer Zeit, in der wir ökologische, soziale und ökonomische Fragen nicht länger isoliert betrachten können. Und es zeigt, dass nachhaltiges Handeln nicht Verzicht bedeutet, sondern Zukunft sichert.

Ich wünsche diesem Buch eine breite Leserschaft und hoffe, dass es Entscheiderinnen und Entscheider, Unternehmen und engagierte Bürger gleichermaßen inspiriert, den Weg hin zu einer gerechten, nachhaltigen und lebenswerten Zukunft mutig mitzugestalten.

Vorwort

Die Idee zu diesem Buch nahm Gestalt an, als ich, in Mesoamerika die Überreste der alten Maya-Städte besuchte. Seit Jahren hatte ich von dieser beeindruckenden Hochkultur gelesen, die über Jahrhunderte hinweg komplexe Gesellschaftsstrukturen, Architektur, Schrift, Kalender und Landwirtschaft hervorbrachte. Doch beim Gang durch die verlassenen Tempelanlagen, zwischen steinernen Pyramiden und von Wurzeln durchzogenen Plazas, stellte sich nicht nur Bewunderung ein, sondern auch Beklommenheit. Ich erinnerte mich an die möglichen Theorien über den Untergang dieser einst blühenden Zivilisation. Übernutzung von Ressourcen, Entwaldung, Bodenerosion, soziale Ungleichheit, politische Instabilität und nicht zuletzt die Vergiftung durch Zinnober, ein rotes Pigment auf Quecksilberbasis, das in Tempeln, Kunstwerken und Zeremonien Verwendung fand.

Was mich tief berührte, war nicht nur der archäologische Befund, sondern das Echo in unserer Gegenwart. Vieles erschien mir erschreckend vertraut. Die systematische Überlastung natürlicher Lebensgrundlagen, die technologische Hybris, das Ignorieren ökologischer Rückkopplungen, das Vertrauen in kurzfristige Lösungen, all das verbindet uns mit den Maya, obgleich uns Jahrhunderte trennen. Diese Erfahrung war der Auslöser für ein Nachdenken über das Verhältnis von Natur und Wirtschaft, über Kapital und Lebensgrundlagen, über gesellschaftliche Entwicklung und ökologische Grenzen.

Unternehmen spielen in diesem Gefüge eine zentrale Rolle. Als Lösungsanbieter treten sie in Erscheinung, wenn es darum geht, Knappheitssituationen zu bewältigen, Bedürfnisse zu befriedigen und technische Innovationen hervorzubringen. Sie produzieren Güter, die Konsumierenden nicht selbst herstellen können, und entwickeln Technologien, die Antworten auf Produktivitäts- und Effizienzfragen liefern. In dieser Funktion geraten Unternehmen zwangsläufig in das Spannungsfeld zwischen wachsendem Ressourcenverbrauch und der physischen Begrenztheit unseres Planeten, einer Realität, der wir uns nicht länger entziehen können. Wer, wenn nicht Unternehmen, kann die dringend benötigten Lösungen zur Bewältigung ökologischer Krisen liefern?

Damit dies gelingen kann, braucht es Märkte, auf denen die Allokation von Ressourcen nicht blind, sondern informiert erfolgt. Solche Märkte müssen soziale, ökonomische aber auch ökologische Wahrheiten transportieren, etwa in Form internalisierter Umweltkosten und transparenter Informationen. Nur so können unternehmerische Entscheidungen getroffen werden, die nicht nur kurzfristig ökonomisch, sondern auch langfristig ökologisch tragfähig sind. In dieser Perspektive ist die Wirtschaft kein losgelöstes technisches System, sondern ein komplexes Netzwerk sozialer Beziehungen, institutioneller Kontexte und ökologischer Abhängigkeiten.

Die Wirtschaftswissenschaften, oft auch als Sozialwissenschaften verstanden, beschäftigen sich mit der Herstellung, der Verteilung sowie dem Konsum von Gütern und Dienstleistungen, einem Prozess, der zutiefst auf menschlicher Interaktion beruht. Volkswirtschaftliche Zusammenhänge sind Ausdruck sozialer Strukturen, kultureller Praktiken und institutioneller Regeln. Um wirtschaftliche Systeme zu verstehen, müssen wir ihre soziale Einbettung erkennen. Sie entstehen aus menschlichem Handeln und existieren innerhalb gesellschaftlicher, politischer und ökologischer Rahmenbedingungen.

Diese soziale Dimension der Wirtschaft reicht weit zurück. Seit jeher haben Menschen Austauschbeziehungen gepflegt, zunächst im direkten Tausch, später durch die Entwicklung von Geld als universellem Vermittler. Geld fungiert seither als Medium, das wirtschaftliche Beziehungen über Zeit, Raum und Kulturen hinweg ermöglicht. Doch wirtschaftliche Interaktion beschränkt sich nicht auf den Austausch von Waren. Sie ist eingebettet in Normen, Werte und Erwartungen. Vertrauen, Kooperation und institutionelle Stabilität sind Grundpfeiler funktionierender Wirtschaftssysteme. Institutionen, wie Rechtsordnungen, Eigentumsrechte oder Handelsverträge, spiegeln die Wertvorstellungen einer Gesellschaft wider und prägen ihre ökonomische Realität. Gleichzeitig ist die Wirtschaft in fundamentaler Weise mit der natürlichen Umwelt verwoben. Der Mensch ist Teil der Natur und in hohem Maße von ihr abhängig, sei es durch saubere Luft, fruchtbare Böden, stabile Klimabedingungen oder biologische Vielfalt. Diese natürlichen Systeme bilden die Grundlage unseres Wirtschaftslebens, auch wenn sie im ökonomischen Denken lange Zeit als externer, quasi unerschöpflicher Hintergrund behandelt wurden. Die Landwirtschaft ist ohne gesunde Ökosysteme undenkbar, ebenso wie die Energieerzeugung oder industrielle Produktion.

In dieser Abhängigkeit von der Natur zeigt sich ein fundamentaler Widerspruch. Während Unternehmen selbstverständlich ihre Maschinen pflegen und warten, wissend, dass sie andernfalls ausfallen und die Produktion gefährden, behandeln wir natürliche Systeme oft wie ein kostenloses Lager oder eine Müllhalde. Die Maschinen einer Fabrik werden gewartet, geölt und ersetzt. Aber funktionierende Ökosysteme, deren Leistung in Form sogenannter Ökosystemdienstleistungen unser Leben überhaupt erst möglich macht, werden systematisch übernutzt und geschädigt. Würden wir auch die Natur mit unternehmerischer Rationalität betrachten, so würden wir erkennen, dass Investitionen in ihren Erhalt, etwa durch Renaturierung, Emissionsvermeidung oder Biodiversitätsschutz, keine moralische Geste, sondern ökonomische Notwendigkeit sind.

Vor diesem Hintergrund sind Unternehmen mehr denn je gefordert, ihre Rolle im Gefüge sozialer, ökonomischer und ökologischer Zusammenhänge neu zu definieren.

Sie verfügen über Ressourcen, Innovationskraft und Skalierungsmöglichkeiten, um zu zentralen Hebeln eines systemischen Wandels zu werden. Neue Geschäftsmodelle, die auf Kreislaufwirtschaft, regenerativer Produktion oder naturbasierten Lösungen basieren, zeigen Wege in eine zukunftsfähige Richtung. Voraussetzung dafür ist jedoch ein Marktumfeld, das ökologische Realität nicht ignoriert, sondern sichtbar macht, in Preisen, Regeln und Entscheidungsgrundlagen. Ein erweitertes ökonomisches Denken ist nötig, eines, das Unternehmen nicht nur als Profitzentren, sondern als verantwortliche Akteure innerhalb gesellschaftlicher und ökologischer Systeme versteht. Unternehmen agieren nicht im luftleeren Raum, sondern innerhalb institutioneller Rahmen und biophysikalischer Grenzen. Märkte allein reichen nicht aus, es braucht die richtigen Informationen, die richtigen Anreize und ein Verständnis für die planetaren Belastungsgrenzen, die unser Wirtschaften umgeben.

Diese Erkenntnis führt zu einer ethischen wie praktischen Neubewertung unseres Verhältnisses zur Natur. Die Wahrung ökologischer Funktionsfähigkeit ist längst keine moralische Randbedingung mehr, sondern ein strategisches Erfordernis ökonomischer Resilienz im 21. Jahrhundert. Der angesehene Naturforscher Alexander von Humboldt hat dies bereits im 19. Jahrhundert treffend formuliert. Sinngemäß beschreibt sein Werk *Ansichten der Natur*, dass alle Lebewesen miteinander verbunden sind und erst durch die Beziehungen, die wir zu unseren Mitmenschen aufbauen, wir beginnen uns selbst wirklich zu verstehen (Humboldt 1808/1849). Diese Verbundenheit gilt auch für die Beziehung zwischen Wirtschaft und Natur, und sie ist keine optionale Einsicht, sondern eine existentielle Notwendigkeit.

Indem wir die Natur als Kapital begreifen, erweitern wir unser Verständnis von Wert. Ökosysteme erscheinen nicht länger als bloße Ressourcenlager, sondern als Träger lebensnotwendiger Funktionen, die unser Gedeihen sichern. Diese Sichtweise stellt auch den berühmten Ausspruch von Adam Smith in einen neuen Kontext: „Die jährliche Arbeit jedes Arbeiters ist die Quelle des Wertes" (Smith 1776). Doch diese Arbeit, und damit jede Form wirtschaftlicher Aktivität, kann nur innerhalb eines lebendigen, stabilen Ökosystems gedeihen. Wirtschaft ist nicht unabhängig von der Natur, sondern tief mit ihr verflochten.

Vor diesem Hintergrund ist es jedoch wichtig zu differenzieren, zwischen dem analytischen Fachbegriff Naturkapital und dem interpretativen Rahmen Natur als Kapital. Während Naturkapital vorrangig im Kontext der ökologischen Ökonomie Verwendung findet und auf eine systematische Erfassung und Bewertung ökologischer Leistungen abzielt, eröffnet der Begriff Natur als Kapital einen normativ-kritischen Diskursraum. Dieser Diskursraum lädt dazu ein, die ökonomische Sichtweise auf Natur zu reflektieren und ihre Implikationen für gesellschaftliche Entscheidungen und Wertvorstellungen zu hinterfragen. Das vorliegende Buch möchte dazu anregen, über diese Zusammenhänge nachzudenken. Es geht nicht nur um eine neue Theorie, sondern um ein neues Leitprinzip. Eine Wirtschaft, die ökologische Wirklichkeit ernst nimmt, ist nicht nur möglich, sie ist notwendig. Nur wenn wir wirtschaftliche Entwicklung mit der ökologischen Integrität unseres Planeten in Einklang bringen, können wir ein nachhaltiges Erbe für kommende Generationen schaffen.

Frankfurt
den 19. April 2025

Markus Hans-Peter Müller

Interessenkonflikte Die Autor*innen haben keine für den Inhalt dieses Manuskripts relevanten Interessenkonflikte.

Einleitung

Die Gesundheit der Natur ist nicht nur Grundlage allen Lebens, sondern zunehmend auch ein entscheidender Faktor für wirtschaftliche Stabilität und unternehmerischen Erfolg. Angesichts wachsender ökologischer Risiken, vom Klimawandel über den Verlust biologischer Vielfalt bis hin zu Ressourcenknappheit, stellt sich drängender denn je die Frage, wie sich unser wirtschaftliches Handeln mit den planetaren Grenzen in Einklang bringen lässt. Dieses Buch folgt der Überzeugung, dass dies nur gelingt, wenn wir die Natur nicht länger als bloßen Rohstofflieferanten betrachten, sondern als Kapital im umfassenden Sinne verstehen, als tragende Säule unseres gesellschaftlichen Wohlstands, unserer wirtschaftlichen Prozesse und unserer langfristigen Zukunftsfähigkeit. Nachhaltigkeit ist dabei kein neutraler oder technischer Begriff, sondern ein normatives Konzep, das von gesellschaftlichen Wertvorstellungen geprägt ist und widerspiegelt, was als wünschens- oder erstrebenswert gilt.[1] Je nachdem, ob der Fokus auf ökologischer Tragfähigkeit, sozialer Gerechtigkeit oder wirtschaftlicher Effizienz liegt, verändern sich die Deutungen und Zielsetzungen erheblich.

Die Arbeit an diesem Buch begann in einer Zeit, in der genau diese Deutungsmuster zunehmend in Konflikt geraten. Zwischen wachsender Regulierungsdichte, schwindendem Vertrauen in *ESG-Kriterien*[2]und dem Erstarken ökologischer Gegenbewegungen zeigt sich, wie umkämpft die Frage geworden ist, welche Rolle die Natur in Wirtschaft und Gesellschaft spielen soll. Die Autoren dieses Buches nehmen diese Kritik ernst. Sie erkennen die Spannungen und Widersprüche in der Nachhaltigkeitsdebatte an, und argumentieren zugleich, dass es weniger auf die perfekte Regulierung ankommt

---

[1] Der Begriff der Nachhaltigkeit hat sich von einer forstwirtschaftlichen Praxisanweisung im 18. Jahrhundert (Hans Carl von Carlowitz 1713) zu einem normativen Leitbegriff für globale Entwicklung gewandelt. Zentrale Referenz ist der Brundtland-Bericht der UN von 1987, der Nachhaltigkeit als Balance zwischen heutigen Bedürfnissen und künftiger Generationen definiert (WCED 1987).

[2] Die ESG-Kritik richtet sich u. a. gegen Intransparenz, Greenwashing und die fehlende Verbindung zwischen Nachhaltigkeitskennzahlen und tatsächlicher ökologischer Wirkung (vgl. Berg et al. 2022; Financial Times 2023 sowie Long et al. 2024).

als auf die tiefgreifende Transformation der sozioökonomischen Realität. Regulierungen können wichtige Impulse setzen, etwa indem sie Leitplanken für unternehmerisches Handeln schaffen oder Mindeststandards durchsetzen. Doch der entscheidende Wandel muss im Zentrum des ökonomischen Denkens und Handelns selbst verankert sein, in einer Neuverortung der Natur, nicht als externer Faktor, sondern als integraler Bestandteil wirtschaftlicher Rationalität. Nachhaltigkeit ist damit nicht nur eine Frage der Steuerungsinstrumente, sondern Ausdruck eines gesellschaftlichen Aushandlungsprozesses darüber, wie wir leben wollen, und welche Bedeutung wir der Natur beimessen. Dieses Buch plädiert dafür, diese Frage nicht technokratisch zu behandeln, sondern sie als Ausgangspunkt für eine umfassende Neuausrichtung wirtschaftlicher Grundannahmen zu begreifen.

Dieses Buch verfolgt nicht das Ziel, Natur einfach zu monetarisieren oder sie auf einen ökonomischen Wert zu reduzieren. Vielmehr geht es darum, Natur als die fundamentale Grundlage allen sozialen Lebens und damit auch allen ökonomischen Handelns zu begreifen. Ohne die vielfältigen Dienstleistungen[3], die die Natur unentgeltlich bereitstellt, von der Regeneration von Böden, der Reinigung von Wasser und Luft, bis hin zur Regulation des Klimas, wäre die Entstehung und Aufrechterhaltung komplexer Gesellschaften, Kulturen und letztlich auch von Ökonomien unmöglich. In diesem Sinne plädieren wir dafür, den natürlichen Grundlagen einen sichtbaren und systematisch verankerten Platz innerhalb der von Menschen geschaffenen ökonomischen Ordnungen einzuräumen. Es geht darum, das, was bisher meist als selbstverständlich und unbegrenzt verfügbar galt, als zentrale Voraussetzung für Wohlstand und gesellschaftliche Stabilität anzuerkennen, und entsprechend zu schützen und zu erhalten. Dies wirft notwendigerweise auch Fragen nach Verfügungs- und Nutzungsrechten auf.[4] Wie können Anreizsysteme also so gestaltet werden, dass die Nutzung natürlicher Ressourcen fair und innerhalb der planetaren Belastungsgrenzen erfolgt und die Ökosysteme in ihrer Funktionsfähigkeit erhalten bleiben? Diese Frage ist zentral, wenn Natur als Kapital nicht nur ökonomisch sichtbar, sondern auch gerecht und nachhaltig in gesellschaftliche Entscheidungsprozesse integriert werden soll.

Unser Ansatz versteht Natur als ein Gemeingut im weitesten Sinne, nicht als Ware, die beliebig gehandelt wird, sondern als essenzielle Grundlage, die in ihrer Vielfalt und Widerstandsfähigkeit erhalten und regeneriert werden muss, um gegenwärtigen und zukünftigen Generationen die Entfaltung eines guten Lebens zu ermöglichen.

Die Idee, Natur als Kapital zu verstehen, ist dabei kein Aufruf zur simplen Monetarisierung, sondern der Versuch, die systemische Bedeutung ökologischer Grundlagen sichtbar und anschlussfähig zu machen, im wirtschaftlichen, politischen und gesellschaftlichen Diskurs. Schon Aristoteles, Adam Smith, Thoreau oder Humboldt betonten die

---

[3] Diese sogenannten Ökosystemdienstleistungen wurden im Millennium Ecosystem Assessment (2005) systematisch kategorisiert, in unterstützende, regulierende, bereitstellende und kulturelle Leistungen.

[4] Diese Frage wird häufig unter dem Begriff ‚Environmental Justice' oder auch ‚Access and Benefit Sharing' (ABS) diskutiert, wie im Rahmen der UN-Konvention über die biologische Vielfalt (CBD).

enge Verflechtung zwischen Mensch und Natur.[5] Doch mit der *Great Acceleration* seit der Mitte des 20. Jahrhunderts hat sich dieses Verhältnis dramatisch verändert, mit teils irreversiblen Folgen für die Stabilität des Erdsystems. Natürliche Leistungen wie saubere Luft, fruchtbare Böden oder ein stabiles Klima werden nach wie vor wie selbstverständlich genutzt, ohne systematisch in unternehmerische oder volkswirtschaftliche Entscheidungen einzufließen.

Die Argumentation des Buches entfaltet sich entlang eines interdisziplinären Aufbaus, der historische, naturwissenschaftliche, ökonomische und gesellschaftlich-ethische Perspektiven miteinander verknüpft. Im **1. Kapitel** wird die zunehmende Entkopplung von Natur und Ökonomie aus ideengeschichtlicher und wirtschaftlicher Perspektive analysiert. Im Mittelpunkt stehen die Entstehung und globale Durchsetzung des Bruttoinlandsprodukts als dominierende Wohlstandskennzahl, die Organisation weltweiter Ressourcenströme auf Grundlage kolonialer Ungleichgewichte sowie die Externalisierung ökologischer Kosten im Rahmen wachstumsbasierter Wertschöpfung. Diese historische Analyse macht deutlich, dass unser gegenwärtiger Umgang mit Natur nicht zufällig ist, sondern Ausdruck tief verankerter Machtverhältnisse, normativer Annahmen und institutioneller Routinen.

Das **2. Kapitel** vertieft diese Analyse durch eine naturwissenschaftliche und philosophische Verortung. Es führt zentrale Konzepte wie das Anthropozän, die *Great Acceleration* und das Modell der planetaren Grenzen ein. Diese Begriffe machen deutlich, dass menschliches Handeln inzwischen in geophysikalische Prozesse eingreift und damit die Stabilität des Erdsystems beeinflusst. Darüber hinaus werden die vielfältigen Leistungen von Ökosystemen herausgearbeitet, die als tragende Grundlage für gesellschaftlichen Wohlstand, wirtschaftliche Resilienz und Lebensqualität gelten müssen.

Im **3. Kapitel** wird die Perspektive auf die betriebliche Praxis gelenkt. Es zeigt, wie Unternehmen naturbezogene Informationen in ihre Steuerungslogik integrieren können. Vorgestellt werden unter anderem das *System of Environmental Economic Accounting*, das *Natural Capital Accounting*, die Nachhaltigkeitsnullinie sowie das Konzept des *Absolute Environmental Sustainability Assessment*. Diese Instrumente ermöglichen es, ökologische Grenzen in die unternehmerische Planung einzubinden und naturbasierte Risiken und Chancen systematisch zu bewerten.

Das **4. Kapitel** analysiert die Rolle von Märkten als potenzielle Steuerungsmechanismen. Dabei werden sogenannte Naturmärkte wie Biodiversitäts- oder CO_2-Märkte auf ihre Funktionsweise und Wirkung hin untersucht. Es wird deutlich, dass solche Mechanismen nur dann einen Beitrag zur ökologischen Transformation leisten können, wenn sie durch wirksame Regulierung, transparente Informationsflüsse und gesellschaftliche Rückbindung gestützt werden. Ohne diese Voraussetzungen drohen Märkte selbst Teil des Problems zu werden.

---

[5] Diese Denker betonten in unterschiedlichen Epochen die Interdependenz von Mensch und Natur – etwa Smith in seiner Theorie der Arbeitsteilung (1776), Humboldt in seiner Naturbeschreibung (1808/1849) oder Thoreau mit seinem Rückzug in die Natur in Walden (1854).

Darauf aufbauend richtet sich der Blick im **5. Kapitel** erneut auf das Unternehmen, diesmal mit Fokus auf interne Entscheidungsprozesse. Diskutiert wird, wie Naturkapital jenseits symbolischer Berichterstattung wirksam in die strategische Steuerung eingebunden werden kann. Eine zentrale Rolle spielt dabei das Konzept der doppelten Wesentlichkeit. Zusätzlich werden transformativ ausgerichtete Managementkonzepte vorgestellt, unter anderem der Transformationsmanagementkompass als praxisorientiertes Steuerungsinstrument.

Das **6. Kapitel** erweitert die Perspektive auf die institutionellen Rahmenbedingungen. Im Zentrum steht die Idee eines aktiven Kapitals, das nicht mehr als externer Umweltfaktor betrachtet wird, sondern als integraler Bestandteil ökonomischer Rationalität. Unternehmen, Märkte und Institutionen sind herausgefordert, neue Governance-Logiken zu entwickeln, die ökologische Funktionsfähigkeit mit wirtschaftlicher Zielerreichung verbinden. Der vorgeschlagene duale Steuerungsansatz zielt auf eine Balance zwischen Effizienz und Erhalt.

Mit dem **7. Kapitel** wird der ökonomische Rahmen überschritten und die Diskussion für kulturelle, gesellschaftliche und kritische Perspektiven geöffnet. Thematisiert werden globale Machtverhältnisse, indigene Naturverständnisse, spirituelle und ästhetische Dimensionen ebenso wie psychologische und narrative Barrieren für nachhaltigen Wandel. Besondere Aufmerksamkeit gilt der Kritik an ESG-Logiken, zivilgesellschaftlichen Impulsen und der Degrowth-Bewegung. Auch die Systemkritik von Kohei Saito wird aufgegriffen, der einen radikalen Bruch mit kapitalistischen Strukturen fordert.

Wir, die Autoren des vorliegenden Buches, schlagen eine evolutionäre Transformation vor. Statt eines vollständigen Systemwechsels plädieren wir für die Integration ökologischer Grenzen in bestehende marktwirtschaftliche Institutionen. Dies soll durch reformierte Steuerungsinstrumente, naturbasierte Bilanzierungslogiken und eine Neubewertung von Natur als Kapital erfolgen. Das Buch versteht sich damit als Beitrag zu einer grundlegenden Weiterentwicklung innerhalb des bestehenden Systems.

Im abschließenden **8. Kapitel** werden die zentralen Erkenntnisse zusammengeführt und Perspektiven für eine tiefgreifende Umgestaltung ökonomischer Grundannahmen entwickelt. Im Mittelpunkt stehen neue Formen kollektiver Governance, alternative Anreizsysteme und die dauerhafte institutionelle Verankerung ökologischer Tragfähigkeit. Die Vorstellung, Natur als Kapital zu begreifen, eröffnet dabei nicht nur einen neuen ökonomischen Denkraum, sondern auch eine ethische Einladung zu mehr Verantwortung, Achtsamkeit und struktureller Innovation im Umgang mit der natürlichen Welt.

Dieses Buch ist eine Einladung zur Diskussion. Es richtet sich an alle Interessierten, die Wirtschaft nicht länger als Gegenwelt zur Natur verstehen, sondern als Teil eines lebendigen, verletzlichen und zutiefst wertvollen Ganzen. Es will Mut machen, neue Denkwege zu beschreiten, und zeigt zugleich, dass eine andere Ökonomie nicht nur möglich, sondern notwendig ist.

Zur Wahrung der Lesefreundlichkeit verwenden wir überwiegend geschlechtsneutrale Formulierungen. In Fällen, in denen dies den Lesefluss beeinträchtigen könnte, erfolgt eine direkte Ansprache der Lesenden. Dabei ist es uns ein besonderes Anliegen, sämtliche Geschlechter gleichermaßen anzusprechen und einzubeziehen. Im vorliegenden Text werden an einigen Stellen englische Fachbegriffe verwendet. Dies geschieht bewusst, da viele dieser Begriffe in der wissenschaftlichen Literatur, insbesondere im Bereich der ökologischen Ökonomie, der Nachhaltigkeitsberichterstattung und der internationalen Governance, in ihrer englischen Form etabliert sind. Um die Anschlussfähigkeit an die internationale Debatte zu wahren und Missverständnisse durch ungenaue Übersetzungen zu vermeiden, werden diese Begriffe in der Regel beim ersten Auftreten übersetzt und anschließend in ihrer Originalform weiterverwendet.

Ein besonderer Dank gilt den Co-Autoren früherer Publikationen von Anna, auf denen Teile dieses Buches aufbauen: Prof. Dr. Barbara E. Weißenberger, Santa Meyer-Nandi, Dr. J. Daniel Dahm, Hannes Matt, Dr. Andrew Isaak und Dr. Vincent Göttel. Die wertvolle Betreuung von Frau Prof. Weißenberger von Annas Dissertation, die zentrale Impulse für dieses Werk lieferte, möchten wir außerdem hervorheben. Unser besonderer Dank gilt Ben Lyttek und Lea Reitmeier für ihre sorgfältige und aufmerksame Unterstützung, die zum Gelingen dieses Werkes beigetragen hat.

Der Manchot Graduiertenschule an der Heinrich-Heine-Universität Düsseldorf sowie dem Wittenberg-Zentrum für Globale Ethik danken wir für die Bereitstellung von Infrastruktur, intellektuellem Raum und kollegialem Austausch. Auch ohne sie wäre diese Publikation nicht möglich gewesen.

Dr. Anna Katharina Meyer
Markus Hans-Peter Müller

Literatur

Aristoteles. (1995). Politik (H. Flashar, Hrsg.). Stuttgart: Reclam. (Originalarbeit ca. 4. Jh. v. Chr.).

Humboldt, A. v. (1808/1849). Ansichten der Natur, mit wissenschaftlichen Erläuterungen (3., erweiterte Auflage). Stuttgart und Tübingen: J. G. Cotta'scher Verlag. https://archive.org/details/ansichtendernatu121humb/page/n13/mode/2up (Zugegriffen am 19. April 2025).

Humboldt, A. v. (1849). Ansichten der Natur: Mit wissenschaftlichen Erläuterungen (3., erweiterte Auflage). J. G. Cotta'scher Verlag. (Original erschienen 1808). https://archive.org/details/ansichtendernatu121humb/page/n13/mode/2up (Zugegriffen am 19. April 2025).

Saito, K. (2023). Systemsturz: Der Sieg der Natur über den Kapitalismus. Berlin: Aufbau Verlag.

Smith, A. (1776). An Inquiry into the Nature and Causes of the Wealth of Nations. London: W. Strahan and T. Cadell. https://archive.org/details/in.ernet.dli.2015.207956/page/n686/mode/1up?q=sole (Zugegriffen am 26. April 2025).

Smith, A. (1776). An Inquiry into the Nature and Causes of the Wealth of Nations. W. Strahan and T. Cadell. https://archive.org/details/in.ernet.dli.2015.207956/page/n686/mode/1up?q=sole (Zugegriffen am 26. April 2025).

Thoreau, H. D. (1854). Walden, or Life in the Woods. Boston: Ticknor and Fields. https://www.gutenberg.org/cache/epub/205/pg205-images.html (Zugegriffen am 19. April 2025).

Inhaltsverzeichnis

Abkürzungsverzeichnis

AESA	Absolute Environmental Sustainability Assessment
BIP	Bruttoinlandsprodukt
BNE	Bildung für nachhaltige Entwicklung
CBD	Convention on Biological Diversity
CSRD	Corporate Sustainability Reporting Directive
ESG	Environmental, Social and Governance
GDP	Gross Domestic Product
GPI	Genuine Progress Indicator
HDI	Human Development Index
IPBES	Intergovernmental Science-Policy Platform on Biodiversity and Ecosystem Services
IPCC	Intergovernmental Panel on Climate Change
ITMOs	Internationally Transferred Mitigation Outcomes
KPI	Key Performance Indicator
NCAVES	Natural Capital Accounting and Valuation of Ecosystem Services
NCP	Natural Capital Protocol
NGFS	Network for Greening the Financial System
PES	Payment for Ecosystem Services
SDG	Sustainable Development Goals
SEEA	System of Environmental Economic Accounting
TCA	True Cost Accounting
TCFD	Taskforce on Climate-related Financial Disclosures
TNFD	Taskforce on Nature-related Financial Disclosures
UNEP	United Nations Environment Programme
VGR	Volkswirtschaftliche Gesamtrechnung

1 Zur Historie: Wie konnte es so weit kommen? Treiber der nicht nachhaltigen Veränderungen

Zu Beginn des Buches werden die ideengeschichtlichen, ökonomischen und strukturellen Ursachen der zunehmenden Entkopplung zwischen Natur und Wirtschaft analysiert. Ziel ist es, den historischen und theoretischen Grundstein für das Verständnis jener Prozesse zu legen, die unser heutiges Verhältnis zur natürlichen Umwelt prägen. Damit bildet das erste Kapitel die Grundlagen für das gesamte Buch. Es soll einordnen und eine Skizze sein. Eine Skizze dessen, wie es so weit kommen konnte, dass die Menschheit die Natur scheinbar vergessen hat. Dabei gilt zu Beginn zu berücksichtigen, dass im 1. Kapitel bereits viele grundlegende Aspekte angesprochen werden, die dann in den folgenden Kap. 2 und 3 wieder aufgenommen und weiter ausgearbeitet werden.

Den Auftakt in Kap. 1 bildet eine übergreifende Betrachtung geologischer, ökologischer und sozioökonomischer Dynamiken, die im 20. Jahrhundert in eine Phase beispielloser Beschleunigung menschlicher Eingriffe in das Erdsystem mündeten. Die geologisch-naturwissenschaftliche Rahmung erfolgt entlang zentraler Konzepte wie dem *Anthropozän,* der *Great Acceleration* sowie der *Ökosystemleistungen.* Diese zeigen auf, wie tiefgreifend menschliche Aktivitäten natürliche Prozesse beeinflussen und welche Folgen sich daraus für die ökologische Stabilität ergeben.

In einem zweiten Schritt rückt die ökonomische Dimension dieser Entwicklung in den Fokus. Die historisch gewachsene Dominanz eines auf quantitatives Wachstum ausgerichteten Wirtschaftsmodells hat zu massivem Ressourcenverbrauch und einem exponentiellen Anstieg von Emissionen geführt. Gleichzeitig blieben zentrale ökologische Grundlagen in der volkswirtschaftlichen Gesamtrechnung, so u. a. im *Bruttoinlandsprodukt (BIP),* weitgehend unsichtbar.

M. H. Müller und A. K. Meyer, *Natur als Kapital: Evolution oder Revolution?*, Ökonomien und Gesellschaften im Wandel,
https://doi.org/10.1007/978-3-658-49415-5_1

Abschließend wird die systemische Bedeutung funktionierender *Ökosysteme* für wirtschaftliches Handeln herausgearbeitet. Es wird daran deutlich, dass intakte natürliche Lebensgrundlagen keine externen Umweltbedingungen sind, sondern fundamentale Voraussetzungen für gesellschaftliche Stabilität, unternehmerischen Erfolg und zukunftsfähige Ökonomien.

1.1 Der lange Weg zur Entkopplung von Natur und Wirtschaft: Anthropozän, Great Acceleration und ökologische Grundlagen

Die gegenwärtigen Herausforderungen des Klimawandels und der *Verlust an biologischer Vielfalt* (= *Biodiversitätsverlusts)* wurzeln nicht nur in aktuellen Fehlentwicklungen, sondern sind Ausdruck einer tiefgreifenden und bereits länger währenden Entkopplung zwischen den ökologischen Grundlagen der Erde und unserem ökonomischem Denken. Dieses Kapitel zeichnet zentrale Stationen dieser Entwicklung nach, vom geologischen Wandel der Erdsysteme über die *Industrielle Revolution* bis zur (wohl unbeabsichtigten) systematischen Vernachlässigung von *ecosystem s*ervices (= *Ökosystemdienstleistungen, ÖSD*), sichern nicht nur unser Überleben, sondern auch grundlegende wirtschaftliche Prozesse (OECD 2021, S. 3).[1,2] Die Betrachtung dient dabei nicht nur der historischen Einordnung, sondern auch als Grundlage für die in den folgenden Abschnitten dargestellte ideengeschichtliche, wirtschaftliche und politische Verankerung nicht-nachhaltiger sozioökonomischer Strukturen unserer modernen Gesellschaft.

In der Auseinandersetzung mit dem menschengemachten Klimawandel sowie dem Verlust an *Biodiversität* geht es oftmals direkt um die Frage des wirtschaftlichen Wachstums und seiner Grenzen. Diese Kritik impliziert, dass Wachstum Ressourcen unwiederbringlich verbraucht und damit die Grundlage des Lebens, so wie wir es kennen, negativ beeinflusst. Schaut man in die Vergangenheit unserer Erde und ihrer Systeme zurück,

---

[1] Ein zentrales Ergebnis der jüngsten Forschung ist die Erkenntnis, dass Ökosystemleistungen und die menschliche Gesundheit eng miteinander verknüpft sind. So sind gesunde Ökosysteme beispielsweise entscheidend für saubere Luft und sauberes Wasser, die die Grundlage für die öffentliche Gesundheit und Lebensqualität bilden (OECD 2021, S. 34). Die OECD betont den wirtschaftlichen Wert dieser Leistungen und stellt fest, dass der Erhalt von Ökosystemen zu erheblichen langfristigen wirtschaftlichen Vorteilen führen kann, die die Kosten des Naturschutzes überwiegen (OECD 2019, S. 2–3). Darüber hinaus dient das Konzept der Ökosystemdienstleistungen als Grundlage für die Politikgestaltung und trägt dazu bei, Umweltaspekte in die Wirtschaftsplanung zu integrieren und so eine nachhaltige Entwicklung zu fördern (OECD 2021, S. 10).

[2] Die ökonomische Bewertung globaler Ökosystemleistungen geht maßgeblich auf die Studie von Costanza et al. (1997) zurück, die später aktualisiert wurde. Diese Studie war ein wichtiger Impulsgeber für die Integration ökologischer Werte in ökonomische Modelle, ist jedoch auch auf Kritik gestoßen. So weisen Autoren wie Vatn (2005) darauf hin, dass monetäre Bewertungen komplexe ökologische, soziale und kulturelle Werte nur unzureichend abbilden können und insbesondere aggregierte Summen die Heterogenität ökologischer Funktionen verschleiern.

erkennt man, dass es immer Veränderungen in den *Erdsystemen*gegeben hat. Für die Erde und somit für unseren Lebensraum sind Veränderungen demnach Bestandteil ihrer Existenz. So erlebte die Erde vor der Entstehung des Menschen über geologische Zeiträume hinweg erhebliche, durch natürliche Prozesse bedingte Veränderungen. Diese Transformationen wurden vor allem durch tektonische Aktivitäten, Klimaveränderungen und biogeochemische Kreisläufe geprägt, die maßgeblich zur Gestaltung der Landschaft, Atmosphäre und *Ökosysteme (= kleinste ökologische Einheit eines Lebensraumes)* des Planeten beitrugen. Eine der bedeutendsten Veränderungen ereignete sich während der Entstehung der Erde selbst, vor etwa 4,5 Mrd. Jahren. Diese Periode war geprägt von heftigen tektonischen Aktivitäten, die zur Entstehung von Kontinenten und Ozeanen führten. Die Bewegung tektonischer Platten verursachte die Bildung von Gebirgszügen, Erdbeben und vulkanischen Aktivitäten und veränderte die physikalische Struktur des Planeten grundlegend. Über Millionen von Jahren hat das Erdklima dramatische Schwankungen erfahren, die von Faktoren wie Sonneneinstrahlung, atmosphärischer Zusammensetzung und Bahnschwankungen beeinflusst wurden. So erlebte die Erde beispielsweise mehrere Eiszeiten, in denen große Teile des Planeten von Gletschern bedeckt waren. Diese Eis- und Zwischeneiszeiten prägten die Landschaft, gruben Täler und beeinflussten den Meeresspiegel. Vor etwa 20.000 Jahren, während des letzten glazialen Maximums, war der Meeresspiegel deutlich niedriger und legte Landbrücken frei, die die Migration von Arten erleichterten. Das Aufkommen *photosynthetischer Organismen,* insbesondere *Cyanobakterien,* vor etwa 2,4 Mrd. Jahren begünstige die Entstehung von Sauerstoff, was zu einem erhöhten atmosphärischen Sauerstoffgehalt führte. Diese veränderte Zusammensetzung der Atmosphäre ermöglichte die Entwicklung aerober Lebensformen. Die Sauerstoffanreicherung trug auch zur Bildung der Ozonschicht bei, die die Erdoberfläche vor ultravioletter Strahlung schützt.

Im Laufe der Erdgeschichte haben die Wechselwirkungen zwischen *Biosphäre, Atmosphäre, Hydrosphäre* und *Lithosphäre* zur Entstehung komplexer *Ökosysteme* geführt. Diese Systeme (= *Erdsystem*)[3] entwickelten sich über lange Zeiträume hinweg durch Prozesse wie Sukzession, Aussterben und adaptive Radiation, also der evolutionären

[3] Das Erdsystem umfasst die Gesamtheit der miteinander vernetzten physikalischen, chemischen, biologischen und gesellschaftlichen Prozesse der Erde, einschließlich Atmosphäre, Biosphäre, Lithosphäre, Hydrosphäre und Anthroposphäre. Es wird zunehmend als dynamisches, komplexes System betrachtet, dessen Stabilität durch menschliche Einflüsse (z. B. Treibhausgase, Landnutzungswandel) gefährdet ist.

Aufspaltung einer Art in viele spezialisierte Arten zur Nutzung unterschiedlicher ökologischer Nischen.[4] Das bedeutendste Aussterbeereignis, das *Perm-Trias-Massenaussterben*[5] vor etwa 252 Mio. Jahren, vernichtete etwa 90 % der Arten, was die *Biosphäre* stark beeinträchtigte und in den darauffolgenden geologischen Perioden zur Entwicklung neuer Lebensformen führte. Die Erdsysteme haben sich bereits lange vor der Entstehung des Menschen kontinuierlich verändert, geprägt durch das Zusammenspiel geologischer, klimatischer und biologischer Kräfte. Diese Prozesse prägten nicht nur die physikalischen Eigenschaften des Planeten, sondern legten auch den Grundstein für die vielfältigen *Ökosysteme*, die wir heute beobachten (Halliday 2022, S. 205 ff.).[6]

Das Verständnis dieser natürlichen Veränderungen ist entscheidend für die Interpretation der schnelleren Transformationen im *vom Menschen geprägtes Erdzeitalter (= Anthropozän).* Dieses, als vom Menschen geprägte Zeitalter, weist Veränderung auf, die seit der Mitte des 20 Jahrhunderts systematisch verzeichnet werden können und einen anderen Charakter haben als die Veränderungen der *Erdsysteme*, die durch natürliche Prozesse ausgelöst wurden. Sie sind durch menschliche Aktivität in einem Maße hervorgerufen, welche die Natur nicht mehr ausgleichen kann. Im Fokus stehen unnatürlich schnelle Veränderungen, die der Mensch durch *Industrialisierung, Urbanisierung* und *technologische Innovation*[7] hervorgerufen hat und auch noch weiterhin herruft.

---

[4] Die *Biosphäre* bezeichnet die Gesamtheit aller lebenden Organismen. Die *Atmosphäre* ist die Lufthülle der Erde, während die *Hydrosphäre* alle Wasserbereiche auf, unter und über der Erdoberfläche umfasst. Die *Lithosphäre* besteht aus der festen Gesteinshülle der Erde, einschließlich Erdkruste und oberem Erdmantel. *Adaptive Radiation* beschreibt einen evolutionsbiologischen Prozess, bei dem sich eine Ursprungsart in zahlreiche ökologisch spezialisierte Arten aufspaltet.

[5] Das Perm-Trias-Massenaussterben vor rund 251,9 Mio. Jahren markiert das schwerwiegendste Artensterben der Erdgeschichte. Es wurde durch massive CO_2-Freisetzungen infolge vulkanischer Aktivität der Sibirischen Trapps ausgelöst, was zu rapider Ozeanversauerung, globaler Erwärmung, Sauerstoffarmut und episodischer Sulfidvergiftung der Weltmeere führte. In der Folge blieb die marine Biodiversität über mehrere Millionen Jahre auf einem historisch niedrigen Niveau. Die Frühtrias war geprägt von sogenannten *disaster faunas,* also ökologisch robusten Arten, die unter extremen Umweltbedingungen überleben konnten. Erst in der mittleren bis späten Trias kam es zu einer allmählichen Erholung der ökologischen Systeme, begleitet von der Entstehung neuer Tiergruppen wie modernen Korallen, Ammoniten und frühen Reptilien. Die vollständige Rückkehr komplexer mariner Biodiversität dauerte schätzungsweise fünf bis zehn Millionen Jahre und führte zu tiefgreifenden Umstrukturierungen der globalen Biosphäre. Die Erkenntnisse unterstreichen die langfristige Verwundbarkeit biologischer Systeme gegenüber abrupten geochemischen Veränderungen des Erdsystems (siehe Vertiefend dazu: Chen und Benton 2012; sowie Jurikova et al. 2020).

[6] Halliday zeichnet in seiner paläoökologischen Darstellung vergangener Erdzeitalter die Dynamik von Klima, Artensterben und ökologischer Resilienz nach, und macht damit deutlich, wie einzigartig die gegenwärtige, anthropogen getriebene Beschleunigung planetarer Veränderungen ist.

[7] Langfristige strukturelle Entwicklungen, die seit dem 19. Jahrhundert zentrale Treiber ökonomischer Expansion und Ressourcenverbrauch sind. Industrialisierung beschreibt die Umstellung auf maschinelle Produktion, Urbanisierung die Verdichtung von Bevölkerung und Infrastruktur in Städten, technologische Innovation umfasst neue Verfahren und Produkte, die Effizienz steigern, jedoch oft mit erhöhtem Ressourcenbedarf einhergehen.

So ist im Unterschied zu früheren geologischen Perioden das *Anthropozän* durch eine beispiellose Transformation und ihre Effekte gekennzeichnet, darunter Klimawandel, Verlust der biologischen Vielfalt, Umweltverschmutzung und erhebliche Veränderungen der Land- und Wassersysteme (Steffen et al. 2011 S. 843). Das Konzept des *Anthropozäns* hat in den letzten Jahrzehnten im wissenschaftlichen Diskurs an Bedeutung gewonnen und die Aufmerksamkeit auf das Ausmaß und die Unmittelbarkeit der menschlichen Auswirkungen auf den Planeten gelenkt. Trotz seiner breiten Anerkennung in wissenschaftlichen Kreisen wurde das *Anthropozän* formal nicht als eigenständige *geologische Epoche (= Zeitabschnitt der Erdgeschichte)* akzeptiert.[8]

Im März 2024 betonten Autoren in einem Artikel des Wissenschaftsmagazins *Nature*[9] die anhaltenden Debatten um das *Anthropozän* und stellten fest, dass menschliche Aktivitäten zwar unbestreitbar die *Erdsysteme* verändert haben, die genauen Auswirkungen auf unser geologisches Verständnis jedoch weiterhin umstritten sind. Der Artikel postuliert, dass das *Anthropozän* eher ein konzeptioneller Rahmen als eine formal anerkannte Epoche bleibt, da Wissenschaftler die Komplexität des menschlichen Einflusses auf geologische Prozesse weiterhin erforschen (Witze 2024).[10] Unabhängig davon hat sich der Begriff jedoch längst als wirkungsmächtiges *heuristisches Konzept (= Denkmodell zur Orientierung)*[11] etabliert, das tiefgreifende Veränderungen in den Mensch Natur-Beziehungen analytisch greifbar macht. In der internationalen wissenschaftlichen und politischen Diskussion, etwa in Berichten des *Weltklimarats (= Intergovernmental Panel on Climate Change IPCC)*, der Vereinten Nationen, dient das *Anthropozän* zunehmend als Bezugsrahmen für die systemische Betrachtung globaler Umweltveränderungen und gesellschaftlicher Verantwortung.

---

[8] Dieses Zögern rührt größtenteils von den Herausforderungen her, eine klare stratigraphische Grenze festzulegen und einen geeigneten Startpunkt für die Epoche zu bestimmen. Der fehlende Konsens über den genauen Beginn erschwert jedoch die formale Klassifizierung (Zalasiewicz et al. 2011). Darüber hinaus argumentieren einige Wissenschaftler, dass die geologischen Aufzeichnungen nicht eindeutig genug seien, um eine neue Epochenbezeichnung zu rechtfertigen, und legen nahe, dass bestehende Epochen bereits Zeiträume erheblicher, durch natürliche Prozesse bedingter Umweltveränderungen umfassten (Ruddiman et al. 2016).

[9] Nature ist eine der weltweit renommiertesten interdisziplinären wissenschaftlichen Fachzeitschriften. Sie erscheint seit 1869 wöchentlich und publiziert geprüfte Originalforschung aus Natur-, Lebens- und Umweltwissenschaften sowie Kommentare und Analysen zu aktuellen wissenschaftspolitischen Themen. Veröffentlichungen in Nature gelten als besonders einflussreich in der internationalen Forschungsgemeinschaft.

[10] März 2024 lehnte die Subcommission on Quaternary Stratigraphy (SQS) den Vorschlag der Anthropocene Working Group (AWG) ab, das Anthropozän als neue geologische Epoche mit einem Beginn in der Mitte des 20. Jahrhunderts zu definieren. Die Entscheidung wurde später von der International Commission on Stratigraphy (ICS) und der International Union of Geological Sciences (IUGS) bestätigt (vgl. Subcommission on Quaternary Stratigraphy 2024).

[11] Heuristiken sind vereinfachende Denkmodelle zur Problemlösung unter Unsicherheit (vgl. Gigerenzer und Todd 1999; Simon 1955).

Die Auswirkungen des Konzepts des *Anthropozän* gehen in den Diskussionen über die reine Geologie hinaus und erfordern eine kritische Auseinandersetzung mit der Rolle des Menschen für die Zukunft unseres Planeten. Ein zentraler Begriff in der Diskussion um die gegenwärtige Erdsystemkrise im *Anthropozän* ist die sogenannte *Große Beschleunigung (= Great Acceleration)*, d. h. der beschleunigte Anstieg menschlicher Aktivitäten und dadurch ausgelöste Umweltveränderungen seit den 1950er Jahren (Steffen et al. 2015, S. 92 ff.). Sie verweist auf eine Phase, in der sich wirtschaftliches Wachstum, Energieverbrauch und Ressourcennutzung global stark intensivierten, mit tiefgreifenden Folgen für die Stabilität des *Erdsystems*. Diese Entwicklung war jedoch keineswegs eindimensional, denn parallel zu den ökologischen Belastungen kam es zu erheblichen sozioökonomischen Fortschritten im Hinblick auf Armutsreduzierung, Bildung, Lebenserwartung und technischen Fortschritt. Insbesondere die Nachkriegsjahrzehnte des 20. Jahrhunderts waren geprägt von wirtschaftlicher Dynamik, Innovation und zunehmender weltweiter Vernetzung, was im Abschn. 2.1 im Detail diskutiert werden wird. Jedoch kann diese Entwicklung, des Fortschritts und des menschlichen Wohlergehen womöglich nicht aufrechterhalten werden, ohne eine Natur, die intakt ist und die sogenannten *Ökosystemdienstleitungen* liefert, auf die die Menschheit angewiesen ist. Eine differenzierte Darstellung von *Ökosystemdienstleitungen,* ihrer Formen und Funktionen sowie ihrer Bedeutung für Unternehmen folgt in Abschn.2.2.

Laut des *World Economic Forums (= Weltwirtschaftsforum, WEF)* sind rund 44 Billionen US-Dollar, mehr als die Hälfte des weltweiten *Bruttoinlandsprodukts*, mäßig oder stark von funktionierenden natürlichen Systemen abhängig. Besonders betroffen sind Sektoren wie Landwirtschaft, Forstwirtschaft, Fischerei und Tourismus (Weltwirtschaftsforum 2020, S. 12). Die wirtschaftliche Relevanz dieser ökologischen Leistungen zeigt sich auch in ihrem geschätzten Gesamtwert. Laut OECD belaufen sich die globalen *Ökosystemdienstleistungen* auf etwa 125 Billionen US-Dollar pro Jahr (OECD 2021, S. 3). Etwa 1,2 Mrd. Menschen weltweit sind direkt auf diese Leistungen für ihren Lebensunterhalt angewiesen, in Entwicklungsländern trifft dies auf rund 80 % der Bevölkerung zu (IPBES 2019, S. 263).[12] Besonders drastisch ist die Situation in tropischen Regionen, wo etwa 30 % der Bevölkerung, das entspricht 1,2 Mrd. Menschen, in hohem Maße auf natürliche Ressourcen angewiesen sind. Zudem nutzen rund 3 Mrd. Menschen, also 40 % der Weltbevölkerung, Biomasse wie Holz oder Blätter zum Kochen und Heizen (Fedele et al. 2021, S. 1–3). Der *Climate Vulnerability Index (ND-GAIN)*[13] belegt, dass Staaten

[12] Diese Zahl basiert auf modellierten Schätzungen zur monetären Bewertung globaler Ökosystemleistungen. Kritiker betonen, dass monetäre Aggregation komplexe ökologische Werte nur bedingt abbilden kann (vgl. Vatn 2005).

[13] Der Climate Vulnerability Index des ND-GAIN-Rankings bewertet die Verwundbarkeit von Staaten gegenüber den Folgen des Klimawandels in Verbindung mit ihrer Anpassungsfähigkeit. Besonders gefährdet sind Länder mit hoher Naturabhängigkeit, schwacher Infrastruktur und geringer institutioneller Resilienz. Der Index berücksichtigt unter anderem die Exposition gegenüber klimatischen Risiken, sozioökonomische Sensitivität sowie die adaptive Kapazität von Gesellschaften (Notre Dame Global Adaptation Initiative 2023).

mit hoher Naturabhängigkeit, schwacher Infrastruktur und niedriger Anpassungskapazität besonders verletzlich sind (Abb. 1.1).[14] Die Folgen reichen von Ernährungsunsicherheit über gesundheitliche Risiken bis hin zu wirtschaftlicher Instabilität. Besonders betroffen sind Länder, deren Wirtschaftsleistung stark auf natürlichen Ressourcen beruht, aber denen die Mittel zur Klimaanpassung fehlen (University of Notre Dame 2024).

Diese Verletzlichkeit lässt sich nicht allein durch Flächenziele im Naturschutz beheben, sondern hängt entscheidend von der konkreten Umsetzung ab. Eine Studie von Eckert et al. (2023) analysiert am Beispiel Kanadas, wie sich unterschiedliche Strategien zur Erreichung des globalen 30 × 30-Ziels, dem Schutz von 30 % der Landfläche bis 2030, auf den tatsächlichen Schutz von Biodiversität auswirken. Die Ergebnisse zeigen, dass eine national koordinierte Strategie deutlich erfolgreicher ist als fragmentierte regionale Ansätze: Während aktuell nur etwa 15 % der untersuchten Arten (davon 6,6 % der gefährdeten Arten) ausreichend geschützt sind, könnte eine national gesteuerte Umsetzung bis zu 65 % aller Arten und 40 % der gefährdeten Arten erfassen. Die Form der politischen Koordination erweist sich damit als wichtiger Hebel für effektiven Biodiversitätsschutz, weit mehr als die bloße Auswahl einzelner Arten oder Biodiversitätsdimensionen. Diese Erkenntnisse unterstreichen, dass Schutzbemühungen stärker an ökologischer Wirksamkeit und politischer Steuerungsfähigkeit ausgerichtet werden müssen, um tatsächliche Resilienzgewinne zu erzielen.

Der fortschreitende Verlust der *Biodiversität*sowie die Degradierung von *Ökosystemen*, gefährden damit nicht nur *ökologische Stabilität*[15], sondern auch zentrale wirtschaftliche Grundlagen. Studien gehen davon aus, dass der Rückgang essenzieller Leistungen, etwa der Bestäubung durch Insekten, der Fischerei in den Weltmeeren oder der Holzgewinnung, bereits bis 2030 zu einem Rückgang des globalen BIP um bis zu 2,7 Billionen US-Dollar jährlich führen könnte. Hinzu kommt laut UN-Schätzungen ein potenzieller Verlust von 23 Billionen US-Dollar bis zum Jahr 2050 infolge von Bodendegradation (UNDP 2023; UN 2024).

Diese Zahlen verdeutlichen, dass der Erhalt intakter *Ökosysteme* keine ökologische Zusatzaufgabe ist, sondern eine fundamentale Voraussetzung für wirtschaftliche Stabilität und künftiges Wachstum ist und sein wird. Diese Bewertung zeigt, dass der Nutzen natürlicher *Ökosysteme* für das menschliche Überleben und die wirtschaftliche Aktivität von entscheidender Bedeutung ist. Traditionelle ökonomische Konzepte haben diesen Wert der Natur bisher als selbstverständlich erachtet oder ihn lediglich als unbedeutenden externen Faktoren betrachtet. Dies führte zu einer systematischen Vernachlässigung

[14] Siehe zur Vertiefung auch: Ricke et al. (2018). Country-level social cost of carbon, sowie Schöngart et al. (2025). *High-income groups disproportionately contribute to climate extremes worldwide*und Newman und Noy (2023). *The global costs of extreme weather that are attributable to climate change.*

[15] *Ökologische Stabilität* beschreibt die Fähigkeit eines Ökosystems, seine wesentlichen Strukturen und Funktionen über längere Zeiträume hinweg aufrechtzuerhalten, trotz externer Einflüsse oder Störungen. Sie umfasst Merkmale wie Resilienz, Resistenz und Regenerationsfähigkeit und ist eine zentrale Voraussetzung für die dauerhafte Bereitstellung von Ökosystemleistungen.

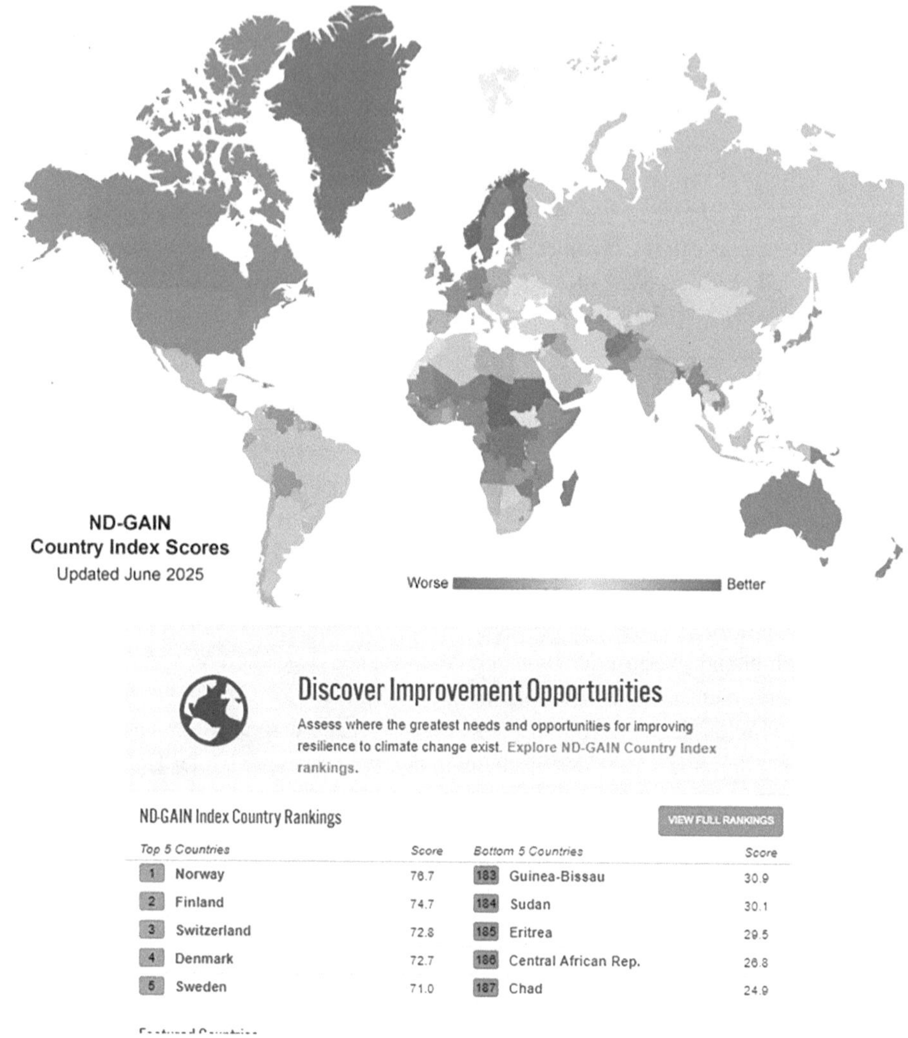

Abb. 1.1 ND-GAIN Country Index – Globale Bewertung von Klimaanfälligkeit und Anpassungsbereitschaft. (Quelle: Notre Dame Global Adaptation Initiative Country Index (ND-GAIN). (2025). University of Notre Dame)

der ökologischen Dimension in wirtschaftlichen Entscheidungen, wodurch langfristige Schäden an der Umwelt begünstigt wurden. Eine enge Verbindung zur nachhaltigen Nutzung von *Naturkapital* ist jedoch nicht nur eine Frage der Verantwortung, sondern auch eine Voraussetzung für die langfristige gesellschaftliche Akzeptanz und ökonomische Tragfähigkeit, die sogenannte *license to operate*[16] (Suchman 1995, S. 571 ff.). Eine ausführliche Diskussion des zugrunde liegenden Konzepts von *Naturkapital* und seiner betriebswirtschaftlichen Relevanz folgt in Kap. 3.

Dass sich dieses Bewusstsein, hinsichtlich der Bedeutung der Natur für das menschliche Wohlergehen in der breiten Öffentlichkeit erst spät durchgesetzt hat, liegt wesentlich daran, dass lange Zeit ein weitgehend unkritisches Wachstumsverständnis gesellschaftlich dominierte, trotz früher Kritik und alternativer Konzepte wie etwa der Postwachstumsökonomie. In diesem Zusammenhang wird häufig die bedenkenlose Orientierung am *Bruttoinlandsprodukt*kritisiert. So wird in den folgenden Unterkapiteln diese Entwicklung weiter diskutiert. Im Zentrum steht die Beziehung zwischen Mensch und Natur, insbesondere aber die Frage, an welchen Stellen eine Entkopplung von natürlichen Lebensgrundlagen stattgefunden hat und welche Bedeutung dieser Prozess für das ökonomische Denken hat. Dabei wird auch diskutiert, inwiefern die Vorstellung von *Naturkapital* bzw. der hier im Buch erarbeitete Begriff *Natur als Kapital,*der als normativ-kritischer Deutungsrahmen zu verstehen ist, als Reaktion auf diese Entfremdung verstanden werden kann. Anschließend werden die wirtschaftlichen Aspekte dieser Entwicklung weiter erörtert, von der Entstehung des *Bruttoinlandsprodukts*bis hin zur Entwicklung globaler *Value Chains (= Wertschöpfungsketten)*[17] sowie der globalen Ressourcenverteilung. Abschließend wird auf die Rolle des Konsums und die Rolle von Unternehmen sowie der des freien Marktes eingegangen.

1.2 Nexus Natur und Mensch

Um zu verstehen, wie die Entwicklung eines unreflektierten Wachstumsverständnisses erfolgt ist, treten wir einen Schritt zurück und betrachten unsere wirtschaftliche Entwicklung im Kontext des Entstehens unserer globalen *Wirtschaft*und des dazugehörigen Denkens. Die Entkopplung von Natur und Mensch ist ein komplexes Phänomen, das sich über Jahrtausende entwickelt hat und sich während der *Industriellen Revolution* im 18. und 19. Jahrhundert besonders ausgeprägte. Zuvor waren die menschlichen Gesellschaften eng mit der Natur verflochten und für ihr Überleben und ihren Lebensunterhalt

---

[16] *License to operate* beschreibt die gesellschaftliche Akzeptanz unternehmerischen Handelns und wird zunehmend an ökologische Kriterien geknüpft. Der Begriff stammt ursprünglich aus der institutionellen Soziologie.

[17] *Value Chains* (Wertschöpfungsketten) bezeichnen die Gesamtheit aller aufeinanderfolgenden Aktivitäten und Prozesse, von der Rohstoffgewinnung über Produktion, Logistik und Vertrieb bis hin zur Nutzung und Entsorgung, durch die ein Produkt oder eine Dienstleistung an ökonomischem, ökologischem oder sozialem Wert gewinnt. Sie bilden zentrale Analyseebenen in der nachhaltigkeitsorientierten Unternehmenspraxis und globalen Lieferkettenforschung.

auf deren Rhythmen, Ressourcen und Zyklen angewiesen. Die Landwirtschaft beispielsweise basierte auf dem Verständnis lokaler *Ökosysteme* und *saisonaler Muster*[18]. Die zunehmende Industrialisierung[19] markierte jedoch einen bedeutenden Wandel. Z. B. Technologische Fortschritte, Düngemittelproduktion und das Wachstum urbaner Zentren führten zu einer beispiellosen Nutzung natürlicher Ressourcen. Diese veränderten nicht nur die Landschaften, sondern ermöglichten auch Massenproduktion und -konsum und entfremdeten den Menschen, schleichend und oft unbemerkt, von natürlichen Prozessen. Der Alltag verlagerte sich zunehmend in städtische, technisierte Räume, in denen natürliche Rhythmen, Abhängigkeiten und Kreisläufe aus dem direkten Erfahrungsbereich verschwanden. Diese Dynamik verstärkte sich im Laufe des 20. Jahrhunderts.[20] Und Schritt für Schritt stellten die Menschen ihre eigenen Bedürfnisse in den Mittelpunkt ihres Interesses und vergaßen die Welt, die sie umgab.[21,22]

1.2.1 Ideengeschichtliche Entwicklung

Kulturell wurde diese Entkopplung durch die philosophischen Strömungen *der Moderne*[23] verstärkt, die eine Herrschaft des Menschen über die Natur betonten und die Umwelt in erster Linie als auszubeutende Ressource und nicht als komplexes System betrachteten, mit dem der Mensch untrennbar verbunden ist. Gesellschaftliche Bewegungen, die zur Entkopplung von Natur und Mensch beitrugen, sind komplex und vielschichtig und erstrecken sich über mehrere Jahrhunderte.

Obwohl Reflexionen über das Verhältnis von Mensch und Natur bereits in der Antike und im Mittelalter präsent waren, etwa bei Aristoteles, in der christlichen Theologie, z. B. bei Thomas von Aquin oder in naturphilosophischen Traditionen der Mystik,

---

[18] Jahreszeitlich bedingte, wiederkehrende Veränderungen.

[19] Die Industrielle Revolution wird häufig in zwei Phasen unterteilt. Die erste (ab ca. 1760) war durch Dampfkraft, Textilindustrie und Kohle geprägt, die zweite (ab ca. 1870) durch Elektrizität, Chemie und Stahlproduktion (siehe zur Vertiefung Mokyr 1990).

[20] Insbesondere nach dem Zweiten Weltkrieg kam es zu einem weltweiten wirtschaftlichen Aufschwung, der mit Massenkonsum, suburbanem Wachstum und wachsender Ressourcennachfrage einherging (siehe Judt 2005).

[21] Diese Urbanisierung führte dazu, dass immer weniger Menschen direkten Zugang zu natürlichen Lebensräumen hatten, was eine sogenannte ‚Entfremdung von der Natur' begünstigte (siehe Pyle 1993).

[22] Das Konzept des *Nature-Deficit Disorder*' beschreibt laut Louv (2005) die physischen und psychischen Folgen einer zunehmenden Distanz zwischen Mensch und Natur, insbesondere bei Kindern.

[23] *Die Moderne* bezeichnet eine historische Epoche, die etwa mit der Aufklärung und der industriellen Revolution im 18. Jahrhundert einsetzt und sich durch tiefgreifende gesellschaftliche, technologische und kulturelle Umwälzungen auszeichnet. Zentrale Merkmale sind die Rationalisierung von Wissen und Gesellschaft, technischer Fortschritt, Individualisierung, Säkularisierung sowie die Entstehung funktional differenzierter Institutionen wie Wissenschaft, Markt und Staat. Die Moderne prägt bis heute dominante Leitbilder von Fortschritt, Wachstum und gesellschaftlicher Entwicklung.

setzte eine tiefgreifende Verschiebung im Naturverständnis erst mit der Neuzeit ein. Der entscheidende Wandel lag nicht im erstmaligen Denken über Natur, sondern im Paradigmenwechsel, der Natur systematisch als objektivierbares, messbares und nutzbares Gegenüber konzipierte. Dieses moderne Naturverständnis, das zunehmend von technischer Kontrolle, mathematischer Beschreibung und einem anthropozentrischen Erkenntnisinteresse geprägt war, formte sich insbesondere im Rahmen des *Rationalismus*[24] heraus, einer der einflussreichsten geistesgeschichtlichen Strömungen des 17. und 18. Jahrhunderts.[25]

Denker wie René Descartes[26] und Francis Bacon[27] spielten in dieser Zeit eine entscheidende Rolle bei der Gestaltung der Naturwahrnehmung. Descartes führte in seinem bahnbrechenden Werk *Meditationen über die Erste Philosophie* (1641) seinen berühmten Ausspruch *Cogito, ergo sum* (= *Ich denke, also bin ich*) ein und plädierte für einen *Dualismus*, der Geist und Körper und damit auch Mensch und Natur trennte. Diese Perspektive legte nahe, die natürliche Welt als etwas zu begreifen, das zum menschlichen Vorteil manipuliert werden kann (Descartes 1969, S. 91–93). Ähnlich stellte Bacons *Novum Organum* (1620) die wissenschaftliche Methode und stellte die Natur als eine auszubeutende Ressource dar. Er propagierte die Idee, dass der Mensch ein göttliches Recht habe, sich die Natur für den Fortschritt zu unterwerfen (Bacon 1620, S. 8). Der *Anthropozentrismus*[28] gewann in dieser Zeit zunehmend an Bedeutung. Philosophen wie Immanuel Kant bekräftigten diese Perspektive, indem sie postulierten, dass moralische Erwägungen vernunftbegabten Wesen vorbehalten sein sollten, wodurch nichtmenschliche Tiere und *Ökosysteme* weiter marginalisiert wurden. In seiner *Kritik der praktischen Vernunft* (1788) skizzierte Kant, wie menschliche Autonomie und Vernunft moralische Werte definieren, und legte nahe, dass die natürliche Welt in erster Linie existierte, um menschlichen Interessen zu dienen (Kant 1788, S. 33, 103–108).

---

[24] *Rationalismus der Aufklärung* bezeichnet eine geistesgeschichtliche Strömung des 17. und 18. Jahrhunderts, die Vernunft, Logik und empirisch begründetes Denken als zentrale Quellen menschlicher Erkenntnis betrachtete. In Abgrenzung zu religiöser Autorität und überliefertem Dogma galt die autonome Vernunft als Maßstab für Wahrheit, Moral und gesellschaftlichen Fortschritt, ein Leitmotiv, das die Moderne maßgeblich prägte.

[25] Vgl. Glacken (1967), der die historischen Leitbilder der Mensch-Natur-Beziehung bis in die Antike zurückverfolgt, sowie White (1967), der die anthropozentrischen Prägungen der christlichen Kosmologie als geistige Grundlage ökologischer Krisen deutet.

[26] Descartes' Dualismus von res cogitans (denkender Geist) und res extensa (ausgedehnte Materie) bildet die Grundlage des modernen abgetrennten Naturverständnisses.

[27] Bacon vertrat ein instrumentelles Naturverständnis, wonach wissenschaftlicher Fortschritt der Kontrolle über die Natur dienen soll.

[28] *Anthropozentrismus* bezeichnet eine Weltanschauung, in der der Mensch als zentrales und übergeordnetes Wesen im Verhältnis zur Natur verstanden wird. Sie stellt menschliche Interessen, Bedürfnisse und Perspektiven in den Mittelpunkt moralischer, erkenntnistheoretischer und rechtlicher Überlegungen und gilt als prägend für das Denken der Moderne. In der Umweltethik wird der Anthropozentrismus häufig kritisch diskutiert, da er als ideengeschichtlicher Nährboden für die Ausbeutung natürlicher Ressourcen gilt.

Mit der *Industriellen Revolution* im 19. und 20. Jahrhundert breiteten sich die Prinzipien *der Moderne* weiter aus, und mit ihnen die Trennung des Menschen von der natürlichen Welt. Dieser kulturelle Wandel schätzte Fortschritt, Effizienz und Rationalität, oft auf Kosten ökologischer Überlegungen.

Im 20. Jahrhundert entstand der *Existentialismus*[29], der die menschliche Individualität und Freiheit betonte, dabei aber oft die Verbundenheit des Lebens vernachlässigte. Denker wie Jean-Paul Sartre[30] konzentrierten sich auf persönliche Erfahrungen und die Absurdität der Existenz, was zu einer weiteren Entfremdung von der Natur beitrug. Diese philosophischen Bewegungen, vom *Rationalismus der Aufklärung* und *der Moderne* bis hin zu *Anthropozentrismus* und *Existentialismus,*haben gemeinsam ein Weltbild geprägt, das die Abkopplung des Menschen von der natürlichen Welt förderte.

Der Historiker Lynn White Jr.[31] argumentierte in seinem einflussreichen Essay *Die historischen Wurzeln unserer ökologischen Krise,* dass diese Beherrschung der Natur aus einer jüdisch-christlichen Tradition entstamme, die die Eroberung der natürlichen Welt förderte und eine *anthropozentrische Weltanschauung* prägte, die menschliche Bedürfnisse und Wünsche über alles andere stellte (White 1967, S. 1203–1207).

Aber auch schon früh entstanden gegensätzliche Betrachtungen. So formulierte Alexander von Humboldt eine Gegenperspektive. In seinen Studien, etwa zum *Valencia-See* in Venezuela, zeigte er, wie menschliche Eingriffe wie Abholzung und landwirtschaftliche Expansion ökologische Systeme tiefgreifend verändern. Seine Beobachtungen machten deutlich, dass Natur kein passives Außen ist, sondern ein komplexes, vernetztes Ganzes, dessen Gleichgewicht durch menschliches Handeln empfindlich gestört werden kann.[32] An diese ganzheitliche Sichtweise knüpfte später die *Umweltphilosophie*[33] an. Sie gewann

[29] *Existentialismus* ist eine philosophische Strömung des 20. Jahrhunderts, die die individuelle Freiheit, Selbstbestimmung und Verantwortung des Menschen in den Mittelpunkt stellt. Der Mensch wird als ein Wesen verstanden, das sich nicht durch vorgegebene Wesensmerkmale definiert, sondern seine Existenz durch Entscheidungen und Handlungen selbst entwirft. Zentrale Vertreter wie Jean-Paul Sartre oder Simone de Beauvoir betonen die existenzielle Grundsituation des Menschen in einer sinnentleerten Welt und fordern authentisches Handeln trotz Unsicherheit und Verantwortung.

[30] Sartres Existentialismus betont die Freiheit des Individuums zur Selbstbestimmung, in Abgrenzung zu festen natürlichen Ordnungen.

[31] White argumentierte, dass westliche Religionen eine anthropozentrische Haltung legitimierten, die ökologische Ausbeutung begünstigte.

[32] Andrea Wulf betont in ihrer Humboldt Biografie, dass Humboldts Werk einen entscheidenden Moment für die Wiederentdeckung dieser Verbindung darstellt und die Gesellschaft dazu anhält, das empfindliche Gleichgewicht, das sowohl die natürliche Umwelt als auch das menschliche Leben erhält, anzuerkennen und zu respektieren Diese Perspektive findet in den heutigen Umweltdiskussionen großen Anklang, da das Bewusstsein unserer Verbundenheit mit der Erde für die Bewältigung der aktuellen ökologischen Krisen weiterhin von entscheidender Bedeutung ist (Wulf 2016, S. 135).

[33] *Umweltphilosophie* ist ein Teilbereich der praktischen Philosophie, der sich mit dem Verhältnis von Mensch und Natur sowie mit ethischen, erkenntnistheoretischen und metaphysischen Fragen ökologischer Zusammenhänge befasst. Sie reflektiert Konzepte wie Naturwert, ökologische Verantwortung, Gerechtigkeit gegenüber zukünftigen Generationen und die moralische Berücksichtigung

insbesondere dann an Bedeutung, als sich die Gesellschaft intensiver mit den Folgen des modernen Weltbilds auseinandersetzte. Arne Naess[34] etwa entwickelte das Konzept der *Tiefenökologie* und forderte, in *Die Ökologie der Weisheit* (2008), ein neues Selbstverständnis des Menschen, das Interdependenz statt Überlegenheit betont und allen Lebewesen einen eigenen Wert zuschreibt (Naess 2008, S. 24–30). Ergänzend liefert Attfield (2021) in seiner systematischen Darstellung umweltethischer Traditionen einen umfassenden Überblick über die Entwicklung ökologischen Denkens von antiken Quellen über christliche Theologie bis hin zu modernen Strömungen und ökologischem Utilitarismus. Er betont dabei, dass ethisches Denken über Natur stets in kulturelle Kontexte eingebettet war und zeigt, wie sich daraus unterschiedliche moralische Verpflichtungen gegenüber nichtmenschlichem Leben ableiten lassen.[35]

Da die moderne Gesellschaft immer mehr mit den Folgen dieser Trennung zu kämpfen hat, ist es dringend notwendig, unsere philosophischen Grundlagen zu überdenken, um eine nachhaltigere und integriertere Beziehung zur Natur zu fördern und die Vernetzung anzuerkennen, die sowohl für die ökologische Gesundheit als auch für das menschliche Wohlbefinden von entscheidender Bedeutung ist.

1.2.2 Wirtschaftliche Entwicklung

Wirtschaftlich gesehen, als die Welt vom 18. zum 19. Jahrhundert überging, und in der die westliche Gesellschaft durch die Spannung zwischen *Aufklärung, Idealismus, Frühromantik*[36] und den beginnenden philosophischen Auseinandersetzungen mit der industriellen Moderne geprägt wurde, markierte der Beginn der *Industriellen Revolution,* einen tiefgreifenden Wandel in der Art und Weise, wie Menschen mit der Natur aus reiner Nutzenbetrachtung interagierten. Diese Zeit, die vor allem durch einen Anstieg der Mechanisierung, Urbanisierung und den Aufstieg von Fabriken gekennzeichnet war, formte unsere Ökonomien und die zugrunde liegenden sozialen Strukturen in einer

---

nicht-menschlicher Entitäten. Dabei stellt sie etablierte anthropozentrische Denkmuster infrage und entwickelt alternative Perspektiven auf eine nachhaltige Koexistenz.

[34] Naess entwickelte die Tiefenökologie als ökologisch-philosophische Strömung, die den Eigenwert aller Lebewesen betont und eine radikale Abkehr vom Anthropozentrismus fordert.

[35] Vgl. Attfield (2021), der einen Überblick über zentrale Strömungen umweltethischen Denkens von der Antike bis zur Gegenwart liefert und dabei die kulturellen, religiösen und philosophischen Voraussetzungen ökologischer Verantwortung analysiert.

[36] Aufklärung, Idealismus, Frühromantik: Drei einflussreiche geistesgeschichtliche Strömungen des späten 18. und frühen 19. Jahrhunderts in Europa: Aufklärung betonte Vernunft, Fortschritt und individuelle Freiheit; Idealismus entwickelte eine erkenntnistheoretische Philosophie des Geistes (v. a. Kant, Fichte, Hegel); Frühromantik suchte die Einheit von Natur, Kunst und Subjektivität und stellte das Gefühl und die Imagination ins Zentrum.

irreversiblen Art massiv um.[37] Das unermüdliche Streben nach Fortschritt begann, die Grenzen der natürlichen, physischen Grenzen zu verschieben. An diesem Punkt der Geschichte entwickelte sich die Beziehung zwischen Mensch und Natur hin zu einer reinen Nutzenbeziehung. Der Mensch betrachtete die Natur als Quelle wirtschaftlicher Entwicklung.

Obwohl Menschen schon immer ein Teil der natürlichen Welt waren, wurde ihr Einfluss aufgrund der Fortschritte in Technologie und Industrie immer deutlicher. Im *vorindustriellen Zeitalter*[38] waren Volkswirtschaften überwiegend landwirtschaftlich geprägt und stützten sich auf einen nachhaltigen Ansatz zur Ressourcenbewirtschaftung, der natürliche Kreisläufe respektierte. Der Beginn der *Industrialisierung* veränderte diese Dynamik jedoch grundlegend. Mit dem Aufkommen der Fabriken verlagerte sich der Fokus so von einer eher Koexistenz mit der Natur auf eine Exploration ihrer Ressourcen. Diese industrielle Denkweise, die wie bereits beschrieben, auch kulturell begleitet wurde, etablierte eine Erzählung der Dominanz über die Natur und kontextualisierte die Umwelt als Ware, die für wirtschaftlichen Gewinn genutzt werden könne. Die Ausweitung globaler Handelsverpflechtungen akzelerierte diesen Wandel noch weiter.[39]

Gegen Ende des 19. und Anfang des 20. Jahrhunderts fragmentierten sich die Produktionsprozesse mehr und mehr und verteilten sich über den ganzen Globus, was zur Entstehung komplexer globaler *Wertschöpfungsketten* führte. Diese Ketten, die zur Optimierung der Effizienz und Kostensenkung aufgebaut wurden, trennten die Produktionsphasen über verschiedene geografische Standorte hinweg und ließen oft die Umweltauswirkungen jedes Prozessschrittes oftmals in den Hintergrund treten. Besonders der Globale Norden profitierte in dieser Phase zunehmend von einem intensiven Zugriff auf natürliche Ressourcen und Arbeitskraft im *Globalen Süden* ein Muster, das strukturelle Ungleichgewichte[40] in der globalen Arbeitsteilung weiter verfestigte (siehe dazu auch Abschn. 1.1.3). Die Konsumierenden distanzierten sich nicht nur von der Herkunft ihrer Waren, sondern auch von den ökologischen Kosten, die mit ihrer Produktion verbunden sind. Diese Trennung leitete eine Zeit ein, in der die Verbindung zwischen Konsum und Umweltauswirkungen immer brüchiger wurde. Mit der Weiterentwicklung industrieller Systeme traten die Folgen von Ressourcenerschöpfung und Umweltzerstörung zunehmend zutage. Zwar handelte der Mensch schon immer innerhalb ökologischer Grenzen, doch

---

[37] Die Industrielle Revolution wird als ein tiefgreifender sozioökonomischer Wandel verstanden, der Produktionsmethoden, Arbeitsstrukturen und Ressourcennutzung dauerhaft veränderte (siehe zur Vertiefung Landes 2003).

[38] Die Zeit vor der Industrialisierung, geprägt von Landwirtschaft und Handwerk. In agrarisch geprägten Ökonomien wurde häufig in langfristigen Fruchtfolgen, Allmendenutzung und lokalen Zyklen gewirtschaftet, was eine angepasste Nutzung natürlicher Ressourcen begünstigte (siehe zur Vertiefung Mazoyer und Roudart 2006).

[39] Der globale Handel erlebte insbesondere im 19. Jahrhundert durch Dampfschifffahrt, Kolonialismus und Kapitalexport eine massive Ausweitung (siehe dazu Findlay und O'Rourke 2007).

[40] Die Dependenztheorie beschreibt, wie wirtschaftliche Abhängigkeiten zwischen Zentrum (Globaler Norden) und Peripherie (Globaler Süden) reproduziert werden (Amin 1976; Emmanuel 1992).

das Ausmaß und die Intensität der industriellen Aktivitäten führten zu bisher unbekannten Herausforderungen, die diese Grenzen sichtbar machte. Aus diesem Grund wurde die Vorstellung, dass wirtschaftliche Aktivitäten unabhängig von Umweltaspekten stattfinden, zunehmend infrage gestellt und es erstes Bewusstsein für die wechselseitige Abhängigkeit von *Ökosystemen* und Volkswirtschaften entstand.

Anstatt uns als getrennt von der natürlichen Welt zu betrachten, wurde deutlich, dass unsere Handlungen weitreichende Auswirkungen auf die Umwelt haben. Die Erkenntnis, dass ökologische Gesundheit eng mit menschlichem Wohlstand verknüpft ist, erforderte eine Neubewertung der Art und Weise, wie wirtschaftliche Entscheidungen getroffen werden. Angesichts der Realität begrenzter *Natürlicher Ressourcen*[41] entstand die dringende Notwendigkeit, ökologische Überlegungen in die wirtschaftliche Aktivitäten einzubeziehen.

1.2.3 Globale Dynamiken und Entfremdung

Die heutigen globalen *Wertschöpfungsketten* veranschaulichen die Komplexität unserer gegenseitigen Abhängigkeit. Konsumierende, die ein Produkt wie zum Beispiel ein Smartphone kaufen, sind sich oft der unzähligen Prozesse nicht bewusst, die an dessen Herstellung beteiligt sind, von der Rohstoffgewinnung bis hin zur Produktion und Verteilung. Jeder dieser Prozessschritte hinterlässt einen *ökologischen Fußabdruck*[42] und wirkt sich auf *Ökosysteme* weit entfernt vom Verkaufsort aus. Ein (teilweise unbeabsichtigter) Mangel an Transparenz trägt dazu bei, die Verbindung zwischen Mensch, Konsum und Natur zu schwächen, mit potenziell schädlichen sozialen und ökologischen Folgen. In diesem Umfeld kann es Unternehmen passieren, dass *ökologische Kosten*[43] ausgelagert werden, ohne dass ihnen die volle Tragweite ihres Handelns bewusst ist.[44] Besonders

[41] *Natürliche Ressourcen* sind in der Natur vorkommende Rohstoffe, Energiequellen oder Umweltgüter, wie Wasser, Boden, Wälder, fossile Brennstoffe oder mineralische Lagerstätten, die vom Menschen für wirtschaftliche, technologische oder gesellschaftliche Zwecke genutzt werden können. Sie bilden die materielle Grundlage aller Produktions- und Lebensprozesse, sind jedoch vielfach begrenzt und ökologisch sensibel.

[42] Der *ökologische Fußabdruck* ist ein Indikator, der misst, wie viel biologisch produktive Fläche (z. B. für Nahrung, Energie, Siedlungen oder CO_2-Absorption) eine Person, eine Bevölkerung oder ein Wirtschaftssystem benötigt, um ihren Ressourcenverbrauch dauerhaft zu decken. Er macht sichtbar, in welchem Maß menschliches Handeln die Regenerationsfähigkeit der Erde beansprucht oder übersteigt.

[43] Ökologische Kosten bezeichnen Umweltbelastungen, die durch wirtschaftliche Aktivitäten entstehen, aber nicht im Marktpreis eines Produkts enthalten sind, etwa durch Emissionen, Biodiversitätsverlust oder Ressourcenverbrauch (vgl. Pearce et al. 1989).

[44] Diese Externalisierung ökologischer Kosten wird in der Literatur als Charakteristikum globalisierter Produktionssysteme gewertet, insbesondere im Kontext der Umweltgerechtigkeit (Martínez-Alier 2002).

betroffen sind dabei häufig Bevölkerungsgruppen, die strukturell benachteiligt[45] sind und nur begrenzt über politische oder wirtschaftliche Mittel verfügen, um sich gegen diese Belastungen zu wehren. Gleichzeitig gibt es auch Unternehmen, die sich der Auswirkungen ihres Handelns durchaus bewusst sind, diese Kosten aber gezielt in Kauf nehmen, sei es aus Wettbewerbsdruck, Profitinteresse oder mangels effektiver Regulierung.

Angesichts dieser Dynamiken besteht Bedarf, die Berücksichtigung der Natur in wirtschaftlichen Entscheidungen grundlegend zu überdenken. Andernfalls kann das Versäumnis, einen *nachhaltigen Ansatz*[46] zu verfolgen, den *menschlichen Wohlstand*[47] und das kollektive Wohlbefinden stark beeinträchtigen. Indem wir die Bedeutung der Natur ignorieren, riskieren wir, einen Kreislauf der Ressourcenverknappung und Umweltzerstörung aufrechtzuerhalten, der das Gefüge unserer Gesellschaften untergräbt. Die Folgen reichen von einer Verschlechterung der öffentlichen Gesundheit durch Umweltverschmutzung und Verlust der *Biodiversität* bis hin zu einer erhöhten Anfälligkeit für klimabedingte Katastrophen. Besonders dramatisch sind diese Auswirkungen dort, wo ohnehin schon soziale Verwundbarkeiten bestehen, sie verstärken bestehende Ungleichheiten und können letztlich zu politischer und sozialer Instabilität führen.[48] Eine Gesellschaft, die ökologische Nachhaltigkeit vernachlässigt, verengt strukturell ihren Weg zum Wohlstand und verhaftet sich in einem Modell kurzfristiger Gewinne auf Kosten langfristiger Stabilität und Widerstandsfähigkeit. In diesem Zusammenhang ist das Streben nach individuellem und kollektivem Wohlergehen untrennbar mit einem Engagement für Nachhaltigkeit verbunden.

Während wir uns mit den komplexen Herausforderungen auseinandersetzen, die sich aus der Schnittstelle zwischen menschlicher Aktivität und natürlicher Umwelt ergeben, dient ein neues Verständnis der Bedeutung der Natur nicht nur als Korrektur unserer Fehler der Vergangenheit, sondern wirkt auch als tiefgreifender Motor für Innovation und gesellschaftliche Entwicklung. Die Übernahme dieser ganzheitlichen Perspektive auf die Umwelt ist für die Bewältigung der Zukunft von entscheidender Bedeutung, da sie Möglichkeiten für transformative Veränderungen in verschiedenen Sektoren eröffnet.

Damit gilt eine Neudefinition unserer Verbindung zur Natur nicht nur als moralisches Gebot, sondern als strategischer Motor für Innovation und gesellschaftlichen

---

[45] Hier knüpfen Konzepte wie,Environmental Injustice' oder,Environmental Racism' an, die aufzeigen, dass marginalisierte Bevölkerungen überproportional von Umweltbelastungen betroffen sind (siehe Bullard 2000).

[46] Vorgehensweise, die ökologische, soziale und wirtschaftliche Ziele in Einklang bringt und auf langfristige Tragfähigkeit ausgerichtet ist. Siehe dazu auch Brundtland-Bericht (WCED 1987), sowie Abschn. 1.4.

[47] Ein mehrdimensionales Konzept, das über materiellen Reichtum hinausgeht und Aspekte wie Gesundheit, Bildung, soziale Teilhabe, ökologische Lebensgrundlagen und subjektives Wohlbefinden umfasst.

[48] Siehe zur Vertiefung der Frage nach Umweltfolgen und sozialen Konflikten Burke et al. (2024). Climate change causes conflict: How policy can respond.

Fortschritt.[49] Indem wir nachhaltige Praktiken annehmen und Umweltaspekte in wirtschaftliche Entscheidungen einbeziehen, können wir das Potenzial für neue Technologien und Geschäftsmodelle freisetzen, die sowohl die ökologische Integrität als auch den menschlichen Wohlstand verbessern. Auf der anderen Seite besteht die Gefahr, dass die Vernachlässigung dieser lebenswichtigen Beziehung das menschliche Potenzial einschränkt, Wachstumschancen einschränkt und die Grundlagen unserer Gesellschaften bedroht. Der Übergang von einer rein quantitativen zu einer qualitativen Entwicklungsperspektive bedeutet, dass Fortschritt nicht länger an materieller Expansion gemessen wird, sondern an der Fähigkeit, menschliches Wohlergehen innerhalb ökologischer Belastungsgrenzen zu sichern. Der Weg in eine *nachhaltige Zukunft*[50] erfordert die Anerkennung des *intrinsischen Wertes der Natur*[51] sowie die Pflege eines Verhältnisses, das sowohl die ökologischen Grundlagen unseres Planeten als auch die langfristigen Entwicklungsziele der Menschheit trägt. In diesem sensiblen Zusammenspiel offenbart sich das Potenzial für eine Zukunft, in der technologische Innovation mit ökologischer Verantwortung einhergeht und das Wohlergehen aller Lebewesen gewährleistet ist.

1.2.4 Entwicklung hin zu regenerativen Leitbildern und Innovation

Um eine *nachhaltige Zukunft* zu erreichen, müssen wir die Erzählung von einer der Ausbeutung zu einer der (wiederentdeckten) Koexistenz und Governace ändern. Dies beinhaltet ein ganzheitliches Verständnis von *Wertschöpfungsketten*, bei denen die

[49] Die Begriffe „Wachstum", „Innovation" und „Entwicklung" werden im ökonomischen Diskurs oft überlappend verwendet, beschreiben jedoch unterschiedliche Konzepte. Wachstum bezeichnet primär die Zunahme ökonomischer Größen wie dem Bruttoinlandsprodukt. Entwicklung hingegen bezieht sich auf qualitative Veränderungen – etwa auf soziale Gerechtigkeit, Bildung oder ökologische Nachhaltigkeit. Innovation wiederum bezeichnet Prozesse der Neuerung, die Wachstum und Entwicklung fördern können, jedoch nicht zwangsläufig mit ökonomischer Expansion verbunden sein müssen. Eine präzise Unterscheidung dieser Konzepte ist zentral, um wirtschaftlichen Fortschritt innerhalb ökologischer Grenzen zu denken.

[50] Eine *nachhaltige Zukunft* bezeichnet eine gesellschaftliche Entwicklungsperspektive, die langfristig ökologische Tragfähigkeit, ökonomische Leistungsfähigkeit und soziale Gerechtigkeit miteinander in Einklang bringt. Ziel ist es, die Lebensgrundlagen heutiger und künftiger Generationen zu sichern, natürliche Ressourcen zu bewahren und soziale Teilhabe sowie wirtschaftliche Stabilität global wie lokal zu ermöglichen.

[51] Der sogenannte *intrinsische Wert* beschreibt die Vorstellung, dass Arten, Lebensräume oder Landschaften einen Eigenwert besitzen, unabhängig von ihrem Nutzen für den Menschen. In der ökonomischen Bewertung von Natur ist dieser Begriff jedoch umstritten, da er schwer messbar ist und häufig missverständlich verwendet wird. Bateman et al. (2020) weisen darauf hin, dass die Bewertung der bloßen Existenz von Arten und Wildnis als *intrinsisch* oft problematisch ist und in der Praxis zu Auslassungen in Ökosystemleistungsbewertungen führt. Naturkapitalansätze hingegen können Arten und Lebensräume als eigenständige Vermögenswerte berücksichtigen, auch wenn geeignete Metriken und Bewertungsansätze fehlen.

(Vgl. Bateman et al. (2020, S. 777).

Umweltauswirkungen in jeder Produktionsphase transparent berücksichtigt werden. In der Politik Tätige, Unternehmen und Konsumierende müssen gleichermaßen erkennen, wie wichtig es ist, *ökologische Prinzipien*[52] in wirtschaftliche Rahmenbedingungen zu integrieren und Praktiken zu fördern, die *Ökosysteme* schützen und gleichzeitig wirtschaftliche Vorteile bringen. So entsteht während wir uns durch die Komplexität der Globalisierung navigieren, ein dringender Diskurs darüber, wie eine nachhaltige Wirtschaft aussehen könnte. Dies erfordert aber eine Neugestaltung unserer Wertesysteme und das Verständnis, dass die Gesundheit unseres Planeten untrennbar mit unserem wirtschaftlichen Erfolg verbunden ist.

Ein solcher Perspektivwechsel wird auch von Daniel Dahm gefordert, der das Konzept einer *Regenerativen Ökonomie*[53] als notwendige Weiterentwicklung des Nachhaltigkeitsbegriffs versteht. Dahm argumentiert, dass es nicht ausreicht, ökologische Schäden lediglich zu begrenzen oder nachhaltig zu wirtschaften, solange die Systemlogik auf Ausbeutung und Linearität beruht. Stattdessen müsse Wirtschaft so gestaltet sein, dass sie aktive Regeneration natürlicher Lebensgrundlagen ermögliche, etwa durch die Wiederherstellung von Bodenfruchtbarkeit, *Biodiversität* oder Wasserzyklen. In dieser Sichtweise wird Natur nicht länger als passives Kapital betrachtet, sondern als *produktive Mitwelt,* die in ko-evolutiven Prozessen mit menschlichem Handeln verbunden ist (Dahm 2022, S. 236, S. 242). Der regenerative Ansatz geht damit über Effizienz- und Kreislaufprinzipien hinaus, er zielt auf die systemische Gesundung ökologischer, ökonomischer und sozialer Strukturen. Dahm betont, dass ein rein technisch verstandener *closed-loop-Ansatz* (= *Konzept der geschlossener Stoffkreisläufe)*[54] unzureichend bleibt, solange er nicht aktiv zur Wiederherstellung ökologischer Ordnung beiträgt. Vielmehr müsse Wirtschaft als regenerativer Prozess verstanden werden, der auf *Syntropie*[55] basiert, also auf dem beständigen Aufbau von Ordnung durch lebende Systeme. Diese Fähigkeit sei essenziell für die langfristige Stabilität des *Erdsystems.* Dahm schreibt:

> „*Our planetary system needs the input of free energy and its biological binding that enables the living evolution. It must constantly‚pump' itself energetically. Pure circulation does not exist here. The idea that we can survive without the steady rebuilding of ecological order is esoteric.*" (Dahm 2022, S. 234)

---

[52] Grundlegende Regeln, nach denen die Natur funktioniert, z. B. Kreisläufe, Vielfalt und natürliche Grenzen.

[53] Wirtschaften, das natürliche und soziale Systeme aktiv erneuert statt nur zu schonen (vgl. Dahm 2022).

[54] Die Idee zirkulärer Stoffflüsse stammt aus der industriellen Ökologie und wurde durch das Konzept der Circular Economy in der Unternehmenspraxis institutionalisiert (Ellen MacArthur Foundation 2013).

[55] Prinzip zunehmender Ordnung und Regeneration in lebenden Systemen; Gegenteil von Entropie. Syntropie' wurde u. a. von Buckminster Fuller und Albert Szent-Györgyi verwendet, um das Lebensprinzip zunehmender Ordnung und Energiebindung in lebenden Systemen zu beschreiben (Szent-Györgyi 1977).

Diese Perspektive verdeutlicht, dass *Nachhaltigkeit* im 21. Jahrhundert[56] mehr verlangt als die bloße Reduktion negativer Auswirkungen. Es geht um die aktive Wiederherstellung ökologischer Integrität als Voraussetzung wirtschaftlichen Handelns.

Indem wir menschliche Aktivitäten konsequent in diesen erweiterten ökologischen Bezugsrahmen einordnen, können wir eine tragfähigere Beziehung zur Natur fördern und sicherstellen, dass unser Streben nach Fortschritt mit der Erhaltung der natürlichen Systeme, die uns am Leben erhalten, in Einklang steht. Letztlich lädt die Schnittstelle zwischen menschlichem Handeln und natürlichen Grenzen zu einer tiefgreifenden Neubetrachtung unserer Rolle in der Umwelt ein. Die Erkenntnis, dass wir Teil der Natur sind, unterstreicht die Bedeutung nachhaltiger Praktiken und verantwortungsvoller *Governance.* Während wir uns in einer Zeit bewegen, die von zunehmender Komplexität geprägt ist, wird die Notwendigkeit, ökologische Überlegungen in unsere wirtschaftlichen Entscheidungen zu integrieren, nicht nur zu einer Wahl, sondern zu einer wesentlichen Notwendigkeit, um eine lebensfähige Zukunft für kommende Generationen zu sichern, die vergleichbar Chancen bietet, wie die Vergangenheit. In dem Ausbalancieren dieses empfindlichen Gleichgewichtes zwischen Entwicklung und Erhaltung liegt der Schlüssel zur Bewältigung der Herausforderungen des 21. Jahrhunderts und zur Förderung einer Wirtschaft, die die Grenzen des Planeten, den wir unser Zuhause nennen, respektiert.

Diese Neubewertung unserer Beziehung zur Natur fördert eine Denkweise, die *Nachhaltigkeit* in den Vordergrund stellt, was zur Entstehung innovativer Praktiken und Technologien führen kann. Durch die Erkenntnis der Endlichkeit der Ressourcen und der ökologischen Grenzen unseres Planeten werden Einzelne, Gesellschaften und Unternehmen dazu angeregt, Lösungen zu entwickeln, die wirtschaftliche Ziele mit unserer *Umwelt* in Einklang bringen. So hat beispielsweise die zunehmende Betonung von *Kreislaufwirtschaften (= Circular Economy)*[57], in denen Abfall minimiert und Materialien kontinuierlich wiederverwendet werden, Fortschritte bei Ressourcenmanagement, Design und Herstellungsprozessen beschleunigt. Unternehmen, die diese Praktiken anwenden, reduzieren nicht nur ihren *Ökologischen Fußabdruck,* sondern positionieren sich auch wettbewerbsfähig in einem Markt, der zunehmend von Nachhaltigkeitswerten getrieben wird.

Darüber hinaus kann dieser neu entdeckte Respekt für natürliche Systeme Fortschritte in Sektoren wie *Erneuerbare Energien,* nachhaltige Landwirtschaft und grüne Technologie beschleunigen. Die Dringlichkeit, den Klimawandel einzudämmen, hat bemerkenswerte Innovationen hervorgebracht, von Solar- und Windenergietechnologien bis hin zu Fortschritten bei der Batteriespeicherung und Energieeffizienz. Diese Innovationen gehen nicht nur Umweltprobleme an, sondern schaffen auch Arbeitsplätze, treiben das Wirtschaftswachstum voran und verbessern die Energiesicherheit. Laut *Eurostat* und *European*

---

[56] Dieser Gedanke entspricht der Verschiebung von‚sustainable development' hin zu‚regenerative development', wie sie auch Mang und Haggard (2016) vertreten.

[57] Die Circular Economy basiert auf den Prinzipien Design für Wiederverwendung, Materialkreisläufe und regenerative Nutzung natürlicher Ressourcen (Geissdoerfer et al. 2017).

Environmental Agency (EEA) ist die Zahl der Beschäftigten im Umweltgüter- und -dienstleistungssektor in der EU kontinuierlich gestiegen. Allein 2020 waren es rund 4,3 Mio. Menschen, was einem Anteil von 2,1 % an der Gesamtbeschäftigung entspricht (EEA 2023). In Deutschland arbeiteten 2021 bereits 313.000 Menschen im Bereich Umweltschutz, ein Plus von 30 % gegenüber 2019 (Destatis 2024). In den USA wuchs die Zahl der Jobs im Bereich sauberer Energien 2023 doppelt so stark wie die Gesamtbeschäftigung, insbesondere durch Zuwächse in der Solarenergie und Energieeffizienz (U.S. Department of Energy 2024).[58] In China machten Investitionen in saubere Energien im selben Jahr rund 40 % des *BIP*-Wachstums aus und schufen über eine Million Arbeitsplätze, mit weiterem Wachstumspotenzial. Global gesehen schätzt die International Labor Organization, dass durch die Transformation zur grünen Ökonomie bis 2030 über 100 Mio. neue Arbeitsplätze entstehen könnten, insbesondere in den Bereichen Erneuerbare Energien, Gebäudesanierung, Mobilität und nachhaltige Landwirtschaft (ILO 2022, sowie World Economic Forum 2025). Daher ist die Integration von Umweltaspekten in unsere Wirtschaftsrahmen nicht nur eine Verpflichtung; sie stellt eine Chance für gesellschaftlichen Fortschritt dar und bietet eine Grundlage für eine widerstandsfähigere und vielfältigere Wirtschaft.

Umgekehrt kann das Versäumnis, einen nachhaltigen Ansatz zu verfolgen, den menschlichen Wohlstand und das Wohlbefinden stark einschränken. Indem wir die Bedeutung der Natur ignorieren, riskieren wir, einen Kreislauf der Ressourcenverknappung und Umweltzerstörung aufrechtzuerhalten, der das Gefüge unserer Gesellschaften untergräbt. Die Folgen dieser Vernachlässigung sind tiefgreifend, denn sie reichen von einer Verschlechterung der öffentlichen Gesundheit aufgrund von Umweltverschmutzung und Verlust der *Biodiversität* bis hin zu einer erhöhten Anfälligkeit für klimabedingte Katastrophen. Diese Auswirkungen treffen marginalisierte Gemeinschaften überproportional, verschärfen Ungleichheiten und bedrohen Lebensgrundlagen (Islam und Winkel 2017, S. 11 f.).

Es lässt sich somit sagen, dass die Neudefinition unserer Verbindung zur Natur nicht nur ein moralisches Gebot darstellt, sondern sich auch als strategischer Motor für Innovation und gesellschaftlichen Fortschritt erweist. Indem wir nachhaltige Praktiken annehmen und Umweltaspekte in wirtschaftliche Entscheidungen einbeziehen, können wir das Potenzial für neue Technologien und Geschäftsmodelle freisetzen, die sowohl die ökologische Integrität als auch den menschlichen Wohlstand verbessern. Auf der anderen Seite besteht die Gefahr, dass die Vernachlässigung dieser lebenswichtigen Beziehung das menschliche Potenzial einschränkt, Wachstumschancen einschränkt und die Grundlagen unserer

[58] Die neue Trump-Administration kündigte 2025 erneut den Austritt aus dem Pariser Klimaabkommen an und plant laut Medienberichten, zentrale Teile des Inflation Reduction Act zurückzunehmen, darunter Förderungen für Erneuerbare Energien und Elektromobilität. Forschende warnen vor negativen Effekten auf grüne Arbeitsmärkte und Investitionen (Financial Times 2025; Executive Order 14162).

Gesellschaften bedroht. Der Weg in eine nachhaltige Zukunft lädt uns ein, den inhärenten Wert der Natur anzuerkennen und eine Beziehung zu pflegen, die sowohl unseren Planeten als auch unsere Bestrebungen als Spezies nährt. In diesem empfindlichen Gleichgewicht liegt das Versprechen einer blühenden Zukunft, in der Innovation floriert und das Wohlergehen aller gesichert ist.

Entwicklung bezieht sich auf den vielschichtigen Prozess des Wirtschaftswachstums, des sozialen Fortschritts und der Verbesserung der Lebensqualität, der wirtschaftliche, soziale und ökologische Dimensionen umfasst. Innovation hingegen beinhaltet die Einführung neuer Ideen, Methoden oder Produkte, die Wert schaffen und die Effizienz steigern. Sowohl Entwicklung als auch Innovation sind für den Wohlstand von entscheidender Bedeutung, da sie Wirtschaftswachstum, soziale Verbesserungen und globale Wettbewerbsfähigkeit. Sie schaffen Möglichkeiten für die Schaffung von Arbeitsplätzen und höhere Einkommen und befassen sich gleichzeitig mit kritischen Themen wie Gesundheit, Bildung und Ungleichheit. Darüber hinaus fördert Innovation die Anpassungsfähigkeit angesichts rascher Veränderungen und befähigt Gesellschaften, auf neue Herausforderungen wie Klimawandel oder Ressourcenknappheit zu reagieren. Sie erhöht auch die Widerstandsfähigkeit und ermöglicht es Gemeinschaften und Volkswirtschaften, Krisen besser zu überstehen. *Nachhaltigkeit* und *Regeneration* sind in diesem Zusammenhang Ansätze, um aktuelle Bedürfnisse zu erfüllen, ohne die Fähigkeit künftiger Generationen zu gefährden. Sie ebnet den Weg für eine wirtschaftliche Prosperität der Gesellschaft und sorgt zugleich für soziale Gerechtigkeit und Umweltschutz, um letztlich eine wohlhabende Zukunft zu schaffen, die sowohl nachhaltig als auch widerstandsfähig ist.[59]

Diese notwendige Neubewertung des Nexus Mensch und Natur, Natur und Mensch setzt jedoch auch einen entsprechenden Umgang mit den bisherigen Metriken voraus. Das *Bruttoinlandsprodukt* (vgl. Abschn. 1.3) bleibt der vorherrschende Indikator zur Erfassung wirtschaftlicher Aktivität. Daher wird im nächsten Kapitel zunächst auf die Entstehung des *BIP* eingegangen, mit dem Ziel, seine ursprüngliche Zielsetzung zu verstehen. Und um es vorwegzunehmen, das *BIP* als Messgröße an sich stellt nicht das Problem dar, sondern seine Anwendung. Um es mit Charles Goodhart zu sagen: „*Wenn eine Kennzahl zur Messung einer bestimmten Entwicklung in seiner Nutzung verändert und eine Zielgröße wird, verliert sie ihren Zweck.*" Im Original: "*When a measure becomes a target, it ceases*

[59] Die Begriffe *nachhaltiges Wachstum* und *Wohlstand durch Innovation* werden im öffentlichen und wissenschaftlichen Diskurs häufig synonym verwendet, beschreiben jedoch unterschiedliche Konzepte. Während nachhaltiges Wachstum die Fortsetzung von ökonomischer Expansion unter Berücksichtigung ökologischer und sozialer Grenzen meint, betont das Konzept des Wohlstands durch Innovation vor allem qualitative Veränderungen. Es geht um die Umgestaltung von Produktions- und Konsummustern, die Ressourceneffizienz, Suffizienz und soziale Teilhabe erhöhen, ohne zwangsläufig an materielles Wachstum gebunden zu sein. Entscheidend ist dabei, ob Innovationen systemisch wirken – also nicht nur technologische Effizienz steigern, sondern auch institutionelle und kulturelle Strukturen transformieren, um einen ökologisch tragfähigen Wohlstand innerhalb planetarer Grenzen zu ermöglichen (vgl. Jackson 2017; Raworth 2017).

to be a good measure" (Goodhart 1975, S. 116; El-Mhamdi und Hoang 2024, S. 1).[60] So lautet Goodharts Law und verdeutlich die Herausforderung, die das aktuell existierende sozioökonomische System mit dem *Bruttoinlandsprodukt*hat.

Die zuvor skizzierten Entwicklungen, von der ideengeschichtlichen Entfremdung über die industrielle Umgestaltung bis hin zu globalen Wertschöpfungsketten, markieren zentrale Stationen der schrittweisen Abkopplung des ökonomischen Denkens von ökologischen Realitäten. Diese Trennung hat sich nicht nur kulturell und strukturell, sondern auch methodisch niedergeschlagen, insbesondere in den Kennzahlen, mit denen wirtschaftlicher Fortschritt gemessen wird. Die historisch gewachsene Entkopplung von Natur und Ökonomie zeigt sich dabei exemplarisch in einem der einflussreichsten Indikatoren moderner Volkswirtschaften, dem *Bruttoinlandsprodukt*. Seine Entstehung, Entwicklung und Dominanz als Maßstab gesellschaftlicher Wohlfahrt veranschaulichen, wie tief die Ausblendung ökologischer Grundlagen in ökonomische Bewertungssysteme eingeschrieben ist.

1.3 Bruttoinlandsprodukt: Entstehung, Entwicklung und Grenzen

1.3.1 Das Bruttoinlandsprodukt als dominanter Wirtschaftsindikator

Das *Bruttoinlandsprodukt* gilt in der heutigen Zeit nach wie vor als wichtigste Größe der *Volkswirtschaftlichen Gesamtrechnung*[61]. Es hat sich im Laufe des 20. Jahrhunderts zur vorherrschenden Kennzahl wirtschaftlicher Leistung und, zumindest implizit, gesellschaftlichen Wohlstands entwickelt. In Politik und Öffentlichkeit gilt das *BIP*-Wachstum oft als Maß dafür, dass es einer Volkswirtschaft gut geht. Kein anderer Indikator hat eine vergleichbare Karriere gemacht; das *BIP* wird von Philipp Lepenies treffend als die vielleicht *mächtigste Kennzahl der Menschheitsgeschichte* bezeichnet (Lepenies 2013, S. 9). Doch schon früh warnten selbst die Väter dieser Erfolgszahl davor, sie mit wahrem Wohlstand gleichzusetzen. So betonte Simon Kuznets, der maßgeblich an der Entwicklung des *BIP*-Vorläufers *Bruttosozialprodukt*[62] in den 1930er Jahren beteiligt war, bereits 1934 ausdrücklich: *„The welfare of a nation can [...] scarcely be inferred from a measure of*

[60] El-Mhamdi und Hoang (2024) zeigen anhand empirischer Beispiele, wie Indikatoren durch strategisches Verhalten entwertet werden können, u. a. bei ESG-Ratings, Schulrankings und CO_2-Zertifikaten.

[61] *Volkswirtschaftliche Gesamtrechnungen (VGR)* sind ein standardisiertes statistisches System zur systematischen Erfassung, Gliederung und Darstellung der wirtschaftlichen Leistungen eines Landes innerhalb eines bestimmten Zeitraums. Es bildet unter anderem zentrale Kennzahlen wie das Bruttoinlandsprodukt (BIP), das Volkseinkommen oder die Konsumausgaben ab und dient der wirtschaftspolitischen Analyse, Steuerung und internationalen Vergleichbarkeit.

[62] Wert aller Güter und Dienstleistungen, die von im Land Lebenden innerhalb eines Jahres, auch im Ausland, produziert werden, BSP.

national income" (United States 1934, S. 7). Mit anderen Worten. Der Wohlstand einer Nation lässt sich anhand des Volkseinkommens kaum ablesen.

Es zeigt an, wie viel ein Land in einen bestimmten Zeitraum wirtschaftlich geleistet hat und wird in jeweiligen Preisen und preisbereinigt errechnet. So misst das *BIP* den Geldwert der Endgüter und Dienstleistungen, die in einem Land in einem bestimmten Zeitraum produziert werden (IMFa). Es misst die gesamte Produktion, die innerhalb der Grenzen eines Landes erzeugt wird. Auf der Basis des Vorjahrespreises wird die *reale Wirtschaftsentwicklung* frei von Zeitabläufen dargestellt. Aus diesem Grund drückt die preisbereinigte Veränderungsrate des *BIP* die wirtschaftliche Entwicklung aus und wird als Wirtschaftswachstum bezeichnet (Destatis 2024). Alle Länder der Welt messen vornehmlich ihre wirtschaftliche Leistung mittels dieses Hauptindikators. Ein alternatives Konzept, ist das bereits erwähnte *BSP*, welches die gesamte Produktion der Einwohner eines Landes erfasst. Wenn also ein in deutschem Besitz befindliches Unternehmen eine Fabrik in den Vereinigten Staaten hat, wäre die Produktion dieser Fabrik im *US-amerikanischen-BIP*, aber auch im *deutschen BSP* enthalten.

1.3.2 Historische Ursprünge der volkswirtschaftlichen Gesamtrechnung und des Bruttoinlandsprodukt

Die Geschichte des *BIP* spiegelt seine Entwicklung von frühen Konzepten des wirtschaftlichen Werts bis zu seinem heutigen Status als Eckpfeiler der nationalen Gesamtrechnungssysteme weltweit wider. Gehen wir nun aber einen Schritt zuruck und betrachte in einer groben historischen Skizze, wie der Indikator des *BIP* entstanden ist und global zur Anwendung kam. Dabei ist zu berücksichtigen, dass das *BIP* das Resultat einer langen Ideengeschichte ist und nicht einfach nur eine Erfindung. Der Kulminationspunkt der Frage, wie man wirtschaftlichen Wert misst, lässt sich im frühen 20. Jahrhundert verorten. Oft fallen in dem Zusammenhang Namen wie Simon Kuznet (1901–1985) und John Maynard Keynes (1883–1946).

Die Entstehung grundlegender Gedanken zur Messung wirtschaftlicher Leistung fanden jedoch schon im 17. Jahrhundert statt und haben damit ihren Anfang deutlich früher als diese heute mit dem *BIP* oft in Verbindung gebrachten Namen, Simon Kuznet und John Maynard Keynes. William Petty (1623–1687), ein Ökonom und Statistiker des 17. Jahrhunderts, spielte eine entscheidende Rolle bei der Schaffung der Grundlagen für moderne Wirtschaftsmessungen, die letztendlich zur Entwicklung des *BIP* als zentralem Wirtschaftsindikator beitrugen. Petty war einer der ersten, der den nationalen Wohlstand und die Wirtschaftstätigkeit systematisch quantifizierte, und plädierte für die Verwendung empirischer Daten zur Analyse von Volkswirtschaften. Petty trug Zahlen zusammen, die den Wert der Ländereien, der Menschen und Gebäude eines Landes erfassen sollte. Petty interessierte sich besonders für die Zahlen seines eigenen Landes Großbritannien, sowie von dessen Nachbarländern Frankreich und den Niederlanden. Ziel seiner Analyse war der Nachweis, dass Großbritannien sowohl Frankreich als auch den Niederlanden aufgrund seines Reichtums und seiner Ressourcen in wirtschaftlicher und militärischer Hinsicht überlegen war. Seine bahnbrechenden Werke, insbesondere *A Treatise of Taxes and Contributions* (1662) und *Political Arithmetic* (1690), führten das Konzept ein, die Produktion und den Wohlstand einer Nation in greifbaren Begriffen zu messen, und betonten die Bedeutung statistischer Methoden in der Wirtschaftsanalyse (Petty 1662, S. 7; Petty 1690, S. 45). *In Political Arithmetic* entwickelte Petty Methoden zur Datenerfassung und präsentierte Ideen zum Volkseinkommen, die auf Konzepte hindeuteten, die später integraler Bestandteil der BIP-Berechnungen wurden. Er schlug vor, dass der Wohlstand einer Nation anhand ihrer Bevölkerung und *Produktivität*[63] gemessen werden könne, und plädierte für einen quantitativen Ansatz, der Einblicke in die Regierungspolitik und Ressourcenverteilung liefern würde (Petty 1690, S. 45). Seine frühen Konzepte der *politischen Arithmetik* konzentrierten sich auf numerische Beziehungen zwischen wirtschaftlichen Variablen und beeinflusste Generationen von Ökonomen, die diese Konzepte zu den Volkseinkommensrechnungen, die wir heute kennen, weiter verfeinerten. Pettys Daten waren in seinen Ausarbeitungen größtenteils jedoch erfunden und die politischen Entscheidungsträger des 17. Jahrhunderts fanden kein großes Interesse an Pettys Arbeit.

Die Notwendigkeit einer konkreteren Messung der nationalen Wirtschaftsleistung entstand erst in den folgenden Jahren. Die von Petty gelegte Grundlage, die die empirische Analyse der Wirtschaftstätigkeit betont, ist entscheidend für das Verständnis, wie sich das *BIP* als systematische Messgröße zur Bewertung nationaler Volkswirtschaften entwickelte.[64]

In der Folge knüpften weitere Denker an diese Entwicklungen an. Einer der bedeutendsten unter ihnen war Richard Cantillon (ca. 1680–1734), der als einer der ersten modernen Ökonomen gilt. Sein posthum veröffentlichtes Werk *Essai sur la Nature du Commerce en Général* (1755) legte den Grundstein für die *Klassische Ökonomie*[65]. Er führte wesentliche Konzepte zum Zusammenhang zwischen Produktion und Einkommensverteilung ein. Durch die Analyse der Auswirkungen der Marktdynamik auf die Wirtschaftstätigkeit unterschied Cantillon verschiedene Einkommensarten, wie Gewinn, Rente und Löhne, und verdeutlichte so das komplexe Zusammenspiel der *Wirtschaftssubjekte*[66]. Seine Erkenntnisse über Unternehmertum und Marktmechanismen nahmen die Prinzipien vorweg, die später der systematischen Messung der Wirtschaftsleistung zugrunde lagen.

---

[63] Verhältnis zwischen dem Output an Gütern oder Dienstleistungen und dem Einsatz an Produktionsfaktoren wie Arbeit, Kapital oder Zeit.

[64] Weiterführende Literatur. Goodacre, H. (2018). The Economic Thought of William Petty: Exploring the Colonialist Roots of Economics.

[65] Wirtschaftstheoretische Richtung des 18./19. Jh., die Märkte als selbstregulierend betrachtet und Wachstum durch Arbeitsteilung, Wettbewerb und Kapitalakkumulation erklärt.

[66] Definiert als alle natürlichen oder juristischen Personen, die am Wirtschaftsleben teilnehmen und wirtschaftliche Entscheidungen treffen. Dazu gehören Privathaushalte, Unternehmen, der Staat und auch das Ausland).

François Quesnay (1694–1774), ein französischer Ökonom des 18. Jahrhunderts und führender Vertreter der *physiokratischen Schule*[67] trug maßgeblich zur Entwicklung des ökonomischen Denkens bei, das die konzeptionelle Grundlage des *Bruttoinlandsprodukts* beeinflussen sollte. Sein wichtigster Beitrag liegt in seiner Betonung der Bedeutung der landwirtschaftlichen Produktion als Quelle des Wohlstands und Grundlage der Volkswirtschaftlichen Gesamtrechnung. In seinem bahnbrechenden Werk *Tableau Économique* (1758) führte Quesnay ein Modell des wirtschaftlichen Flusses von Waren und Dienstleistungen innerhalb einer Gesellschaft ein und veranschaulichte, wie verschiedene Klassen, nämlich die landwirtschaftliche Klasse, die sogenannte *Classe Productive,* die Landbesitzende, *Classe Distributive,* und die sogenannte *Classe Stérile,* wie Händler und Handwerker, wirtschaftlich interagieren (Quesnay 1758, S. 1 ff.).[68] Dieses Modell kann als früher Vorläufer der *Volkswirtschaftlichen Gesamtrechnung* angesehen werden, da es die Grundlage für das Verständnis der wirtschaftlichen Interdependenz und des Produktions- und Einkommensflusses zwischen verschiedenen Wirtschaftssektoren legte. Quesnays Fokus auf den Agrarsektor als primäre Wohlstandsquelle betonte auch die Idee, dass die wirtschaftliche Leistung systematisch gemessen und analysiert werden könnte, und spiegelt damit Themen wider, die für heutige *BIP*-Berechnungen von zentraler Bedeutung sind. Seine Behauptung, dass das Nettoagrarprodukt zu einer allgemeinen wirtschaftlichen Gesundheit führt, nahm spätere ökonomische Analysen vorweg, die versuchten, die nationale Leistung durch umfassende Maßstäbe wie das *BIP* zu quantifizieren (Skousen 1990, S. 154 sowie 159). Indem er für einen systematischen Ansatz zum Verständnis der wirtschaftlichen Beiträge verschiedener Sektoren eintrat, beeinflusste Quesnay spätere Ökonomen wie Adam Smith und Simon Kuznets, die die Methoden zur Messung des Volkseinkommens weiterentwickelten. Quesnays innovatives Konzept der Wirtschaftsströme und der Wechselwirkungen zwischen Produktion und Verteilung stellen grundlegende Ideen dar, die sich in heutigen *BIP*-Systemen widerspiegeln und seine Bedeutung als zentraler Vorläufer moderner wirtschaftlicher Messkonzepte unterstreichen.

Im Folgenden setzten sich auch frühe Wirtschaftstheoretiker mit der Frage der Messung nationaler Wirtschaftstätigkeit auseinander. So spielt auch Adam Smiths einflussreiches Werk *Der Wohlstand der Nationen* (1776) eine entscheidende Rolle bei der Entwicklung des *BIP*. Es legte einen Grundstein für rein ökonomische Denken und diskutierte Konzepte wie Arbeitsteilung und Marktdynamik, schlug jedoch keine systematische Messung der nationalen Produktion vor. Smith konzentrierte sich auf die Natur des Wohlstands, ohne zu quantifizieren, wie dieser gemessen werden soll (Smith 1776). Ökonomen wie David Ricardo und John Stuart Mill trugen zum Verständnis von Einkommen und Produktion bei, aber es fehlten noch immer klare quantitative Maßstäbe Die letztendliche Etablierung des *BIP* als umfassendes Maß für die nationale Wirtschaftstätigkeit war das Ergebnis der Beiträge bedeutender Ökonomen wie Simon Kuznets und John Maynard Keynes sowie

---

[67] Ökonomische Denkrichtung des 18. Jh., die den Ursprung allen Wohlstands in der Landwirtschaft sah und Naturprozesse als Grundlage ökonomischer Ordnung betonte.

[68] Siehe zur Vertiefung Gabler Wirtschaftslexikon. (o. J.). Physiokratie.

der Bemühungen von Organisationen, die zur Standardisierung der Methoden der Wirtschaftsanalyse beitrugen. Ihre gemeinsame Arbeit unterstreicht die Bedeutung des *BIP* als einen Indikator, der die wirtschaftliche Gesundheit und Leistungsfähigkeit von Nationen weltweit widerspiegeln sollte.

1.3.3 Krisen als Katalysator: Die Entstehung des modernen BIP

Erst als es 1929 zum Börsencrash in New York und der anschließenden Weltwirtschaftskrise[69] kam, versuchte man einen alternativen Ansatz zur Messung der Volkswirtschaft zu finden. Ein Name, der immer wieder mit diesem Vorhaben in Verbindung gebracht wird, ist der von Colin Clark. Colin Clark gilt in England ähnlich wie Petty zuvor als Alleinkämpfer. Er war erstaunt wie die Ökonomen seines Landes mit der damaligen wirtschaftlichen Krise umgingen und versuchte als Chemiker einen eher naturwissenschaftlich geprägten Ansatz zu finden. Ohne finanzielle Unterstützung bemühte er sich, von Gewerkschaften, Handelsvereinigungen und Hafenbehörden einzelne wirtschaftliche Daten zusammenzutragen, um daraus das Konzept des Volkseinkommens zu entwickeln. Hier erging es Clark ähnlich wie Petty Jahrhunderte zuvor. Die britische Regierung interessierte sich nicht für seine Ausarbeitung. Clark fand jedoch in John Maynard Keynes einen Interessierten. Dieser war fasziniert von Clark und nutzte zu Beginn des Zweiten Weltkrieges seine Daten für eine Berechnung der notwendigen Steuereinnahmen, die zur Finanzierung des zweiten Weltkrieges nötig waren. Keynes präsentierte seine Ausarbeitung der englischen Regierung und das Finanzministerium beauftragt zwei Ökonomen eine Schätzung des Volkseinkommens vorzunehmen. Dieser Auftrag gilt heute als Geburtsstunde der Volkswirtschaftlichen Gesamtrechnung. Dabei wurde jedoch lediglich ein grober Überblick über die Wirtschaft mit Fokus auf das Einkommen einer Bevölkerung gelegt, sodass die Ergebnisse nicht mit den heutigen Kennzahlen vergleichbar sind.

Parallel zu der Entwicklung in Großbritannien begannen auch die USA einen Blick auf die Zahl zur Messung der Wirtschaft zu werfen. Hier ist die Wirtschaftskrise Ende der 1920er-Jahre ebenfalls der Ausgangspunkt der Überlegungen. Zu dieser Zeit herrschten in weiten Teilen der Bevölkerung prekäre Zustände und es sollte die Frage geklärt werden, wie viel diese Personen noch zum Leben hatten. Das Wort *Volkseinkommen* war der Fokus der damaligen Untersuchung. In den USA verlief die Entwicklung entgegengesetzt zu jener in England. Hier trat der Staat aktiv auf und forderte erstmals wirtschaftliche Kennzahlen ein. Im Herbst 1931 lud der Senator von Wisconsin führende Industrielle

---

[69] Der Börsenkrach vom Oktober 1929 an der New Yorker Wall Street, oft als Schwarzer Freitag (in den USA: „Black Thursday") bezeichnet, markierte den Beginn der weltweiten Wirtschaftskrise der 1930er Jahre. Infolge von Spekulation, Kreditblasen und Marktübertreibungen kam es zu massiven Kursverlusten. Die anschließende Weltwirtschaftskrise führte zu globalem Einbruch von Produktion, Handel und Beschäftigung und hatte tiefgreifende soziale und politische Folgen.

zu einer Anhörung vor dem US-Kongress ein, um sich ein Bild von der wirtschaftlichen Lage des Landes zu machen. Im Anschluss der Konferenz wurde die Schätzung des Volkseinkommens eine staatliche Aufgabe. Damit kam es zur ersten Wertschätzung einer makroökonomischen Zahl für die Politik.

Simon Kuznets, ein Ökonom mit russisch-jüdischer Herkunft wird mit dieser Aufgabe betraut. Kuznets entwickelte ein ähnliches Konzept in Amerika wir Clark zuvor in England, jedoch komplett unabhängig voneinander. Ein großer Unterschied der beiden Visionäre war die jeweilige Regierungsbeteiligung. Während für Colin Clark ein gutes Wort von Keynes bei der englischen Regierung eingelegt werden musste, erkannte die amerikanische Regierung die Relevanz dieser Arbeit, und der daraus abgeleiteten Zahlen, selbst. (Lepenies 2013, S. 78 ff.).

So wird Simon Kuznets oft als Vater des *BIP* bezeichnet, dank seiner Pionierarbeit in den 1930er Jahren zur *Volkseinkommensrechnung*. Kuznets hatte die Aufgabe, eine umfassende Methode zur Messung der Wirtschaftstätigkeit der Vereinigten Staaten zu entwickeln und etablierte standardisierte Methoden, die den Grundstein für die Berechnung des Volkseinkommens legten. Seine Bemühungen betonten die Bedeutung der Wirtschaftsleistung für das Verständnis der allgemeinen Gesundheit eines Landes und machten das *BIP* zu einem entscheidenden Wirtschaftsindikator. Während Kuznets maßgeblich an der Methode arbeitete, prägte John Maynard Keynes, obwohl nicht direkt für die Entwicklung des *BIP* verantwortlich, das ökonomische Denken während der Weltwirtschaftskrise maßgeblich. Sein Eintreten für die Verwendung aggregierter Kennzahlen zur Wirtschaftsleistung lenkte die Aufmerksamkeit auf Daten zum Volkseinkommen und deren Auswirkungen auf die Geld- und Fiskalpolitik. Keynes argumentierte für die Notwendigkeit zuverlässiger Wirtschaftsindikatoren zur Analyse und Steuerung konjunktureller Schwankungen und unterstrich damit die Bedeutung der dem *BIP* zugrunde liegenden Konzepte. Darüber hinaus erweiterten die von Ökonomen wie Nicholas Kaldor entwickelten Rahmenwerke das theoretische Verständnis des *BIP*. Kaldors Modelle untersuchten Einkommensverteilung und Wirtschaftswachstum und prägten so die Art und Weise, wie Ökonomen das *BIP* und die zugrunde liegenden Faktoren, die die nationale Wirtschaftsleistung beeinflussen, analysieren.

1941 wird auch die USA in den Zweiten Weltkrieg gezogen. Da Gelder für den Krieg benötigt wurden, ergaben die Volkswirtschaftlichen Gesamtrechnungen negative Auswirkungen auf den Wohlstand der amerikanischen Bevölkerung. Um dem etwas entgegenzusetzen, fokussierte man die Betrachtungen auf die ansteigenden Investitionen in die Produktion von Kriegsgütern, mit der Folge, dass der Präsident positive volkswirtschaftliche Bilanzen veröffentlichen könnte. Auch wenn dies nicht zu merklichen Verbesserungen des Wohlergehens der Bevölkerung führte, gilt dieser Moment als die Geburtsstunde des *Bruttoinlandsprodukts*. Damit wurde die Produktionskraft das wirtschaftliche Maß aller Dinge, was auch nach dem Krieg seine Gültigkeit behielt. Auch der

1946 in den USA gegründete *Council of Economic Advisers (CEA)*[70] spielte eine entscheidende Rolle bei der Verfeinerung und Förderung des *BIP* als zentrale Wirtschaftskennzahl. So verbesserte der CEA die Methoden zur Berechnung des BIP und gab wichtige wirtschaftspolitische Empfehlungen auf Grundlage der nationalen Einkommensstatistik (Lepenies 2013, S. 155 f.). Darüber hinaus haben internationale Organisationen wie der *Internationale Währungsfonds* (= *Internationale Monetary Fonds, IMF*) und die *Weltbank* die Einführung und Standardisierung der *BIP*-Messung in verschiedenen Ländern maßgeblich beeinflusst. Diese Organisationen entwickelten Leitlinien und Rahmenwerke für die Volkswirtschaftlichen Gesamtrechnungen, die es Ländern weltweit ermöglichen, das *BIP* als Standardmaß für die Bewertung der Wirtschaftsleistung zu übernehmen und so aussagekräftige Vergleiche zwischen verschiedenen Volkswirtschaften zu ermöglichen.

Die Durchsetzung des *BIP* nach dem Zweiten Weltkrieg als Standardmaß für die Wirtschaftsleistung wurde durch das *Bretton-Woods-System* weiter gefördert. Beim *Bretton-Woods-System* handelt es sich um ein internationales Währungssystem mit festen Wechselkursen, in dem sich die USA verpflichtet hat, ihre Währung jederzeit in Gold einzutauschen. Des Weiteren wurden in diesem Zuge der obengenannte *IMF* und die *Weltbank* (= *World Bank*) gegründet, denen sich fast alle Staaten der Welt anschlossen. Auf der *Bretton-Woods-Konferenz* 1944 wurde die Bedeutung des *BIP* weiter gefestigt, als die Nationen versuchten, einen Rahmen für die wirtschaftliche Zusammenarbeit in der Nachkriegszeit zu schaffen (Berkeley Economic Review 2020). Es wurde zu einem Standardmaß für Wirtschaftspolitik und Wiederaufbau und ermöglichte es den Nationen, ihre wirtschaftliche Gesundheit im Vergleich zu anderen zu beurteilen. Die Methodik zur Berechnung des *BIP* entwickelte sich in dieser Zeit erheblich weiter. Ökonomen entwickelten drei Hauptansätze zur Messung, den Produktionsansatz (oder Wertschöpfungsansatz), den Einkommensansatz und den Ausgabenansatz. Jeder Ansatz bietet unterschiedliche Perspektiven auf die Wirtschaftstätigkeit, konvergiert aber letztendlich zu derselben BIP-Zahl und ermöglicht so ein umfassendes Verständnis der Wirtschaftsleistung (BEA 2015, S. 3 f.). Die Einbeziehung statistischer Methoden half dabei, diese Berechnungen zu verfeinern, was zur modernen Operationalisierung des *BIP* führte.

Während dieser Zeit machte sich die deutsche Regierung noch keine Gedanken über die Messung volkswirtschaftlicher Größen. Jedoch gab es einen Mann, bei dem alle Informationen zu industriellen Produktionskapazitäten zusammenliefen. Rolf Wagenführer (1905–1975), Leiter der Zentralen Planung des Rüstungsministerium. Wagenführer war damit äußerst wichtig für die Amerikaner, denn nur mit seiner Hilfe konnten sie die

[70] Ein 1946 durch den Employment Act gegründetes wirtschaftspolitisches Beratungsgremium des US-Präsidenten. Es besteht aus einem kleinen Kreis hochrangiger in der Ökonomie Forschende, die wirtschaftliche Entwicklungen analysieren, Prognosen erstellen und Empfehlungen für die wirtschafts- und beschäftigungspolitische Strategie der US-Regierung formulieren. Der CEA spielt eine zentrale Rolle bei der Ausarbeitung des jährlichen Economic Report of the President und dient als Bindeglied zwischen wirtschaftswissenschaftlicher Expertise und politischer Entscheidungsfindung. Siehe dazu auch Council of Economic Advisers. (o. J.). The Council of Economic Advisers.

wirtschaftlichen Auswirkungen der Bombardierung auf Deutschland messen. Das amerikanische Team, welches die Aufgabe hatte, diese zu bewerten, wurde von John Kenneth Galbraith geleitet. Als es seinem Team gelingt Wagenführer zu entführen und über die Daten zu befragen, kann er die Auswirkungen des Krieges auf Deutschland einschätzen. Er schätze das erste *Bruttosozialprodukt* für Deutschland und war auch einer der ersten Kritiker. Im Kontext des Marshallplans wurde in der Folge die US-amerikanische Methode zur Berechnung des *Bruttosozialproduktes* in Deutschland eingeführt[71].

1.3.4 Kritik und Grenzen des BIP

Allgemein äußert sich die heutige Kritik an der Messgröße des *BIP* als Wohlstandsmaß. Fraglich ist schließlich, ob Veränderungen in der Produktion von Waren und Dienstleistungen pro Person *(BIP pro Kopf)* Aufschluss darüber geben können, ob es dem Durchschnittsbürger in einem Land besser oder schlechter gehe. Grund dafür ist die Tatsache, dass mit dem *BIP* nichts spezifisch Relevantes gemessen wird, dass das allgemeine Wohlergehen positiv beeinflussen würde. So lautet die Kritik, dass es für einen Anstieg des *BIP* genüge, dass die Wirtschaftsleistung eines kleinen sehr wohlhabenden Teils der Gesellschaft wachse. 1968 bemerkte Robert F. Kennedy in einer berühmten Rede, dass das *BIP „kurz gesagt alles misst, außer das, was das Leben lebenswert macht"*, und verwies damit auf seine Grenzen bei der Erfassung des gesellschaftlichen Wohlstands (Kennedy 1968). So wird der Wohlstand des Landes zwar in der Breite gemessen, jedoch wird nicht die Differenz zwischen arm und reich berücksichtigt. *„Gross Domestic Product (GDP) is often treated as shorthand for national economic well-being, even though it was never intended to be; it is a measure of (some) of the marketable output of the economy."* (Aitken 2019, S. 3).

Das Problem des *BIP* wurde erneut nach der globalen Finanzkrise 2008 deutlich und es wird geschätzt, dass die Problematik seitdem kontinuierlich zugenommen hat. Auch macht die Erfassung des *BIP* keine Unterscheidung zwischen zum Beispiel klimaschädlichen Kohlekraftwerken oder der Erzeugung *Erneuerbarer Energien.* Zudem handelt sich um eine Art der Bestandsaufnahme, welche zukünftige Entwicklungen nicht betrachtet. Ein weiteres Beispiel verdeutlicht dies. So würde sich auch das *BIP* erhöhen, wenn beispielsweise ein Auto einen Unfall erleidet und anschließend repariert werden muss. Diese Widersprüchlichkeit zeigte sich z. B. in der *Corona-Krise* als das sinkende Wirtschaftswachstum eine positive Auswirkung auf die Kohlenstoffdioxid-Emissionen hatte. Das Zitat des Politikwissenschaftlers Philipp Lepenies *„Durch das Wachstum vermeidet die Politik, die Debatten zu führen, die wehtun"*, beschreibt die Probleme und Sorgen äußerst präzise (DLF 2023). Es kann so eine Leistungssteigerung mit Umweltschäden oder anderen externen Kosten wie Lärm verbunden sein. Oder es geht um die Reduzierung der

[71] Siehe auch Fremdling (2016).

Freizeit oder die Erschöpfung nicht erneuerbarer natürlicher Ressourcen. Die Lebensqualität kann auch von der Verteilung des *BIP* unter den Einwohnern eines Landes abhängen, nicht nur vom Gesamtniveau (Callen 2022).

In der Quintessenz kann gesagt werden, dass die Anwendung des *BIP* zur Beurteilung der Wirtschaftsleistung auf einer fehlerhaften Anwendung beruht. Das *BIP* ist eine *Flussgröße,* im Gegensatz zu sogenannten *Bestandsgröße.*[72] Es liefert somit eine Momentaufnahme der Wirtschaftstätigkeit, berücksichtigt jedoch nicht den zugrunde liegenden Ressourcenbestand oder Wohlstand einer Volkswirtschaft. Das B im *BIP* steht für die *Bruttoproduktion* der Endprodukte und -dienstleistungen, nicht für die *Nettoproduktion,* das heißt unter der Berücksichtigung der Abschreibung von Vermögenswerten. Beispielsweise kann ein Land aufgrund erhöhter Produktion einen Anstieg des *BIP* verzeichnen, der jedoch nicht nachhaltig sein kann, wenn er natürliche Ressourcen erschöpft oder erhebliche Umweltschäden verursacht. In diesem Zusammenhang kann der *Flussgrößencharakter* des *BIP* die Illusion von Wohlstand erzeugen, indem er eine gesunde Wirtschaft suggeriert und gleichzeitig den Rückgang wichtiger Ressourcenvorräte verschleiert. Die Ressourcen, die in *natürlichen Kapitalbeständen*[73] eingebettet sind, können nicht als unendlich betrachtet werden und jede Entscheidung, eine Ressource zu nutzen, schließt eine andere Möglichkeit aus, was zu *Opportunitätskoste*n führt (Bateman und Mace 2019, S. 1). Darüber hinaus verwendet das *BIP* Marktpreise zur Bewertung der Wirtschaftsleistung, was zu Diskrepanzen zwischen Nominalwerten und tatsächlichem Wirtschaftswert führen kann. Preisschwankungen können den wahren Wert der Wirtschaftstätigkeit verzerren. Beispielsweise kann das nominale *BIP* in Inflationsphasen schlicht aufgrund steigender Preise steigen, statt aufgrund einer tatsächlichen Produktionssteigerung oder Verbesserung des Lebensstandards. Umgekehrt kann das *BIP* bei fallenden Preisen, wie sie in deflationären Zeiten zu beobachten sind, sinken, selbst wenn die reale Wirtschaftsleistung stabil bleibt. Diese Abhängigkeit von Marktpreisen kann den Zustand der Wirtschaft und das Wohlergehen ihrer Bürger falsch darstellen, da sie möglicherweise Ungleichheiten in der Einkommensverteilung oder den Wertbeitrag aus nichtmarktwirtschaftlichen Aktivitäten wie häuslicher Pflege oder Freiwilligenarbeit nicht widerspiegelt. Auch wenn das *BIP* zur Beurteilung der Wirtschaftstätigkeit relevant bleiben wird, ist es für die makroökonomische Analyse und entsprechende strukturpolitische

---

[72] Das Bruttoinlandsprodukt (BIP) ist eine sogenannte Flussgröße, da es den Wert aller innerhalb eines Jahres neu geschaffenen Güter und Dienstleistungen misst, also eine ökonomische Leistung über einen bestimmten Zeitraum hinweg abbildet. Demgegenüber stehen Bestandsgrößen, wie etwa das gesamte volkswirtschaftliche Vermögen, die zu einem bestimmten Zeitpunkt erfasst werden. Beide Größenarten sind komplementär, aber nicht direkt vergleichbar.

[73] *Natürliche Kapitalbestände* sind die ökologischen Vorräte und Strukturen, aus denen durch natürliche Prozesse Leistungen für Mensch und Umwelt hervorgehen. Dazu zählen etwa Wälder, Böden, Wasserressourcen, Luftqualität, Fischbestände oder Biodiversität. Sie gelten als Bestandteil des Gesamtkapitals einer Volkswirtschaft und bilden die Grundlage für Ökosystemleistungen wie CO_2-Speicherung, Wasserkreisläufe oder Bestäubung. Ihr Erhalt ist entscheidend für langfristige ökologische Resilienz und ökonomische Stabilität.

Fragestellungen und die für die Bewertung von Investitionen völlig ungeeignet (Dasgupta 2021, S. 5).

Wie beschrieben führt die Vernachlässigung von *Naturkapitalien (= natürlichen Kapitalbeständen), Naturkapital*, zu einer verzerrten Wahrnehmung wirtschaftlicher Stabilität. Daniel Dahm führte eine solche verzerrte Wahrnehmung auf ein mangelndes Verständnis von ökonomischen Wertschöpfungsprozessen und den sie beeinflussenden Faktoren und Vorbedingungen zurück (Dahm 2019, S. 98). In der Praxis bedeutet dies, dass kurzfristige Produktionssteigerungen als Erfolg gewertet werden, auch wenn sie durch die Zerstörung von Ressourcen, d. h. von *natürlichen Kapitalbeständen,* quasi erkauft sind. Angesichts von Klimawandel, Verlust von *Biodiversität* und der fortschreitenden Degradierung von Böden wirkt dieser vernachlässigte Aspekt umso gravierender, denn die anhaltende Übernutzung natürlicher Lebensgrundlagen birgt das Risiko eines Rückgangs der wirtschaftlichen Leistungsfähigkeit. Ein klassisches Beispiel ist die Zerstörung von Wäldern zur Holzgewinnung. Wenn ein Land große Waldflächen abholzt, um Holz zu verkaufen, steigt kurzfristig das *BIP*. Doch der damit verbundene Verlust an *Biodiversität,* die Zerstörung von *Ökosystemen* und die langfristigen Klimafolgen bleiben unberücksichtigt.[74] Das *BIP* verbucht somit lediglich die wirtschaftliche Aktivität, nicht jedoch die damit verbundenen Kosten des Ressourcenabbaus. Diese Verzerrung kritisiert auch Partha Dasgupta in seinem Bericht *The Economics of Biodiversity,* in dem er argumentiert, dass *Naturkapital* als *Bestandsgröße*berücksichtigt werden muss und nicht als Flussgröße, um eine nachhaltige Wirtschaftspolitik zu ermöglichen (Dasgupta 2021, S. 33). Der *Human Development Index (HDI)* und der *Genuine Progress Indicator (GPI)* sind als Alternativen entstanden, die versuchen, Kennzahlen für soziales Wohlergehen, Gesundheit, Bildung und nachhaltige Praktiken in die Bewertung des nationalen Fortschritts einzubeziehen (Aitken 2019, S. 3 ff.; Klugman et al. 2011; WHO; Talberth et al. 2007, S. 2 ff.).[75]

Ein eindrückliches Beispiel für die Fehlanreize des *BIP* liefert die Ölkatastrophe im Golf von Mexiko im Jahr 2010. Die Aufräumarbeiten nach der Explosion der Deepwater Horizon ließen das *BIP* steigen, da erhebliche finanzielle Mittel in Notfallmaßnahmen und Küstensäuberung investiert wurden. Die langfristigen ökologischen Schäden sowie die Belastungen für lokale Lebensgrundlagen blieben dabei jedoch unberücksichtigt (Kujawinski et al. 2020 sowie U.S. Bureau of Economic Analysis o. J.).

Das *BIP* ist zwar ein nützlicher Indikator für die Wirtschaftstätigkeit, seine Schwächen als *Flussgröße* und die potenzielle Fehlinterpretation von Preis und Wert unterstreicht

---

74 Siehe auch u. a. zur Vertiefung Bastien-Olvera et al. (2024). Unequal climate impacts on global values of natural capital.

75 Der *Human Development Index (HDI)* ist ein von den Vereinten Nationen entwickelter Wohlstandsindikator, der neben dem Bruttonationaleinkommen auch Bildungsniveau und Lebenserwartung berücksichtigt, um den Entwicklungsstand eines Landes zu messen. Der *Genuine Progress Indicator (GPI)* erweitert klassische Wirtschaftskennzahlen wie das BIP um ökologische und soziale Kosten (z. B. Umweltverschmutzung, Ungleichheit), um den tatsächlichen gesellschaftlichen Fortschritt umfassender abzubilden.

jedoch die Notwendigkeit eines differenzierteren Verständnisses der wirtschaftlichen Leistung. Institutionen und Akteure der Wirtschaft und der Gesellschaft, wie z. B. politische Entscheider, Forschende, internationale Organisationen und zivilgesellschaftliche Akteure, sollten das *BIP* durch ergänzende Messgrößen erweitern, die Vermögensbestände sowie breitere Indikatoren für gesellschaftliches Wohlergehen abbilden, um ein differenzierteres und zukunftsfähigeres ökonomisches Narrativ zu etablieren.

Doch nicht nur die Frage der Messung ist im Rahmen dieser Kritik von Bedeutung. Ebenso zentral ist die Überlegung, ob bei der Erhebung der Daten hinsichtlich der wirtschaftlich genutzten Ressourcen auch deren Herkunft adäquat berücksichtigt. Dabei kommt der Verfügbarkeit von Ressourcen eine entscheidende Rolle zu, da sie maßgeblich die wirtschaftlichen Handlungsspielräume von Volkswirtschaften und Unternehmen beeinflusst. Zudem können aus der unterschiedlichen Verfügbarkeit sogenannte *komparative Kostenvorteile*[76] entstehen, die im folgenden Kapitel noch näher erläutert werden.

1.4 (Vermeintliche) komparative Kostenvorteile: Ressourcenverteilung und sozioökonomische Entwicklung

Wirtschaftliches Wachstum, im Sinne des *BIP* sowie wirtschaftliche Entwicklung im Sinne von Wohlstandsniveau sind eng mit der Verfügbarkeit und Nutzung von Ressourcen verbunden. Ohne ausreichende materielle und immaterielle Ressourcen kann sich keine Volkswirtschaft entsprechend entwickeln. Sie sind die Grundlage für Produktion, Innovation und Wohlstand. Ressourcen können also bezeichnet werden als der Schlüssel zur wirtschaftlichen Entwicklung. Entscheidend ist, dass sie effizient und nachhaltig genutzt werden. Länder, die auf Bildung, Innovation und eine zukunftsorientierte Wirtschaftsstrategie setzen, können langfristiges Wachstum und Wohlstand sichern. Dabei spielen die Verfügbarkeit der notwendigen Ressourcen, sei es humane oder auch natürliche Ressourcen eine entscheidende Rolle. Wer, bzw. welches Land jedoch was produziert, hängt auch mit der Frage der Verfügbarkeit und den Kosten der Verarbeitung von Ressourcen zusammen. Ein Land hat somit einen *komparativen Vorteil* in der Produktion eines Gutes, wenn es dieses zu geringeren *Opportunitätskosten* herstellen kann als ein anderes Land, selbst wenn es absolut gesehen weniger effizient ist als ein anderes Land. Das bedeutet, dass sich jedes Land oder jede Person auf die Produktion der Güter spezialisieren sollte, bei denen seine *Opportunitätskosten* am niedrigsten sind.

[76] Komparative Kostenvorteile beschreiben den relativen Vorteil eines Landes oder Akteurs, ein Gut mit geringeren Opportunitätskosten zu produzieren als andere, selbst wenn es nicht absolut effizienter ist. Dieses Prinzip, das auf David Ricardo zurückgeht, erklärt, warum internationaler Handel auch dann vorteilhaft ist, wenn ein Partner in allen Bereichen produktiver wäre. Entscheidend ist die Spezialisierung auf die jeweils vergleichsweise günstigsten Produktionsmöglichkeiten.

1.4.1 Historische Entwicklung der Ressourcennutzung

Der Zugang zu natürlichen Ressourcen war und ist ein entscheidender Motor für wirtschaftliches Wachstum. Die historische Entwicklung der Ressourcennutzung ist ein komplexer Prozess, der die Art und Weise, wie Gesellschaften ihre Umwelt wahrnehmen, mit ihr interagieren und sie verändern, entscheidend geprägt hat.

In der *prähistorischen Zeit*[77], also in jenem Abschnitt der Menschheitsgeschichte vor der Erfindung der Schrift, lebten Menschen als Jäger und Sammler. In dieser Phase wurden die zur Deckung des täglichen Bedarfs benötigten natürlichen Ressourcen relativ nachhaltig genutzt aufgrund der geringen Bevölkerungszahlen, und auf der anderen Seite wegen der hohen Mobilität in Form von Wanderbewegungen (Gordon 2018, S. 37). Die frühe Ressourcennutzung war dabei stark an die natürlichen Zyklen gebunden, da sich das menschliche Handeln unmittelbar an den Gegebenheiten der Umwelt orientieren musste.

Mit der Entwicklung der Landwirtschaft, etwa vor 10.000 Jahren[78], setzte ein fundamentaler Wandel ein. Die Menschen begannen, Land gezielt zu bewirtschaften, was zu einer intensiveren Nutzung von Ressourcen wie Wasser und Boden führte. Der Übergang von nomadischen Lebensweisen zu sesshaften Gemeinschaften erforderte eine kontinuierliche Nutzung derselben Flächen und hatte langfristige Auswirkungen auf Bodenqualität, *Biodiversität* und Wasserhaushalte (Barros-Rodríguez et al. 2021, S. 1; National Geographic 2024). Diese frühen landwirtschaftlichen Praktiken führten in vielen Regionen zur Überbeanspruchung natürlicher Ressourcen und damit zu einer schleichenden Abnahme der Bodenfruchtbarkeit.

Mit dem Aufkommen der industriellen Produktion im 18. und 19. Jahrhundert verschärften sich diese Dynamiken erheblich. Die *Industrielle Revolution* brachte einen dramatischen Anstieg des Ressourcenverbrauchs mit sich, da neue Technologien und Maschinen die Massenproduktion von Gütern ermöglichten. Die Nutzung fossiler Energieträger, insbesondere Kohle, erhöhte die Effizienz industrieller Prozesse und trug entscheidend zur Beschleunigung der wirtschaftlichen Entwicklung bei. Laut Hall et al. (2014) etablierten sich fossile Brennstoffe bis zum Beginn des 20. Jahrhunderts als dominierende Energiequelle, was nicht nur die Produktionskapazitäten steigerte, sondern auch erhebliche Umweltbelastungen mit sich brachte (Hall et al. 2014, S. 149). Die mechanisierte Landwirtschaft und die zunehmende Urbanisierung erforderten immer größere Mengen an natürlichen Ressourcen, welches weitreichende Folgen für *Ökosysteme* hatte.

Die *Industrielle Revolution* gründete maßgeblich auf der intensiven Nutzung fossiler Energieträger wie Kohle und später Erdöl. Diese Ressourcen ermöglichten eine tiefgreifende Transformation der Produktionsweise, die massenhafte Herstellung von Gütern, die Ausbreitung urbaner Zentren sowie einen beschleunigten technologischen Fortschritt. Der

[77] Paläoökologische Studien legen nahe, dass mobile Lebensweisen mit geringen demografischen Dichten geringe ökologische Auswirkungen hatten (siehe zur Vertiefung Gordon, 2018).

[78] Die neolithische Revolution gilt als zentraler Wendepunkt menschlicher Umweltbeziehungen, da sesshafte Landwirtschaft tiefgreifende Landschaftsveränderungen mit sich brachte (Diamond 1997).

Verbrauch natürlicher Ressourcen stieg dabei nahezu parallel zum *Bruttoinlandsprodukt*. Besonders die ressourcenintensive Wirtschaftsweise des zwanzigsten Jahrhunderts (siehe Abschn. 2.1)[79], die durch globale Produktionsketten (siehe Abschn. 1.6.1), kostengünstige Rohstoffe und industrialisierte Landwirtschaft geprägt war, führte in den Ländern des *Globalen Nordens* zu erheblichen Wohlstandsgewinnen, häufig jedoch auf Kosten der ökologischen Integrität und sozioökonomischen Entwicklung im *Globalen Süden*. Diese Phase folgte einer linearen Logik des Wirtschaftens. Entnehmen, verarbeiten, konsumieren und entsorgen, zumeist ohne Berücksichtigung planetarer Belastungsgrenzen.

In der zweiten Hälfte des zwanzigsten Jahrhunderts fand diese Dynamik im Rahmen der sogenannten *Great Acceleration* eine weitere Zuspitzung. Der globale Ressourcenbedarf stieg exponentiell an, begleitet von einer geografischen Verlagerung ökologischer Belastungen in den Süden. Eine Untersuchung von Hickel und Sullivan (2024), die auf Erhebungen des *Instituts für Umweltwissenschaften und Technologie der Universitat Autònoma de Barcelona (ICTA-UAB)* basiert, zeigt, dass etwa 43 % des Rohstoffverbrauchs der Industriestaaten auf Materialäquivalente aus dem Süden zurückzuführen ist (Hickel und Sullivan 2024, S. 2). Damit werden wesentliche Umweltkosten des Konsums im Norden externalisiert.

Ein genauer Blick auf die globalen Stoff- und Ressourcenströme verdeutlicht das Ausmaß dieser Entwicklung. Im Jahr 2015 nutzten Länder des Nordens etwa 822 Mio. Hektar Land im Süden, was mehr als dem Doppelten der gesamten Fläche Indiens entspricht. Darüber hinaus wurden 21 Exajoule Energie, das ist äquivalent zu rund 3,4 Mrd. Barrel Erdöl, sowie 392 Mrd. Arbeitsstunden aus dem Süden bezogen. Der wirtschaftliche Gegenwert belief sich im Jahr 2015 auf rund 10,8 Billionen US-Dollar. Für den Zeitraum von 1990 bis 2015 ergibt sich daraus ein kumulierter Ressourcenwerttransfer in Höhe von etwa 242 Billionen US-Dollar (Hickel et al. 2022, S. 5–6). Besonders bemerkenswert ist, dass die beanspruchte Landfläche theoretisch ausreichen würde, um bis zu sechs Milliarden Menschen mit nahrhaften Lebensmitteln zu versorgen. Die entnommene Energiemenge könnte zudem die infrastrukturellen Grundbedürfnisse, wie Wohnen, öffentliche Mobilität, medizinische Versorgung und Bildung, für 6,5 Mrd. Menschen im *Globalen Süden* abdecken.

Diese Appropriationen erfolgt ohne angemessene Kompensation. Vielmehr wird der Preis für Arbeitskraft und natürliche Ressourcen aus dem Süden durch institutionelle und marktwirtschaftliche Mechanismen künstlich niedrig gehalten. Im Jahr 2021 eignete sich der Norden netto 826 Mrd. Arbeitsstunden an, deren Wert nach Maßgabe nördlicher Löhne 16,9 Billionen Euro betrug. Damit verdoppelte der globale Norden faktisch seine verfügbare Arbeitskraft, während dem Süden essenzielle Ressourcen für die eigene sozioökonomische Entwicklung entzogen wurden. Der extrahierte Wert überstieg das gesamte Volumen der Entwicklungshilfeleistungen um das Dreißigfache. Seit 1995 hat sich dieser ökonomische Abfluss mehr als verdoppelt (Hickel et al. 2024).

---

[79] Extraktive Wirtschaftsmodelle, vor allem im *Globalen Süden*, sind historisch durch Kolonialismus und ungleiche Handelsbeziehungen geprägt (Galeano 1971; Hickel et al. 2022).

Gleichzeitig trug der Globale Süden im betrachteten Zeitraum den Großteil der industriellen Weltproduktion, darunter auch komplexe Güter wie Fahrzeuge und Computer. Die daraus generierten Gewinne verblieben jedoch mehrheitlich im Norden (Hickel et al. 2022, 2024). Die erheblichen Lohndifferenzen sind nicht Ausdruck geringerer Produktivität, sondern Resultat asymmetrischer Machtverhältnisse und extraktivistische Strukturverhältnisse. Beschäftigte im Süden erhalten bei vergleichbarer Qualifikation zwischen 87 und 95 % weniger Lohn und arbeiten unter deutlich härteren Bedingungen (Suwandi 2019). Obwohl sie 90 % der globalen Arbeitsleistung erbringen, entfällt auf sie lediglich ein Anteil von 21 % am weltweiten Einkommen.

Im Jahr 2021 wurden weltweit 9,6 Billionen Arbeitsstunden registriert, wovon 90 % im *Globalen Süden* geleistet wurden. Besonders auffällig ist der hohe Anteil qualifizierter Arbeit. Der *Globale Süden* stellte 76 % der hochqualifizierten, 91 % der mittelqualifizierten und 96 % der geringqualifizierten Arbeitskraft. Der Anteil an hochqualifizierter Arbeitsleistung war im Süden mehr als dreimal so hoch wie im *Globalen Norden*. Seit 1995 stieg das Arbeitsvolumen im Süden um 26 %, während es im Norden rückläufig war. Während dieser Zeit importierte der Norden 906 Mrd. Arbeitsstunden aus dem Süden, exportierte jedoch nur 80 Mrd., ein Verhältnis von elf zu eins. In sämtlichen Qualifikationsstufen zeigt sich eine starke Abhängigkeit des Nordens. Er importiert viermal mehr hochqualifizierte, siebzehnmal mehr mittelqualifizierte und neunundzwanzigmal mehr geringqualifizierte Arbeitsstunden, als er selbst bereitstellt. Netto beanspruchte Arbeitsstunden machten im Jahr 2021 etwa 46 % der gesamten im Norden konsumierten Arbeitsleistung aus und übertrafen damit die Arbeitsflüsse innerhalb des Nordens.

Der kumulierte Wert dieser angeeigneten Arbeitskraft belief sich zwischen 1995 und 2021 auf rund 31 Billionen Euro. Hochqualifizierte Arbeitskräfte im Süden verdienten durchschnittlich 68 % weniger als geringqualifizierte Arbeitskräfte im Norden. Gleichzeitig stiegen die Löhne im Norden elfmal schneller. Trotz dieser eklatanten Differenzen hat sich die relative Ungleichheit im Einkommen zwischen Nord und Süd lediglich um ein bis zwei Prozent verringert (Hickel et al. 2024).

Diese Form der Ressourcenverlagerung ist mit weitreichenden ökologischen und sozialen Konsequenzen verbunden, die sich nicht nur lokal, sondern auch global bemerkbar machen. Laut einer Studie von Kikstra et al. (2021) hätten die im Jahr 2015 extrahierten Ressourcen aus dem Süden genügt, um extreme Armut weltweit siebzigfach zu beseitigen. Die beanspruchten 822 Mio. Hektar Land hätten potenziell sechs Milliarden Menschen ernähren können (Poore und Nemecek 2018). Der Globale Süden verliert durch den ungleichen Austausch jährlich neun bis sechzehn Prozent seiner Produktionskapazitäten, weil Unternehmen im Norden systematisch auf billigere Arbeitskraft und Ressourcen im Süden zurückgreifen (Suwandi 2019).

Hinzu kommen gravierende ökologische Konsequenzen. Über 90 % der Umweltschäden, einschließlich Biodiversitätsverlust, Bodenerosion und Wasserknappheit, entstehen an den extraktiven Ursprungsorten im Süden. Gleichzeitig trägt der Süden 43 % der ökologischen Folgekosten, die durch übermäßigen Ressourcenverbrauch im Norden verursacht werden. Während 90 % der globalen Treibhausgasemissionen aus dem Norden stammen, sind bis zu 92 % der negativen Folgen des Klimawandels, wie Extremwetter, Dürren und steigende Meeresspiegel, im Süden zu verzeichnen (DARA 2012). Diese Form des ungleichen Austauschs externalisiert Umwelt- und Gesundheitskosten sowie soziale Belastungen, was zu ökologischen Schulden, sozialen Spannungen und politischen Instabilitäten führt (Wiedmann und Lenzen 2018).

Globale Institutionen wie die *World Bank,* der *IMF* und die Welthandelsorganisation (World Trade Organisazion, WTO) sind maßgeblich von Entscheidungsträgerinnen und Entscheidungsträgern aus dem *Globalen Norden* geprägt. Diese Machtkonzentration ermöglicht es, Handels-, Finanz- und Subventionsregelungen im Sinne nördlicher Interessen zu gestalten, wodurch strukturelle Ungleichgewichte im globalen Wirtschaftssystem weiter verfestigt werden. Die gegenwärtige Weltwirtschaftsordnung reproduziert somit systematisch die Abhängigkeit des Südens.

Das Entwicklungsmodell des *Globalen Nordens* ist weder ökologisch nachhaltig noch global übertragbar, da es auf der kontinuierlichen Aneignung natürlicher Ressourcen und menschlicher Arbeitskraft aus anderen Weltregionen beruht. Ohne diesen externen Zufluss müsste der Norden seine Arbeitszeiten ausweiten, den materiellen Konsum einschränken und verstärkt auf lokale Produktionskapazitäten zurückgreifen, um sein gegenwärtiges Wohlstandsniveau zu sichern. Potenzielle Lösungsansätze bestehen in der Einführung globaler Mindestlöhne, fairer Preise für natürliche Ressourcen sowie einer stärkeren politischen Repräsentation des Südens in internationalen Institutionen. Es erscheint zunehmend unzureichend, Armut als Folge vermeintlich interner Defizite im Süden zu interpretieren. Vielmehr bedarf es eines grundlegenden Wandels hin zu mehr Gerechtigkeit im Welthandel, um die strukturellen Ursachen globaler Ungleichheit wirksam zu adressieren.

Die systematische Appropriation natürlicher Ressourcen verweist auf tiefgreifende geopolitische und ökologische Asymmetrien. Besonders deutlich wird dies in der Studie von Chaplin-Kramer et al. (2022), der zufolge sich zentrale Ökosystemfunktionen, wie Kohlenstoffbindung und Feuchtigkeitsrecycling, auf lediglich 44 % der globalen Landfläche konzentrieren. Diese Gebiete weisen zugleich eine hohe kulturelle Diversität auf und sind eng mit lokalem ökologischen Wissen verknüpft (Chaplin-Kramer et al. 2022, S. 51; siehe Abb. 1.2). Während mindestens 87 % der Weltbevölkerung von diesen Naturleistungen profitieren, leben lediglich 16 % in den Regionen, in denen sie entstehen.

Vor diesem Hintergrund wird deutlich, dass viele ökologische und soziale Belastungen durch den Konsum im *Globalen Norden* indirekt auf den Süden übertragen werden. Die Wissenschaftlerin Nancy Fraser (2013) argumentiert, dass die gegenwärtige Struktur der Globalisierung systematisch asymmetrische Entwicklungsbedingungen erzeugt, indem sie privilegierte Zonen wirtschaftlicher Akkumulation schafft und gleichzeitig andere Regionen strukturell marginalisiert sowie ihrer natürlichen Ressourcen beraubt (Fraser 2013,

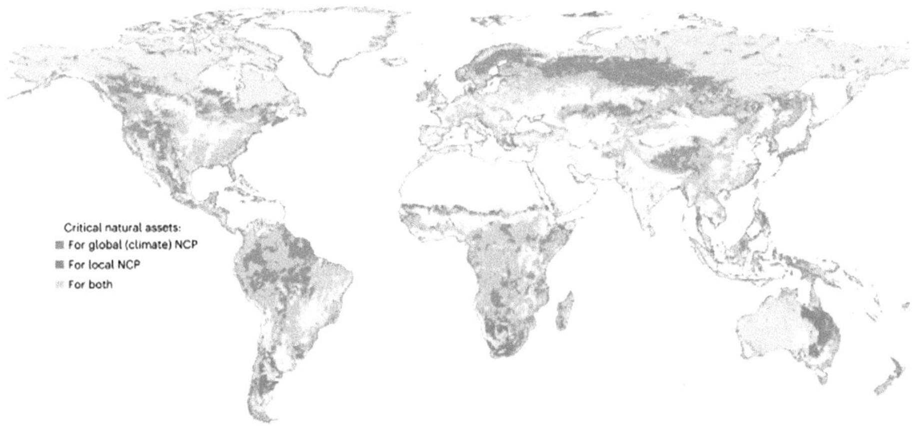

Abb. 1.2 Räumliche Überlappungen zwischen kritischen natürlichen Ressourcen für lokale und globale NCP (nature's contributions to people). (Quelle: Chaplin-Kramer et al. 2022, S. 55)

S. 68–70). Diese Dynamik wird durch Praktiken wie *Land Grabbing (= umstrittener großflächiger Landerwer)* zusätzlich verschärft, wobei insbesondere die lokalen Bevölkerungen von Enteignung und sozialer Verdrängung betroffen sind.

Zudem stehen jene Gemeinschaften, die besonders stark von natürlichen Ressourcen abhängig sind, vor enormen Herausforderungen. Laut einem Bericht der Weltbank (2020) verfügen Gemeinschaften, die ihre Wirtschaftstätigkeit auf Prinzipien der Kreislaufwirtschaft und regenerativer Praktiken stützen, über bessere Möglichkeiten, ihre ökologischen Kapazitäten langfristig zu erhalten. Der Austausch von Best Practices und der kollaborative Umgang mit Ressourcen werden dabei als zentrale Strategien angesehen, um die Belastung der Natur zu verringern und gleichzeitig soziale Bedürfnisse zu erfüllen.

Einen weiteren entscheidenden Einflussfaktor stellt der technologische Wandel dar. Zwar haben einige technologische Innovationen, wie z. B. Fortschritte in der Energieeffizienz, zur Reduktion des Ressourcenverbrauchs beigetragen. Andere hingegen, etwa *Fracking*[80] oder großflächige industrielle Landwirtschaft, haben neue Formen der Umweltbelastung geschaffen. In jüngerer Zeit hat das Bewusstsein für nachhaltige Technologien und Praktiken zugenommen. Übergänge zu nachhaltigen Energiesystemen, die Nutzung erneuerbarer Ressourcen und die Implementierung von Kreislaufwirtschaftsprinzipien sind inzwischen Teil internationaler Politikagenden und Unternehmensstrategien. Ziel ist es, nicht nur ökonomische, sondern auch ökologische und soziale Nachhaltigkeit zu verwirklichen.

---

[80] Fracking (Hydraulic Fracturing) ist eine Methode zur Förderung von Erdgas und Erdöl aus tiefen Gesteinsschichten, bei der Flüssigkeit unter hohem Druck in das Gestein gepresst wird. Die Technik ist ökologisch umstritten, u. a. wegen Grundwasserrisiken, Methanemissionen und Landschaftszerstörung (Vengosh et al. 2014).

Angesichts begrenzter Rohstoffe und planetarer Belastungsgrenzen wird die bisherige Sichtweise auf Ressourcennutzung zunehmend infrage gestellt (siehe dazu Tab. 1.1). Der Klimawandel, der Verlust der *Biodiversität* und die weltweite Umweltverschmutzung sind direkte Folgen eines ineffizienten, oftmals verschwenderischen Ressourcenverbrauchs. Gleichzeitig wird die ungleiche Verteilung von Rohstoffen und der Zugang zu Energiequellen immer mehr zu einem Faktor globaler Instabilität, sozialer Ungleichheit und geopolitischer Spannungen.

Tab. 1.1 Globale Ressourcenlage und -nutzung

Rohstoff/Ressource	Status/Merkmale weltweit
Globales CO_2-Budget (1,5°C)	Ca. 250 Gt CO_2 verbleibend (ab 2024), bei derzeitigen Emissionen in 6–7 Jahren ausgeschöpft
Ozeane (Dead Zones)	Über 500 bekannte Zonen, zusammen >245.000 km^2 ohne dauerhaftes marines Leben
Tropischer Regenwald	Noch ca. 1,84 Mrd. ha vorhanden, jährlicher Verlust: ~10 Mio. ha
Waldflächen	1,15 Mrd. ha Schutzwald/Rückgang durch Landwirtschaft und Industrie
Landfläche (Agrar)	~38 % der globalen Landfläche landwirtschaftlich genutzt
Biomasse Landwirbeltiere	96 % Nutztiere und Menschen, nur 4 % Wildtiere
Fischbestände	35 % der weltweiten Bestände überfischt
Kulturpflanzen	75 % verloren (1900–2020)
Wasser (Zugang)	2,2 Mrd. Menschen ohne sicheren Zugang
Sand	50 Mrd. t pro Jahr Verbrauch
Phosphor	Reserven ca. 71 Mrd. t/steigende Nachfrage in der Landwirtschaft
Kupfer	880 Mio. t Reserven weltweit (2023)
Nickel	100 Mio. t Reserven
Kobalt	70 % der Förderung aus der DR Kongo
Lithium	26 Mio. t Reserven/98 Mio. t Ressourcen
Seltene Erden	>60 % der globalen Förderung durch China/kritische Abhängigkeiten
Öl (förderbar)	Reichweite ca. 50 Jahre bei aktuellem Verbrauch
Gas (förderbar)	Reichweite ca. 60 Jahre
Kohle (förderbar)	Reichweite ca. 130 Jahre
Zirkulär geführte Ressourcen	>100 Mrd. t Materialverbrauch jährlich, nur 8,6 % zirkulär

Quelle: Eigene Darstellung in Anlehnung an: USGS (2023, 2024), OECD (2022), Europäische Kommission (2023), IEA (2023a), UN-Water (2023), UNEP (2022, 2023), FAO (2022), IPBES (2019), World Bank (2023), Circle Economy (2023), IPCC (2023), Bar-On et al. (2018)

Der Ökonom Jason Hickel (2020) plädiert in seinem Buch *Less is More* für ein neues Wohlstandsverständnis, das sich nicht mehr an Wirtschaftswachstum per se orientiert, sondern an sozialer Gerechtigkeit, Lebensqualität und ökologischer Tragfähigkeit. Dabei betont er, dass wirtschaftliche Entwicklung die planetaren Belastungsgrenzen (Rockström et al. 2009, S. 472; Steffen et al. 2015, S. 736) respektieren und auf faire Handelsbeziehungen, lokale Wertschöpfung und gerechte Technologieverteilung setzen sollte. Vor diesem Hintergrund eröffnen sich zwei zentrale Entwicklungspfade. Einerseits die Orientierung auf qualitatives Wachstum, das durch Effizienzsteigerung, technologische Innovation und zirkuläre Modelle erreicht werden soll. Andererseits die Debatte über einen tiefgreifenden Systemwandel, der wirtschaftliches Wachstum nicht länger als Ziel, sondern als mögliches Nebenprodukt sozialer und ökologischer Stabilität versteht. In diesem Verständnis wird nicht länger das Wachstum selbst, sondern die ressourcenschonende und gerechte Nutzung der natürlichen Grundlagen zum zentralen Maßstab wirtschaftlicher Entwicklung.

Schließlich wird deutlich, dass jede Diskussion über nachhaltige Ressourcennutzung untrennbar mit normativen Fragen verbunden ist, so u. a. mit der Vorstellung davon, was als gerecht, sinnvoll oder zukunftsfähig gilt. Ethische Prinzipien wie Verantwortung, Gemeinwohlorientierung und intergenerationelle Gerechtigkeit spielen dabei eine zentrale Rolle. Diese Fragen bilden den gedanklichen Ausgangspunkt für das folgende Kapitel.

1.4.2 Ressourcenverteilung und wirtschaftliche Entwicklung

Die komplexe Beziehung zwischen komparativen Kostenvorteilen, Ressourcenverteilung und sozioökonomischer Entwicklung ist entscheidend für das Verständnis der wirtschaftlichen Dynamik von Ländern und Regionen, und damit auch für die Fragestellung der Ressourcenerkundung, Nutzung und Weiterverwendung. Plakativ kann gesagt werden. Jene Länder oder Regionen, die über umfangreiche Ressourcen zur Herstellung eines Gutes verfügen, können dieses zu niedrigeren Preisen anbieten als andere.

Im Allgemeinen dient das Konzept der *komparativen Kostenvorteile*, das in der klassischen Ökonomie verwurzelt ist, als Bezugsrahmen für die Analyse von Außenhandelsbeziehungen. Es erklärt, wie Nationen durch Spezialisierung auf die Produktion von Gütern und Dienstleistungen profitieren können, für die sie eine relative Effizienz aufweisen. Diese Spezialisierung beeinflusst wiederum die Ressourcenzuweisung, Handelsmuster und letztlich die sozioökonomische Entwicklung.

Das von David Ricardo im frühen 19. Jahrhundert eingeführte Prinzip des *komparativen Vorteils* legt nahe, dass sich Länder auf jene Güter spezialisieren sollten, die sie relativ effizienter herstellen können und das unabhängig von ihren absoluten Produktionskapazitäten (Ricardo 1817, S. 373). Selbst wenn ein Land alles effizienter produzieren könnte (ein absoluter Vorteil), bestehen dennoch Anreize zur Spezialisierung auf Grundlage relativer Effizienz. Ricardo illustriert dies anhand des klassischen Beispiels. Wenn Land A sowohl Wein als auch Stoff effizienter produziert als Land B, aber besonders effizient in der Weinproduktion ist, dann sollte sich A auf Wein spezialisieren, während sich B trotz geringerer Effizienz auf Stoffproduktion konzentriert. Der daraus resultierende Handel führt für beide Seiten zu Vorteilen und erhöht die Vielfalt und Menge verfügbarer Güter (Krugman et al. 2012, S. 133).

Über die reine Effizienz hinaus spielt jedoch auch die historische Verteilung und Kontrolle über Ressourcen eine entscheidende Rolle für das Zustandekommen solcher Vorteile. Neben der Verfügbarkeit ist insbesondere der Zugang zu Ressourcen ein Schlüsselfaktor. Die Ressourcenverteilung innerhalb und zwischen Regionen beeinflusst maßgeblich die Fähigkeit, komparative Kostenvorteile zu realisieren. Dabei sind nicht nur das physische Vorhandensein, sondern auch Erreichbarkeit und Kontrolle über natürliche Ressourcen, Arbeitskräfte, Technologie und Kapital entscheidend für das Spezialisierungspotenzial einzelner Volkswirtschaften. In historischer Perspektive war die Kolonialisierung ein zentraler Mechanismus, durch den bestimmte Länder privilegierten Zugang zu Rohstoffen und Arbeitskraft in anderen Teilen der Welt erhielten, was strukturelle Wettbewerbsvorteile etablierte.[81]

Wie Porter (1990a) herausgearbeitet hat, wirkt sich die Ausstattung mit sogenannten Faktorbedingungen, also qualifizierten Arbeitskräften, leistungsfähiger Infrastruktur und natürlichen Ressourcen, unmittelbar auf die Wettbewerbsvorteile von Nationen und Branchen aus (Porter 1990b, S. 77). Länder mit reichhaltigen natürlichen Ressourcen, etwa Öl im Nahen Osten oder Mineralien in Afrika, verfügen potenziell über komparative Vorteile in ressourcenintensiven Sektoren.

Wie unterschiedlich sich komparative Vorteile in der Praxis auswirken können, zeigt ein Blick auf konkrete Länderbeispiele. Erfolgreiche Entwicklungspfade lassen sich dort beobachten, wo strategische Nutzung komparativer Vorteile mit einer gezielten Ressourcensteuerung einherging. So führte der durch Ölexporte generierte Wohlstand in Saudi-Arabien zu Investitionen in Infrastruktur, Bildung und Gesundheit. Ostasiatische Volkswirtschaften wie Südkorea und Taiwan wiederum transformierten ihre Ökonomien, indem sie sich auf zukunftsorientierte Sektoren wie Elektronik und Fertigung konzentrierten. Bildung, Technologietransfer und gezielte Wirtschaftspolitik ermöglichten ihnen, zu global relevanten Akteuren zu werden. Auch Norwegen wird oft als Beispiel für gelungene Nutzung natürlicher Ressourcen genannt. Mithilfe robuster regulatorischer Rahmenbedingungen und eines Staatsfonds wurden die Einnahmen aus der Ölwirtschaft in langfristige Stabilität und Lebensqualität übersetzt (NBIM o. J.).

Dem gegenüber stehen zahlreiche Fälle, in denen Ressourcenreichtum nicht zu nachhaltigem Wohlstand führte, ein Phänomen, das in der Literatur als *Ressourcenfluch*[82] beschrieben wird. Viele afrikanische Länder mit reichen Rohstoffvorkommen, etwa

[81] Siehe dazu Acemoglu et al. (2001), Bairoch (1993) Banerjee und Iyer (2005).

[82] Der Ressourcenfluch (resource curse) bezeichnet das paradoxe Phänomen, dass rohstoffreiche Länder häufig geringeres Wirtschaftswachstum, schwächere demokratische Institutionen und höhere Konfliktrisiken aufweisen als ressourcenarme Länder.

Angola, Venezuela oder die Demokratische Republik Kongo, konnten trotz Ressourcensegen nur geringe Entwicklungsfortschritte erzielen. Auch Länder wie Haiti oder Afghanistan, die über wenige Ressourcen verfügen, leiden häufig unter struktureller Armut.[83] Der Fall Nigeria illustriert die Problematik besonders deutlich. Trotz seiner Position als einer der größten Erdölproduzenten der Welt führen Korruption, mangelhafte Infrastruktur und fehlende wirtschaftliche Diversifizierung zu tiefgreifenden Entwicklungshemmnissen (Sachs und Warner 2001, S. 828).

Diese Kontraste zeigen, dass Ressourcenausstattung allein kein Garant für Entwicklung ist. Entscheidend ist, ob komparative Vorteile in produktive und institutionell gestützte Entwicklungspfade überführt werden können. Effektive Regierungsführung, solide Wirtschaftspolitik und strategische Planung sind zentrale Voraussetzungen, um Ressourcenreichtum in gesellschaftlichen Wohlstand zu transformieren.

Auch die negativen Folgen einer ungleichen oder ineffizienten Ressourcenverteilung dürfen nicht unterschätzt werden. Sie reichen über ökonomische Indikatoren hinaus und können zu sozialer Polarisierung, politischen Spannungen und ökologischer Destabilsierung führen. So zeigt die Forschung, dass hohe Ungleichheit zu sozialen Unruhen, insbesondere bei Zugang und Kontrolle über Ressourcen führen kann (Collier 2007, S. 208; Wilkinson und Pickett 2009, S. 12). Hinzu kommt, dass rohstoffabhängige Volkswirtschaften anfällig für Preisvolatilitäten sind, was sogenannte Boom-Bust-Zyklen zur Folge haben kann. Diese wirtschaftlichen Schwankungen untergraben politische Stabilität, verhindern langfristige Investitionen und hemmen Innovation (Ross 2012, S. 28).

Die ökologischen Auswirkungen betreffen insbesondere jene Bevölkerungsgruppen, deren Lebensgrundlage direkt von der Umwelt abhängt. So haben die Abbauprozesse im Nigerdelta in Nigeria erhebliche Umweltzerstörungen verursacht, die sich negativ auf Gesundheit und wirtschaftliche Perspektiven der lokalen Bevölkerung auswirken (Ibaba 2011, S. 115).

Zunehmend entscheidend für wirtschaftliche Entwicklung sind zudem jene Ressourcen, die im Kontext neuer Technologien und der ökologischen Transformation unverzichtbar geworden sind, insbesondere sogenannte Seltene Erden, Lithium und Aluminium. Diese Rohstoffe sind essenziell für Zukunftsbranchen wie Energieeffizienz, digitale Infrastruktur und Elektromobilität. Allein für eine durchschnittliche Elektroautobatterie werden derzeit rund 8–10 kg Lithiumkarbonat-Äquivalent benötigt. Laut *Internationaler Energieagentur (IEA)* wird sich der globale Bedarf an Lithium bis 2040 vervierfachen, jener an Seltenen Erden mindestens verdreifachen. Dies erfordert nicht nur neue Abbaukapazitäten, sondern auch robuste internationale Lieferketten und höhere Recyclingquoten. Länder wie China, Australien oder Chile, die über große Vorkommen dieser Rohstoffe verfügen, können daraus wirtschaftliche Vorteile durch Exporteinnahmen, Innovationsimpulse und Beschäftigungseffekte generieren (IEA 2023; European Commission 2023).

[83] Siehe zur Vertiefung UNCTAD, Liste der am wenigsten entwickelten Länder (o. J.) sowie Weltbank, Daten zu natürlichen Ressourcenrenten (o. J.).

Gleichzeitig ist die Gewinnung solcher Ressourcen mit gravierenden ökologischen und sozialen Folgen verbunden. Hoher Energie- und Wasserverbrauch, toxische Emissionen, Verlust von *Biodiversität*, Landkonflikte, prekäre Arbeitsverhältnisse. Nachhaltige Rohstoffstrategien erfordern daher eine ganzheitliche Perspektive auf Abbau, Verarbeitung und globale Lieferketten. So wurde etwa Chile für die ökologischen Konsequenzen seiner Lithiumförderung kritisiert, so u. a. Wasserverknappung und Schädigung sensibler *Ökosysteme* (Schmidt und Unger 2020, S. 3, 31).

Insbesondere der Verlust *Biodiversität* durch Bergbau stellt ein systemisches Risiko dar. Zerstörung von Lebensräumen, Bodendegradation und Umweltverschmutzung beeinträchtigen zentrale *Ökosystemdienstleistungen* wie Wasserfilterung, Luftreinigung und Kohlenstoffbindung (Millennium Ecosystem Assessment 2005, S. 49 ff.). Dies betrifft insbesondere Regionen mit hohem Artenreichtum und Ressourcenwert, wie das Amazonas- und das Kongobecken. Dort kann Rohstoffausbeutung in einen Teufelskreis aus ökologischer Degradation und wachsender Armut führen (Sonter et al. 2017; Kleinschroth et al. 2016).

Die Globalisierung hat die Dynamik komparativer Vorteile und Ressourcenverteilung zusätzlich verkompliziert. Liberalisierte Handelsstrukturen erlauben Spezialisierung und Ressourcentransfers, führen jedoch auch zu neuen Abhängigkeiten, Konkurrenzdruck und Verlagerung von Umwelt- und Sozialfolgen. Beispiele wie die EU-Osterweiterung oder Chinas WTO-Beitritt zeigen, wie stark globale Verschiebungen in Wertschöpfungsketten nationale Wirtschaftsstrukturen verändern können. Während in manchen Regionen Millionen Menschen aus der Armut gehoben wurden, entstanden in anderen Sorgen um Deindustrialisierung, Jobverluste und wachsende Ungleichheit (Rodrik 2018, S. 27).

Diese komplexen Zusammenhänge zeigen, dass es bei Ressourcenverteilung nicht nur um ökonomische Effizienz geht, sondern auch um tiefgreifende normative Fragen. Komparative Kostenvorteile, Ressourcenverteilung und sozioökonomische Entwicklung sind untrennbar miteinander verknüpft. Während das Prinzip des komparativen Vorteils einen soliden theoretischen Rahmen bietet, hängt seine Umsetzung maßgeblich von Governance, Infrastruktur und Gerechtigkeit ab. Ein verantwortungsvolles Ressourcenmanagement, gestützt durch politische Institutionen, ist daher unerlässlich.

Die Verteilung und Nutzung natürlicher Ressourcen ist nicht nur ein wirtschaftliches Effizienzproblem, sondern auch ein normativer Schlüssel für resiliente und zukunftsfähige Gesellschaften. Wer seine Abhängigkeiten erkennt, systemisch denkt und verantwortungsvoll handelt, kann zur Gestaltung eines globalen Wirtschaftsmodells beitragen, das sowohl ökologischen Grenzen als auch dem sozialen Ausgleich gerecht wird.

1.4.3 Moralische Leitmaximen der Ressourcennutzung

Die im 20. und 21. Jahrhundert wiederkehrenden Finanz-, Sozial- und Umweltkrisen haben eine grundlegende Diskussion über die normativen Grundannahmen ökonomischen

Handelns ausgelöst, eine Auseinandersetzung über das derzeitige Wirtschaftsmodell und die Rolle der Unternehmen. Traditionell bestand die vorherrschende Ansicht darin, dass die einzige soziale Verantwortung von Unternehmen darin besteht, Gewinne für ihre Eigentümer zu maximieren (vgl. Friedman, zitiert in Suchanek 2007, S. 126). Angesichts von Marktversagen, moralischen Vergehen und negativen externen Effekten, also unbezahlten Schäden für Dritte, wie etwa durch Umweltbelastung, stößt diese enge Perspektive jedoch zunehmend an ihre Grenzen.

Die gegenwärtigen Krisenerscheinungen, von Finanzinstabilitäten bis hin zum Klimawandel, verdeutlichen, dass unternehmerisches Handeln ohne umfassendere Verantwortung erhebliche gesellschaftliche Kosten nach sich ziehen kann. Unternehmen sehen sich daher mit der wachsenden Erwartung konfrontiert, nicht nur ökonomischen Erfolg zu erzielen, sondern auch soziale und ökologische Verantwortung zu übernehmen (Suchanek 2007, S. 22). In einer globalisierten Wirtschaft wird dabei besonders deutlich, dass Unternehmen nicht isoliert agieren, sondern tief in gesellschaftliche Zusammenhänge eingebettet sind, sei es durch ihre Belegschaft und lokale Präsenz oder durch die Befriedigung gesellschaftlicher Bedürfnisse. Entsprechend wird vermehrt die Forderung laut, das Verständnis von Unternehmenszielen und -pflichten neu zu definieren.

In diesem Kontext betont Colin Mayer (2024, S. 3), dass viele aktuelle Probleme darin begründet liegen, dass im modernen Kapitalismus finanzielle Kennzahlen überbewertet und moralische Grundsätze in den Hintergrund gedrängt wurden. Mayer verweist auf den häufig übersehenen Dualismus bei Adam Smith. *Während dieser in The Wealth of Nations* die ökonomischen Vorteile freier Märkte betont, entwickelt er in *The Theory of Moral Sentiments* die moralischen Grundlagen eines funktionierenden Wirtschaftssystems (Mayer 2024, S. 2–4, 13 ff.). Im Zuge des einseitigen Strebens nach Wachstum seien vor allem ethische Prinzipien wie Fairness und Vertrauen zunehmend geschwächt worden. Der finanzielle Wert dominiert heute das wirtschaftliche Handeln, während umfassendere Werte verdrängt werden (ebd., S. 25 ff.). Reines Profitstreben ohne ethische Rückbindung entziehe laut Mayer der Marktwirtschaft ihre gesellschaftliche Legitimation. Er fordert daher, moralische Werte wieder ins Zentrum des ökonomischen Denkens zu stellen, um das beschädigte Vertrauen zwischen Wirtschaft und Gesellschaft zu reparieren (ebd., S. xi).

Ein zentrales Versäumnis des marktwirtschaftlichen Paradigmas zeigt sich insbesondere im Umgang mit *Naturkapital*. Um ein Verständnis für den Begriff des *Naturkapitals* und auch des Konzepts von *Natur als Kapital* (siehe Tab. 1.2) zu erlangen, möchten wir hier noch einmal kurz auf den Begriff des Kapitals selbst eingehen. Daniel Dahm beschreibt Kapital *„als Vermögen (Fähigkeit, Möglichkeit) der Ermöglichung von (wirtschaftlichem) Handeln“*, welches häufig als Äquivalent für *Werte*angewandt wird.

Dabei bilden besonders unversehrte *Ökosysteme*, stabile klimatische Bedingungen und biologische Vielfalt die Grundlage langfristiger Wertschöpfung (Dahm 2019, S. 101). Dahm beschreibt die Relevanz eines ganzheitlichen Verständnisses von Wertschöpfung wie folgt: *„Erst wenn die Quellen der Wertschöpfung in ihrer ökologischen Verbundenheit*

Tab. 1.2 Begriffsabgrenzung und Relation: Boden, Naturkapital und Natur als Kapital

Konzept	Inhalt	Funktion	Bezug zu klassischen Faktoren
Boden als Produktionsfaktor	Raum, natürliche Ressourcen	Produktionsfaktor (klassisch), wie Arbeit und Kapital	Ein Teilaspekt von Natur
Naturkapital	Ressourcen + Ökosystemfunktionen	Bewertbares Naturvermögen	Erweiterung/ Präzisierung von dem Produktionsfaktor Boden
Natur als Kapital	Deutungsrahmen, normativ und kritisch	Reflexion und Bewertung ökonomischer Naturverhältnisse	Meta-Ebene: stellt alle Faktoren infrage

Quelle: Eigene Darstellung

und Abhängigkeit verstanden und strategisch einbezogen werden, kann sich eine starke und pluralistische Ökonomie herausbilden, in der die Vielfalt der Kapitalien statt gegeneinander zu wirken, aneinanderwachsen und sich dynamisch stabilisieren kann" (Dahm 2019, S. 99). Dennoch werden ökologische Ressourcen häufig als kostenlos betrachtet, ihre Nutzung oder Zerstörung lediglich als externe Effekte bilanziert. Mayer (2024, S. 54 ff.) argumentiert, dass Umweltprobleme wie Verschmutzung, Klimawandel und *Biodiversitätsverlust* systemimmanente Folgen eines profitorientierten Wirtschaftssystems sind. Solange ökologische Schäden nicht in der Unternehmenslogik abgebildet werden, bleiben zentrale Ursachen und Lösungsansätze unsichtbar. Ein solches Wahrnehmungs- und Bewertungsproblem, wie Dahm es nennt, hängt demnach vor allem damit zusammen, dass wir das *Ganze der Kapitalien*[84] aus dem Blick verloren haben (Dahm 2019, S. 101). Nehmen wir es in den Blick, kommen wir nicht umhin zu begreifen, dass Kapitalien zueinander nicht substituierbar sind, was besonders für in diesem Buch behandelte Naturkapital gilt, welches sich nicht qualitativ gleichwertig reproduzieren lässt[85].

Traditionell reagiert der Staat auf solches Marktversagen mit Regulierung, etwa durch Gesetze, Grenzwerte und Auflagen. Doch weder Über- noch Deregulierung erweisen

[84] In ihren verschiedenen Phänomenologien, Qualitäten und Vermögen kann das *Ganze der Kapitalien* als Naturkapital, Sozialkapital, Kulturkapital, institutionelles Kapital, infrastrukturelles Kapital und Finanzkapital beschrieben werden (Dahm 2019, S. 101). In der Literatur wird weiter differenziert in z. B. Sachkapital, ökonomisches Kapital, Bildungskapital, Wissenskapital und geistiges Kapital, symbolisches Kapital, strukturelles Kapital, Lokalkapital und Humankapital (vgl. u. a. Bourdieu 1983; Döring und Ott 2001).

[85] Dahm schreibt in diesem Zusammenhang von einer „genuinen inneren Balance", die sich aus ihrer ökologischen *Reziprozität*(= wechselseiten Abhängigkeit) ergebe. Er geht sogar so weit zu formulieren, dass die Integrität jeder Kapitalie an sich ein Grenzkriterium für Zukunftsfähigkeit darstelle (Dahm 2019, S. 102).

sich als hinreichend wirksam. Ein Regelwerk allein kann die negativen Nebenwirkungen rein gewinnorientierten Handelns nicht verhindern. Mayer (2024, S. 88 f.) fordert daher neue Ansätze, die wirtschaftliche Anreize mit ökologischer Verantwortung verbinden. Unternehmen sollten Gewinne erzielen, indem sie ökologische Probleme lösen, und nicht verursachen (ebd., S. 91). *Naturkapital*ist in diesem Verständnis mehr als ein reiner Produktionsfaktor zu begreifen, dessen Erhalt nicht nur Risiken mindert, sondern auch neue Geschäftsfelder erschließen kann.

In *Capitalism and Crises* formuliert Mayer (2024, S. 123) die Forderung nach einer ethischen Neuausrichtung des Wirtschaftssystems. Unternehmen sollen gesellschaftliche und ökologische Probleme aktiv lösen. Dies setzt einen kulturellen Wandel in der Unternehmensführung voraus. Der Unternehmenszweck muss als *purpose of solving problems*verstanden werden. Wert entsteht dabei durch konkreten Nutzen für Konsumierende, Mitarbeitende, Gemeinschaften und Umwelt (ebd., S. 124 f.). Ökonomischer Erfolg und gesellschaftliche Wohlfahrt treten so in Einklang (Mayer 2024, S. 89, 245 f.). Die Rolle des Staates sieht Mayer ergänzend. Durch ergebnisorientierte Regulierung sollen Rahmenbedingungen entstehen, die verantwortliches unternehmerisches Handeln ermöglichen und wirtschaftlich attraktiv machen (ebd., S. 248 ff.).

Die gegenwärtige Krise des Kapitalismus erfordert laut Mayer einen grundlegenden Wandel unternehmerischer Verantwortung. Unternehmen sollen sich als Akteure des Gemeinwohls verstehen, *Naturkapital* achten, an fairen Marktregeln mitwirken und ethische Prinzipien systematisch integrieren. Ökonomisches Handeln sei nicht wertneutral, sondern sozial eingebettet und normativ verpflichtet. Mayer (2024, S. 5) fordert daher eine moralische Renaissance im Zentrum des Kapitalismus. Ein solcher *problemlösender Kapitalismus* verbindet Leistungsfähigkeit mit ethischer Legitimität, und macht Unternehmen zu Treibern einer zukunftsfähigen, gemeinwohlorientierten Wirtschaft.

Auch der von Partha Dasgupta verfasste und bereits zitierte *Dasgupta Review* (2021) unterstreicht, dass *Naturkapital* bislang in ökonomischen Entscheidungsprozessen systematisch unterbewertet wird. Dasgupta fordert daher die Integration ökologischer Werte in nationale Buchhaltungssysteme sowie eine umfassende Neubewertung wirtschaftlicher Leistung, die über das *Bruttoinlandsprodukt* hinausgeht. Nur wenn *Biodiversität, Ökosystemdienstleistungen* und ökologische Resilienz als ökonomische Größen anerkannt werden, lassen sich tragfähige Entscheidungen treffen, die ökologisch wie ökonomisch nachhaltig sind.

Diese Forderungen werden auch im Bericht *Earth for All: A Survival Guide for Humanity* (Club of Rome 2022) gestützt, der betont, dass die soziale Dimension der ökologischen Transformation nicht vernachlässigt werden darf. Der Bericht macht deutlich, dass die reichsten 1 % der Weltbevölkerung mehr als doppelt so viele CO_2-Emissionen verursachen wie die ärmsten 50 %. Dieses Ungleichgewicht bedroht nicht nur die ökologische Stabilität, sondern auch den sozialen Zusammenhalt. Er fordert daher eine gerechte Verteilung von Reichtum, politischer Gestaltungsmacht und Ressourcen – sowohl innerhalb von Gesellschaften als auch global. Eine sozial-ökologische Transformation müsse

Ungleichheiten abbauen und den Zugang zu Lebensgrundlagen, Bildung, Gesundheit und Partizipation weltweit gerechter gestalten.

Der Independent Report of the G20 *A Green and Sustainable Planet* (2022) ergänzt diese Perspektive um den globalpolitischen Handlungsrahmen. Die G20-Staaten verursachen rund 80 % der weltweiten Emissionen und verfügen über den Großteil globaler Finanzmittel. Der Bericht fordert daher eine globale Führungsrolle, durch den Abbau klimaschädlicher Subventionen, die gezielte Förderung nachhaltiger Investitionen sowie durch strukturelle Unterstützung grüner Transformationsprozesse im *Globalen Süden.* Dazu gehören der erleichterte Zugang zu Technologien, internationale Kooperationsformate und eine gerechte Gestaltung globaler Handels- und Finanzsysteme. Die ökologische Transformation müsse global gerecht erfolgen, um nicht nur Umweltziele zu erreichen, sondern auch gesellschaftliche Stabilität zu sichern (G20 Independent Expert Group 2022).

Die moralische Neubewertung unternehmerischen Handelns ist somit eng mit der Frage verbunden, wie ökonomische Entscheidungen zustande kommen und wer sie wie beeinflusst. Unternehmen agieren nicht im luftleeren Raum. Sie stehen in einem ständigen Austausch mit Konsumierenden, Marktakteuren und gesellschaftlichen Erwartungen. Der Wandel hin zu einer verantwortungsvollen Ressourcennutzung erfordert daher nicht nur neue Leitmaximen innerhalb von Organisationen, sondern auch ein verändertes Zusammenspiel zwischen Angebot und Nachfrage.

Im folgenden Kapitel wird untersucht, wie sich die Markt-Nachfragestruktur durch das Verhalten von Unternehmen und Konsumierenden verändert und welche Rolle beiden Akteursgruppen in der sozial-ökologischen Transformation zukommt.

1.5 Markt-Nachfragestruktur: Die Rolle von Unternehmen und Konsumenten

„*All systems, either of preference or of restraint, therefore, being thus completely taken away, the obvious and simple system of natural liberty establishes itself of its own accord. Every man, as long as he does not violate the laws of justice, is left perfectly free to pursue his own interest his own way, and to bring both his industry and capital into competition with those of any other man, or order of men.*"(Adam Smith 1776, Buch IV, Kap. 9)

In der Volkswirtschaftslehre gelten Unternehmen und Konsumierende als zentrale Akteure in der Bestimmung von Marktangebot und -nachfrage. Bereits *Adam*Smith (1776) argumentierte, dass in einem freien Markt die individuellen Entscheidungen dieser Akteure durch den Preismechanismus koordiniert werden, eine Dynamik, die Smith metaphorisch als *unsichtbare Hand* bezeichnete und die zu gesellschaftlich erwünschten Ergebnissen führen könne. Konsumierende streben dabei nach Nutzenmaximierung, während Unternehmen auf Gewinnmaximierung ausgerichtet sind. Ihr Zusammenspiel bestimmt, welche

Güter produziert werden, in welchen Mengen und zu welchen Preisen (vgl. Mankiw 2018).

In einem idealtypischen Wettbewerbsmarkt ergibt sich der Preis aus dem Schnittpunkt von Angebot und Nachfrage. In diesem theoretischen Gleichgewicht werden sämtliche angebotenen Güter abgesetzt und die Nachfrage vollständig bedient, ein Zustand, der aus Sicht der neoklassischen Theorie als effizient gilt.

Diese Effizienzannahme stößt jedoch an Grenzen, sobald *externe Effekte* berücksichtigt werden, insbesondere im Hinblick auf Umwelt und Gesellschaft. Denn ökonomisches Handeln entfaltet seine Wirkungen nicht im luftleeren Raum, sondern ist stets in ökologische und soziale Systeme eingebettet. Die Vernachlässigung dieser Einbettung führt dazu, dass zentrale Kosten, etwa durch Umweltverschmutzung, Ressourcenverbrauch oder soziale Ausgrenzung, im Marktpreis nicht abgebildet werden. Denn Ressourcen wie Boden, Wasser, Luft oder Energie sind dabei keine beliebigen Produktionsfaktoren, sondern stellen fundamentale Voraussetzungen wirtschaftlicher Aktivität dar. Im Konzept *Naturkapitals* werden die natürlichen Grundlagen systematisch erfasst und bewertet. Die Natur kann somit als *Kapitalstock*[86] verstanden werden, der essenzielle Leistungen für menschliche Ökonomien bereitstellt (Costanza und Daly 1992, S. 38 ff.). Wirtschaftliche Entscheidungen, sei es durch Konsum oder Produktion, erzeugen daher nicht nur marktbezogene Resultate wie Preise und Mengen, sondern auch tiefgreifende ökologische und soziale Folgewirkungen auf den natürlichen Kapitalstock. Diese bleiben in der traditionellen Markttheorie häufig unbeachtet, was zu einer unvollständigen Bewertung wirtschaftlicher Prozesse führt. An dieser Stelle sei bereits angemerkt, dass auf den Aspekt des *Naturkapitals* und seiner Bedeutung, insbesondere für Unternehmen, im 3. Kapitel näher eingegangen werden wird.

Im Folgenden wird daher theoretisch diskutiert, welche Rolle Konsumierende und Unternehmen in der Markt-Nachfragestruktur spielen und wie ihr Verhalten mit Marktmechanismen, Preisbildung sowie Umwelt- und Ressourcenfragen zusammenhängt. Dabei werden neben klassischen Perspektiven (etwa Adam Smith) auch weiterführende Ansätze berücksichtigt, etwa aus der *ökologischen Ökonomie,* der *Institutionenökonomik* und der *Nachhaltigkeitstheorie.* Insbesondere wird die Bedeutung von *Naturkapital* beleuchtet, um zu verstehen, wie wirtschaftliche Aktivitäten die natürlichen Lebensgrundlagen nutzen und beeinflussen. Dadurch wird deutlich, inwiefern Konsumentenentscheidungen und Unternehmensstrategien nicht nur ökonomische, sondern auch ökologische und soziale Folgen mit sich bringen und welche theoretischen Ansätze geeignet sind, diese Zusammenhänge zu erfassen.

---

[86] Die *Natur als Kapitalstock* zu verstehen bedeutet, natürliche Ressourcen und Ökosysteme als produktive Bestände zu betrachten, die – analog zu physischem oder finanziellem Kapital – Erträge in Form von Gütern und Dienstleistungen generieren. Dazu zählen etwa saubere Luft, fruchtbare Böden, Bestäubung oder CO_2-Speicherung. Der Erhalt dieses natürlichen Kapitalstocks ist entscheidend für langfristige ökologische Tragfähigkeit und wirtschaftlichen Wohlstand.

1.5.1 Konsumbedürfnisse und Präferenzen: Die Nachfrageseite

Das Zusammenspiel von Angebot und Nachfrage bildet das Fundament moderner Marktwirtschaften. Während Unternehmen die Angebotsseite repräsentieren, stehen Konsumierende im Zentrum der Nachfrageseite. Sie besitzen individuelle Bedürfnisse und Präferenzen[87] und versuchen, mit ihrem Einkommen eine möglichst hohe Bedürfnisbefriedigung zu erzielen, also ihren Nutzen zu maximieren (Mankiw 2018). Der Preismechanismus spielt hierbei eine zentrale Rolle. Er verbindet Anbieter und Nachfragende und fungiert als Koordinationsinstrument dezentraler Entscheidungen. In einem Wettbewerbsmarkt sinkt die nachgefragte Menge eines Gutes mit steigendem Preis, während das Angebot zunimmt. Preise entstehen somit dort, wo sich Angebot und Nachfrage treffen, dem sogenannten Marktgleichgewicht (Mankiw 2018, S. 5–7; Varian 2014). Für Konsumierende ist der Preis dabei mehr als nur ein Kostenfaktor. Er dient als Signal über Knappheiten und Anreize. Wenn sich Präferenzen oder Einkommen ändern, verändert sich die Nachfrage, und damit auch der Preis. Dieser neue Preis wiederum informiert die Anbieter über veränderte Konsumwünsche. So bestimmt der Preis, welche Güter konsumiert und produziert werden, und erfüllt damit eine Lenkungsfunktion (Varian 2014).

Bereits Adam Smith betonte die zentrale Rolle von Konsumierenden: *„Der Konsum ist der einzige Sinn und Zweck der Produktion […]“* (Smith 1776, Buch IV, Kap. 8). Daraus folgt das Prinzip der Konsumentensouveränität. Unternehmen müssen sich an den Präferenzen der Konsumierenden orientieren, wenn sie am Markt bestehen wollen. Die *Mikroökonomie* geht davon aus, dass Konsumierende rationale Entscheidungen treffen, wobei ihr Verhalten durch Preise und Einkommen begrenzt ist. Die aggregierte Marktnachfrage entsteht aus dem Zusammenspiel individueller Nachfrageentscheidungen. Diese Struktur prägt maßgeblich, welche Güter produziert und wie Ressourcen verteilt werden.

Im idealtypischen Modell, d. h. vollständiger Wettbewerb und perfekte Information, ist das Marktgleichgewicht *Pareto-effizient*[88]. Die Allokation der Güter entspricht demnach exakt den Präferenzen der Konsumierenden, ohne dass jemand bessergestellt werden kann, ohne jemand anderen schlechter zu stellen (Varian 2014). Preise reflektieren damit die Knappheit der Güter und die Zahlungsbereitschaft der Nachfragenden, sie spiegeln also letztlich gesellschaftliche Wünsche wider. Allerdings ist die Vorstellung stabiler, autonomer Präferenzen kritisch zu hinterfragen. Kulturelle Normen, Werbung und soziale Dynamiken beeinflussen maßgeblich, was Konsumierende als wünschenswert empfinden. Wirtschaftswissenschaftler wie John K. Galbraith (1958) und Herman Daly (1996) haben herausgearbeitet, dass viele Konsumbedürfnisse sozial konstruiert oder sogar künstlich

[87] Die Theorie der Konsumentscheidung basiert klassisch auf individuellen Präferenzen und Budgetrestriktionen, wird jedoch zunehmend durch verhaltensökonomische Einsichten zu sozialen Normen und irrationalen Präferenzen erweitert (Thaler und Sunstein 2008).

[88] Eine Allokation gilt als pareto-effizient, wenn niemand besser gestellt werden kann, ohne jemanden anderen schlechter zu stellen.

erzeugt sind. Daly warnt vor einem System, das nach immer mehr Konsum verlangt, auch wenn die Grundbedürfnisse längst befriedigt seien. Das ist als ein Hinweis darauf zu verstehen, dass Konsumentenverhalten nicht ausschließlich aus individuellen Präferenzen resultiert, sondern auch von Unternehmen stimuliert wird.

Trotz dieser Kritik bleibt die Rolle der Konsumierenden bedeutsam, insbesondere in Hinblick auf nachhaltige Transformationen. Ihre Nachfrage kann gesellschaftliche Werte in marktwirtschaftliche Prozesse übersetzen. Wenn etwa Konsumierende umweltfreundliche oder fair produzierte Produkte bevorzugen, senden sie ein Signal an die Anbieter, ihr Sortiment entsprechend anzupassen. Konsumentscheidungen haben somit nicht nur Einfluss auf Preise und Allokation, sondern auch auf Unternehmensstrategien und Produktentwicklung. Albert O. Hirschman (1970, S. 3) formulierte es in etwas so, dass Konsumierende mit dem Geldbeutel abstimmen. Unternehmen, die die Erwartungen nicht erfüllen, riskieren somit Marktanteilsverluste. Diese Marktdynamik unterstreicht, dass nachhaltiger Konsum nicht nur ein individuelles, sondern auch ein systemisches Steuerungselement ist, vorausgesetzt, die Konsumenten verfügen über transparente Informationen und realistische Wahlmöglichkeiten.

1.5.2 Unternehmen als Anbieter: Reaktion auf Nachfrage und strategische Steuerung

Unternehmen agieren als die zweite Hauptgruppe in der Marktwirtschaft und stellen die Angebotsseite dar. In der ökonomischen Standardtheorie ist die Gewinnmaximierung ihr Hauptziel. Das heißt, Unternehmen legen ihre Produktionsmengen, Preise, wenn sie über entsprechende Marktmacht verfügen, und Investitionen in neue Produkte oder Technologien so fest, dass ihre Gewinne maximiert werden. Im Wettbewerb bedeutet dies üblicherweise, die Produktion so effizient wie möglich zu gestalten. Die Kosten für notwendige Inputfaktoren, d. h. Ressourcen, die in den Produktionsprozess eingehen, z. B. Arbeit, Kapital, Boden, Energie, sollen so gering wie möglich gehalten werden, und es sollen Produkte gefertigt werden, die eine Nachfrage seitens der Verbraucher aufweist. Unternehmen reagieren auf Änderungen der Preise und Verschiebungen der Nachfrage, wie weiter oben beschrieben. Wenn der Preis eines Gutes aufgrund einer hohen Nachfrage steigt, wird es für Produzenten attraktiver, dieses Gut herzustellen; neue Anbieter dringen in den Markt ein oder bestehende Unternehmen erweitern ihre Produktion. Umgekehrt reduzieren Unternehmen das Angebot, wenn die Nachfrage einbricht und Preise fallen, um Verluste zu vermeiden (Samuelson und Nordhaus 2010, S. 155; Mankiw 2018, S. 133–135).

Neben diesen kurz- bis mittelfristigen Mengenanpassungen haben Unternehmen auch strategische Entscheidungsspielräume. Durch Investitionen in Forschung und Entwicklung schaffen sie neue Produkte oder führen effizientere Produktionsmethoden ein. Langfristig gesehen, legen Unternehmen weitgehend fest, welche Produkte auf den Markt kommen, basierend darauf, welche Technologien zum Einsatz kommen und welche Geschäftsmodelle verfolgt werden. Unternehmen können durch Innovationen neue Märkte schaffen oder bestehende verändern. Joseph Schumpeter bezeichnete Unternehmen als Motor des schöpferischen Zerstörungsprozesses, der alte Strukturen aufbricht und durch neue ersetzt, was über den reinen Preismechanismus hinausgeht (Schumpeter 1942 S. 81).

Unternehmen stehen jedoch im Rahmen des *Marktmechanismus*[89] unter dem Druck, sich an den Vorlieben der Konsumierenden und den Gegebenheiten des Wettbewerbs zu orientieren. Eine gängige Formulierung lautet. *Der Kunde ist König.* Dies bedeutet, dass Unternehmen nur dann langfristig erfolgreich sein können, wenn sie gesellschaftlich gewünschte Produkte herstellen und dies effizient umsetzen. Laut Mankiw (2018, S. 157) werden in Märkten mit effizienter Funktionsweise Unternehmensgewinne durch die Konkurrenz auf ein normales Maß reduziert, und die hergestellten Produkte entsprechen den Bedürfnissen der Verbraucher.

Es ist jedoch aus einer *institutionenökonomischen Perspektive*[90] offensichtlich, dass Unternehmen nicht in einem Wettbewerbsvakuum agieren. Regeln und *Institutionen*[91] bestimmen den Rahmen. Die Unternehmensentscheidungen werden durch Gesetze in Bereichen wie Arbeitsrecht und Umweltschutz, durch Eigentumsrechte sowie durch informelle Normen beeinflusst. Ein Unternehmen kann Umweltressourcen nur in dem Rahmen nutzen, der erlaubt oder gängig ist, hierbei sind Institutionen von Bedeutung, die beispielsweise den Zugang zu Ressourcen oder die erlaubte Emission von Schadstoffen festlegen (Ostrom 1990, S. 9). Auch gesellschaftliche Erwartungen haben Einfluss auf Unternehmen; das Konzept der *Corporate Social Responsibility* (*CSR*) hebt hervor, dass Unternehmen freiwillig Verantwortung für soziale und ökologische Belange übernehmen, die über die gesetzlichen Anforderungen hinausgeht (Elkington 1998).

[89] Prozess, durch den Angebot und Nachfrage über den Preis zum Ausgleich gebracht werden.

[90] Die institutionenökonomische Perspektive untersucht, wie formelle Regeln (z. B. Gesetze) und informelle Normen (z. B. Werte, Konventionen) wirtschaftliches Handeln strukturieren und beeinflussen (Vgl. Williamson 2000).

[91] Siehe zur Vertiefung der Bedeutung von Institutionen North (1991).

1.5.3 Marktmechanismus und seine Grenzen: Eine systemische Perspektive

Das bisher skizzierte *klassische Marktmodell*[92], führt unter idealisierten Bedingungen zu einer effizienten Allokation von Ressourcen, Produktionsfaktoren, Gütern und Dienstleistungen. In der Realität sind diese Bedingungen jedoch oft nicht erfüllt. Ein zentrales Problem ist das Auftreten von *Marktversagen* in verschiedenen Formen. Besonders relevant im Kontext von Umwelt- und Ressourcenfragen sind *externe Effekte* und *öffentliche Güter.*

Eine zentrale Ursache für *Marktversagen* liegt in sogenannten *externen Effekten.* Diese entstehen, wenn ökonomische Entscheidungen ökologische oder soziale Kosten verursachen, die nicht im Marktpreis erfasst werden, etwa durch Umweltverschmutzung, Ressourcenübernutzung oder soziale Belastungen. In solchen Fällen führt der zu vor angesprochene Preismechanismus nicht zu einer effizienten oder gesellschaftlich erwünschten Allokation von Ressourcen. Die dadurch entstehenden Fehlanreize werden noch gravierender, wenn es um *öffentliche Güter* geht, also Güter, deren Nutzung nicht oder nur schwer exklusiv gestaltet werden kann.

Besonders herausfordernd hinsichtlich der *externen Effekte* sind die sogenannten *natürliche öffentliche Güter* (= *Commons*), wie das globale Klima, *Biodiversität* oder saubere Luft. Diese zeichnen sich durch eine geringe Ausschließbarkeit und teils vorhandene Rivalität im Konsum aus, was sie zur besonderen Untergruppe der *Allmendegüter* macht. Im Gegensatz zu klassischen *öffentlichen Gütern,* etwa Bildung oder nationale Sicherheit (die durch einen Staat zur Verfügung gestellt werden), sind sie bereits vorhanden und auf empfindliche ökologische Regenerationsprozesse angewiesen, die bei Übernutzung irreversibel geschädigt werden können (IMFb). Solche Güter werden nicht vom Markt bereitgestellt, ein klassisches Beispiel für Marktversagen. Grund dafür ist das sogenannte *Trittbrettfahrer-Problem (= Free Rider Problem).* Niemand kann von der Nutzung ausgeschlossen werden und damit fehlt Einzelnen der Anreiz, freiwillig zum Schutz beizutragen. Das zeigt sich etwa am globalen Klima. Zwar tragen alle Emittenten, Staaten wie Unternehmen, zur Erderwärmung bei, doch keiner hat aus rein privatem Antrieb genügend Motivation zur Begrenzung von Emissionen, solange er nicht allein die negativen Folgen trägt. Zugleich entsteht eine implizite Rivalität. Wenn ein Akteur sein Emissionsbudget ausschöpft, verringert sich das verbleibende *CO_2-Budget*[93] für andere. Dieses Zusammenspiel aus fehlender Ausschließbarkeit und ungleicher Nutzung verdeutlicht, warum

---

[92] In der klassischen ökonomischen Theorie werden Marktakteure als *rational handelnde Konsumierende und Unternehmen* verstanden, die innerhalb eines freien Preissystems agieren. Sie treffen Entscheidungen auf Basis vollständiger Informationen und streben nach Nutzen- bzw. Gewinnmaximierung. Dieses Modell bildet die Grundlage vieler marktbasierter Allokationsmechanismen, abstrahiert jedoch von realen Einschränkungen wie Informationsasymmetrien, externen Effekten oder sozialen Präferenzen.

[93] Siehe auch Lamboll et al.(2023) Assessing the size and uncertainty of remaining carbon budgets.

unregulierte Märkte Umweltprobleme eher verschärfen als lösen, denn ökologische Schäden werden nicht eingepreist, und es gibt keine natürlichen Eigentümer, die deren Schutz sicherstellen würden.

An dieser Stelle wird die negative Seite der oben erwähnten Gewinn- und Nutzenmaximierung deutlich. Marktprozesse führen damit ohne Berücksichtigung der gemeinschaftlichen Auswirkungen zu möglichen Umweltdegradation und Ressourcenerschöpfung. Aus der Perspektive der *Umweltökonomie* wird das sogenannte *Naturkapital* aufgebraucht, ohne dass der Marktmechanismus reagiert. Um diesem systemischen Versagen zu begegnen, wurde das Konzept des *Natural Capital (= Naturkapital)* entwickelt und so die Rolle der Natur und ihrer Leistungen systematisch in die ökonomische Analyse zu integrieren. Dabei wird die natürliche Umwelt, Böden, Wälder, Gewässer, Atmosphäre, *Biodiversität* analog zu physischem oder finanziellem Kapital behandelt (Costanza und Daly 1992, S. 37 sowie Costanza et al. 1997, S. 254).

So wird in der *ökologischen Ökonomie*, einem interdisziplinären Feld, das seit den späten 1980er Jahren aufkam, wird betont, dass die Wirtschaft ein eingebettetes Teilsystem der Umwelt ist. Herman Daly formulierte es entsprechend: *„[...] that the economy is a subsystem of the environment and depends upon the environment both as a source of raw material inputs and as a‚sink' for waste outputs."* (Daly 1996, S. 6).

Diese Sichtweise macht deutlich, dass ohne funktionierende *Ökosysteme* wirtschaftliches Handeln nicht möglich ist und dass ökonomisches Wachstum physisch durch die Kapazitäten der Biosphäre begrenzt ist. Vor diesem Hintergrund stellt sich die zentrale Frage, wie die Nutzung von Ressourcen im Wechselspiel von Nachfrage und Angebot so gestaltet werden kann, dass ökologische, ökonomische und soziale Systeme dauerhaft stabil bleiben, also insbesondere wie intertemporale Gerechtigkeit und Ressourcenerhalt gewährleistet werden können.

Der berühmte *Brundtland-Bericht*(WCED 1987, S. 16) definierte nachhaltige Entwicklung daher als *„Humanity has the ability to make development sustainable to ensure that it meets the needs of the present without compromising the ability of future generations to meet their own needs. The concept of sustainable development does imply limits – not absolute limits but limitations imposed by the present state of technology and social organization on environmental resources and by the ability of the biosphere to absorb the effects of human activities."* Diese Definition impliziert eine Verantwortung der heutigen Konsumierenden und Unternehmen gegenüber der Zukunft und stellt eine Definition der *Nachhaltigkeit* dar.

Zur Umsetzung dieses Leitbilds sind verschiedene Prinzipien vorgeschlagen worden. Daly (1991) etwa hat grundlegende Managementregeln der *Nachhaltigkeit* formuliert:

(1) *Erneuerbare Ressourcen* dürfen nicht schneller genutzt werden, als sie sich regenerieren;
(2) *nicht-erneuerbare Ressourcen* dürfen nur in dem Maße genutzt werden, wie ein funktionsgleicher Ersatz durch Erneuerbare geschaffen wird;

(3) Schadstoffemissionen dürfen die Assimilationskapazität, d. h. die Fähigkeit von *Ökosystemen,* Schadstoffe aufzunehmen und ohne dauerhafte Schädigung abzubauen, der Umwelt nicht übersteigen.

Werden diese Prinzipien verletzt, lebt die Wirtschaft auf Kosten der Umwelt, sie zehrt somit vom *Naturkapital.* Ökonomisch gesprochen entspricht dies einer Verringerung des *Kapitalstocks,* was langfristig den Wohlstand schmälert (Daly 1991, S. 17). Angesichts der obigen theoretischen Überlegungen wird deutlich, dass Konsumentenentscheidungen und Unternehmensstrategien weitreichende ökologische und soziale Implikationen haben. Ökologisch betrachtet hängen heutige Umweltprobleme, vom Klimawandel über die Verschmutzung der Meere bis zum Artensterben, eng mit Produktions- und Konsummustern zusammen. Die industrielle Produktion nutzt gewaltige Energiemengen (noch überwiegend fossile Brennstoffe) und Rohstoffe; nachgelagerter Konsum führt zu Abfall und Emissionen. Jeder Kauf eines Produkts ist indirekt mit einem bestimmten ökologischen Fußabdruck verbunden, sei es in Form von CO_2-Emissionen, Wasserverbrauch oder Landnutzung. Wenn viele Konsumenten bestimmte Güter nachfragen, skaliert sich dieser Fußabdruck entsprechend. Beispielsweise führt die weltweite Nachfrage nach Pkw mit Verbrennungsmotor zu erheblichen Treibhausgasemissionen und Luftverschmutzung; die Vorliebe für Einwegkunststoffe verursacht globale Müllprobleme. Konsumierende tragen hierbei eine Mitverantwortung. Ihre Nachfrage beeinflusst maßgeblich die Produktionsentscheidungen von Unternehmen. Allerdings wird das Handlungsspektrum der Konsumenten durch die Rahmenbedingungen eingeschränkt, die Unternehmen durch Produktdesigns, etwa geplante Obsoleszenz oder aufwendige Verpackungen, und Angebotsstrukturen vorgeben. Diese Strukturen formen verschiedene Konsumoptionen und prägen damit auch indirekt die ökologischen Auswirkungen.

Gleichzeitig sind es Unternehmensstrategien, die einen entscheidenden Einfluss auf Umwelt und Gesellschaft ausüben. Eine auf kurzfristige Gewinnmaximierung ausgerichtete Strategie kann etwa zur *Externalisierung*[94] ökologischer Kosten führen, etwa durch die günstige Entsorgung umweltschädlicher Abfälle anstatt deren sachgerechter Aufbereitung. In Abwesenheit strenger Regulierungen oder deren bewusster Umgehung durch Lobbyarbeit (Stiglitz 2012) können solche Praktiken erhebliche Schäden für Natur und Gesellschaft verursachen. Auf der anderen Seite gibt es immer mehr Firmen, die Nachhaltigkeit in ihre Kernstrategie aufnehmen. Konzepte wie die Triple Bottom Line (Elkington 1998) propagieren, dass Unternehmen nicht nur finanzielle Gewinne (Profit), sondern auch soziale (People) und ökologische (Planet) Ziele verfolgen sollten. Solche Strategien entstehen teilweise als Antwort auf veränderte Konsumentenpräferenzen, etwa eine

---

[94] *Externe Effekte* entstehen, wenn wirtschaftliches Handeln Kosten oder Nutzen für Dritte verursacht, die nicht am Marktgeschehen beteiligt sind und deren Auswirkungen im Preismechanismus nicht berücksichtigt werden. Typische Beispiele sind Umweltverschmutzung, Lärmbelastung oder unbezahlte Pflegearbeit. Solche Effekte führen zu Marktversagen, da gesellschaftliche Folgekosten nicht internalisiert werden.

gesteigerte Nachfrage nach fair gehandelten, klimafreundlichen oder regionalen Produkten, und teilweise aus der Einsicht, dass langfristig nur ein Geschäftsmodell erfolgreich sein kann, dass die Grenzen der natürlichen Ressourcen respektiert. Unternehmen, die nachhaltige Innovationen vorantreiben (z. B. in Erneuerbare Energien, Kreislaufwirtschaft oder emissionsarme Mobilität), tragen dazu bei, dass wirtschaftliches Handeln weniger umweltschädlich ist. Damit mildern sie auch das Risiko, dass zukünftige Generationen mit den Folgekosten heutigen Wirtschaftens belastet werden.

Die sozialen Konsequenzen ökonomischer Entscheidungen sind ebenfalls bedeutend. Konsumentenentscheidungen wirken sich über den Markt auf Arbeitsbedingungen, regionale Entwicklung und globale Wertschöpfungsketten aus. Wenn Verbraucher etwa stets das billigste Produkt verlangen, erhöht das den Druck auf Unternehmen, Kosten zu senken, was in manchen Fällen zu niedrigen Löhnen oder schlechten Arbeitsbedingungen in Zulieferbetrieben (häufig in Ländern des *Globalen Südens*) führen kann. Unternehmensstrategien, die ausschließlich auf Kostenminimierung und Profitmaximierung setzen, können so negative soziale Externalitäten erzeugen, z. B. Ausbeutung von Arbeitskräften oder ungleiche Wertschöpfungsverteilung entlang globaler Lieferketten. Umgekehrt können Unternehmen durch freiwillige Standards (etwa die Einhaltung von Arbeits- und Menschenrechtsnormen bei ihren Zulieferern) und durch gemeinnützige Initiativen positive soziale Wirkungen erzielen, etwa Gemeinschaften unterstützen oder in Humankapital investieren.

In der Makroperspektive beeinflussen Konsum und Produktion auch die Verteilung von Einkommen und Wohlstand. Bestimmte Konsummuster der reichen Bevölkerungsschichten, wie z. B. hoher Energieverbrauch oder Luxusgüter, sind indirekt mitverantwortlich für stärkere Umweltbelastungen, die ärmere Bevölkerungsschichten überproportional treffen, man denke an die Rolle der Industrieländer beim Klimawandel und die Verwundbarkeit ärmerer Länder gegenüber den Folgen. Somit hat die Frage wer konsumiert was in welchen Mengen auch eine ethische Dimension. Ökonomen wie Stiglitz et al. (2010) weisen darauf hin, dass die Maximierung des *BIP* oder des Konsums kein sinnvolles Ziel ist, wenn die sozialen und ökologischen Folgekosten unberücksichtigt bleiben. Letztlich bedarf es eines Ausgleichs zwischen ökonomischen, sozialen und ökologischen Zielen, das ist der Kern eines nachhaltigen Entwicklungsmodells.

Die aufgezeigten systemischen Grenzen klassischer Modelle, etwa durch externe Effekte oder die Nichtberücksichtigung des *Naturkapitals*, zeigen deutlich auf, dass eine rein ökonomische Betrachtung nicht ausreicht, um gesellschaftlich tragfähige Lösungen für Umwelt- und Verteilungsprobleme zu entwickeln. Es bedarf eines erweiterten Verständnisses wirtschaftlichen Handelns, das auch die langfristige Tragfähigkeit ökologischer und sozialer Systeme berücksichtigt. In diesem Sinne richtet sich der Blick im Folgenden auf nachhaltigkeitsorientierte Marktperspektiven, die das Verhalten von Konsumenten und Unternehmen in einem erweiterten Verantwortungsrahmen reflektieren. Diese Ausführungen skizzieren erste Grenzen des Marktmechanismus im Umgang mit ökologischen und sozialen Herausforderungen. Eine systematische Analyse des Marktversagens, insbesondere in Hinblick auf globale Wertschöpfungsketten, Informationsprobleme und Gemeingüter, erfolgt im folgenden Abschn. 1.6.

1.5.4 Nachhaltigkeitsorientierte Marktperspektiven: Verantwortung und Wandel

Die Theorien der Nachhaltigkeit und der *ökologischen Ökonomie* fordern daher eine Erweiterung der traditionellen Rollenverständnisse von Konsumenten und Unternehmen. Konsumenten sollten nicht nur als Nutzenmaximierer, sondern auch als verantwortungsbewusste Bürger gesehen werden, die durch ihre Konsumwahl Einfluss auf soziale und ökologische Zustände nehmen (Jackson 2005). Unternehmen wiederum sollten neben der Profitmaximierung die Sorge um die Erhaltung des *Naturkapitals* und das Wohlergehen aller *Stakeholder*[95] integrieren, was im Konzept der nachhaltigen Unternehmensführung zum Ausdruck kommt (Elkington 1998). Dieses Umdenken wird teilweise bereits umgesetzt, bleibt aber in vielen Bereichen noch eine Herausforderung, da kurzfristige Marktanreize häufig im Widerspruch zu langfristigen Nachhaltigkeitszielen stehen.

Wenn bestimmte (ideale) Annahmen erfüllt sind, können Marktmechanismen wie Angebot, Nachfrage und Preisbildung ein effizientes Zusammenspiel von Unternehmen und Konsumierenden in der Markt-Nachfragestruktur ermöglichen. Durch ihre Nachfrage bringen Konsumierende ihre Vorlieben zum Ausdruck und beeinflussen somit indirekt die Produktionsentscheidungen. Unternehmen stellen entsprechende Angebote zur Verfügung, um auf diese Signale zu reagieren, und wetteifern um die Gunst der Käuferschaft, was in der Tendenz zu kosteneffizienten Lösungen führt. Gemäß Mankiw ist diese Wechselwirkung grundsätzlich vorteilhaft. Das Marktgleichgewicht kann die Wünsche der Konsumierenden bestmöglich erfüllen, und der Preismechanismus wirkt wie eine unsichtbare Hand, die individuelles Eigeninteresse in kollektiven Wohlstand umwandelt.

Die klassischen Modelle erweisen sich, wie wir bereits gesehen haben, als unzulänglich, sobald die Realität ins Spiel kommt, sei es durch Umweltwirkungen, Ressourcenerschöpfung oder soziale Verwerfungen. *Öffentliche Güter* und *externe Effekte* bewirken, dass unregulierte bzw. falsch regulierte Märkte aus einer gesamtgesellschaftlichen Perspektive Fehlsteuerungen aufweisen. Langfristig kann es schädlich für Gesellschaft und Natur sein, wenn man sich ausschließlich an kurzfristigen Nutzen- und Gewinninteressen orientiert. Dies kann zum Abbau von *Naturkapital* und zur Gefährdung der *sozialen Kohäsion*[96] führen. Deshalb werden in der Analyse Umwelt und Gesellschaft einbezogen. Die wirtschaftlichen Handlungen von Konsumierenden und Unternehmen werden als Teil eines umfassenderen sozialen und ökologischen Zusammenhangs verstanden (Polanyi

[95] Alle Personen oder Gruppen, die von den Aktivitäten eines Unternehmens direkt oder indirekt betroffen sind.

[96] Bezeichnet den Grad des gesellschaftlichen Zusammenhalts, also das Maß an Vertrauen, Solidarität und Verbundenheit zwischen Individuen, Gruppen und Institutionen innerhalb einer Gesellschaft.

1944; Daly 1996). Das Konzept des *Naturkapitals* verdeutlicht, dass die Natur ähnliche Beachtung finden muss wie andere Kapitalformen, so ist ihr Erhalt auch fundamental für das dauerhafte Funktionieren der Märkte.

Die Verantwortung liegt bei den Konsumierenden und den Unternehmen zugleich, aber auch bei den Institutionen, die den Rahmen festlegen. Durch bewusste Nachfrage können Konsumierende Veränderungen anregen, während Unternehmen durch nachhaltige Innovationen und strategische Neuausrichtungen reagieren können. Marktmechanismen werden auch in Zukunft entscheidend für die Koordination wirtschaftlichen Handelns sein. Es gilt, diese Mechanismen so zu entwerfen (oder zu ergänzen), dass die Preise die ökologische Wahrheit widerspiegeln und soziale Kosten sichtbar werden. Eine Wirtschaft, die *Natur als Kapital* anerkennt, wird danach streben, dieses Kapital zu bewahren und zu vergrößern, zum Wohle der gegenwärtigen und zukünftigen Generationen. Damit würde die berühmte *unsichtbare Hand* um eine *grüne Hand*[97] ergänzt, welche sicherstellt, dass individuelle Entscheidungen im Markt nicht nur ökonomisch effizient, sondern auch nachhaltig und gerecht sind.

Trotz wachsendem Bewusstsein für nachhaltiges Handeln aufseiten von Konsumierenden und Unternehmen zeigen sich in der Realität weiterhin massive systemische Fehlentwicklungen. Viele Umweltprobleme, soziale Ungleichheiten und Ressourcenübernutzung lassen sich nicht allein durch individuelle Entscheidungen beheben. Sie sind Ausdruck struktureller Schwächen in der Art und Weise, wie heutige Märkte funktionieren, insbesondere in globalen Wertschöpfungsketten. Das folgende Kapitel widmet sich daher der vertieften Analyse von Marktversagen, um aufzuzeigen, warum die unsichtbare Hand des Marktes oft nicht in der Lage ist, ökologisch und sozial tragfähige Ergebnisse hervorzubringen.

1.6 Wertschöpfungsketten: Marktversagen, durch fehlende Informationen

An die zuvor skizzierten Grenzen des *Marktmechanismus,*Angebot und Nachfrage, anschließend, vertieft dieses Kapitel die Analyse der Ursachen und Formen von *Marktversagen.* Im Zentrum steht dabei die Rolle globaler *Wertschöpfungsketten,* jene komplexen, oft über Kontinente verteilten Produktionsnetzwerke, durch die ein Großteil der heutigen Konsumgüter entsteht. Ob Lebensmittel, Kleidung oder Energieversorgung, viele der Produkte des täglichen Lebens sind das Ergebnis vielschichtiger, international verflochtener Prozesse.

Soziale Kohäsion gilt als zentrale Voraussetzung für stabile Demokratien, soziale Resilienz und kollektives Handeln, insbesondere in Krisenzeiten oder Transformationsprozessen. Sie umfasst Aspekte wie Inklusion, Teilhabe, Gerechtigkeit und gegenseitige Verantwortung.

[97] In Anlehnung an Emblemsvåg (2003),The green invisible hand".

Dieses globale Geflecht bringt neben etlichen positiven Resultaten, wie technologischem Austausch, sinkenden Produktionskosten und breiterem Warenangebot, auch erhebliche Herausforderungen mit sich. Marktpreise spiegeln häufig nicht die ökologischen und sozialen Folgekosten wider, die entlang der Wertschöpfung entstehen. Umweltgüter wie sauberes Wasser, stabile Klimaverhältnisse oder artenreiche Wälder werden ökonomisch unterbewertet und oft als unbegrenzt verfügbar behandelt. Das Resultat ist ein Marktversagen, bei dem individuelle Marktentscheidungen zu gesellschaftlich unerwünschten Ergebnissen führen (Samuelson 1954, S. 388 f.) ein Kernproblem, das im Zuge des stetigen Wandels von Gesellschaften und Ökonomien dringend diskutiert werden muss. Ein besonderes Augenmerk gilt dabei dem Informationsproblem., denn oft fehlen Marktakteuren verlässliche oder gleich verteilte Informationen über die tatsächlichen Produktionsbedingungen. Dieser Mangel an Transparenz verhindert eine wirksame Internalisierung externer Effekte, und stellt damit eine Schlüsselursache für ökologische Fehlanreize dar.

1.6.1 Wertschöpfungsketten: Fragmentierte Produktionsprozesse und ihre ökologischen Kosten

Wertschöpfungsketten stehen im Zentrum betriebswirtschaftlicher Effizienzstrategien, gleichzeitig offenbaren sie zentrale Schwachstellen moderner Märkte. Zugleich erleichtert die globale Fragmentierung der Produktion die Externalisierung ökologischer und sozialer Kosten; sei es bewusst oder unbewusst. Dieses Spannungsverhältnis zwischen betriebswirtschaftlicher Optimierung und gesamtgesellschaftlicher Nachhaltigkeit bildet den Ausgangspunkt für die nachfolgende Analyse von *Marktversagen.*

Das Konzept der *Wertschöpfungskette* wurde erstmals von Michael Porter in seinem Buch *Competitive Advantage* (1985) eingeführt und hat sich seither als grundlegendes Instrument in der strategischen Unternehmensführung etabliert (Porter 1985, S. 37).

Eine *Wertschöpfungskette* besteht aus primären und unterstützenden Aktivitäten. Die primären Aktivitäten umfassen alle Schritte, die direkt zur Herstellung des Produkts oder zur Erbringung der Dienstleistung führen. Dazu zählen die Eingangslogistik, die Produktion, die Ausgangslogistik, das Marketing und der Vertrieb sowie der Kundendienst. Wie Kotler und Keller (2016) feststellen, sind diese Schritte entscheidend, um sicherzustellen, dass das Endprodukt den Bedürfnissen der Verbraucher entspricht und auf dem Markt erfolgreich ist (S. 58 ff.). Die unterstützenden Aktivitäten umfassen unter anderem die Unternehmensinfrastruktur, das Personalmanagement, die Technologieentwicklung und die Beschaffung (Porter 1985, S. 38). Diese Aktivitäten bieten die notwendige Unterstützung, damit die primären Schritte effektiv ausgeführt werden können.

Die Analyse von *Wertschöpfungsketten* erlaubt es Unternehmen, Wettbewerbsvorteile zu identifizieren, indem sie erkennen, wo innerhalb des Prozesse, bei denen entlang mehrerer Stufen Wert geschaffen wird und wo Kosten minimiert werden können. Ein

Unternehmen kann durch Optimierungen in seinen Wertschöpfungsprozessen effizienter arbeiten und bessere Produkte zu wettbewerbsfähigen Preisen anbieten, was zu einer Steigerung der Rentabilität und zur Verbesserung der Marktposition führt (Grant 2016, S. 174, S. 184 ff.). Darüber hinaus ermöglicht die Betrachtung der Wertschöpfungskette eine bessere Integration von Lieferanten und Vertriebspartnern, was für die Entwicklung von Synergien und die Verbesserung der Gesamtleistung entscheidend sein kann (Christopher 2011, S. 189 f.). Global agierende Unternehmen stehen vor enormer Komplexität in ihren Lieferketten: Ein typischer Automobilhersteller arbeitet mit etwa 250 direkten (Tier-1-) Lieferanten, während sich die Gesamtzahl aller Zulieferer auf über 18.000 belaufen kann (McKinsey und Company 2020). In der Technologiebranche sind es über 7000 Zulieferer bei rund 125 direkten Partnern. Auch die Lebensmittelindustrie operiert in hochverzweigten globalen Wertschöpfungsketten – beispielsweise stammt Kakao häufig aus Ghana oder der Elfenbeinküste, Kaffee aus Brasilien, Vietnam oder Äthiopien und Soja für Tierfutter aus Argentinien oder Brasilien. Trotz dieser geografischen Streuung verfügen laut einer aktuellen Studie nur 6 % der Unternehmen über vollständige Transparenz über ihre gesamte Lieferkette, einschließlich tieferer Ebenen wie Tier 2 und Tier 3 (Interos 2022). Komplexität entsteht dabei nicht nur durch die Anzahl der Akteure, sondern auch durch mehrstufige Verarbeitung, saisonale Verfügbarkeit, regionale Standards und regulatorische Anforderungen (GAINSystems 2023).

In einer zunehmend globalisierten Welt sind Unternehmen oft gefordert, internationale Lieferketten zu managen, was die Komplexität der Wertschöpfungsketten erhöht. Trotz der Vorteile, die Wertschöpfungsketten bieten, stehen Unternehmen vor verschiedenen Herausforderungen. Dazu gehört die Notwendigkeit, Agilität in ihren Prozessen zu bewahren, die Komplexität durch die Globalisierung und die Anpassung an technologische Veränderungen (Cannon und Homburg 2001, S. 858). Zukünftige Trends in der Wertschöpfung könnten verstärkt auf Nachhaltigkeit und soziale Verantwortung fokussiert sein, da Verbraucher zunehmend umweltbewusste Produkte verlangen (Bocken et al. 2014, S. 51 f.).

Wertschöpfungsketten sind ein zentrales Konzept im strategischen Management, das Unternehmen hilft, ihre Prozesse zu optimieren und Wettbewerbsvorteile zu erzielen. Durch die Analyse der verschiedenen Aktivitäten innerhalb der *Wertschöpfungskette*können Firmen strategische Entscheidungen treffen, die sowohl ihre Effizienz als auch ihre Rentabilität steigern.

Diese Fragmentierung begünstigt jedoch die *Externalisierung* von Kosten. Ein *externer Effekt* liegt vor, wenn eine wirtschaftliche Aktivität Kosten oder Nutzen verursacht, die nicht im Marktpreis der Transaktion enthalten sind (Pigou 1920, S. 101 ff.). Klassischerweise werden negative *externe Effekte,* etwa Umweltverschmutzung, vom Verursacher nicht bezahlt, sondern der Allgemeinheit oder künftigen Generationen aufgebürdet. In globalen Wertschöpfungsketten treten externe Effekte häufig entlang der Lieferkette auf. Die Produktion kann z. B. Gewässer verschmutzen oder Treibhausgase freisetzen, ohne dass diese Schäden im Preis des Endprodukts verrechnet werden. Marktpreise sind somit verzerrt, da sie die ökologischen und sozialen Folgekosten ausblenden. Der Markt versagt in dem Sinne, dass er keine effiziente Allokation gesellschaftlicher Ressourcen mehr garantiert, ein Phänomen, das Paul Samuelson als Unmöglichkeit der rein dezentralen Bereitstellung gewisser Güter theoretisch untermauerte (Samuelson 1954, S. 389). Mit dem Fokus auf Innovation und Nachhaltigkeit wird die Bedeutung globaler *Wertschöpfungsketten* in Zukunft weiter zunehmen.

Die zuvor dargestellten fragmentierten Produktionsprozesse entlang globaler *Wertschöpfungsketten* führen nicht nur zu ökologischen Belastungen, sondern verdeutlichen auch strukturelle Informationsdefizite über deren tatsächliche Auswirkungen. Diese ökologischen und sozialen blinden Flecken zeigen, wie *Wertschöpfungsketten* zentrale Mechanismen strukturellen Marktversagens offenlegen, durch Externalisierung, Informationsasymmetrien und mangelhafte Internalisierung negativer Effekte.

Joseph Stiglitz, hat in diesem Kontext pointiert bemerkt, dass die sprichwörtliche *unsichtbare Hand* oft unsichtbar sei, weil es sie tatsächlich nicht gebe (Stiglitz 2010). Dadurch macht er deutlich, dass unbeeinflusste Märkte nicht zwangsläufig zum sozioökonomischen Optimum führen, insbesondere nicht bei Umweltgütern oder in Kontexten mit komplexen globalen Verflechtungen. In solchen Fällen sind institutionelle Korrekturen erforderlich, etwa staatliche Eingriffe in Form von Steuern, Regulierungen oder der Schaffung von Eigentumsrechten, um die Diskrepanz zwischen privaten und gesellschaftlichen Kosten zu verringern (Stiglitz und Walsh 2010, S. 252). Arthur Cecil Pigou schlug bereits 1920 vor, negative *externe Effekte* durch Abgaben zu internalisieren, sodass Verursacher die vollen Kosten ihres Handelns tragen *(Pigou-Steuer).* Ronald Coase (1960) argumentierte hingegen, dass bei klar definierten Eigentumsrechten und geringen *Transaktionskosten*[98] effiziente Lösungen auch durch private Verhandlungen erreichbar seien *(Coase Theorem).* In der Praxis sind diese idealtypischen Bedingungen jedoch selten gegeben, insbesondere bei ökologischen Problemen wie Klimawandel oder Artensterben, bei denen Millionen Akteure und vielschichtige Wirkungszusammenhänge involviert sind.

1.6.2 Marktversagen: Warum Märkte an ökologischen Grenzen scheitern

Die im vorherigen Abschnitt beschriebenen ökologischen Kosten und Transparenzdefizite bilden die Grundlage für die folgende Analyse von *Marktversagen.* Es zeigt sich, dass der Marktmechanismus in seiner derzeitigen Ausgestaltung vielfach nicht in der Lage ist, Umweltaspekte angemessen zu berücksichtigen, mit weitreichenden Folgen für nachhaltige Entwicklung. Vor dem Hintergrund von *Wertschöpfungsketten*und der Frage der damit verbundenen Ressourcennutzung ist es essentiell sich die Problematik des *Marktversagens*

[98] Kosten, die bei der Anbahnung, Durchführung und Kontrolle von wirtschaftlichen Austauschprozessen entstehen.

näher anzuschauen. *Marktversagen* bezeichnet eine Situation, in der der Marktmechanismus nicht zu einer effizienten Allokation von Ressourcen führt. In einem idealen Markt sollten Preise und Mengen von Angebot und Nachfrage bestimmt werden, sodass die Ressourcen optimal genutzt werden. Wenn jedoch Marktversagen auftritt, werden bestimmte Bedingungen nicht erfüllt, die für eine effiziente Marktfunktion notwendig sind. Die häufigsten Ursachen für *Marktversagen* sind *externe Effekte,öffentliche Güter,asymmetrische Informationen* und *Marktmacht.*

Die folgenden Unterkapitel beleuchten, wie sich diese theoretischen Grundlagen konkret auf Umweltgüter, Informationsasymmetrien sowie unzureichende Eigentumsrechte in globalen Wertschöpfungsketten auswirken.

Unsichtbare Kosten: Wenn fehlende Information Märkte verzerrt

Neben Externalitäten und Gemeingütern ist *Informationsasymmetrie* eine weitere grundlegende Ursache von *Marktversagen* (Akerlof 1970, S. 488 f.). *Informationsasymmetrien* liegen vor, wenn eine Partei in einer Transaktion über wesentlich bessere Informationen verfügt als die andere. George A. Akerlof hat dies in seinem berühmten *Market for Lemons*-Modell (1970) beschrieben. Wenn die Kundschaft die Qualität eines Gebrauchtwagens nicht sicher kennen, sondern nur der Verkaufende, dann führt die Unsicherheit dazu, dass gute Autos vom Markt verdrängt werden, ein Markt bricht zusammen, weil schlechte Qualität überproportional angeboten wird (Akerlof 1970, S. 489). Im übertragenen Sinne können auch in globalen Lieferketten schlechte Praktiken die guten verdrängen, wenn Transparenz fehlt.

Betrachten wir zum Beispiel die Textilindustrie. Konsumierende können einem T-Shirt von außen nicht ansehen, ob es unter fairen und umweltfreundlichen Bedingungen hergestellt wurde oder ob dafür Abwässer ungeklärt in Flüsse geleitet und Arbeiter ausgebeutet wurden. Dieses Gut hat sogenannte Vertrauenseigenschaften, seine sozialen und ökologischen Qualitäten sind für Käufer nicht direkt prüfbar. Unternehmen, die kostspielige Maßnahmen für Umweltschutz oder gute Arbeitsbedingungen ergreifen, haben daher einen Wettbewerbsnachteil, wenn Konsumeierende den Unterschied nicht erkennen oder glauben können. Im schlimmsten Fall entsteht ein Markt für *grüne Lemons*[99]. Nachhaltige Anbieter bleiben auf ihren höheren Kosten sitzen, während weniger verantwortungsvolle

[99] Der Begriff *grüne Lemons* ist eine Ableitung des klassischen Lemons-Problems von Akerlof (1970), das auf Informationsasymmetrien in Märkten verweist. In nachhaltigkeitsbezogenen Kontexten beschreibt er Produkte oder Anbieter, die als ökologisch oder sozial verantwortungsvoll erscheinen, es faktisch aber nicht sind – etwa durch Greenwashing, unklare Lieferketten oder fehlende Transparenz. Da Konsumierende die Qualität nachhaltiger Leistungen oft nicht direkt überprüfen können, droht eine adverse Selektion, d. h. ehrliche Anbieter werden verdrängt, das Vertrauen in Nachhaltigkeit sinkt, und der Markt wird von scheinbar *grünen*, aber tatsächlich nicht nachhaltigen Produkten dominiert. Vgl. Akerlof, G. A. (1970). *The Market for „Lemons": Quality Uncertainty and the Market Mechanism. The Quarterly Journal of Economics*, 84(3), 488–500.

Anbieter mit billiger Produktion den Markt dominieren. Eine solche Informationsasymmetrie begünstigt *race to the bottom*[100]-Dynamiken, also einen Wettlauf nach unten bei Standards.

Ökonomen betonen, dass Märkte nur dann effizient funktionieren, wenn Informationen relativ vollständig und symmetrisch verteilt sind (Stiglitz 2002, S. 466). Ist dies nicht der Fall, können schlechter informierte Akteure systematisch benachteiligt werden und Ressourcen fehlgeleitet werden. In Lieferketten sind typischerweise die Produzenten vor Ort besser über die tatsächlichen Umwelt- und Sozialbedingungen informiert als die Konsumierenden, die tausende Kilometer entfernt sind. Diese Distanz schafft Raum für *Verstecken und Täuschen.* Umweltverstöße oder menschenunwürdige Arbeitsbedingungen können in den Tiefen einer mehrstufigen Zuliefererkette verborgen bleiben. Selbst große Markenunternehmen kennen mitunter nicht alle Subunternehmen und Zulieferer in ihrer Kette. Daraus resultiert eine Verantwortungslücke, niemand hat den kompletten Überblick oder trägt die Verantwortung für das Ganze.

Auch zwischen Unternehmen und Regulierungsbehörden besteht oft *Informationsasymmetrie.* Firmen verfügen intern über genaue Daten zu Emissionen oder Inhaltsstoffen, die Behörden erst mühsam erheben oder erfragen müssen. Diese asymmetrische Verteilung von Wissen kann strategisch genutzt werden. Unternehmen haben mitunter einen Anreiz, negative Informationen zurückzuhalten oder zu beschönigen (etwa durch *Greenwashing*[101] in Nachhaltigkeitsberichten). Damit wird effektiv verhindert, dass Märkte die richtigen Signale senden. Ein bekanntes Beispiel ist die Automobilindustrie. Der *Diesel-Emissionsskandal*[102] zeigte, wie Hersteller Behörden und Verbraucher über tatsächliche Schadstoffemissionen tauschten. Hierdurch wurden umweltbelastende Fahrzeuge in einem Ausmaß verkauft, das bei voller Information möglicherweise nicht möglich gewesen wäre, ein Marktversagen, das auf gezielten Informationsverzerrungen beruhte.

Die globale Natur der *Wertschöpfungsketten* verstärkt das Informationsproblem zusätzlich. Kultur- und Sprachbarrieren, fehlende Transparenzgesetze in Produktionsländern und komplexe Handelswege sorgen dafür, dass Informationen über Missstände oft spät oder gar nicht ans Licht kommen. So erfuhren westliche Konsumenten erst durch mediale Berichte vom Einsturz der Textilfabrik Rana Plaza[103] 2013 in Bangladesch, unter welch

---

[100] Siehe Cambridge Dictionary (o. J).

[101] Greenwashing bezeichnet die gezielte Täuschung durch Unternehmen oder Institutionen, die durch Marketing oder Kommunikation ein umweltfreundliches Image erzeugen, ohne substanzielle ökologische Maßnahmen umzusetzen.

[102] Siehe Umweltbundesamt (2015). Abgasskandal: Dieselfahrzeuge stoßen auf der Straße ein Vielfaches der erlaubten NOx-Mengen aus.

[103] Am 24. April 2013 stürzte das Rana-Plaza-Gebäude in Bangladesch ein – eine Textilfabrik, in der internationale Marken produzieren ließen. Über 1100 Menschen starben, mehr als 2000 wurden verletzt. Die Katastrophe gilt als Symbol für die systemischen Missstände globaler Lieferketten und die externalisierten Kosten der Fast Fashion (Vgl. Haldar 2023).

prekären Bedingungen ihre günstige Kleidung genäht wurde. Bis dahin waren die sozialen Kosten in Form von unsicheren Arbeitsbedingungen völlig unberücksichtigt im Preis eines T-Shirts enthalten, ein unsichtbarer Subventionsmechanismus zulasten der Arbeiter.

In der Landwirtschaft zeigt sich ein ähnliches Muster ökologischer Folgewirkungen. Konsumierende wissen häufig nicht, ob das importierte Rindfleisch aus Weideflächen stammt, für die zuvor Amazonas-Regenwald gerodet wurde. Studien belegen, dass die extensive Rinderhaltung nach wie vor Haupttreiber der Entwaldung im brasilianischen Amazonasgebiet ist. Laut Nepstad et al. (2008, S. 5) waren bereits damals rund 80 % der Abholzung darauf zurückzuführen. Neuere Daten bestätigen den Trend: Rund 41 % der globalen Entwaldung zwischen 2001 und 2015 war auf Viehzucht zurückzuführen, in Brasilien liegt der Anteil noch höher (Our World in Data 2021). Die damit verbundenen CO_2-Emissionen durch Waldzerstörung betragen jährlich mehr als 400 bis 500 Mio. Tonnen, was einen erheblichen Klimafaktor darstellt, der im Preis eines Steaks jedoch nicht sichtbar wird (Nepstad et al. 2008, S. 7). Die asymmetrische Informationslage entlang der globalen Lieferkette, von brasilianischen Landbesitzern über internationale Fleischkonzerne bis zu Konsumierende in Übersee, führt dazu, dass Verantwortung und ökologische Folgekosten systematisch externalisiert werden.

Fehlende und ungleiche Informationen in globalen Wertschöpfungsketten schaffen eine Intransparenz, die verantwortungsvolles Handeln erschwert. Dies begünstigt die Überwälzung von Kosten auf schwächere Akteure (etwa Arbeiter oder die Natur) und verzerrt die Marktergebnisse zulasten der Nachhaltigkeit. George Akerlofs grundlegende Erkenntnis, dass schlechte Qualität und fehlende Information gute Qualität verdrängen können (Akerlof 1970, S. 490), bewahrheitet sich hier in großem Maßstab. Schlechte Praktiken verdrängen gute, solange es keinen Mechanismus gibt, Qualität, sei es Produktqualität, Umwelt- oder Sozialqualität, glaubwürdig zu signalisieren und zu entlohnen.

Wenn Märkte dominieren: Machtasymmetrien als Form des Marktversagens

Marktversagen kann auch durch die Konzentration von Marktmacht entstehen, die typischerweise bei monopolistischen oder oligopolistischen Strukturen zu beobachten ist. In einem solchen Umfeld können Unternehmen Preise über das Wettbewerbsniveau hinwegsetzen, was zu einer Verringerung des Wohlstands der Verbraucher und einer ineffizienten Verteilung von Ressourcen führt (Tirole 1988, S. 310, 350 f.). Monopole haben oft wenig Anreiz, die Produktqualität zu verbessern oder effizient zu wirtschaften, da sie keine Konkurrenz haben.

Warum greifen Marktmechanismen und Preissignale gerade in globalen Wertschöpfungsketten so schlecht, wenn es um ökologische und soziale Aspekte geht? Neben den genannten theoretischen Faktoren (Externalitäten, öffentliche Güter, Informationsmängel) gibt es strukturelle Gegebenheiten, die dieses Marktversagen verstärken:

1. *Globale geographische Trennung von Produktion und Konsum:* Die räumliche Distanz zwischen Produktionsort und Konsummarkt bewirkt, dass Verursacher und Geschädigte weit auseinander liegen. Umweltzerstörungen treten oft lokal auf (z. B. Verschmutzung eines Flusses in Indonesien durch eine Textilfärberei), während die Nutzen, günstige Kleidung, global verteilt werden. Die lokale Bevölkerung trägt die Kosten (etwa gesundheitliche Folgen verschmutzten Wassers), doch diese Kosten erreichen den Endverbraucherpreis nicht. Die Globalität erschwert auch politisches Gegensteuern, da Zuständigkeiten fragmentiert sind. Ein Land allein kann globale Konzerne oder transnationale Umweltprobleme nur begrenzt regulieren. Dieses *Auseinanderfallen von Handlungsebene und Wirkungsebene* begünstigt eine Verantwortungsdiffusion.
2. *Fehlende globale Governance und Regulierungswettbewerb:* Auf nationaler Ebene kann der Staat bei Marktversagen korrigierend eingreifen, etwa durch Umweltauflagen, Arbeitsschutzgesetze oder Steuern. Im globalen Maßstab fehlen allerdings durchsetzungsstarke Institutionen, die vergleichbare Regeln weltweit etablieren. Unternehmen können Standorte arbitrageartig verlagern. Produktion findet dann bevorzugt dort statt, wo die schwächsten Umwelt- und Sozialauflagen gelten *(race to the bottom).* Dieser Regulierungswettbewerb zwischen Staaten erzeugt ein strukturelles Problem. Selbst gutwillige Regierungen zögern, strenge Auflagen zu erlassen, wenn sie Abwanderung von Industrie oder Wettbewerbsnachteile befürchten. So entsteht ein kollektives Handlungsproblem auf internationaler Ebene. Jean Tirole und Christian Gollier argumentieren, dass etwa der Klimawandel als globales Commons-Problem *nur* durch kohärente internationale Bepreisung von CO_2 zu lösen sei, da ansonsten immer Akteure ausweichen werden (Gollier und Tirole 2015, S. 6). Genau diese globale Preissteuerung fehlt aber bislang.
3. *Marktmacht und Ungleichgewichte in der Wertschöpfungskette:* Viele globale Wertschöpfungsketten sind von transnationalen Konzernen dominiert, während am Anfang der Kette zahlreiche kleine Zulieferer oder Bauern stehen. Diese Ungleichverteilung an Verhandlungsmacht kann dazu führen, dass Großabnehmer niedrige Preise diktieren, bei denen Zulieferer kaum Spielraum für Investitionen in Umwelt- oder Sozialstandards haben. Wenn beispielsweise ein Textil-Discounter von seinen Zulieferern immer billigere Ware verlangt, werden diese die Kostensenkung oft durch Outsourcing an noch billigere (und oft weniger regulierte) Subunternehmen oder durch Einsparungen bei Sicherheit und Umwelt vornehmen. Der Druck großer Einkäufer, sofort und preisgünstig zu liefern, kann als *struktureller Zwang* zu Lasten von Nachhaltigkeitsaspekten wirken. Joseph Stiglitz zeigte in seiner Arbeit mit Greenwald, dass in Märkten mit unvollkommener Information und Marktmacht das Marktgleichgewicht in der Regel nicht pareto-optimal ist (Greenwald und Stiglitz 1986, S. 229). Dies scheint gerade in globalen Oligopolen relevant. Marktführer können so durch Intransparenz und strategisches Verhalten gesellschaftlich suboptimale Ergebnisse herbeiführen und dennoch Gewinne maximieren.

4. *Kurzfristige Gewinnorientierung und Externalisierungskultur:* Die vorherrschende betriebswirtschaftliche Logik fokussiert vornehmlich auf kurzfristige Kosten und Gewinne, während langfristige Folgelasten oft ausgeblendet bleiben. In globalen Lieferketten, in denen Aufträge häufig wechseln und Lieferanten austauschbar sind, lohnt es sich für einzelne Akteure kaum, langfristig in etwaige Umweltmaßnahmen zu investieren, zumal der Nutzen, wie etwa ein intakter Boden in 20 Jahren, liefert oft nicht einen direkten Nutzen, sondern verteilt sich diffus über unterschiedliche Gruppen der Gesellschaft oder soagr zukünftige Generationen. Diese *temporale Asymmetrie* (kurzer Planungshorizont vs. langfristige Auswirkungen) verstärkt ein mögliches Marktversagen. Die Natur wird quasi als kostenloser Input behandelt, dessen Erschöpfung erst jenseits der betriebswirtschaftlichen Kalkulation sichtbar wird. So entstand eine Kultur der Externalisierung, in der aus betriebswirtschaftlich rationalen Erwägungen, jedoch unter Vernachlässigung systemischer Umweltfolgen, in der Kosten abgewälzt wurden, sei es auf die Natur, auf zukünftige Generationen oder auf schwächere Glieder der Lieferkette. Ohne Gegensteuern führt dieses bewusste oder oft auch unbewusste Verhalten zu kumulativen Schäden. Auch wenn jedes Unternehmen isoliert, betrachtet rational agiert, ergibt sich im Zusammenspiel ein kollektives Paradox, dass heißt ein Muster kollektiver Irrationalität, um es bewusst zugespitzt zu formulieren, wie es Garrett Hardin in seiner *Tragödie der Allmende* beschreibt (Hardin 1968, S. 1244).
5. *Fehlende Berücksichtigung von Naturkapital in der Volkswirtschaftlichen Gesamtrechnung:* Auch auf Makroebene setzt sich das Problem fort. Die Art, wie wirtschaftlicher Erfolg gemessen wird (v. a. mittels *Bruttoinlandsprodukt*), vernachlässigt die Abschreibung von *Naturkapital.* So erhöht, um ein plakatives Beispiel heranzuziehen, das Abholzen von Wäldern kurzfristig das *BIP* (durch Verkauf des Holzes), die Kosten des Verlusts an *Ökosystemdienstleistungen* werden aber nicht berücksichtigt. Diese methodische Schwäche spiegelt sich so auch in Unternehmensbilanzen wider. Ein Unternehmen kann Gewinn ausweisen, selbst wenn es dabei *Naturkapital* zerstört, denn Umweltkosten erscheinen nicht in der Finanzbuchhaltung. Joseph Stiglitz und Kollegen fordern deshalb seit Jahren, Wohlstandsmaße zu erweitern und die *externen Effekte* sichtbar zu machen (Stiglitz et al. 2010, S. 21). Solange dies nicht geschieht, bleibt die Unterbewertung der Natur *systemisch verankert* und das mit der Folge, dass falsche Anreize im Markt gesetzt werden.

All diese strukturellen Faktoren schaffen einen Rahmen, in dem *Marktversagen* nicht die Ausnahme, sondern die Regel ist, wenn es um globale Lieferketten und Natur geht. Das Zusammenspiel aus globaler Konkurrenz, mangelnder Transparenz und unzureichender *Governance*schafft Potenzial für eine Risikodynamik, die systemische Verwundbarkeiten verstärkt und bestehende Steuerungsmechanismen überfordert die sich herkömmlichen Steuerungslogiken zunehmend entzieht. Unternehmen und Staaten senken Umwelt- und Sozialstandards im globalen Wettbewerb, der sogenannte *race to the bottom,* während fehlende Transparenz in Lieferketten und nicht dem Zwecke adäquate *Governancestrukturen* verhindern, dass die tatsächlichen ökologischen und sozialen Folgen sichtbar und eingepreist werden. Dadurch bleiben zentrale Nachhaltigkeitsprobleme ungelöst.

Um *Marktversagen* zu beheben, sind staatliche Eingriffe und regulatorische Maßnahmen in einem gewissen Maße erforderlich. Dies kann durch Besteuerung von *externen Effekten,* Bereitstellung öffentlicher Güter, Informationsverbreitung oder Regulierung von monopolistischen Praktiken geschehen. Ein Beispiel für eine solche Maßnahme ist die Einführung von Emissionsrechten, die versuchen, negative externe Effekte zu internalisieren und Unternehmen dazu zu bringen, die Kosten ihrer Umweltverschmutzung zu berücksichtigen.

Um *Marktversagen* entgegenzuwirken, ist es entscheidend, Nachhaltigkeit und soziale Verantwortung in Wertschöpfungsketten zu integrieren. Unternehmen können Strategien anwenden, die *externe Effekte* berücksichtigen, wie nachhaltige Beschaffungspraktiken, Investitionen in sauberere Technologien oder das Engagement in Initiativen zur sozialen Verantwortung von Unternehmen. So kann beispielsweise die Umsetzung von Prinzipien der Kreislaufwirtschaft Abfall minimieren und die Ressourceneffizienz maximieren und so die negativen externen Effekte angehen, die oft mit traditionellen linearen Produktionsmodellen verbunden sind (Bocken et al. 2014, S. 42). Darüber hinaus sind regulatorische Rahmenbedingungen und marktorientierte Richtlinien von wesentlicher Bedeutung, um Wertschöpfungsketten mit sozialen Zielen in Einklang zu bringen. Wie Stiglitz (2000) hervorhebt, können geeignete staatliche Eingriffe, wie z. B. Steuern auf negative *externe Effekte, Marktversagen* korrigieren und Unternehmen dazu anregen, nachhaltige Praktiken entlang ihrer Wertschöpfungsketten einzuführen (S. 30 f.). Diese institutionelle Unterstützung ist von entscheidender Bedeutung, um ein Umfeld zu fördern, in dem die Marktdynamik stärker mit gesellschaftlichen Vorteilen in Einklang steht.

Abschließend lässt sich sagen, dass die Beziehung zwischen *Wertschöpfungsketten* und *Marktversagen*entscheidend für das Verständnis der Effizienz in den Produktions- und Konsumprozessen von Volkswirtschaften ist. Marktversagen legt die Grenzen traditioneller Marktstrukturen offen, während Wertschöpfungsketten einen Rahmen bieten, um die mit der Bereitstellung von Waren und Dienstleistungen verbundenen Aktivitäten zu identifizieren und zu verbessern. Indem Unternehmen Marktversagen durch wirksame Strategien in ihren Wertschöpfungsketten angehen, können sie ihre Betriebseffizienz verbessern und positiv zum gesellschaftlichen Wohlergehen beitragen, was langfristig zu besseren wirtschaftlichen Ergebnissen führen kann.

Dennoch liegt ein langer Weg vor uns, um die Märkte wirklich zukunftsfähig zu machen. Es bedarf eines Mixes aus verschiedenen Maßnahmen, bessere Informationen, mutigere Politik und verantwortungsbewusstes Unternehmertum, um das beschriebene Marktversagen zu korrigieren. Elinor Ostroms Arbeiten lehren uns, dass polyzentrische, vielfach verschachtelte Lösungen oft effektiver sind als monolithische Top-Down-Vorgaben (Ostrom 2010, S. 663). Das heißt, viele Akteure auf verschiedenen Ebenen, lokale Gemeinschaften, Nationalstaaten, internationale Organisationen, NGOs, Unternehmen, Verbraucher müssen koordinieren, experimentieren und voneinander lernen, wie man nachhaltigere Wertschöpfungsketten zukunftsorientiert gestalten kann.

Am Ende steht somit ein Paradigmenwechsel. Weg von kurzfristig niedrig bepreisten Gütern hin zu einer ökonomischen Praxis, in der Kosten realitätsnäher abgebildet werden und Preissignale ökologische sowie soziale Folgewirkungen stärker berücksichtigen. Ziel ist eine Wirtschaft, in der Märkte im Einklang mit natürlichen Systemen und gesellschaftlichen Bedürfnissen wirken. Dieser Wandel betrifft das Fundament unseres Wirtschaftens. Die unzureichende Bewertung der Natur war lange ein blinder Fleck, nun gilt es, diesen in den Blick zu nehmen. Gelingt es, *Naturkapital* in unserem wirtschaftlichen Handeln sichtbar zu machen und zu bewerten, könnten Märkte von einem Teil des Problems zu einem Teil der Lösung werden. Denn Märkte, richtig geregelt, haben eine enorme Kraft zur effizienten Ressourcenallokation. Joseph Stiglitz schrieb: *„In einem vollständig informierten, verantwortungsvoll geregelten Markt würden individuelle Gewinne mit gesellschaftlichem Wohlstand weitgehend übereinstimmen"* (Stiglitz 2010, S. 47). Unser Ziel muss es sein, die Voraussetzungen dafür zu schaffen, durch Transparenz, Internalisierung und globale Kooperation. Dann kann die Wertschöpfungskette ihrem Namen gerecht werden. Wert schöpfen, nicht zerstören, für heutige und zukünftige Generationen.

Informationsasymmetrien schaffen nicht nur Unsicherheit für Konsumierende, sondern eröffnen auch Spielräume für strategisches Verhalten auf Unternehmensseite. Besonders problematisch wird dies, wenn Marktmacht hinzukommt, etwa durch große Konzerne, die in globalen Lieferketten dominieren. Während Informations- und Machtasymmetrien die Marktstruktur betreffen, offenbaren sich bei bestimmten Ressourcen tiefgreifendere Steuerungsprobleme. Besonders *natürliche Gemeingüter* wie das Klima, *Biodiversität* oder Gewässer folgen keiner klassischen Marktlogik. Wie sie dennoch nachhaltig genutzt und reguliert werden können, jenseits von Markt und Staat, ist Thema des folgenden Abschnitts.

Öffentliche Güter vs. Commons: Governance-Fragen jenseits des Marktprinzips

Bei der Auseinandersetzung mit den *natürliche öffentliche Gütern* ist eine genaue Differenzierung von öffentlichen Gütern notwendig. Diese Differenzierung ist entscheidend, da viele Ressourcen, die heute als *Commons* diskutiert werden, historisch und systematisch in die Kategorie *öffentlicher Güter* eingeordnet wurden. Obwohl die beiden Kategorien gewisse Ähnlichkeiten aufweisen, insbesondere in Bezug auf Nicht-Ausschließbarkeit und das Auftreten von Trittbrettfahrerverhalten, unterscheiden sie sich grundlegend in ihren Nutzungslogiken und Governance-Anforderungen. Um Missverständnisse zu vermeiden und differenzierte, auf den Kontext abgestimmte Steuerungsmechanismen entwickeln zu können, ist eine klare begriffliche und funktionale Trennung notwendig.

Der Übergang vom *öffentlichen Gut* zum *Common* ist nicht nur semantisch, sondern spiegelt tiefgreifende Unterschiede in Bezug auf Zugang, Verantwortung und institutionelle Rahmung wider. *Öffentliche Güter* werden in der Regel durch staatliche Bereitstellung und durch eine schwer zu beschränkende, oft breit zugängliche Nutzung charakterisiert, wie etwa Bildung, innere Sicherheit oder Verkehrsinfrastruktur, während *Commons* oft in spezifische soziale Praktiken eingebunden sind. Diese betreffen die kollektive Aushandlung, lokale Regeln und gemeinschaftliche Verantwortung, Strukturen, die in traditionellen ökonomischen Modellen lange als ineffizient oder sogar unlösbar galten. Insbesondere in der *neoklassischen Ökonomie*[104] galten *Commons* als eine Art Problemfall, denn Ressourcen, die weder durch klare Eigentumsrechte noch durch zentrale Steuerung effizient verwaltet werden können, wurden als Anomalien behandelt. Garrett Hardin formulierte 1968 das bekannte Konzept der *Tragödie der Allmende* (1968) in dem Sinne, dass wenn Nutzende einer Ressource ausschließlich ihren individuellen Nutzen maximieren, kommt es zur Übernutzung und schließlich zum Kollaps des Systems (Hardin 1968, S. 1244). Vor diesem Hintergrund wurden viele solcher Ressourcen entweder der Privatisierung oder der Verstaatlichung zugeführt, um Effizienz und vornehmliche Nachhaltigkeit zu gewährleisten (Hardin 1968, S. 1243). Diese Sichtweise dominierte über Jahrzehnte hinweg Politik und Wissenschaft. *Commons*galten somit als inhärent problematisch, als Ressourcen, die nur durch externe Kontrolle reguliert werden können.

Besonders klar zeigt sich die Problematik im Zusammenhang mit globalen Umweltgütern wie der Atmosphäre. Das beschriebene Dilemma zeigt sich hier als kollektives *Marktversagen*. Staaten oder Unternehmen haben nur dann geringe Anreize, CO_2-Emissionen zu reduzieren, solange andere nicht mitziehen. Das Resultat ist eine strukturelle Überbeanspruchung. Jean Tirole (2012, S. 131) beschreibt dieses Verhalten treffend als *Free-Riding,*zuvor bereits als Trittbrettfahrerei bezeichnet. Wer seine eigenen Emissionen nicht internalisiert, lässt es anderen überlassen, den Schaden zu begrenzen, mit entsprechenden globalen Konsequenzen. Dies stellt im ökonomischen Diskurs ein klassisches Beispiel für *Marktversagen* dar, denn Schäden an Klima und Umwelt werden nicht durch Preise vermittelt, sondern externalisiert, d. h. alle tragen die Kosten, während der Nutzen von Einzelnen abgeschöpft wird. Dieses Spannungsverhältnis zeigt auf, weshalb sowohl *öffentliche Güter* als auch *Commons* spezielle institutionelle Arrangements benötigen, die über eine marktliche Steuerung hinausgehen.

Die Geschichte der *Allmende*zeigt dahingehend, dass eine nachhaltige Nutzung durch gemeinschaftliche Selbstverwaltung durchaus realisierbar ist. Ressourcen wie Weiden, Wälder oder Fischgründe wurden z. B. in vormodernen europäischen Gemeinschaften durch lokale Regeln, soziale Normen und gemeinschaftliche Kontrolle reguliert. Solche Systeme waren oft stabil und anpassungsfähig, da sie auf Vertrauen, Interaktion und generationsübergreifendem Wissen beruhten. Diese traditionellen *Commons* erfuhren mit dem *Enclosure Movement* (= *Einhegung*) einen tiefgreifenden Wandel. Besonders im England des 18. und 19. Jahrhunderts wurden vormals gemeinschaftlich genutzte Flächen privatisiert und in marktbasierte Eigentumsregime überführt. Vergleichbare Prozesse fanden auch in Kontinentaleuropa statt. Das *Enclosure Movement* bedeutete jedoch nicht nur einen

---

[104] Theorie, die Märkte durch Angebot, Nachfrage und rationales Verhalten erklärt.

juristischen Wandel, sondern stellte zugleich einen sozialen und ökologischen Einschnitt dar. Lokale Gemeinschaften verloren den Zugang zu überlebenswichtigen Ressourcen, soziale Ungleichheiten nahmen zu, und gewachsene Wissenssysteme wurden verdrängt (De Moor 2015, S. 82).

Aus dieser historischen Sicht wird ersichtlich, dass die Herausforderungen im Umgang mit *Commons* nicht nur durch marktliche oder staatliche Steuerung gelöst werden können. Das liegt daran, dass sowohl *Commons* als auch *öffentliche Güter* die Funktionsweise klassischer Marktmechanismen nicht nur nicht erfüllen, sondern auch besondere Anforderungen an deren Allokation und Steuerung stellen. Die Problematik liegt in der Struktur dieser Güter begründet. Bei *öffentlichen Gütern* führt vor allem die Nicht-Ausschließbarkeit dazu, dass kein Anbieter einen ausreichenden Anreiz hat, das Gut bereitzustellen, niemand kann gezwungen werden, dafür zu zahlen. Das Resultat ist eine chronische Unterversorgung, die als klassisches Beispiel für *Marktversagen* dient.

Auch *Commons* sind von *Marktversagen* betroffen, allerdings auf eine andere Weise. Die Herausforderung besteht hier in der Rivalität, während gleichzeitig keine Ausschließbarkeit gegeben ist. Dies kann zu einer Übernutzung und langfristigen Schädigung der Ressource führen. Das sogenannte *Free-Rider-Problem* zeigt sich bei *Commons* nicht durch eine fehlende Zahlungsbereitschaft, sondern durch eine unzureichende Begrenzung der Nutzung. Dies kann zu einer kollektiven Überbeanspruchung führen, die einen Degradierungsmechanismus für die Ressource darstellt. In beiden Fällen wird deutlich. Der Marktmechanismus allein kann keine nachhaltigen Ergebnisse hervorbringen. Viele natürliche Ressourcen und Umweltleistungen weisen Eigenschaften auf, die sie entweder als *öffentliche Güter* oder als *Commons* qualifizieren. Beide Kategorien stellen unterschiedliche Herausforderungen für Governance, Regulierung und nachhaltige Nutzung dar. Und ihre Unterscheidung ist zentral für die Wahl geeigneter Steuerungsinstrumente, wird aber in der öffentlichen und wissenschaftlichen Debatte häufig unscharf behandelt oder miteinander verwechselt.

De Jongh (2020) hebt hervor, dass eine präzise Typologie auf den beiden Kriterien der Ausschließbarkeit und der Rivalität basiert, eine Differenzierung, die es erlaubt, *öffentliche Güter* (nicht ausschließbar, nicht rival) klar von *Commons* (nicht ausschließbar, aber rival) abzugrenzen. Diese analytische Trennschärfe ist essenziell, um passende institutionelle Arrangements und Governance-Instrumente für unterschiedliche Ressourcentypen zu entwickeln (De Jongh 2020, S. 780).

Während Garrett Hardin in seiner *Tragödie der Allmende* die *Commons* als eine Schicksalsgemeinschaft beschrieb, die einer Übernutzung ausgesetzt war, stellte Eleonor Ostrom hingegen empirisch fest, dass gemeinschaftlich genutzte Ressourcen nachhaltig bewirtschaftet werden können, sofern kollektive Regeln, soziale Normen und effektive Kontrollmechanismen vorhanden sind. Ihre Untersuchung zeigt, dass lokale Gemeinschaften nachhaltige Ressourcennutzungsformen entwickeln können, sofern sie über kollektive Regeln, effektive Kontrolle und glaubwürdige Strafen verfügen (Ostrom 1990, S. 90–97). Vertrauen, soziale Normen und partizipative Entscheidungsprozesse sind dabei von entscheidender Bedeutung (Ostrom 1992, S. 118). Auf diesem institutionellen Wissen basieren moderne Ansätze einer gemeinschaftlich orientierten Governance natürlicher Ressourcen.

Ostrom identifizierte acht zentrale Prinzipien, die erfolgreiche kollektive Selbstverwaltung auszeichnen (Tab. 1.3):

Diese Prinzipien zeigen deutlich, dass Governance nicht allein eine Frage rechtlicher Zuständigkeit ist, sondern beruht wesentlich auf sozialen Prozessen, Vertrauen und der Fähigkeit zur kontinuierlichen Anpassung. Besonders in kleineren, lokal verankerten Gemeinschaften können solche Systeme eine bemerkenswerte Stabilität und ökologische Resilienz aufweisen, wie Ostrom anhand von Fallstudien aus Nepal, Bali oder der Schweiz illustriert (Ostrom 1992, S. 118).

Allerdings ist Ostroms Ansatz nicht frei von Kritik. So argumentiert de Jongh (2020, S. 781), dass das ursprünglich von Ostrom entwickelte Modell vor allem für lokal eingebettete Ressourcenmanagementsysteme anwendbar ist, weniger jedoch für großskalige oder transnationale Gemeingüter wie die globale Atmosphäre oder die Weltmeere. Zudem wird hervorgehoben, dass Ostroms Fokus auf kollektive Selbstorganisation Machtasymmetrien, politische Ökonomie und strukturelle Ungleichheiten zu wenig berücksichtigt. Das sind jedoch Faktoren, die gerade bei den globalen Commons entscheidend sind. Diese Kritik bezieht sich vorrangig auf Ostroms frühe Arbeiten (Ostrom 1990), in denen lokale Selbstregulierung als normative Idealform hervorgehoben wurde. Zwar hat Ostrom in späteren Publikationen mit dem Konzept polyzentrischer Governance auf solche Herausforderungen reagiert, doch bleibt umstritten, inwiefern dieses Modell die genannten strukturellen Dimensionen tatsächlich adäquat integriert. Ostroms normative Betonung

Tab. 1.3 Ostroms acht Prinzipien erfolgreicher Commons-Governance

Prinzip	Beschreibung
1. Klare Grenzen	Die Ressource und die Nutzergruppe sind eindeutig abgegrenzt
2. Partizipation	Betroffene Akteure können Regeln mitgestalten
3. Überwachung	Nutzer oder beauftragte Instanzen überwachen die Nutzung
4. Sanktionen	Regelverstöße werden abgestuft sanktioniert
5. Konfliktlösung	Lokale, günstige Mechanismen zur Konfliktlösung existieren
6. Autonomie	Die Gemeinschaft kann ihre Regeln selbst bestimmen
7. Anerkennung	Externe Autoritäten respektieren lokale Institutionen
8. Institutionelle Verschachtelung	Bei großen Systemen sind verschiedene Ebenen institutionell miteinander verschränkt. Nutzung, Bereitstellung, Kontrolle und Konfliktlösung sind über mehrere institutionelle Ebenen verschachtelt organisiert

Quelle: Eigene Darstellung

lokaler Kooperation greift somit dort zu kurz, wo verbindliche internationale Institutionen, Machtanalysen und robuste Regulierungen erforderlich wären.

Die Unterscheidung zwischen *öffentlichen Gütern* und *Commons* gewinnt gerade angesichts heutiger ökologischer Herausforderungen besondere Bedeutung. Phänomene wie Klimawandel, Wasserknappheit oder *Biodiversitätsverlust* betreffen beide Kategorien, allerdings mit unterschiedlichen institutionellen Konsequenzen. Während etwa der Zugang zu lokalem Wasser organisiert werden kann, stellt die Stabilität des globalen Klimas ein typisches natürliches öffentliches Gut dar, dessen Nutzung nicht beschränkbar ist.

Diese konzeptionelle Unterscheidung ist nicht nur von akademischem Interesse, sondern hat praktische Implikationen für eine zukunftsfähige Umweltpolitik, insbesondere im Kontext des Paradigmas *Natur als Kapital.* Sie macht deutlich, dass unterschiedliche Gütertypen unterschiedliche institutionelle Arrangements erfordern (siehe Tab. 1.4). Während klassische öffentliche Güter wie Bildung oder Sicherheit typischerweise staatlich bereitgestellt werden, benötigen natürliche *Commons,* also Ressourcen natürlichen Ursprungs mit kollektivem Nutzungscharakter, die sich durch begrenzten Zugang und ökologische Sensitivität auszeichnen, Governance-Formen, die partizipativ, kontextsensibel und sozial eingebettet sind. Die Idee, *Natur als Kapital* zu verstehen, verlangt daher nicht nur nach buchhalterischer Erfassung ökologischer Leistungen, sondern auch nach institutioneller Passgenauigkeit in ihrer Steuerung.

Effektive Governance von Commons erfordert verlässliche Informationen über Zustand, Nutzung und Veränderungsdynamiken gemeinschaftlich genutzter Ressourcen. Im 21. Jahrhundert bedeutet dies den Aufbau gemeinsamer, transparenter und adaptiver Systeme der ökologischen Buchführung, sogenannter *Natural Accounting*-Ansätze. Diese Systeme sollten umfassende Daten über Ressourcenbestände, Nutzungsmuster, ökologische Schwellenwerte sowie soziale Auswirkungen integrieren (Barbier 2012, S. 11; Reed et al. 2009, S. 1933 f.).

Ein derartiges System erfüllt mehrere zentrale Funktionen:

- Es schafft die Grundlage für informierte, kollektive Entscheidungen.

Tab. 1.4 Systematische Unterscheidung zwischen öffentlichen Gütern und Commons

Merkmal	Öffentliche Güter	Commons (Gemeingüter)
Rivalität	Nein (nicht-rival)	Ja (rival)
Ausschließbarkeit	Nein (schwierig bis unmöglich)	Schwierig, aber grundsätzlich möglich
Problem	Trittbrettfahrerproblem („free riding“)	Übernutzung, Tragik der Allmende („tragedy of the commons“)
Management	Typischerweise staatlich bereitgestellt	Oft gemeinschaftlich oder institutionell verwaltet

Quelle: Eigene Darstellung, in Anlehnung an: de Jongh (2020, S. 780)

- Es verbessert Rechenschaftspflicht und gegenseitige Kontrolle innerhalb der Nutzergruppen.
- Es ermöglicht frühzeitige Reaktionen auf ökologische Veränderungen.
- Es stärkt Vertrauen in gemeinschaftliche Steuerungsprozesse.

In Verbindung mit dem Konzept des *Naturkapitals* bildet *Natural Accounting* die Grundlage für Steuerungsmechanismen, die ökologisch tragfähig und institutionell realisierbar sind. Durch die Quantifizierung ökologischer Leistungen wird es möglich, die Grenzen ökonomischer Bewertung sichtbar zu machen, ohne diese auf reinen Marktwert zu reduzieren. Die Notwendigkeit von *NaturalAccounting* bei *Commons*ergibt sich insbesondere aus zwei zentralen Herausforderungen. Erstens fehlt es häufig an marktvermittelten Preissignalen, die den Zustand und Wert ökologischer Ressourcen angemessen abbilden könnten. Zweitens beruhen viele Gemeingüter auf lokalem Erfahrungswissen, das systematisch erfasst und in kollektive Entscheidungsprozesse eingebunden werden muss. *NaturalAccounting* kann hier als Brücke dienen, zwischen ökologischer Realität und institutioneller Handlungsfähigkeit (Kap. 3 geht vertiefend auf die methodischen Grundlagen, Herausforderungen und praktischen Anwendungen von Natural Accounting-Systemen ein, insbesondere im Zusammenhang mit betrieblicher Umweltsteuerung und der Integration ökologischer Daten in Entscheidungsprozesse). Zugleich können partizipative Formate, etwa gemeinschaftliches Monitoring oder Bürgerwissenschaften, das Natural Accounting demokratisch verankern. Sie fördern soziale Kohäsion, stärken Verantwortungsgefühl und erlauben eine geteilte Wissensbasis über den Zustand gemeinschaftlicher Ressourcen (Ostrom 2000, S. 149). *Natural Accounting* wird so zu einem integralen Bestandteil partizipativer Commons-Governance.

Allerdings stößt lokale Governance bei transnationalen Umweltproblemen an ihre Grenzen. Klimawandel, Luftverschmutzung oder der Verlust der *Biodiversität*überschreiten politische Zuständigkeitsbereiche und erfordern koordinierte, vielschichtige Antworten. Elinor Ostrom plädierte, um auch an der Kritik ihrer früheren Arbeiten anzusetzen, daher für ein *polyzentristisches Governance-Modell,* das verschiedene Handlungsebenen, lokal, national, international, miteinander verschränkt (Ostrom 2010, S. 642, 650 f.). In solchen polyzentrischen Systemen handeln lokale Gemeinschaften eigenverantwortlich, während übergeordnete Institutionen verbindliche Rahmenbedingungen, Monitoringkapazitäten und Unterstützungsangebote bereitstellen. Die Kombination aus lokaler Anpassungsfähigkeit und globaler Koordination schafft ein System, das sowohl flexibel als auch resilient ist, und damit den komplexen Anforderungen des Konzepts des *Naturkapitals* gerecht werden kann. Polyzentrische Governance ist dabei nicht als Ersatz lokaler Steuerungsmechanismen zu verstehen, sondern als deren notwendige Erweiterung, um komplexe, grenzüberschreitende Gemeingüter wie das Klima oder die Weltmeere wirksam zu regulieren. Gleichwohl bleibt auch das polyzentrische Modell nicht frei von Herausforderungen: Es setzt stark auf freiwillige Kooperation und geteilte Verantwortung, ohne dass es Machtasymmetrien oder geopolitische Interessenskonflikte systematisch erfasst. Polyzentrische Governance ist daher nicht als ein Ersatz lokaler Steuerungsmechanismen zu verstehen, sondern als notwendige, wenngleich begrenzte, Erweiterung entsprechender Strukturen, um komplexe, grenzüberschreitende Gemeingüter wie das Klima oder die Weltmeere wirksam regulieren zu können.

Gerade bei globalen *natürlichen öffentlichen Gütern* wie dem Klima wird diese Herausforderung besonders deutlich. Hier sind Milliarden Menschen, zahlreiche Staaten und divergierende Interessen involviert. Es fehlt an effektiven globalen Institutionen, um kollektive Regeln durchzusetzen. Die Atmosphäre kennt keine Weltregierung, die Emissionsrechte zuteilt, und die Hochsee gehört keinem Staat, mit der Folge unregulierter Übernutzung. In solchen Kontexten ist internationale Kooperation zwingend erforderlich. Nationalstaaten müssen Informationen austauschen, gemeinsame Normen entwickeln und durch internationale Vereinbarungen, etwa Klima- oder Artenschutzabkommen, kollektive Handlungsspielräume schaffen.

Joseph Stiglitz weist in diesem Zusammenhang darauf hin, dass globale öffentliche Güter wie Klimastabilität, Pandemievorsorge oder Wissen besondere Governance-Herausforderungen darstellen, da sie über klassische Markt- und Staatsgrenzen hinausgehen (Stiglitz 2006, S. 16, 166 ff.). Besonders problematisch sind dabei asymmetrische Informationen, etwa über tatsächliche Emissionen, Anpassungskosten oder technologische Optionen, die häufig strategisch genutzt werden und internationale Einigungen erschweren. Die Folge sind fragmentierte Abkommen und ein Mangel an Vertrauen.

Die Diskussion um die *Commons* macht deutlich. Nachhaltige Ressourcennutzung ist nicht allein eine institutionelle Frage, sie ist ebenso abhängig von der Verfügbarkeit, Qualität und Zugänglichkeit von Informationen. Ohne belastbare Daten über Zustand, Nutzung und Belastungsgrenzen ökologischer Systeme bleibt kollektives Handeln unkoordiniert und in seiner Wirkung begrenzt.

In der *ökologischen Ökonomie* gewinnt die *Commons-Governance* deshalb eine zentrale Rolle. Märkte, so die Argumentation, bilden nur einen Teil gesellschaftlicher Koordination ab, viele ökologische Leistungen und soziale Beziehungen lassen sich nicht adäquat über Preise und Eigentumsrechte steuern (Costanza et al. 1997, S. 253). Gemeingüter eröffnen hingegen die Möglichkeit, kollektive Werte, langfristige Resilienz und soziale Gerechtigkeit in den Mittelpunkt ökonomischer Praxis zu stellen. Gerade angesichts multipler sozial-ökologischer Krisen erweist sich diese Perspektive als notwendige Ergänzung zu marktlichen und staatlichen Steuerungsformen.

Die Governance von *Commons* im Rahmen des Konzepts von *Naturkapital* verlangt daher ein grundlegendes Umdenken ökonomischer, politischer und institutioneller Logiken. *Elinor Ostroms* empirisch fundierter Ansatz bietet hierfür einen robusten Rahmen. Ihre Prinzipien kollektiver Selbstorganisation, der Bedeutung von Vertrauen sowie partizipativer Entscheidungsprozesse zeigen auf, wie jenseits der Dichotomie von Markt und Staat funktionierende Systeme entstehen können. Kombiniert mit Natural Accounting und eingebettet in polyzentrische Strukturen entsteht so ein Governance-Modell, das ökologische Tragfähigkeit mit sozialer Inklusion verbindet, und damit einen tragfähigen Beitrag zur Bewahrung unseres gemeinsamen Naturerbes leisten kann.

Wie bereits im Abschnitt zu Informationsasymmetrien gezeigt, sind fehlende Informationen auch in der Governance von *Commons* eine zentrale Herausforderung. Gerade diese Überschneidung macht deutlich, dass effektive Steuerung mehrdimensional gedacht werden muss, nämlich informativ, institutionell und kulturell.

1.7 Unreflektierte Steuerungsgrößen innerhalb der Unternehmen

Seit den späten 1970er-Jahren dominiert das *Shareholder-Value-Paradigma* die betriebswirtschaftliche Praxis. Es besagt, dass die oberste Pflicht des Managements die Maximierung des Vermögens der Anteilseigner sei (Friedman 1970, S. 173). Diese Fokussierung auf den Shareholder Value wurde insbesondere in den 1980er und 1990er Jahren zur Leitlinie vieler Unternehmen und prägte die Corporate Governance der Folgejahre maßgeblich (Meyer et al. 2024, S. 351). Gleichzeitig mehren sich aber seit Jahrzehnten kritische Stimmen, die auf die negativen Folgen dieser einseitigen Zielorientierung hinweisen. Insbesondere aus Sicht der Nachhaltigkeitsforschung wird argumentiert, dass eine Fixierung auf kurzfristige Gewinnmaximierung häufig zulasten von Umwelt und Gesellschaft geht (Gray et al. 2014, S. 240). Im Folgenden zeichnen wir die historischen und aktuellen Debatten um das *Shareholder-Value-Prinzip* nach und diskutieren die Notwendigkeit eines *Integrated Corporate Sustainability Accounting (ISA),* einer integrierten Nachhaltigkeitsbilanzierung, als möglichen Weg aus der Krise. Dabei wird die Rolle der Unternehmensbuchhaltung und -governance für eine nachhaltigere Wirtschaftsgestaltung kritisch reflektiert und um alternative Konzepte ergänzt.

Das *Shareholder-Value-Prinzip* geht in seiner bekannten Form auf Milton Friedman zurück. In seinem vielzitierten Essay in der New York Times *The Social Responsibility Of Business Is to Increase its Profits,* formulierte Friedman pointiert, die soziale Verantwortung von Unternehmen bestehe allein darin, die Profite im Interesse der Eigentümer zu steigern (Friedman 1970, S. 177). Davon ausgehend entwickelte sich die Auffassung, dass Manager als Treuhänder der Shareholder ausschließlich deren finanzielle Rendite maximieren sollten. Theoretisch fundiert ist dieses Paradigma durch die Prinzipal-Agenten-Theorie. Jensen und Meckling (1976) argumentieren, dass aufgrund asymmetrischer Informationsverhältnisse zwischen Eigentümern (Prinzipal) und Managern (Agent) klare finanzielle Zielvorgaben und Anreizsysteme erforderlich sind, um agency costs zu minimieren und die Interessen beider Seiten zu harmonisieren. In der Praxis führten Konzepte wie der *Economic Value Added (EVA)* und ähnliche Kennzahlen zur Verankerung des Shareholder Value in der Unternehmenssteuerung. Die Aktienkurse und der kurzfristige Gewinn avancierten zu den zentralen Erfolgskriterien. Aus Sicht der

Finanzökonomie galt dies lange als effizient, da Kapital dort eingesetzt werde, wo es die höchste Rendite erzielt (vgl. Meyer et al. 2024, S. 351).

Allerdings blendet dieser Ansatz andere Anspruchsgruppen, Stakeholder wie Mitarbeiter, Kunden oder die Gesellschaft, systematisch aus. Bereits Freeman (1984, S. 46) kritisierte in seiner Stakeholder-Theorie diese Verengung und forderte, dass Unternehmen auch die Belange aller von ihrer Tätigkeit betroffenen Gruppen berücksichtigen müssen. Gleichwohl blieb Friedmans Doktrin für viele Jahrzehnte tonangebend. Sie prägte nicht nur die Unternehmenssteuerung, sondern auch die Ausbildung in Wirtschaftswissenschaften, in der Gewinnmaximierung als quasi naturgesetzliches Unternehmensziel vermittelt wurde. Historisch betrachtet fällt das Aufkommen des *Shareholder-Value-Prinzip* mit der Deregulierung der Märkte und der neoliberalen Wende zusammen, welche die Rolle des Staates zurückdrängte und auf Marktmechanismen vertraute. Damit einher ging ein Verständnis von Unternehmen als rein ökonomische Akteure, deren gesellschaftlicher Beitrag in effizienter Gewinnermittlung bestehen sollte (Davis 2009, S. 28–33).

Die Orientierung am *Shareholder-Value* blieb jedoch nicht unwidersprochen. Zunehmend wurde deutlich, dass Unternehmen durch die Fokussierung auf finanzielle Kennzahlen wichtige Risiken und Folgewirkungen ausblenden. *Externe Effekte,* also Kosten oder Nutzen, die nicht im Marktpreis abgebildet werden, spielen hierbei eine zentrale Rolle. Indem Unternehmen z. B. Umweltverschmutzung verursachen oder schlechte Arbeitsbedingungen in Kauf nehmen, ohne für die Folgekosten einzustehen, externalisieren sie diese Kosten an die Allgemeinheit. Ökonomisch gesehen stellen Externalitäten, wie oben beschrieben, ein klassisches *Marktversagen* dar, da Marktpreise die *wahren* sozialen oder ökologischen Kosten nicht korrekt widerspiegeln (Stiglitz 1989, S. 2 f., S. 9 f.). Die Konsequenz ist eine gesellschaftlich suboptimale Allokation von Ressourcen. Umweltgüter werden übernutzt und soziale Probleme verstärkt, weil Unternehmen private Gewinne auf Kosten der Gemeinschaft steigern. Aus betriebswirtschaftlicher Perspektive wurde kritisiert, dass das Rechnungswesen solche externen Kosten systematisch ignoriere (Gray 2010, S. 48). Die finanzielle Buchhaltung erfasst nur unternehmensinterne Aufwendungen und Erträge, während ökologische Schäden oder soziale Verwerfungen als externe Posten ausgeblendet bleiben. Gray (2010, S. 47) geht sogar so weit zu konstatieren, dass die traditionelle Buchhaltung lange der Feind der Nachhaltigkeit gewesen sei, da sie Unternehmen erlaube, Umwelt- und Sozialkapital zu verbrauchen, ohne dies in der Bilanz auszuweisen. Nachhaltigkeitsorientierte Ökonomien gehen hingegen davon aus, dass eine langfristig tragfähige Wirtschaftsweise den Erhalt des Gesamtkapitalstocks voraussetzt, einschließlich *Naturkapital.* Verbraucht ein Unternehmen also natürliche Ressourcen wie sauberes Wasser, Wälder oder ein stabiles Klima, ohne in deren Wiederherstellung oder adäquaten Ersatz zu investieren, lebt es letztlich von der Substanz. Nach dem Verständnis von Hicks (1946) wäre der erzielte Gewinn in diesem Fall kein echtes Einkommen, sondern eine *Kapitalzehrung.* Genau dieses Problem wird bei einer reinen Orientierung am *Shareholder-Value-Paradigma* ausgeblendet, da es Umwelt- und Sozialkapital nicht als bewahrungswürdige Werte anerkennt. Umweltökonomisch formuliert, findet eine Verschiebung der Kosten in Form von Umweltverschleiß oder sozialer Erosion statt, die von kommenden Generationen oder der Allgemeinheit getragen werden (Dahm 2019, S. 45).

Diese Externalisierungspraxis hat in den vergangenen Jahrzehnten zahlreiche kritische Debatten ausgelöst. Nicht nur Umweltorganisationen und Ethikkommissionen, sondern auch namhafte Ökonomen und Finanzexperten mahnen, dass eine Fokussierung allein auf den Shareholder Value zu kurz greift (Bebbington und Larrinaga 2014, S. 400). Sie argumentieren, dass langfristige Wertschöpfung nur möglich ist, wenn Unternehmen nachhaltig wirtschaften, also ökologische Grenzen respektieren und soziale Stabilität fördern. Skandale und Krisen, von Umweltkatastrophen wie Ölpesten bis hin zur Finanzkrise 2008, haben gezeigt, dass reine Gewinnorientierung ohne gesellschaftliche Einbettung erhebliche Kollateralschäden verursacht. Die Reputation von Unternehmen, ihr Risikoexposure und letztlich auch ihr finanzieller Erfolg hängen zunehmend davon ab, wie sie mit Nachhaltigkeitsfragen umgehen (Meyer et al. 2024, S. 352). Investoren berücksichtigen vermehrt *ESG-Kriterien* (= *Environment, Social, Governance*), und es wächst die Einsicht, dass Gewinne nicht auf Kosten von Mensch und Natur erwirtschaftet werden dürfen. Einige Ökonomen schlagen daher eine Neudefinition des Unternehmensziels vor. Nicht mehr die Maximierung des Marktwerts, sondern die Maximierung des langfristigen Wohlergehens aller Anspruchsberechtigten, Shareholder Welfare im Sinne von Hart und Zingales (2017, S. 252), sollte leitend sein. Darin spiegelt sich, dass auch Anteilseigner zunehmend *prosozial* orientiert sind und Wert auf ethische und nachhaltige Unternehmensführung legen.

Vor diesem Hintergrund gewinnt die Idee eines *Integrated Corporate Sustainability Accounting,* einer integrierten Nachhaltigkeitsbilanzierung, an Bedeutung. Im Kern geht es darum, unternehmerischen Erfolg nicht mehr eindimensional an kurzfristigen finanziellen Kennzahlen zu messen, sondern ökonomische, ökologische und soziale Leistungsindikatoren zusammenzuführen. Ein solcher Ansatz knüpft an Konzepte wie die *Triple Bottom Line* (Elkington 1998, S. 3) an, die gleichrangig *People, Planet & Profit* als Kategorien des Unternehmenserfolgs definiert. In der Praxis haben sich in den letzten zwei Jahrzehnten bereits verschiedene Instrumente etabliert, die in diese Richtung zielen, Nachhaltigkeitsberichte nach *GRI-Standard*[105], Umweltbilanzen, CO_2-Fußabdruck-Rechnungen oder neuere Rahmenwerke wie die *Integrated Reporting*-Rahmenkonzeption des *International Integrated Reporting Council* (IIRC)[106]. Diese Instrumente erhöhen die Transparenz

[105] Die GRI-Standards (Global Reporting Initiative) sind ein international anerkanntes Rahmenwerk zur Nachhaltigkeitsberichterstattung. Sie ermöglichen Organisationen, ihre ökologischen, sozialen und ökonomischen Auswirkungen systematisch und vergleichbar offenzulegen. Die Standards beruhen auf Prinzipien der Transparenz, Wesentlichkeit und Stakeholderorientierung und dienen der Vergleichbarkeit sowie der Rechenschaftspflicht gegenüber Öffentlichkeit, Investoren und politischen Entscheidungsträgern (GRI 2021).

[106] Siehe auch für mehr Details: IFRS Foundation (2021).

über die Nachhaltigkeitsleistung von Unternehmen, bleiben jedoch oft von der Finanzberichterstattung getrennt. ISA geht einen Schritt weiter und strebt eine Verknüpfung der finanziellen mit der nicht-finanziellen Berichterstattung an (und nicht parallel zur finanziellen Berichterstattung), um ein ganzheitliches Bild der Wertschöpfung zu vermitteln (GRI 2016, S. 3; Bebbington und Larrinaga 2014, S. 405; Unerman et al. 2018, S. S. 497 ff.).

In der wissenschaftlichen Diskussion werden Ansätze wie *Full Cost Accounting* oder *True Cost Accounting* diskutiert, die versuchen, externe Umwelt- und Sozialkosten monetär zu bewerten und in die Gewinn- und Verlustrechnung zu internalisieren (siehe dazu auch Abschn. 5.2).

Bebbington et al. (2001) haben vier Schritte für eine vollkostenbasierte Umweltrechnung beschrieben, von der Identifikation relevanter Externalitäten, über die physische Messung und Monetarisierung der Auswirkungen bis hin zur Integration in Entscheidungsprozesse. Auch wenn die vollständige Monetarisierung komplexer sozialökologischer Wirkungen mit Unsicherheiten behaftet ist, liefern solche Modelle einen Rahmen, um die Lücke in der klassischen Rechnungslegung zu schließen. Die Kapitaltheorie wird dabei erweitert. So werden zusätzlich zum Finanzkapital *Naturkapital,* Humankapital und Sozialkapital als bilanzrelevante Größen betrachtet. Unternehmen sollen also z. B. den Verbrauch an *Naturkapital*(etwa durch CO_2-Emissionen, Ressourcenentnahme oder *Biodiversitätsverlust*) quantifizieren und als Abschreibung verbuchen. Im Idealfall würde der Jahresüberschuss um die Kosten der verursachten externen Effekte bereinigt, sodass ein nachhaltiger Gewinn ausgewiesen wird, der anzeigt, ob das Unternehmen im abgelaufenen Jahr Werte netto geschaffen oder vernichtet hat (Gray 2010).

Wissenschaftliche Impulse kommen dabei aus der interdisziplinären Nachhaltigkeitsforschung. So plädieren Bebbington und Larrinaga (2014) für eine Annäherung der Rechnungslegung an die *Sustainability Science*, um komplexe Zusammenhänge zwischen Unternehmen und *Ökosystemen*adäquat abzubilden. Dies erfordert auch neue Formen der Zusammenarbeit zwischen in der Ökonomie, Ökologie und Soziologie Forschenden. Während die klassische Betriebswirtschaftslehre lange von der Prämisse ausging, ökologische und soziale Fragen lägen außerhalb ihres Kernbereichs, wird nun deutlich, dass diese Sphären untrennbar mit ökonomischem Erfolg verwoben sind. Integrierte Nachhaltigkeitsbilanzierung bedeutet folglich nicht nur technische Anpassungen im Berichtswesen, sondern einen *kulturellen Wandel* im Verständnis von Unternehmensleistung (Bebbington und Larrinaga 2014, S. 397 ff.).

Die Umsetzung einer integrierten Nachhaltigkeitsbilanzierung hat auch weitreichende Implikationen für die Unternehmens-Governance. Wenn nachhaltige Werte in die Bilanz und Berichterstattung einfließen, müssen Aufsichtsräte und Vorstände entsprechende Strategien und Verantwortlichkeiten etablieren. Unternehmen, die Nachhaltigkeit wirklich im Kerngeschäft verankern, richten ihre Ziele und Anreizsysteme neu aus. Leistungskennzahlen für Führungskräfte beinhalten dann z. B. die Reduktion von CO_2-Emissionen oder Fortschritte bei der Mitarbeiterzufriedenheit neben den finanziellen Ergebnissen

(Meyer et al. 2024, S. 353). Einige Unternehmen haben bereits Nachhaltigkeitsausschüsse im Vorstand eingerichtet oder Chief Sustainability Officers benannt, um sicherzustellen, dass Umwelt- und Sozialziele auf höchster Ebene überwacht werden. Außerdem kommen neue Unternehmensformen und -ziele in den Blick. Etwa Benefit Corporations oder B-Corps, die per Statut neben Profit auch gemeinwohlorientierte Ziele verfolgen. Auch traditionelle Aktiengesellschaften debattieren über erweiterte Treuepflichten des Managements gegenüber Stakeholdern. Hart und Zingales (2017) schlagen vor, die Präferenzen der Aktionäre regelmäßig zu Nachhaltigkeitsthemen abzufragen und strategische Grundsatzentscheidungen, etwa zum Umgang mit klimaschädlichen Geschäftsfeldern, durch Shareholder-Abstimmungen mitzugestalten. Dies würde dem Management erlauben, sich auf den Rückhalt der Eigentümer zu berufen, wenn es Maßnahmen ergreift, die kurzfristig den Gewinn schmälern, aber langfristig dem Wohlergehen der Aktionäre und der Gesellschaft dienen (Hart und Zingales 2017, S. 264, 266). Eine solche Neuausrichtung der Governance harmoniert mit dem ISA-Ansatz. Die erweiterte Rechenschaftslegung schafft Transparenz, und die Governance-Strukturen sorgen dafür, dass die gewonnenen Informationen tatsächlich in unternehmerisches Handeln übersetzt werden.

Gleichwohl ist kritisch zu reflektieren, dass integrierte Nachhaltigkeitsbilanzierung kein Allheilmittel darstellt. Ohne entsprechende regulative Rahmensetzungen, etwa CO_2-Bepreisung, Umweltauflagen oder Berichtspflichten, bleibt die Anwendung oft freiwillig und damit lückenhaft. Viele Unternehmen stehen vor methodischen Herausforderungen, z. B. bei der Datenverfügbarkeit oder der Vergleichbarkeit von Nachhaltigkeitskennzahlen (Bebbington und Larrinaga 2014, S. 402). Zudem besteht die Gefahr des *Greenwashing,* wenn Nachhaltigkeitsberichte zwar schön formuliert sind, aber keine tiefgreifende Änderung der Geschäftsmodelle erfolgt. Aus Sicht der Kritiker des *Shareholder-Value-Paradigmas* ist *ISA*daher nur ein Baustein einer umfassenderen Transformation. Er muss flankiert werden von veränderten gesetzlichen Rahmenbedingungen, neuen Bildungsinhalten in der Betriebswirtschaftslehre und einem Wertewandel in der Gesellschaft, der verantwortungsvolles Konsum- und Investitionsverhalten belohnt.

Die Auseinandersetzung mit dem *Shareholder-Value-Paradigma* zeigt deutlich, dass eine einseitige Orientierung an kurzfristigen Finanzkennzahlen an Grenzen stößt. Historisch gewachsen aus liberalen Marktidealen, hat dieses Paradigma zwar zu Effizienzsteigerungen geführt, zugleich jedoch gravierende externe Kosten produziert, die in Form von Umweltzerstörung und sozialen Verwerfungen sichtbar werden. Die ökonomische Debatte führt hier zu dem Befund, dass es sich um ein Marktversagen handelt, die *unsichtbare Hand* des Marktes greift zu kurz, wenn ökologische und soziale Güter keinen Preis haben. In Reaktion darauf formierte sich eine breite Kritik. Von der Stakeholder-Theorie bis zu aktuellen Initiativen in der Finanzwelt wächst der Druck, Nachhaltigkeit in das Zentrum unternehmerischen Handelns zu rücken. Eine integrierte Nachhaltigkeitsbilanzierung verspricht, einen Teil der Lösungsbrücke zu bauen, indem sie das klassische Rechnungswesen erweitert und Unternehmen eine ganzheitlichere Erfolgsmessung ermöglicht. Sie ist akademisch fundiert, gestützt durch Kapitaltheorie und interdisziplinäre Nachhaltigkeitsforschung, und zugleich praxisnah, da sie an bestehende Reporting-Standards anknüpft. *ISA* kann Transparenz schaffen über die Frage, ob ein Unternehmen Wert schöpft, ohne Werte zu vernichten. Letztlich ist sie mehr als nur ein neues Bilanzschema. Sie symbolisiert den Kulturwandel hin zu einer Wirtschaft, die sich ihrer Verantwortung für Gesellschaft und Umwelt bewusst wird. Damit stellt ISA eine vielversprechende Alternative zum klassischen Shareholder-Value-Denken dar, kein Widerspruch zur ökonomischen Rationalität, sondern eine Erweiterung dieser um die Dimension der Zukunftsfähigkeit. So wird das Accounting von einem Teil des Problems zu einem Teil der Lösung und könnte helfen, Unternehmen in Gesellschaften und Ökonomien im Wandel nachhaltig zu verankern.

Hier setzt Colin Mayer an, der in seinem Werk *Prosperity: Better Business Makes the Greater Good* (2018) betont, dass Unternehmen eine zentrale Rolle bei der Bewältigung ökologischer und sozialer Herausforderungen spielen. Für Mayer ist der Zweck von Unternehmen nicht ausschließlich die Gewinnmaximierung, sondern die Schaffung langfristigen Wohlstands durch die Lösung gesellschaftlicher Probleme, dazu zählt auch der nachhaltige und gerechte Umgang mit Ressourcen. Mayer argumentiert, dass Unternehmen in ihren Governance-Strukturen stärker auf Werte wie Verantwortung, Nachhaltigkeit und soziale Gerechtigkeit ausgerichtet sein müssen. Eine rein auf Shareholder-Value fokussierte Unternehmensführung fördere kurzfristiges Denken, das ökologische und soziale Kosten systematisch ausblendet. Stattdessen fordert er ein Wirtschaften, das langfristigen gesellschaftlichen Nutzen schafft, etwa durch Investitionen in ressourcenschonende Technologien, faire Lieferketten oder die Förderung von Kreislaufwirtschaft (Mayer 2018, S. 8–9, S. 13 ff.).

Diese vielfältigen Perspektiven zeigen, dass eine gerechte und nachhaltige Verteilung sowie Nutzung von Ressourcen nicht nur für den Umweltschutz, sondern auch für ökonomische Stabilität, soziale Sicherheit und globale Gerechtigkeit essenziell sind. In der Verbindung ökologischer, ökonomischer und systemischer Perspektiven, wie sie Mayer, Hickel, Dasgupta, der Club of Rome und der G20-Bericht aufzeigen, liegt die Chance, eine neue Form des Wirtschaftens zu etablieren. Eine, die planetare Grenzen respektiert, soziale Teilhabe fördert und ein zukunftsfähiges Leben auf einem grünen und gerechten Planeten für alle Menschen ermöglicht. Zusammenfassend lässt sich sagen, dass die historische Entwicklung der Ressourcennutzung eine herausfordernde Grundlage unseres zukünftigen Wirtschaftens darstellt. Sie zeigt, wie menschliche Gesellschaften über generationsübergreifende Entscheidungen hinweg mit ihren natürlichen Ressourcen heute in einem komplexen Gefüge von globalen und lokalen Wechselwirkungen leben müssen. Unser gegenwärtiges Wirtschaftsmodell führt zu einer Übernutzung von Ressourcen, die langfristige Auswirkungen auf die Umwelt und die sozialen Strukturen im *Globalen Süden* hat. In Anbetracht der vor uns liegenden Herausforderungen, einschließlich der Erhaltung kritischer Naturgüter und der Reduzierung der globalen Ungleichheit, wird deutlich, dass ein Wandel zu einem nachhaltigeren und gerechteren Umgang mit den Ressourcen der Erde nicht nur wünschenswert, sondern unerlässlich ist.

Um die in Kap. 1 skizzierten Entkopplungsprozesse tiefer zu verstehen, ist es notwendig, den Blick zu weiten und über ökonomische Konzepte hinaus, hin zu den naturwissenschaftlichen Grundlagen unseres Wirtschaftens. Denn nur wenn wir erkennen, in welchem Maße menschliche Aktivitäten in geophysikalische Prozesse eingreifen, wird deutlich, warum ein grundlegender Perspektivwechsel unausweichlich ist. Kap. 2 beleuchtet daher zentrale Konzepte der Geoökologie und ordnet das *Anthropozän* als analytischen Rahmen ein, um die Grenzen wirtschaftlichen Wachstums in einer endlichen Welt zu erfassen. *Anthropozän*, und die zentrale Rolle, die *Ökosystemdienstleistungen* dabei spielen.

Literatur

Acemoglu, D., Johnson, S., & Robinson, J. A. (2001). The colonial origins of comparative development: An empirical investigation. *American Economic Review, 91*(5), 1369–1401.

Aitken, A. (2019). Measuring welfare beyond GDP. *National Institute Economic Review, 249*(1), R3–R16. https://doi.org/10.1177/002795011924900110 (Zugegriffen am 20. April 2025).

Akerlof, G. A. (1970). The market for "lemons": Quality uncertainty and the market mechanism. *Quarterly Journal of Economics, 84*(3), 488–500.

Amin, S. (1976). *Unequal development: An essay on the social formations of peripheral capitalism.*

Attfield, R. (2021). *Environmental thought: A short history* (2nd ed.). Polity Press.

Bacon, F. (1620). *Novum organum* (J. Spedding, R. L. Ellis & D. D. Heath, Hrsg.). Liberty Fund. https://oll-resources.s3.us-east-2.amazonaws.com/oll3/store/titles/1432/Bacon_0415_EBk_v6.0.pdf (Zugegriffen am 19. April 2025).

Barbier, E. B. (2012). *Natural capital, ecological scarcity and rural poverty.* Oxford University Press. https://www.researchgate.net/publication/256036805_Natural_Capital_Ecological_Scarcity_and_Rural_Poverty (Zugegriffen am 21. April 2025).

Barros-Rodríguez, A., et al. (2021). Impacts of agriculture on the environment and soil microbial biodiversity. *Plants, 10*, 2325. https://pmc.ncbi.nlm.nih.gov/articles/PMC8619008/pdf/plants-10-02325.pdf (Zugegriffen am 19. April 2025).

Bartelmus, P. (2008). *Wie teuer ist (uns) die Umwelt? Zur umweltökonomischen Gesamtrechnung in Deutschland.* https://www.researchgate.net/publication/254460780_Wie_teuer_ist_uns_die_Umwelt_Zur_umweltokonomischen_Gesamtrechnung_in_Deutschland (Zugegriffen am 20. April 2025).

Bastien-Olvera, B. A., Conte, M. N., Dong, X., et al. (2024). Unequal climate impacts on global values of natural capital. *Nature, 625*, 722–727. https://doi.org/10.1038/s41586-023-06769-z (Zugegriffen am 10. Mai 2025).

Bateman, I., & Mace, G. (2019). The natural capital framework for sustainability. *Nature Sustainability, 2*(1), 1–3. https://discovery.ucl.ac.uk/id/eprint/10103408/1/Bateman%20&%20Mace%20in%20press.pdf (Zugegriffen am 5. April 2025).

Bairoch, P. (1993). *Economics and world history: Myths and paradoxes.* University of Chicago Press.

Bar-On, Y. M., Phillips, R., & Milo, R. (2018). The biomass distribution on Earth. *Proceedings of the National Academy of Sciences*, 115(25), 6506–6511. https://doi.org/10.1073/pnas.1711842115 (Zugegriffen am 18. Mai 2025).

Bateman, I. et al.. (2020). *Natural capital accounting for governments, corporations and financial institutions. Nature Sustainability*, 3(9), 776–783. https://doi.org/10.1038/s41893-020-0552-3 (Zugegriffen am 19. Mai 2025).

Bebbington, J., & Larrinaga, C. (2014). Accounting and sustainable development: An exploration. *Accounting, Organizations and Society, 39*(6), 395–413.

Bebbington, J. et al. (2001). *Full cost accounting: An agenda for action.* Association of Chartered Certified Accountants. https://www.researchgate.net/publication/45377793_Full_Cost_Accounting_An_Agenda_for_Action (Zugegriffen am 20. April 2020).

BEA – Bureau of Economic Analysis. (2015). *Measuring the economy: A primer on GDP and the NIPAs.* https://www.bea.gov/sites/default/files/methodologies/nipa_primer.pdf (Zugegriffen am 19. April 2025)

Berg, F., Kölbel, J. F., & Rigobon, R. (2022). Aggregate confusion: The divergence of ESG ratings. *Review of Finance, 26*(6), 1315–1344. https://doi.org/10.1093/rof/rfac033 (Zugegriffen am 20. April 2025).

Berkeley Economic Review. (2020). The tragic simplisticity of GDP. *Berkeley Economic Review.* https://econreview.studentorg.berkeley.edu/the-tragic-simplisticity-of-gdp/ (Zugegriffen am 19. April 2025).

Bocken, N. M. P., Short, S. W., Rana, P., & Evans, S. (2014). A literature and practice review to develop sustainable business model archetypes. *Journal of Cleaner Production, 65*, 42–56. https://www.sciencedirect.com/science/article/pii/S0959652613008032 (Zugegriffen am 20. April 2025).

Bourdieu, Pierre (1983): Ökonomisches Kapital, kulturelles Kapital, soziales Kapital. In: Kreckel, R. (Hg.) (1983): Soziale Ungleichheiten. Soziale Welt Sonderband 2, Göttingen.

Bradford DeLong, J. (1998). Estimating world GDP, one million B.C.–present. https://delong.typepad.com/print/20061012_LRWGDP.pdf (Zugegriffen am 19. April 2025).

Burke, M., Ferguson, J., & Hsiang, S. (2024). Climate change causes conflict: How policy can respond. *VoxEU.org.* https://cepr.org/voxeu/columns/climate-change-causes-conflict-how-policy-can-respond (Zugegriffen am 17. April 2025).

Callen, T. (2022). Gross Domestic Product: An economy's all. *International Monetary Fund.* https://www.imf.org/en/Publications/fandd/issues/Series/Back-to-Basics/gross-domestic-product-GDP (Zugegriffen am 20. April 2025).

Chen, ZQ & Benton, M. (2012) The timing and pattern of biotic recovery following the end-Permian mass extinction. *Nature Geosci* 5, 375–383 (2012). https://doi.org/10.1038/ngeo1475.

Goodacre, H. (2018). *The economic thought of William Petty: Exploring the colonialist roots of economics* (1st ed.). Routledge. https://doi.org/10.4324/9781351167604 (Zugegriffen am 19. April 2025).

Cambridge Dictionary. (o. J.). Race to the bottom. In *Cambridge Dictionary.* https://dictionary.cambridge.org/de/worterbuch/englisch/race-to-the-bottom (Zugegriffen am 26. April 2025).

Cannon, J. P., & Homburg, C. (2001). Buyer–supplier relationships and customer firm costs. *Journal of Cleaner Production, 9*(3), 255–263. https://www.sciencedirect.com/science/article/pii/S0959652613008032 (Zugegriffen am 20. April 2025).

Chaplin-Kramer, R., et al. (2022). Mapping the planet's critical natural assets. *Nature Ecology & Evolution, 7*, 1–11. https://doi.org/10.1038/s41559-022-01934-5 (Zugegriffen am 20. April 2025).

Circle Economy. (2023). *The Circularity Gap Report 2023.* https://www.circularity-gap.world/2023 (Zugegriffen am 18. Mai 2025).

Club of Rome. (2022). *Earth for all: A survival guide for humanity.* New Society Publishers.

Coase, R. H. (1960). The problem of social cost. *Journal of Law and Economics, 3*, 1–44.

Collier, P. (2007). *The bottom billion: Why the poorest countries are failing and what can be done about it.* Oxford University Press.
Costanza, R., & Daly, H. E. (1992). Natural capital and sustainable development. *Conservation Biology, 6*(1), 37–46. http://www.jstor.org/stable/2385849 (Zugegriffen am 20. April 2025).
Costanza, R., et al. (1997). The value of the world's ecosystem services and natural capital. *Nature, 387*(6630), 253–260. https://www.esd.ornl.gov/benefits_conference/nature_paper.pdf (Zugegriffen am 19. April 2025).
Costanza, R., et al. (2014). Development: Time to leave GDP behind. *Nature, 505*(7483), 283–285. https://doi.org/10.1038/505283a (Zugegriffen am 10. Mai 2025).
Council of Economic Advisers. (o. J.). *The Council of Economic Advisers.* The White House. https://www.whitehouse.gov/cea/ (Zugegriffen am 10. Mai 2025).
Christopher, M. (2011). *Logistics and supply chain management* (4. Aufl.). Financial Times Prentice Hall.
Dados, N., & Connell, R. (2012). The Global South. *Contexts, 11*(1), 12–13. https://doi.org/10.1177/1536504212436479 (Zugegriffen am 19. Mai 2025).
Dahm, D. (2019). *Benchmark Nachhaltigkeit. Sustainability Zeroline: Das Maß für eine zukunftsfähige Oekonomie.* transcript Verlag.
Dahm, D. (2022). Regenerative economy: The embedding of circularity. In H. Lehmann et al. (Hrsg.), *The impossibilities of the circular economy: Separating aspirations from reality* (1st ed.). Routledge. https://doi.org/10.4324/9781003244196 (Zugegriffen am 18. Mai 2025).
Daly, H. E. (1991). Elements of environmental macroeconomics. In R. Costanza (Hrsg.), *Ecological economics: The science and management of sustainability* (S. 32–46). Columbia University Press. https://doi.org/10.2307/1243998 (Zugegriffen am 20. April 2025).
Daly, H. E. (1996). *Beyond growth: The economics of sustainable development.* Beacon Press.
DARA. (2012). *Climate Vulnerability Monitor.*
Dasgupta, P. (2021). *The economics of biodiversity: The Dasgupta Review.* https://assets.publishing.service.gov.uk/media/602e92b2e90e07660f807b47/The_Economics of Biodiversity_The_Dasgupta_Review_Full_Report.pdf (Zugegriffen am 1. April 2025).
Davis, G. F. (2009). The rise and fall of finance and the end of the society of organizations. *Academy of Management Perspectives, 23*(3), 27–44. https://webuser.bus.umich.edu/gfdavis/davis_09_AMP.pdf (Zugegriffen am 20. April 2025).
de Jongh, M. (2020). Public goods and the commons: Opposites or complements? *Political Theory, 49*(5), 774–800. https://doi.org/10.1177/0090591720979916 (Zugegriffen am 10. Mai 2025).
De Moor, T. (2015). *The dilemma of the commoners: Understanding the use of common-pool resources in long-term perspective.* Cambridge University Press. https://doi.org/10.1017/CBO9781139135450 (Zugegriffen am 21. April 2025).
Descartes, R. (1969). *Discours de la Méthode* (Übers. u. hrsg. v. Lüder Gäbe). Hamburg.
Destatis. (2024). *Bruttoinlandsprodukt (BIP).* https://www.destatis.de/DE/Themen/Wirtschaft/Volkswirtschaftliche-Gesamtrechnungen-Inlandsprodukt/Methoden/bip.html?nn=214136#doc90794bodyText1 (Zugegriffen am 19. April 2025).
Deutschlandfunk Kultur (DLF). (2023). *Vom Zauber einer Zahl – Die Erfindung des Wirtschaftswachstums.* https://www.deutschlandfunkkultur.de/vom-zauber-einer-zahl-die-erfindung-des-wirtschaftswachstums-100.html (Zugegriffen am 10. Mai 2025).
Diamond, J. (1997). *Guns, germs, and steel: The fates of human societies.* W. W. Norton.
Döring, R., & Ott, K. (2001): Nachhaltigkeitskonzepte. In: Zeitschrift für Wirtschafts- und Unternehmensethik, Heft 3 (2001).
Dunning, J. H. (1998). Location and the multinational enterprise: A neglected factor? *Journal of International Business Studies, 29*(1), 45–66.

Eckert, I., Brown, A., Caron, D., O'Brien, P., & Ferrier, S. (2023). 30×30 biodiversity gains rely on national coordination. *Nature Communications, 14*, 7113. https://doi.org/10.1038/s41467-023-42737-x.

Ekins,P., Simon, S., Deutsch, L., Folke, C., & De Groot, R. (2003). Identifying critical natural capital. Ecological Economics, 44(2–3), 159–163 (Zugegriffen am 18. Mai 2025).

El-Mhamdi, E. M., & Hoang, L. N. (2024a). On Goodhart's law, with an application to value alignment. *arXiv*. https://arxiv.org/abs/2410.09638 (Zugegriffen am 19. April 2025).

El-Mhamdi, E. M., & Hoang, N. (2024). When a measure becomes a target: Revisiting Goodhart's law. *Journal of Economic Methodology*. Advance online publication. https://doi.org/10.48550/arXiv.2410.09638 (Zugegriffen am 10. Mai 2025).

Elkington, J. (1998). *Cannibals with forks: The triple bottom line of 21st century business*. New Society Publishers.

Ellen MacArthur Foundation. (2013). Towards the circular economy Vol. 1: An economic and business rationale for an accelerated transition. https://www.ellenmacarthurfoundation.org/towards-the-circular-economy-vol-1-an-economic-and-business-rationale-for-an.

Emblemsvåg, J. (2003). The green invisible hand. *Foresight, 5*(1), 11–19. https://doi.org/10.1108/14636680310471253 (Zugegriffen am 25. April 2025).

Emmanuel, A. (1992). Unequal exchange. In *The history of Marxian economics*. Princeton University Press. https://doi.org/10.1515/9781400862931.186 (Zugegriffen am 19. April 2025).

European Commission. (2023). *Critical Raw Materials Act*. https://single-market-economy.ec.europa.eu (Zugegriffen am 18. Mai 2025).

FAO. (2022a). *The State of the World's Forests 2022*. https://www.fao.org (Zugegriffen am 18. Mai 2025)

FAO. (2022b). *The State of World Fisheries and Aquaculture*. https://www.fao.org (Zugegriffen am 18. Mai 2025).

Fedele, G., Locatelli, B., Djoudi, H., & Colloff, M. J. (2021). Nature-dependent people: Mapping human direct use of nature for basic needs across the tropics. *Global Environmental Change, 71*, 102368. https://doi.org/10.1016/j.gloenvcha.2021.102368 (Zugegriffen am 19. April 2025).

Financial Times (2025). Can sustainable investing survive Trump 2.0?, https://www.ft.com/content/14ee5968-79de-42bf-80a4-811531e80de7. Zugegriffen am 10. Mai 2025.

Findlay, R., & O'Rourke, K. H. (2007). *Power and plenty: Trade, war, and the world economy in the second millennium*. Princeton University Press.

Foley, J. A., et al. (2011). Solutions for a cultivated planet. *Nature, 478*(7369), 337–342.

Franta, B. (2018). Early oil industry knowledge of CO_2 and global warming. *Nature Climate Change, 8*(11), 1024–1025.

Fraser, N. (2013). *Fortunes of feminism: From state-managed capitalism to neoliberal crisis*. Verso.

Freeman, R. E. (1984). *Strategic management: A stakeholder approach*. Pitman Publishing.

Fremdling, R. (2016). Zur Bedeutung nationalsozialistischer Statistiken und Statistiker nach dem Krieg: Rolf Wagenführ und der United States Strategic Bombing Survey (USSBS). *Jahrbuch für Wirtschaftsgeschichte/Economic History Yearbook, 57*(2), 589–613. https://doi.org/10.1515/jbwg-2016-0023 (Zugegriffen am 12. Mai 2025).

Friedman, M. (1970, 13. September). The social responsibility of business is to increase its profits. *The New York Times Magazine*, S. 32f., 122–126.

Gabler Wirtschaftslexikon. (o. J.). Physiokratie. In *Gabler Wirtschaftslexikon online*. Springer Fachmedien Wiesbaden. https://wirtschaftslexikon.gabler.de/definition/physiokratie-43847 (Zugegriffen am 10. Mai 2025).

GAINSystems. (2023). *What makes supply chains complex?* https://gainsystems.com/ (Zugriff am 20. Mai 2025).

Galbraith, J. K. (1958). *The affluent society*. Houghton Mifflin.

Galeano, E. (1971). *Die offenen Adern Lateinamerikas*. Suhrkamp.

Geissdoerfer, M., Savaget, P., Bocken, N. M. P., & Hultink, E. J. (2017). The circular economy – A new sustainability paradigm? *Journal of Cleaner Production, 143*, 757–768. https://doi.org/10.1016/j.jclepro.2016.12.048 (Zugegriffen am 10. Mai 2025).

Gigerenzer, G., & Todd, P. M. (1999). Simple heuristics that make us smart. MIT Press.

Glacken CJ (1967) Traces on the Rhodian Shore. Nature and Culture in Western Thought from Ancient Times to the End of the Eighteenth Century. University of California Press, Berkeley Calif., Los Angeles, London [7. Reprint Berkeley Calif. u.a. 1996].

Grant, R. M. (2016). *Contemporary strategy analysis* (9. Aufl.). Wiley.

Gollier, C., & Tirole, J. (2015). Negotiating effective institutions against climate change. *Economics of Energy & Environmental Policy, 4*(2), 5–27.

Goodhart, C. A. E. (1975). Problems of monetary management: The U.K. experience. In Reserve Bank of Australia (Hrsg.), *Papers in monetary economics* (S. 95–146). Reserve Bank of Australia.

Gordon, R. B. (2018). The history of resource use: A human perspective. *Environmental History, 23*(1), 34–50.

Gordon, R. B. (2018). *The human past: An introduction to world prehistory* (4th ed.). Thames & Hudson.

Graeber, D. (2011). Consumption. *Current Anthropology, 52*(4), 489–511. https://doi.org/10.1086/660166 (Zugegriffen am 11. Mai 2025)

Gray, R. (2010). Is accounting for sustainability actually accounting for sustainability… and how would we know? An exploration of narratives of organisations and the planet. *Accounting, Organizations and Society, 35*(1), 47–62. https://doi.org/10.1016/j.aos.2009.04.006 (Zugegriffen am 20. April 2025).

Gray, R., Adams, C. A., & Owen, D. (2014). *Accountability, social responsibility and sustainability*. Pearson Education Limited.

Greenwald, B., & Stiglitz, J. E. (1986). Externalities in economies with imperfect information and incomplete markets. *Quarterly Journal of Economics, 101*(2), 229–264.

GRI. (2016). *Consolidated set of GRI sustainability reporting standards 2016*. Global Reporting Initiative.

G20 Independent Expert Group. (2022). *A green and sustainable planet: G20 independent report on financing for people, planet and prosperity*. https://www.g20.org/content/dam/gtwenty/meeting-documents/g20_independent_expert_group_report.pdf (Zugegriffen am 1. April 2025).

Gylfason, T. (2001). Natural resources and economic growth: From dependence to diversification. In *Oil, the environment, and the economy* (S. 15–30). https://www.econstor.eu/bitstream/10419/75741/1/cesifo_wp530.pdf (Zugegriffen am 20. April 2025).

Hall, C. A. S., Lambert, J. G., & Balogh, S. B. (2014). EROI of different fuels and the implications for society. *Energy Policy, 64*, 141–152. https://doi.org/10.1016/j.enpol.2013.05.049 (Zugegriffen am 20. April 2025).

Halliday, T. (2022). *Urwelten: Eine Reise in die verlorene Welt der Erdgeschichte*. München: C. Bertelsmann.

Hardin, G. (1968). The tragedy of the commons. *Science, 162*(3859), 1243–1248.

Hart, O., & Zingales, L. (2017). Companies should maximize shareholder welfare not market value. *Journal of Law, Finance, and Accounting, 2*(2), 247–275. https://scholar.harvard.edu/files/hart/files/108.00000022-hart-vol2no2-jlfa-0022_002.pdf (Zugegriffen am 20. April 2025).

Hicks, J. R. (1946). *Value and capital: An inquiry into some fundamental principles of economic theory* (2nd ed.). Clarendon Press.

Hickel, J. (2020). *Less is more: How degrowth will save the world*. William Heinemann.

Hickel, J., Dorninger, C., Wieland, H., & Suwandi, I. (2022). Imperialist appropriation in the world economy: Drain from the global South through unequal exchange, 1990–2015. *Global Environmental Change, 73*, 102467. https://doi.org/10.1016/j.gloenvcha.2022.102467 (Zugegriffen am 20. April 2025).

Hickel, J., & Sullivan, D. (2024). How much growth is required to achieve good lives for all? Insights from needs-based analysis. *World Development Perspectives, 35*, 100612. https://doi.org/10.1016/j.wdp.2024.100612 (Zugegriffen am 20. April 2025).

Hickel, J., Lemos, M. H., & Barbour, F. (2024). Unequal exchange of labour in the world economy. *Nature Communications, 15*(1). https://doi.org/10.1038/s41467-024-49687-y (Zugegriffen am 20. April 2025).

Hirschman, A. O. (1970). *Exit, voice, and loyalty: Responses to decline in firms, organizations, and states*. Harvard University Press.

Ibaba, S. I. (2011). Corruption in the underdevelopment of the Niger Delta in Nigeria. *African Journal of Political Science and International Relations, 5*(8), 312–320. https://www.researchgate.net/publication/254259040 (Zugegriffen am 20. April 2025).

IEA. (2023). *World Energy Outlook 2023*. https://www.iea.org/reports/world-energy-outlook-2023 (Zugegriffen am 18. Mai 2025).

IFRS Foundation. (2021). *International <IR> Framework*. https://integratedreporting.ifrs.org/resource/international-ir-framework/ (Zugegriffen am 20. April 2025)

IPBES. (2019). *Global assessment report on biodiversity and ecosystem services of the Intergovernmental Science-Policy Platform on Biodiversity and Ecosystem Services* (E. S. Brondizio, J. Settele, S. Díaz & H. T. Ngo, Hrsg.). IPBES Secretariat. https://doi.org/10.5281/zenodo.3831673 (Zugegriffen am 19. April 2025).

IPCC AR6 (2023). *Climate change 2023: Synthesis report*. https://www.ipcc.ch/report/ar6/syr/downloads/report/IPCC_AR6_SYR_SPM.pdf (Zugegriffen am 10. Mai 2025).

IPCC (2023). *Synthesis Report of the IPCC Sixth Assessment Report (AR6)*. https://www.ipcc.ch/report/ar6/syr (Zugegriffen am 18. Mai 2025).

International Monetary Fund (IMFa). (n.d.). *Gross domestic product (GDP)*. https://www.imf.org/en/Publications/fandd/issues/Series/Back-to-Basics/gross-domestic-product-GDP (Zugegriffen am 19. April 2025).

International Monetary Fund (IMFb). (n.d.). *Externalities: Prices do not capture all costs*. https://www.imf.org/en/Publications/fandd/issues/Series/Back-to-Basics/Externalities (Zugegriffen am 19. April 2025).

Interos. (2022). *Interos Annual Global Supply Chain Report*. https://www.interos.ai/resources/global-supply-chain-report-2022 (Zugriff am 20. Mai 2025).

Islam, S. N., & Winkel, J. (2017). *Climate change and social inequality* (UN DESA Working Paper No. 152). United Nations Department of Economic and Social Affairs. https://www.un.org/esa/desa/papers/2017/wp152_2017.pdf (Zugegriffen am 10. Mai 2025).

Jackson, T. (2005). *Motivating sustainable consumption: A review of evidence on consumer behaviour and behavioural change*. Centre for Environmental Strategy, University of Surrey. https://www.researchgate.net/publication/242600751 (Zugegriffen am 20. April 2025).

Jackson, T. (2017). Prosperity without growth: Foundations for the economy of tomorrow (2nd ed.). Routledge.

Jensen, M. C., & Meckling, W. H. (1976). Theory of the firm: Managerial behavior, agency costs and ownership structure. *Journal of Financial Economics, 3*(4), 305–360. https://doi.org/10.1016/0304-405X(76)90026-X (Zugegriffen am 26. April 2025).

Judt, T. (2005). *Postwar: A history of Europe since 1945*. Penguin Books.

Jurikova, H., Gutjahr, M., Wallmann, K. et al. (2020) Permian–Triassic mass extinction pulses driven by major marine carbon cycle perturbations. *Nat. Geosci.* 13, 745–750 (2020). https://doi.org/10.1038/s41561-020-00646-4

Kant, I. (1788). *Kritik der praktischen Vernunft.* Friedrich Nicolovius. https://gallica.bnf.fr/ark:/12148/bpt6k25541j/f116.item.r=naturliche%20welt (Zugegriffen am 19. April 2025).

Kennedy, R. F. (1968). Remarks at the University of Kansas. *John F. Kennedy Presidential Library and Museum.* https://www.jfklibrary.org/learn/about-jfk/the-kennedy-family/robert-f-kennedy/robert-f-kennedy-speeches/remarks-at-the-university-of-kansas-march-18-1968 (Zugegriffen am 20. April 2025).

Kikstra, J. S., Mastrucci, A., Min, J., Riahi, K., & Rao, N. D. (2021). Decent living gaps and energy needs around the world. *Environmental Research Letters, 16*(9), 095006. https://doi.org/10.1088/1748-9326/ac1c27 (Zugegriffen am 20. April 2025).

Kleinschroth, F., et al. (2016). Roadless space is greatly diminished by logging in intact forest landscapes of the Congo Basin. *Biological Conservation, 197*, 1–9. https://doi.org/10.48550/arXiv.1602.01436 (Zugegriffen am 20. April 2025).

Klugman, J., Rodríguez, F., & Choi, H.-J. (2011). The HDI 2010: New controversies, old critiques. *Journal of Economic Inequality, 9*(2), 249–288. https://doi.org/10.1007/s10888-011-9178-z (Zugegriffen am 20. April 2025).

Kotler, P., & Keller, K. L. (2016). *Marketing management* (15. Aufl.). Pearson Education.

Krugman, P. R., Obstfeld, M., & Melitz, M. J. (2012). *International economics: Theory and policy* (9th ed.). Pearson. https://users.ssc.wisc.edu/~cengel/Econ730/International%20Economics%20Theory%20and%20Policy%20Book%209th%20Edition.pdf (Zugegriffen am 20. April 2025).

Kujawinski, E. B., Reddy, C. M., Rodgers, R. P., et al. (2020). The first decade of scientific insights from the Deepwater Horizon oil release. *Nature Reviews Earth & Environment, 1*, 237–250. https://doi.org/10.1038/s43017-020-0046-x (Zugegriffen am 20. April 2025)

Lamboll, R. D., Nicholls, Z. R. J., Smith, C. J., et al. (2023). Assessing the size and uncertainty of remaining carbon budgets. *Nature Climate Change, 13*, 1360–1367. https://doi.org/10.1038/s41558-023-01848-5 (Zugegriffen am 20. April 2025).

Landes, D. S. (2003). *Der entfesselte Prometheus: Technologischer Wandel und industrielle Entwicklung in Westeuropa von 1750 bis zur Gegenwart.* dtv.

Lepenies, P. (2013). *Die Macht der einen Zahl: Eine politische Geschichte des Bruttoinlandsprodukts.* Suhrkamp.

Lepenies, P. (2020, 22. April). Vom Zauber einer Zahl – Die Erfindung des Wirtschaftswachstums [Radiosendung]. *Deutschlandfunk Kultur.* https://www.deutschlandfunkkultur.de/vom-zauber-einer-zahl-die-erfindung-des-wirtschaftswachstums-100.html (Zugegriffen am 20. April 2025).

Long, H., Chiah, M., Cakici, N., Zaremba, A., & Bilgin, M. H. (2024). ESG investing in good and bad times: An international study. *Journal of International Financial Markets, Institutions and Money, 91*, 101916. https://doi.org/10.1016/j.intfin.2023.101916 (Zugegriffen am 10. Mai 2025).

Louv, R. (2005). *Last child in the woods: Saving our children from nature-deficit disorder.* Algonquin Books.

Mang, P., & Haggard, B. (2016). *Regenerative development and design: A framework for evolving sustainability.* Wiley.

Mankiw, N. G. (2018). *Principles of economics* (8th ed.). Cengage Learning.

Martínez-Alier, J. (2002). *The environmentalism of the poor: A study of ecological conflicts and valuation.* Edward Elgar.

Mayer, C. (2018). *Prosperity: Better business makes the greater good.* Oxford University Press.

Mayer, C. (2024). *Capitalism and crises: How to fix them.* Oxford University Press.

Mazoyer, M., & Roudart, L. (2006). *A history of world agriculture: From the Neolithic Age to the current crisis*. Earthscan.

McKinsey & Company. (2020). *Risk, resilience, and rebalancing in global value chains*. https://www.mckinsey.com/business-functions/operations/our-insights/risk-resilience-and-rebalancing-in-global-value-chains (Zugriff am 20. Mai 2025).

Mehmood, K., Zhang, L., Chen, S., & Wang, Y. (2024). Comparative analysis of CO_2 emissions and economic performance in the United States and China: Navigating sustainable development in the climate change era. *Geoscience Frontiers, 15*(5), 101843. https://doi.org/10.1016/j.gsf.2024.101843 (Zugegriffen am 10. Mai 2025).

Meyer, A., Matt, H., & Dahm, J. D. (2024). Striving towards an integrated sustainability accounting: A constellation analysis based on interdisciplinary knowledge sharing. In A. Meyer (Hrsg.), *Controlling for sustainability and innovation: Control practices in startup-corporate collaborations, investment decisions, and integrated sustainability accounting as pathways for transformational management*.

Millennium Ecosystem Assessment. (2005). *Ecosystems and human well-being: Synthesis*. Island Press. https://www.millenniumassessment.org/documents/document.356.aspx.pdf (Zugegriffen am 20. April 2025).

Müller, M. (2001). *Das vierte Feld – Die Bio-Logik der neuen Führungselite*. Econ Ullstein List Verlag.

Neu im LVZ ergänzen: ILO. (2022). An ILO solution for creating 100 million jobs by 2030: Just ecological transition. https://www.ilo.org/resource/news/just-ecological-transition-ilo-solution-creating-100-million-jobs-2030

Norges Bank Investment Management. NBIM (o. J.). *About the fund*. https://www.nbim.no/en/about-us/about-the-fund/ (Zugegriffen am 20. April 2025).

Naess, A. (2008). *The ecology of wisdom: Writings by Arne Naess* (B. Devall, Hrsg.). Counterpoint Press.

National Geographic. (2024). *The development of agriculture*. https://education.nationalgeographic.org/resource/development-agriculture (Zugegriffen am 19. April 2025).

Nepstad, D., Carvalho, G., Davidson, E., Jipp, P., Lefebvre, P., Negreiros, G., da Silva, E., Stone, T., Trumbore, S., & Vieira, S. (2008). The Amazon's vicious cycles: Drought and fire in the greenhouse. In M. Keller, M. Bustamante, J. Gash & P. Silva Dias (Hrsg.), *World Forests, 5*, 123–142. https://wwfeu.awsassets.panda.org/downloads/amazonas_eng_04_12b_web.pdf (Zugegriffen am 20. April 2025).

Neumayer, E. (2013). *Weak versus strong sustainability: Exploring the limits of two opposing paradigms* (4th ed.). Edward Elgar.

Newman, R., & Noy, I. (2023). The global costs of extreme weather that are attributable to climate change. *Nature Communications, 14*, 6103. https://doi.org/10.1038/s41467-023-41888-1 (Zugegriffen am 20. April 2025).

North, D. C. (1991). Institutions. *The Journal of Economic Perspectives, 5*(1), 97–112. http://www.jstor.org/stable/1942704 (Zugegriffen am 10. Mai 2025)

OECD. (2019). *Using extractive revenues for sustainable development: Policy guidance for resource-rich countries*. OECD Publishing. https://www.oecd.org/content/dam/oecd/en/publications/reports/2019/11/using-extractive-revenues-for-sustainable-development_cd22e52c/a9332691-en.pdf (Zugegriffen am 20. April 2025).

OECD. (2021). *Biodiversity and ecosystem services: The economics of ecosystems and biodiversity (TEEB) for business*. OECD Publishing. https://www.oecd.org/content/dam/oecd/en/publications/reports/2019/12/biodiversity-finance-and-the-economic-and-business-case-for-action_016f1faa/a3147942-en.pdf (Zugegriffen am 19. April 2025).

OECD. (2022). *Due Diligence Guidance for Responsible Supply Chains of Minerals.* https://www.oecd.org/corporate/mne/mining.htm (Zugegriffen am 18. Mai 2025).

Ostrom, E. (1990). *Governing the commons: The evolution of institutions for collective action.* Cambridge University Press.

Ostrom, E. (1992). *Crafting institutions for self-governing irrigation systems.* ICS Press.

Ostrom, E. (2000). Collective action and the evolution of social norms. *Journal of Economic Perspectives, 14*(3), 137–158.

Ostrom, E. (2010). Beyond markets and states: Polycentric governance of complex economic systems. *American Economic Review, 100*(3), 641–672.

Pearce, D., Markandya, A., & Barbier, E. (1989). *Blueprint for a green economy.* Earthscan.

Petty, W. (1662). *A treatise of taxes and contributions.* Printed for Nath. Brooke. https://archive.org/details/bim_early-english-books-1641-1700_a-treatise-of-taxes-co_petty-sir-william_1662 (Zugegriffen am 19. April 2025).

Petty, W. (1690). *Political arithmetick* (S. 45). Robert Clavel. https://archive.org/details/bim_early-english-books-1641-1700_political-arithmetick_petty-sir-william_1690/page/44/mode/2up (Zugegriffen am 19. April 2025).

Pigou, A. C. (1920). *The economics of welfare* (1st ed.). Macmillan. https://oll-resources.s3.us-east-2.amazonaws.com/oll3/store/titles/1410/Pigou_0316_EBk_v6.0.pdf (Zugegriffen am 20. April 2025).

Pinker, S. (2018). *Enlightenment now: The case for reason, science, humanism, and progress.* Viking Penguin.

Polanyi, K. (1944). *The great transformation.* Farrar & Rinehart.

Poore, J., & Nemecek, T. (2018). Reducing food's environmental impacts through producers and consumers. *Science, 360*(6392), 987–992. https://doi.org/10.1126/science.aaq0216 (Zugegriffen am 20. April 2025).

Porter, M. E. (1985). *Competitive advantage: Creating and sustaining superior performance.* Free Press.

Porter, M. E. (1990a). The competitive advantage of nations. *Harvard Business Review.* https://hbr.org/1990/03/the-competitive-advantage-of-nations (Zugegriffen am 20. April 2025).

Porter, M. E. (1990b). *The competitive advantage of nations.* Free Press.

Pyle, R. M. (1993). *The thunder tree: Lessons from an urban wildland.* Houghton Mifflin.

Quesnay, F. (1758). *Tableau économique* (Faksimile-Ausgabe 1894). Macmillan. https://archive.org/details/tableauoeconomiq00quesuoft/page/n19/mode/2up (Zugegriffen am 19. April 2025).

Ramasubramanian, B., Liu, K., Chiang, Y.-M., & Persson, K. A. (2024). Ten major challenges for sustainable lithium-ion batteries. *Cell Reports Physical Science, 5*(6), 102032. https://doi.org/10.1016/j.xcrp.2024.102032 (Zugegriffen am 20. April 2025).

Raworth, K. (2017). Doughnut economics: Seven ways to think like a 21st-century economist. Chelsea Green Publishing.

Reed, M. S., Graves, A., Dandy, N., Posthumus, H., Hubacek, K., Morris, J., Prell, C., Quinn, C. H., & Stringer, L. C. (2009). Who's in and why? A typology of stakeholder analysis methods for natural resource management. *Journal of Environmental Management, 90*(5), 1933–1949. https://doi.org/10.1016/j.jenvman.2009.01.001 (Zugegriffen am 21. April 2025).

Ricardo, D. (1817). *On the principles of political economy and taxation* (1st ed.). John Murray. https://oll-resources.s3.us-east-2.amazonaws.com/oll3/store/titles/113/0687.01_LF.pdf (Zugegriffen am 20. April 2025).

Ricke, K., Drouet, L., Caldeira, K., & Tavoni, M. (2018). Country-level social cost of carbon. *Nature Climate Change, 8*, 895–900. https://doi.org/10.1038/s41558-018-0282-y. (Zugegriffen am 19. April 2025).

Rockström, J et al. (2009). A safe operating space for humanity. *Nature*, 461(7263), 472–475. https://doi.org/10.1038/461472a (Zugegriffen am 20. April 2025).
Rodrik, D. (2018). *Straight talk on trade: Ideas for a sane world economy.* Princeton University Press.
Ross, M. L. (2012). *The oil curse: How petroleum wealth shapes the development of nations.* Princeton University Press.
Ruddiman, W. F., Ellis, E. C., Kaplan, J. O., & Fuller, D. Q. (2016). Late Holocene climate: Natural or anthropogenic? *Reviews of Geophysics, 54*(1), 93–118. https://doi.org/10.1002/2015RG000503 (Zugegriffen am 19. April 2024).
Sachs, J. D., & Warner, A. M. (1995). Natural resource abundance and economic growth (NBER Working Paper No. 5398). *National Bureau of Economic Research.* https://www.nber.org/system/files/working_papers/w5398/w5398.pdf (Zugegriffen am 20. April 2025).
Sachs, J. D., & Warner, A. M. (2001). The curse of natural resources. *European Economic Review, 45*(4–6), 827–838. https://www.earth.columbia.edu/sitefiles/file/about/director/pubs/EuroEconReview2001.pdf (Zugegriffen am 20. April 2025).
Samuelson, P. A. (1954). The pure theory of public expenditure. *Review of Economics and Statistics, 36*(4), 387–389. https://www.jstor.org/stable/1925895 (Zugegriffen am 20. April 2025).
Samuelson, P. A., & Nordhaus, W. D. (2010). *Economics* (19th ed.). McGraw-Hill Education.
Schmidt, M., & Unger, C. (2020). *KlimRess – Fallstudie Chile: Umwelt- und Klimaschutzaspekte der Lithiumgewinnung in Chile* (UBA-Texte 106/2020). Umweltbundesamt. https://www.umweltbundesamt.de/sites/default/files/medien/479/publikationen/texte_106-2020_klimress_case_study_chile.pdf (Zugegriffen am 20. April 2025).
Scholte, J. A. (2005). *Globalization: A critical introduction* (2nd ed.). Palgrave Macmillan.
Schöngart, S., Nicholls, Z., Hoffmann, R., et al. (2025). High-income groups disproportionately contribute to climate extremes worldwide. *Nature Climate Change.* https://doi.org/10.1038/s41558-025-02325-x (Zugegriffen am 20. April 2025).
Schumpeter, J. A. (1942). *Capitalism, socialism and democracy.* Harper & Brothers.
Skousen, M. (1990). *The structure of production.* M.E. Sharpe. https://archive.org/details/structureofprodu0000skou/page/n1/mode/2up?q=quesnay (Zugegriffen am 19. April 2025).
Smith, A. (1776). *An inquiry into the nature and causes of the wealth of nations.* W. Strahan and T. Cadell. https://archive.org/details/in.ernet.dli.2015.207956/page/n686/mode/1up?q=sole (Zugegriffen am 26. April 2025).
Simon, H. A. (1955). A behavioral model of rational choice. *Quarterly Journal of Economics*, 69, 99–118. https://doi.org/10.2307/1884852
Steffen, W., Crutzen, P. J., & McNeill, J. R. (2011). The Anthropocene: Conceptual and historical perspectives. *Philosophical Transactions of the Royal Society A: Mathematical, Physical and Engineering Sciences, 369*, 842–867. https://royalsocietypublishing.org/doi/10.1098/rsta.2010.0327 (Zugegriffen am 19. April 2025).
Steffen, W., Broadgate, W., Deutsch, L., Gaffney, O., & Ludwig, C. (2015). The trajectory of the Anthropocene: The Great Acceleration. *The Anthropocene Review, 2*(1), 81–98. https://doi.org/10.1177/2053019614564785 (Zugegriffen am 19. April 2025).
Stiglitz, J. E. (1989). Markets, market failures, and development. *American Economic Review, 79*(2), 197–203. https://www.nber.org/system/files/working_papers/w2961/w2961.pdf (Zugegriffen am 20. April 2025).
Stiglitz, J. E. (2000). *Economics of the public sector* (3rd ed.). W. W. Norton & Company.
Stiglitz, J. E. (2002). Information and the change in the paradigm in economics. *American Economic Review, 92*(3), 460–501.
Stiglitz, J. E. (2006). *Making globalization work.* W. W. Norton.

Stiglitz, J. E. (2010). *Freefall: America, free markets, and the sinking of the world economy.* W. W. Norton & Company.

Stiglitz, J. E., & Walsh, C. E. (2010). *Economics* (4th ed.). W. W. Norton & Company.

Stiglitz, J. E., Sen, A., & Fitoussi, J.-P. (2010). *Report by the Commission on the Measurement of Economic Performance and Social Progress.* CMEPSP. https://ec.europa.eu/eurostat/documents/8131721/8131772/Stiglitz-Sen-Fitoussi-Commission-report.pdf (Zugegriffen am 20. April 2025).

Stiglitz, J. E. (2012). *The price of inequality: How today's divided society endangers our future.* W. W. Norton & Company.

Stiglitz, J. E., Fitoussi, J.-P., & Durand, M. (2020). *Jenseits des BIP: Was bei der wirtschaftlichen und sozialen Entwicklung wirklich zählt.* OECD Publishing. https://doi.org/10.1787/80cca758-de (Zugegriffen am 20. April 2025).

Sonter, L. J., Herrera, D., Barrett, D. J., Galford, G. L., Moran, C. J., & Soares-Filho, B. S. (2017). Mining drives extensive deforestation in the Brazilian Amazon. *Nature Communications, 8*, 1013. https://doi.org/10.1038/s41467-017-00557-w (Zugegriffen am 20. April 2025).

Subcommission on Quaternary Stratigraphy (SQS). (2024, 4. März). Decision on the "Anthropocene" proposal. *International Commission on Stratigraphy.* https://stratigraphy.org/news/152 (Zugegriffen am 10. Mai 2025).

Suchanek, A. (2007). *Ökonomische Ethik* (2. Aufl.). Mohr Siebeck.

Suchman, M. C. (1995). Managing legitimacy: Strategic and institutional approaches. *Academy of Management Review, 20*(3), 571–610.

Suwandi, I. (2019). *Value chains: The new economic imperialism.* Monthly Review Press.

Szent-Györgyi, A. (1977). Drive in living matter to perfect itself. *Synthesis, 1*(1), 14–26. https://www.icr.org/article/albert-szent-gyorgyis-theory-syntropy-creationism/ (Zugegriffen am 10. Mai 2025).

Talberth, J., Cobb, C., & Slattery, N. (2007). *The Genuine Progress Indicator 2006: A tool for sustainable development.* Redefining Progress. https://www.researchgate.net/publication/252265237_The_Genuine_Progress_Indicator_2006 (Zugegriffen am 20. April 2025).

Thaler, R. H., & Sunstein, C. R. (2008). *Nudge: Improving decisions about health, wealth, and happiness.* Yale University Press.

Tirole, J. (1988). *The theory of industrial organization.* MIT Press.

Tirole, J. (2012). Some political economy of global warming. *Economics of Energy & Environmental Policy, 1*(1), 121–132. http://www.jstor.org/stable/26189419 (Zugegriffen am 20. April 2025).

UN-Water. (2023). *Summary Progress Update 2023 – SDG 6 – Water and Sanitation for All.* https://www.unwater.org (Zugegriffen am 18. Mai 2025).

Unerman, J., Bebbington, J., & O'Dwyer, B. (2018). Corporate reporting and accounting for externalities. *Accounting and Business Research, 48*(5), 497–522. https://doi.org/10.1080/00014788.2018.1470155 (Zugegriffen am 20. April 2025).

United Nations. (2024). Private sector urged to act as world faces $23 trillion loss from land degradation. https://news.un.org/en/story/2024/12/1157801 (Zugegriffen am 19. April 2025).

United Nations Conference on Trade and Development. (o. J.). *List of least developed countries (LDCs).* https://unctad.org/topic/least-developed-countries/list (Zugegriffen am 10. Mai 2025).

United States Bureau of Foreign and Domestic Commerce & Kuznets, S. (1934). *National income, 1929–1932.* U.S. Government Printing Office. https://fraser.stlouisfed.org/title/971 (Zugegriffen am 19. April 2025).

University of Notre Dame. (2024). *ND-GAIN Country Index.* https://gain.nd.edu/ (Zugegriffen am 10. Mai 2025).

UNDP. (2023). *The destruction of nature threatens the world economy. It's time to outlaw it as a serious financial crime.* https://www.undp.org/blog/destruction-nature-threatens-world-economy-its-time-outlaw-it-serious-financial-crime (Zugegriffen am 19. April 2025).

UNEP. (2022). *Sand and Sustainability: 10 Strategic Recommendations.* https://www.unep.org/resources/report/sand-and-sustainability (Zugegriffen am 18. Mai 2025).

UNEP. (2023). *Dead Zones: Oxygen-Depleted Waters.* https://www.unep.org (Zugegriffen am 18. Mai 2025).

UNESCO. (2022). *Schooling, literacy and numeracy in 19th century Europe: Long-term development and hurdles to efficient schooling.* https://unesdoc.unesco.org/ark:/48223/pf0000383171.locale=en (Zugegriffen am 19. April 2025).

U.S. Bureau of Economic Analysis. (o. J.). *Why did GDP increase after the BP oil spill and Hurricane Katrina?* https://www.bea.gov/help/faq/55 (Zugegriffen am 20. April 2025).

USGS. (2023). *Mineral Commodity Summaries 2023.* https://pubs.usgs.gov/periodicals/mcs2023 (Zugegriffen am 18. Mai 2025).

USGS. (2024). *Mineral Commodity Summaries 2024.* https://pubs.usgs.gov/periodicals/mcs2024 (Zugegriffen am 18. Mai 2025).

Vatn, A. (2005). *Institutions and the environment.* Edward Elgar Publishing.

Varian, H. R. (2014). *Intermediate microeconomics: A modern approach* (9th ed.). W. W. Norton & Company.

White, L. Jr. (1967). The historical roots of our ecologic crisis. *Science, 155*(3767), 1203–1207. https://doi.org/10.1126/science.155.3767.1203 (Zugegriffen am 19. April 2025).

Wiedmann, T., & Lenzen, M. (2018). Environmental and social footprints of international trade. *Nature Geoscience, 11*(5), 314–321. https://doi.org/10.1038/s41561-018-0113 (Zugegriffen am 19. April 2025).

Wilkinson, R., & Pickett, K. (2009). *The spirit level: Why equality is better for everyone.* Bloomsbury Publishing.

Witze, A. (2024). Geologists reject the Anthropocene as Earth's new epoch – after 15 years of debate. *Nature, 627*, 249–250. https://doi.org/10.1038/d41586-024-00675-8 (Zugegriffen am 19. April 2025).

World Health Organization (WHO). (o. J.). *Human development index.* https://www.who.int/data/nutrition/nlis/info/human-development-index (Zugegriffen am 20. April 2025).

World Bank. (2020). *Transitioning to a circular economy: An evaluation of the World Bank Group's support for municipal solid waste management (2010–20).* Independent Evaluation Group. https://documents1.worldbank.org/curated/en/473711647523370382/pdf/Transitioning-to-a-Circular-Economy-An-Evaluation-of-the-World-Bank-Group-s-Support-for-Municipal-Solid-Waste-Management-2010-20.pdf (Zugegriffen am 20. April 2025).

World Bank. (2023). *World Development Indicators: Land Use.* https://data.worldbank.org (Zugegriffen am 18. Mai 2025).

World Bank. (2024). *Poverty, prosperity, and planet report 2024: Pathways out of the polycrisis.* World Bank. file:///Users/MaHaPeM/Downloads/Poverty,%20Prosperity,%20and%20Planet%20Report%202024%20(1).pdf (Zugegriffen am 19. April 2024).

World Bank. (o. J.). *Total natural resources rents (% of GDP).* https://data.worldbank.org/indicator/NY.GDP.TOTL.RT.ZS (Zugegriffen am 20. April 2025).

World Commission on Environment and Development (WCED). (1987). *Our common future.* Oxford University Press. https://digitallibrary.un.org/record/139811?v=pdf#files (Zugegriffen am 20. April 2025).

World Economic Forum. (2020). Nature risk rising: Why the crisis engulfing nature matters for business and the economy. https://www3.weforum.org/docs/WEF_New_Nature_Economy_Report_2020.pdf (Zugegriffen am 20. April 2025).

World Economic Forum. (2025). The Future of Jobs Report 2025: Digest. https://www.weforum.org/publications/the-future-of-jobs-report-2025/digest/

Wulf, A. (2016). *Alexander von Humboldt und die Erfindung der Natur*. Bertelsmann. (Original erschienen 2015).

Yang, Y., Li, Y., Zhang, R., Luo, X., & He, X. (2021). On the sustainability of lithium ion battery industry – A review and perspective. *Energy Storage Materials, 36*, 186–212. https://doi.org/10.1016/j.ensm.2020.12.019 (Zugegriffen am 20. April 2025).

Young, C. (1994). *The African colonial state in comparative perspective.* Yale University Press.

Zalasiewicz, J., Williams, M., Steffen, W., & Crutzen, P. (2011). The Anthropocene: A new epoch of geological time? *Philosophical Transactions of the Royal Society A, 369*, 835–841. https://royalsocietypublishing.org/doi/10.1098/rsta.2010.0339 (Zugegriffen am 19. April 2025).

2 Warum naturwissenschaftliche Grundlagen unser Denken begründen sollten: Geoökologie, das Anthropozän und ihre Relevanz für Unternehmen

Während Kap. 1 zeigt, wie sich die Trennung zwischen Mensch und Natur historisch und strukturell herausgebildet hat, richtet dieses Kapitel den Blick auf deren Folgen, nämlich wie diese Entkopplung unser Verhältnis zur Natur, ökologisch, systemisch und ethisch verändert.

Wie im vorhergehenden Kapitel dargelegt, wurzeln viele der heutigen ökologischen Krisen in einer tiefgreifenden Entkopplung zwischen ökonomischem Denken und ökologischen Realitäten. Diese Trennung wurde ideengeschichtlich verankert, etwa durch das Menschenbild der Aufklärung, und durch ein wachstumsorientiertes, ressourcenintensives Wirtschaftssystem strukturell gefestigt. Dabei ist deutlich geworden, dass die heutigen Umweltprobleme keine bloßen Nebenwirkungen wirtschaftlicher Aktivität sind, sondern Ausdruck systemischer Blindstellen, vor allem der unzureichenden Einbettung der natürlichen Lebensgrundlagen in unsere ökonomischen Prozesse und des fehlenden Bewusstseins. Ein zentrales Ergebnis war die Erkenntnis, dass ökonomischen Akteuren häufig nicht die richtigen oder nicht ausreichende Informationen zur Verfügung stehen, um die ökologischen und sozialen Folgekosten ihres Handelns angemessen zu berücksichtigen. Diese Informationsasymmetrien, etwa in Bezug auf sogenannte *Ökosystemdienstleistungen*, führen zu Fehlanreizen, Externalisierungen und letztlich zu einem Marktversagen, bei dem der Wert der Natur nicht im Preis ökonomischer Transaktionen abgebildet wird. Die Folge sind Übernutzung, Degradierung und teils irreversible Schäden an natürlichen Ressourcen, eine Dynamik, die in Kap. 1 nur angerissen wurde und nun vertiefend aufgegriffen wird.

Im Zentrum dieses Kapitels steht daher die *Great Acceleration* als ein historisch-sozioökonomischer und ökologischer Wendepunkt. Wie bereits eingeführt, beschreibt sie

M. H. Müller und A. K. Meyer, *Natur als Kapital: Evolution oder Revolution?*, Ökonomien und Gesellschaften im Wandel,
https://doi.org/10.1007/978-3-658-49415-5_2

den exponentiellen Anstieg wirtschaftlicher Aktivität und Umweltveränderung seit der Mitte des 20. Jahrhunderts, mit weitreichenden Folgen für die Stabilität des *Erdsystems.* Die *Great Acceleration* macht den fundamentalen Zielkonflikt sichtbar, in dem sich moderne Gesellschaften befinden. Zwischen dem Streben nach Wachstum und technologischem Fortschritt auf der einen, und der fortschreitenden Erschöpfung und Destabilisierung ökologischer Systeme auf der anderen Seite. Die unsichtbare Rolle funktionierender *Ökosysteme,* etwa bei der Klimaregulation, Bestäubung, Wasserreinigung oder Nahrungsmittelproduktion, wird im ökonomischen Kalkül vielfach vernachlässigt oder gar nicht erfasst.

Kap. 2 legt den Fokus daher auf jene naturwissenschaftlich-systemischen Zusammenhänge, die bislang im ökonomischen Denken unterbelichtet bleiben, die planetaren Belastungsgrenzen, die biophysikalischen Grundlagen wirtschaftlichen Handelns, die geoökologischen Abhängigkeiten unternehmerischer Entscheidungen und die Bedeutung von *Ökosystemdienstleistungen* als ökonomische Lebensversicherung. Zugleich wird das *Anthropozän* als heuristisches Denkmodell eingeführt, um die systemische Wirksamkeit menschlicher Aktivität im *Erdsystem* analytisch fassen zu können.

Damit führt Kap. 2 die im ersten Kapitel angelegten Überlegungen auf eine vertiefte naturwissenschaftlich-systemische Ebene. Es bietet die empirische und analytische Grundlage dafür, im anschließenden Kap. 3 das Konzept des *Naturkapitals* greifbar zu machen und seine betriebswirtschaftliche Relevanz für eine zukunftsfähige Unternehmenspraxis zu entwickeln.

2.1 The Great Acceleration: Die ökologischen Grenzen des ökonomischen Wachstums und der Mensch als treibende Kraft im Erdsystem

Auch wenn das *Anthropozän* im Jahr 2024 nicht als offizielles *geologisches Zeitalter* anerkannt wurde (IUGS 2024), ist der menschliche Einfluss auf das *Erdsystem* heute sowohl empirisch messbar als auch theoretisch fundiert. Der Mensch wirkt damit als geologische Kraft mit planetarer Reichweite, mit Auswirkungen, die weit über Klima und *Atmosphäre* hinausgehen und bis in Böden, Ozeane, Biosphäre und geologische Schichten reichen. Er kann also nicht als externer Störfaktor bezeichnet werden, sondern als integraler Bestandteil eines komplexen ökologischen Netzwerks, dessen Stabilität zunehmend unter Druck steht. Die Idee, dass der Mensch zum zentralen Akteur im *Erdsystem* geworden ist, geht auf ein breites Spektrum wissenschaftlicher und philosophischer Überlegungen zurück. Bereits Alexander von Humboldt betonte im 19. Jahrhundert die Wechselwirkungen zwischen Mensch und Natur als globales Gefüge. In der zweiten Hälfte des 20. Jahrhunderts führte die systemische Umweltforschung diese Gedanken weiter, unter anderem durch die Entstehung der Erdsystemwissenschaften, die sich dem Studium der planetaren Zusammenhänge widmen.

Den Begriff *Great Acceleration* prägte eine Gruppe internationaler Wissenschaftler um Will Steffen, Paul Crutzen und John McNeill Anfang der 2000er-Jahre. Er beschreibt die seit Mitte des 20. Jahrhunderts beobachtbare rasante Zunahme menschlicher Aktivitäten (Steffen et al. 2007). Diese Dynamik setzte in der Nachkriegszeit ein, als wirtschaftlicher Aufschwung, technologische Innovation, demografisches Wachstum und zunehmende Urbanisierung weltweit ineinandergriffen. Begleitet wurde dieser Wandel von steigendem Ressourcenverbrauch, globaler Vernetzung und einer intensivierten Inanspruchnahme natürlicher Systeme. Zentral für die Analyse der Großen Beschleunigung sind etwa zwei Dutzend sozioökonomische und biophysikalische Indikatoren (siehe Abb. 2.1 und 2.2). Dazu zählen Bevölkerungsentwicklung, *Bruttoinlandsprodukt,* Energieverbrauch, Stickstoffeinträge[1], CO_2-Emissionen und Landnutzungsänderungen. Viele dieser Parameter zeigen ab den 1950er-Jahren einen exponentiellen Anstieg, eine Phase, die Steffen, W., Crutzen, P. J., & McNeill, J. R. als *zweite Phase des Anthropozäns* beschreiben, in der menschliche Einflüsse auf das *Erdsystem* eine neue Größenordnung erreichen (Steffen et al. 2007, S. 617).

So kam es, zum Beispiel, zu einem starken Anstieg der Weltbevölkerung. Von etwa 2,5 Mrd. Menschen im Jahr 1950 stieg die globale Bevölkerung auf über 8 Mrd. im Jahr 2023. Diese Zunahme brachte nicht nur eine Vervielfachung des Ressourcenbedarfs mit sich, sondern auch eine grundlegende Veränderung der Stoffflüsse und Energieflüsse im globalen Maßstab. Die Verstädterung, das Wachstum von Megastädten und die Ausweitung der Infrastruktur haben das Gesicht des Planeten sichtbar verändert, Satellitenbilder zeigen heute eine Erde, die großflächig vom Menschen geformt wurde. Auffällig ist die enge Verknüpfung von ökonomischer Expansion, technologischem Fortschritt und Umweltbelastung. So hat sich das reale Welt-BIP seit 1950 mehr als verzehnfacht, während der globale Energieverbrauch im gleichen Zeitraum von rund 60 auf über 600 *Exajoule (= 10^{18} Joule)*[2] anstieg, größtenteils gespeist aus fossilen Quellen. Gleichzeitig stieg die atmosphärische CO_2-Konzentration von etwa 310 ppm (= *parts per million)*[3] in 1950 auf über 420 ppm in 2023. Diese Entwicklungen verdeutlichen, dass wirtschaftliches Wachstum bislang kaum vom Ressourcenverbrauch entkoppelt wurde, trotz technischer Effizienzsteigerungen (NASA o. J.; NOAA 2024; Smil 2017, S. 404; Ritchie et al. 2023).

Doch die *Great Acceleration* ist nicht nur ökologisch, sondern auch sozial relevant. Zugegebenermaßen ist die Kritik vornehmlich aus Sicht der Natur und des *Erdsystems* artikuliert, denn die großen Erfolge, die die menschliche Entwicklung in dieser Zeit für die

---

[1] Bezeichnen die Zufuhr reaktiver Stickstoffverbindungen (z. B. Ammoniak, Nitrat, Stickstoffoxide) in Böden, Gewässer und Ökosysteme, vor allem durch Landwirtschaft (Düngung, Tierhaltung), Industrie und Verkehr.

[2] Eine Energieeinheit im internationalen Einheitensystem (SI), wobei 1 Exajoule einer Trillion (1.000.000.000.000.000.000) Joule entspricht. Zum Vergleich. Der weltweite Primärenergieverbrauch liegt jährlich im Bereich mehrerer hundert Exajoule.

[3] Maßeinheit für sehr geringe Konzentrationen; bedeutet Teile pro Million. Beispiel: 400 ppm CO_2 in der Luft heißt 400 CO_2-Moleküle auf eine Million Luftmoleküle.

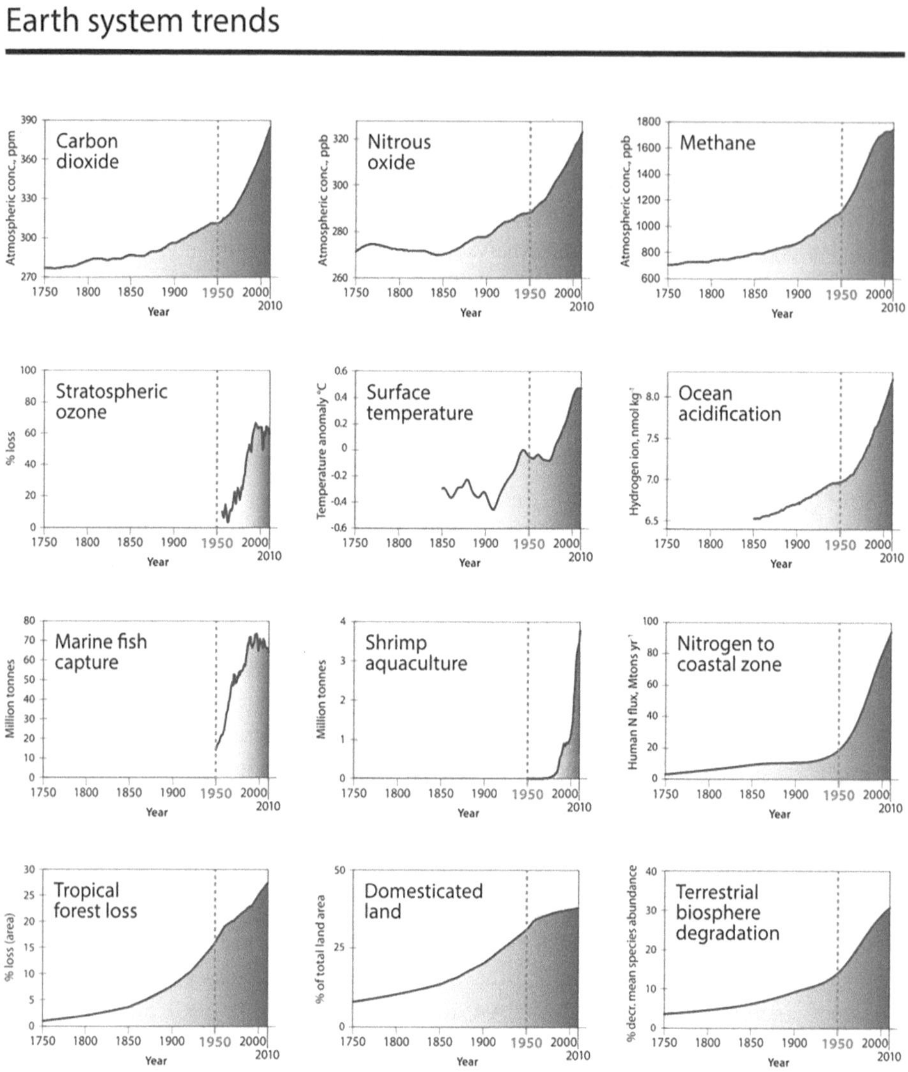

Abb. 2.1 Entwicklung der Erdsysteme im Rahmen der Great Acceleration. (Quelle: International Geosphere-Biosphere Programme; IGBP 2015)

Bevölkerung der Erde hervorgebracht hat, sollten in der Betrachtung nicht vernachlässigt werden.

So hat seit dem späten 18. Jahrhundert der Industrialisierungsprozess zu transformativen gesellschaftlichen Entwicklungen geführt, insbesondere in den Bereichen Wohlstand, Armutsbekämpfung und Bildungsintegration. Diese Entwicklungen setzten sich zunächst

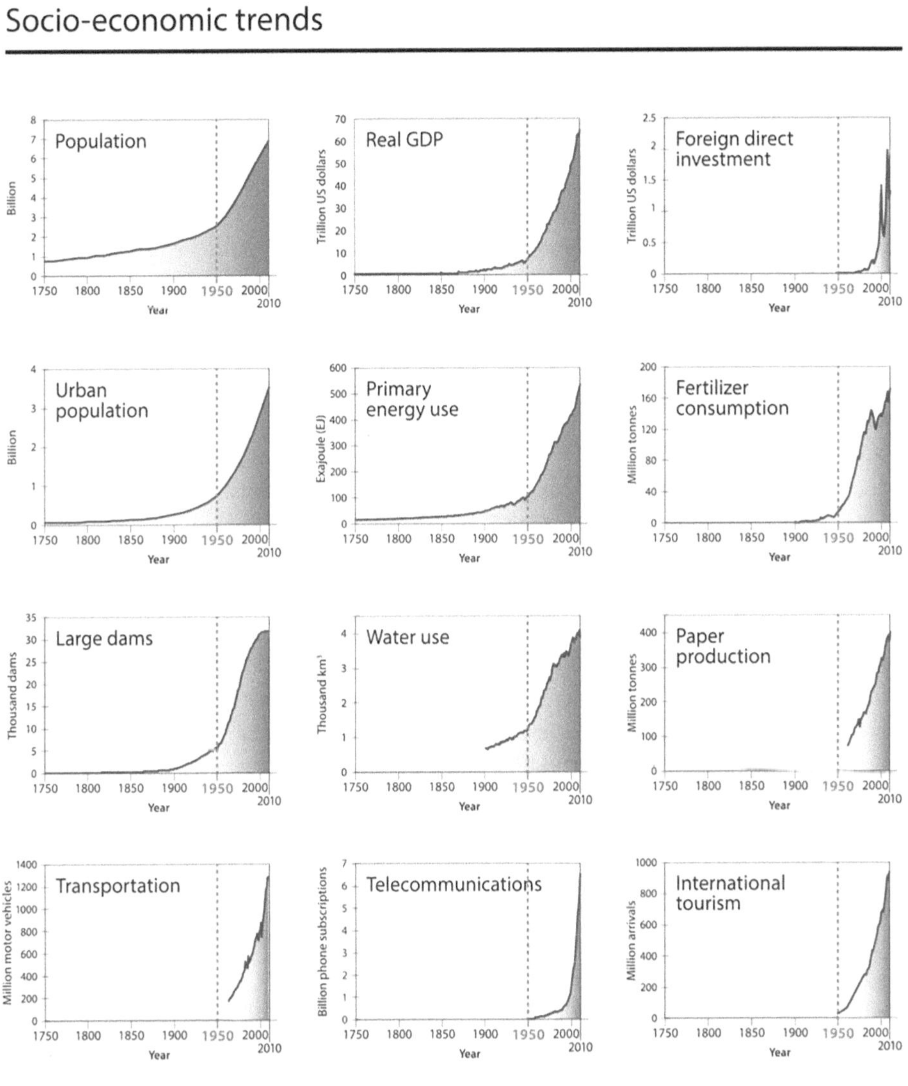

Abb. 2.2 Sozioökonomische Entwicklung im Rahmen der Great Acceleration. (Quelle: International Geosphere-Biosphere Programme; IGBP 2015)

schrittweise fort, bevor sie ab der Mitte des 20. Jahrhunderts eine neue Dimension erreichten. Mit Beginn der 1950er Jahre beschleunigten sich wirtschaftliches Wachstum und soziale Fortschritte in bislang unbekanntem Ausmaß. Ausschlaggebend hierfür waren mehrere Faktoren. Der Wiederaufbau nach dem Zweiten Weltkrieg, massive technologische Innovationen, insbesondere im Bereich der Energie- und Produktionstechnologien, sowie eine zunehmende politische und wirtschaftliche Vernetzung und Integration der

Weltwirtschaft. Dieses Wachstumsmodell brachte entsprechende soziale Fortschritte mit sich. Laut *World Bank* sank der Anteil der Menschen, die in extremer Armut leben, von 38 % im Jahr 1990 auf etwa 9 % im Jahr 2024, was eine starke Korrelation mit industrieller Entwicklung und technologischem Fortschritt widerspiegelt (World Bank 2024, S. 54). Dieser markante Rückgang der Armut ist auf Millionen geschaffener Arbeitsplätze in schnell wachsenden Sektoren wie dem verarbeitenden Gewerbe und dem Dienstleistungssektor zurückzuführen. Darüber hinaus entwickelten sich Bildungsfortschritte und Verbesserungen der Alphabetisierung parallel zu diesen wirtschaftlichen Veränderungen. Die weltweiten Alphabetisierungsraten haben deutlich zugenommen, von etwa 12 % im frühen 19. Jahrhundert auf über 86 % im Jahr 2016 (UNESCO 2022, S. 5). Dieser Fortschritt ist vor allem auf den verbesserten Zugang zu Bildung zurückzuführen, insbesondere während der Großen Beschleunigung. Wie Steven Pinker in seinem Buch *Enlightenment Now* hervorhebt, haben die Werte der Vernunft, der Wissenschaft und des Humanismus den Fortschritt in Wissen (und damit Technologie) und Bildung vorangetrieben und ihre Rolle bei der Armutsbekämpfung und der Förderung des menschlichen Wohlergehens unterstrichen (Pinker 2018, S. 36–38). Pinker argumentiert, dass die Ideale der Aufklärung eine Weltanschauung gefördert haben, die Fortschritt und menschliches Gedeihen in den Vordergrund stellt, eine Perspektive, die sich in den kontinuierlichen Verbesserungen der globalen Alphabetisierung und Bildung widerspiegelt. Doch gerade weil Fortschritt lange Zeit nahezu ausschließlich an menschlichem Wohlergehen gemessen wurde, geriet die Natur als Voraussetzung dieses Wohlergehens vielfach aus dem Blick. Der Fokus auf Bildung, Technologie und Armutsbekämpfung war stark *anthropozentrisch* geprägt, und ließ ökologische Rückkopplungen ebenso wie planetare Grenzen weitgehend unberücksichtigt. Diese Entwicklungen schufen die Voraussetzungen für ein bis dahin unerreichtes Tempo ökonomischer Expansion (Bradford DeLong 1998, S. 7; Steffen et al. 2011, S. 849; World Bank 2024, S. 37).[4] Auch wenn zwischen Wirtschaftswachstum und Emissionsanstieg keine einfache lineare Kausalität besteht, da Emissionen auch durch technologische Effizienzgewinne, sektorale Verschiebungen und politische Maßnahmen beeinflusst werden können, verweist die enge zeitliche Koinzidenz und entsprechende Studien[5] auf eine strukturelle Kopplung. Diese ist wesentlich durch die globale Abhängigkeit von fossilen Energieträgern wie Kohle, Öl und Gas bedingt, die den industriellen Aufschwung und die Konsumgesellschaft der Nachkriegszeit trugen. Die Emissionsdynamik war somit kein bloßer Nebeneffekt, sondern integraler Bestandteil eines ressourcen- und energieintensiven Wachstumsmodells.

---

[4] Zur Vertiefung siehe auch den Sechsten Sachstandsbericht (AR6) des IPCC, insbesondere den Bericht der Arbeitsgruppe III sowie den Synthesis Report, die den Zusammenhang zwischen wirtschaftlichem Wachstum, Emissionstrends und klimatischen Veränderungen umfassend analysieren.

[5] Siehe u. a. Mehmood et al. (2024) *Comparative analysis of CO_2 emissions and economic performance in the United States and China: Navigating sustainable development in the climate change era.*

Der enorme Zugewinn an *Produktivität* und Konsum führte nicht zu einer gleichmäßigen Verteilung von Wohlstand. Vielmehr vertieften sich globale Ungleichheiten, sowohl zwischen Nord und Süd als auch innerhalb von Gesellschaften (Piketty 2014, S. 1, s. 430 f.). Industriestaaten und Menschen aus hohen Einkommensschichten sind Verursachende eines überproportionalen Anteils an Emissionen und Ressourcenverbrauch. Laut einer Studie des *Stockholm Environment Institute* verursachen die wohlhabendsten 10 % der Weltbevölkerung mehr als die Hälfte der globalen Emissionen (Ghosh et al. 2022, S. 1). Gleichzeitig sind benachteiligte Gruppen besonders stark von ökologischen Schäden betroffen, etwa durch Dürren, Überschwemmungen oder sinkende landwirtschaftliche Erträge. Piketty (2023, S. 67 f.) argumentiert, dass Ungleichheiten nicht nur ökonomischer Natur sind, sondern kulturell und historisch konstruiert, insbesondere in der Art, wie Gesellschaften Eigentum, Natur und soziale Hierarchien definieren und legitimieren. Dies gilt auch für das Verhältnis zur Umwelt. Die Appropriation und Nutzung natürlicher Ressourcen war stets in politische und kulturelle Rechtfertigungsnarrative eingebettet, die ungleiche Zugänge als legitim erscheinen ließen.

Diese Ungleichverteilung spiegelt sich auch in der geopolitischen Dynamik wider. Umweltkosten werden häufig ausgelagert, indem ressourcenintensive Produktionen in Länder mit schwächeren Umweltstandards verlagert werden. Diese Form der Externalisierung führt zu ökologischen Belastungen auf regionaler Ebene und verschärft globale Abhängigkeitsverhältnisse (Lessenich 2016, S. 27). Die *Great Acceleration* ist damit nicht nur ein ökologisches, sondern auch ein machtpolitisches Phänomen, sie reproduziert ein asymmetrisches Weltsystem, in dem bestimmte Regionen die ökologischen Folgen des globalen Wohlstandsmodells stärker tragen als andere.

Die *Great Acceleration* markiert eine historische Phase beispielloser Dynamik menschlichen Handelns. Ihre ökologischen und sozialen Auswirkungen haben sich tief in die natürlichen Prozesse des *Erdsystems* eingeschrieben. Konzepte wie die planetaren Grenzen bieten einen normativen Rahmen, um die Tragfähigkeit unseres Handelns zu beurteilen und zu steuern. Sie machen deutlich, dass der Mensch nicht länger als externer Nutzer der Natur auftreten kann. Vielmehr ist er eingebettet in ein Geflecht biogeophysikalischer Beziehungen, deren Stabilität seine eigene Existenzgrundlage bildet.

Ein historischer Wendepunkt im öffentlichen Diskurs war auch der Bericht *The Limits to Growth* von 1972. Eine Gruppe von Wirtschaftsakteuren und Forschenden, die später als *Club of Rome* bekannt wurde, beauftragte das MIT-Team um Donella und Dennis Meadows, mithilfe von Computersimulationen die Zukunft der Weltwirtschaft zu modellieren. Die Ergebnisse zeigten, dass bei Fortsetzung der damaligen Trends eine globale Krise unausweichlich sei, verursacht durch Ressourcenerschöpfung, Umweltzerstörung und soziale Instabilität (Meadows et al. 1972, S. 11). Trotz anfänglicher Kritik, etwa an vereinfachten Modellannahmen, hat sich die Grundaussage des Berichts weitgehend bestätigt. Turner (2008) konnte in einer Rückblickstudie zeigen, dass sich viele Indikatoren (Bevölkerung, Emissionen, Rohstoffverbrauch) entlang des prognostizierten *Business-as-usual*-Szenarios bewegen (Turner 2008, S. 397). Diese Analyse wurde in den 2000er-Jahren von Richard Heinberg weitergeführt, der den Begriff *Peak Everything* prägte. Damit verweist er auf die gleichzeitige Erschöpfung einer Vielzahl natürlicher Ressourcen, darunter fossile Brennstoffe, Phosphor, Metalle, Süßwasser, Bodenfruchtbarkeit und *Biodiversität.* Heinberg (2007) betont, dass es sich nicht um vereinzelte Ressourcenengpässe handelt, sondern um ein systemisches Phänomen globaler Übernutzung. Die Tatsache, dass viele biophysikalische Grenzen nahezu zeitgleich erreicht oder überschritten werden, markiert eine qualitative Veränderung. Nicht nur Rohstoffe, sondern auch ökologische Resilienz und gesellschaftliche Anpassungsfähigkeit geraten an ihre Belastungsgrenzen. Das Konzept *Peak Everything* unterstreicht somit die Dringlichkeit eines transformativen Umbaus industrieller Produktions- und Konsummuster.

Der größte Verdienst von *Limits to Growth* liegt jedoch in der Einführung eines systemischen Denkens. Der Bericht lenkte den Blick weg von sektoralen Einzelproblemen hin zu vernetzten globalen Wechselwirkungen. Er machte deutlich, dass ökologische Krisen nicht isoliert auftreten, sondern als Teil eines dynamischen Systems zu verstehen sind. Diese Erkenntnis war wegweisend für spätere Konzepte wie die *Planetaren Grenzen* oder die *Theorie sozial-ökologischer Systeme.*

Einen konkreten Durchbruch markierte die Veröffentlichung von Rockström et al. im Jahr 2009, in der die Ergebnisse zahlreicher Erdsystemanalysen zusammengeführt und als Modell der sogenannten *Planetaren Grenzen* (= *Planetary Boundaries)* dargestellt wurden. Rockström et al. (2009, S. 472) definierten dafür neun zentrale Prozesse des *Erdsystems,* darunter Klima, *Biodiversität,* Stickstoff- und Phosphorkreisläufe, Süßwassernutzung und Landnutzung, und benannten Schwellenwerte, deren Überschreitung das Risiko irreversibler Umweltveränderungen deutlich erhöhe.[6] Die Grundidee war, dass so lange menschliche Eingriffe innerhalb dieser *sicheren Handlungsspielräume* blieben, sei die Stabilität des *Erdsystems* gewährleistet. Werden diese jedoch überschritten, können sogenannte *Kippelemente* aktiviert werden, d. h. *Rückkopplungsschleifen,* die sich verselbstständigen und tiefgreifende, *nichtlineare Systemveränderungen* auslösen (Lenton et al. 2008, S. 1787). Die *Planetary Boundaries* (siehe Abb. 2.3) bilden somit ein wissenschaftlich fundiertes Rahmenwerk für ein sicheres Betriebssystem des Planeten. Dieses Betriebssystem basiert auf den stabilen Bedingungen des *Holozäns,* jenes geologischen Zeitraums, in dem sich Landwirtschaft, Sesshaftigkeit und komplexe

[6] Das Konzept der planetaren Grenzen wurde erstmals 2009 von Rockström et al. eingeführt und 2015 von Steffen et al. weiterentwickelt.

Gesellschaften entwickelten.[7] Die Überschreitung dieser Grenzen gefährdet jene klimatischen und ökologischen Voraussetzungen, die das Leben in seiner gegenwärtigen Form ermöglichen.

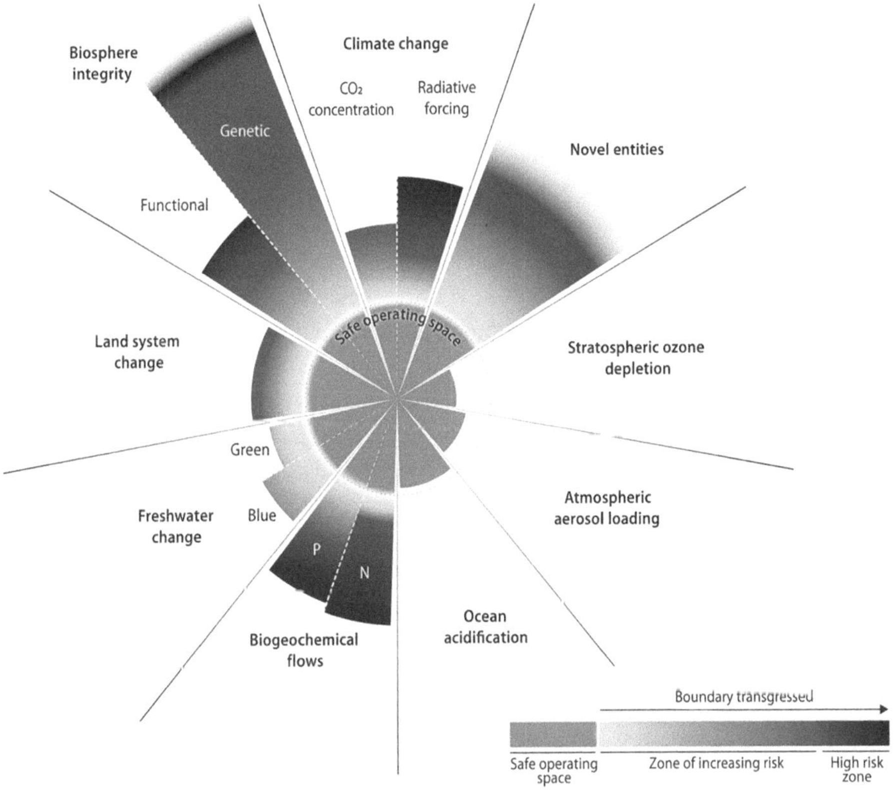

Abb. 2.3 Planetarische Grenzen. (Quelle: PIK 2024)

[7] Das Holozän ist die geologische Epoche, die vor rund 11.700 Jahren mit dem Ende der letzten großen Eiszeit einsetzte. Es bildet den jüngsten Abschnitt des Quartärs und umfasst die gesamte Entwicklungsgeschichte der menschlichen Zivilisation. In dieser klimatisch vergleichsweise stabilen Phase wurden die Voraussetzungen für Sesshaftigkeit, Ackerbau und Viehzucht geschaffen. Auf dieser Grundlage entstanden Dörfer, Städte, Handelssysteme und komplexe gesellschaftliche Strukturen. Das Holozän ist durch eine auffallende Konstanz der klimatischen Bedingungen geprägt, was es von den stark schwankenden Umweltverhältnissen vorheriger Epochen unterscheidet. Diese Stabilität ermöglichte nicht nur das Wachstum menschlicher Gesellschaften, sondern auch das allmähliche Herausbilden einer global vernetzten Welt. Siehe dazu auch Vertiefend Walker (2009). Formal definition and dating of the GSSP for the base of the Holocene using the Greenland NGRIP ice core sowie International Commission on Stratigraphy (2024).

Bis 2024 wurden bereits mindestens sechs dieser neun Belastungsgrenzen überschritten, darunter jene für Klima, *Biodiversität*[8], Land- und Süßwassernutzung sowie die biogeochemischen Kreisläufe von Stickstoff und Phosphor (Richardson et al. 2023).Besonders gravierend ist der Verlust biologischer Vielfalt. Die derzeitige Aussterberate übersteigt das natürliche Hintergrundniveau um das Zehnfache, mit weitreichenden Folgen für *ökologische Stabilität* und Resilienz (Diaz et al. 2019, S. 10). *Ökosysteme* wie Korallenriffe, tropische Regenwälder oder Feuchtgebiete sind besonders betroffen, da sie gleichzeitig als Hotspots der *Biodiversität* und als Klimaregulatoren fungieren. In 2025 gab es eine Aktualisierung zum Zustand der planetarischen Grenzen. So sind in 2025 inzwischen sieben der neun planetaren Grenzen – darunter erstmals auch die Ozeanversauerung – überschritten, was gravierende Risiken für die Stabilität des Erdsystems und die Lebensgrundlagen der Menschheit signalisiert. Dennoch betonen die Forschenden, dass durch koordinierte politische und wirtschaftliche Maßnahmen eine Rückkehr in den sicheren Handlungsraum noch möglich ist (PBScience 2025).

Ein anschauliches Beispiel für die Störung planetarer Kreisläufe ist der globale Stickstoffhaushalt. *Stickstoff (N)* ist zwar lebenswichtig für das Pflanzenwachstum, doch der industrielle Einsatz von Düngemitteln bringt das Gleichgewicht durcheinander. Überschüssiger Stickstoff gelangt in Gewässer, fördert dort Algenblüten und führt zur Eutrophierung, mit teils verheerenden Auswirkungen auf aquatische Lebensräume (Grace et al. 2019; sowie Akinnawi 2023). Besonders eindrücklich zeigt sich dies im Fall der massenhaften Vermehrung der *Sargassum-Alge*[9] im Atlantik, deren explosionsartiges Wachstum durch Nährstoffeinträge aus der Landwirtschaft sowie steigende Meerestemperaturen begünstigt wird. Die gewaltigen Algenteppiche beeinträchtigen ganze Küstenökosysteme, führen zu Sauerstoffmangelzonen, schädigen Korallenriffe und wirken sich negativ auf Tourismus, Fischerei und an den Küsten Lebenden aus (Wang et al. 2019).

Auch die *Atmosphäre* zeigt die Spuren menschlicher Eingriffe deutlich. Neben CO_2 tragen auch Methan *(CH_4)* und *Lachgas (N_2O)* erheblich zum anthropogenen Treibhauseffekt, vor allem durch Tierhaltung und Düngemitteleinsatz, bei.[10] Die heutige chemische Signatur der *Atmosphäre* ist Ausdruck dieser Veränderungen, wie Daten aus Eisbohrkernen und atmosphärischen Messungen eindrücklich belegen (IPCC 2021 sowie IPCC

---

[8] Neuere Arbeiten, etwa von Persson et al. (2022), erweitern dieses Konzept der *Planetary Boundaries,* um die Kategorie der *Novel Entities* – darunter chemische Schadstoffe, Kunststoffe oder genetisch veränderte Organismen –, die aufgrund ihrer Persistenz und biologischen Wirksamkeit als eigenständige systemische Risiken für die Erde betrachtet werden.

[9] Sargassum ist eine Gattung brauner Meeresalgen, die frei im offenen Ozean treibt. Einige Arten bilden unter natürlichen Bedingungen wichtige Lebensräume, doch unter anthropogen erhöhten Nährstoffeinträgen und steigenden Meerestemperaturen können sie massenhaft wachsen und als Algenteppiche ganze Küstenregionen beeinträchtigen (Wang et al. 2019).

[10] Methan (CH_4) und Lachgas (N_2O) gehören zu den wirksamsten nicht-CO_2-Treibhausgasen. CH_4 erwärmt die Atmosphäre über 20 Jahre rund 80-mal stärker als CO_2, N_2O sogar etwa 300-mal und wirkt zusätzlich ozonabbauend (IPCC 2021).

2022, S. 276 ff.). Das Erreichen von *Kipppunkten,* also das Überschreiten von Schwellenwerten in zentralen Subsystemen des *Erdsystems,* kann abrupte, potenziell unumkehrbare Prozesse in Gang setzen (Lenton et al. 2008, S. 1786 ff.). Solche *Kipppunkte* lassen sich nicht mehr durch *lineare Gegenmaßnahmen*[11] stabilisieren, sondern entwickeln eine Eigendynamik mit entsprechender Auswirkung. Zu diesen empfindlichen Bereichen zählen:

- das Abschmelzen des grönländischen und westantarktischen Eisschildes mit langfristigem Meeresspiegelanstieg,
- das Auftauen von Permafrostböden mit Methanfreisetzung,
- sowie die Abschwächung der atlantischen Umwälzzirkulation (AMOC), die entscheidend für das europäische Klima ist (Boers 2021, S. 680).

Diese *Kippelemente* sind nicht isoliert zu betrachten. Ihre wechselseitige Beeinflussung kann sogenannte Kaskadeneffekte hervorrufen. Das Überschreiten eines Elements destabilisiert andere, was in einer Reihe unkontrollierbarer Prozesse gipfeln kann, einem Dominoeffekt also. Steffen et al. (2018) bezeichnen dieses mögliche Szenario als *Hothouse Earth,* eine Art Heißzeit, in der viele Regionen unbewohnbar werden und planetare Lebensgrundlagen kollabieren könnten. Die *Planetary Boundaries* stellen daher keine abstrakten Normen dar, sondern basieren auf naturwissenschaftlich abgesicherten Risikobewertungen. Sie markieren die ökologischen Leitplanken für ein stabiles *Erdsystem;* vergleichbar mit einem Betriebssystem, dessen Parameter nicht beliebig veränderbar sind (Steffen et al. 2018, S. 8253).

Möglich wurde die wissenschaftliche Erfassung der *Great Acceleration* und der Planetaren Grenzen erst durch technologische und methodische Fortschritte. Die *Earth System Science (= Erdsystemwissenschaften, ESS)*[12] entwickelten in den letzten Jahrzehnten neue Instrumente, um Wechselwirkungen zwischen Atmosphäre, Biosphäre, Hydrosphäre und Menschheit systemisch zu analysieren (Schellnhuber 1999, S. 1). Die Verschmelzung von Umweltphysik, Geographie, Biologie, Chemie und Sozialwissenschaften ermöglichte eine interdisziplinäre Sichtweise auf den Planeten als integriertes Ganzes. Internationale Forschungsvorhaben wie das *Global Carbon Project*, das *International Geosphere-Biosphere Programme (IGBP)*oder das *Stockholm Resilience Centre* lieferten fundierte Daten und Modelle, die heute eine anerkannte Wissensgrundlage bilden. Simulationswerkzeuge wie

[11] *Lineare Gegenmaßnahmen* bezeichnen maßvolle, schrittweise und proportionale Reaktionen auf Umweltprobleme. Sie basieren auf der Annahme kontinuierlicher Systemreaktionen. Im Kontext ökologischer Kipppunkte, bei denen kleine Veränderungen zu abrupten und irreversiblen Systemumbrüchen führen können, sind lineare Maßnahmen jedoch häufig unzureichend oder verspätet.

[12] Siehe zur Vertiefung Steffen et al. (2020) The emergence and evolution of Earth System Science. Steffen et al. beschreibt die Entwicklung der Erdsystemwissenschaft (ESS) als transdisziplinären Ansatz zur Untersuchung der Erde als komplexes, adaptives System. ESS entstand in den 1980er-Jahren, beeinflusst durch Konzepte wie die Gaia-Hypothese, und führte zur Gründung des International Geosphere-Biosphere Programme, das die Integration verschiedener Disziplinen förderte.

Earth System Models (ESM) oder integrierte Bewertungsmodelle (= *Integrated Assessment Models, IAMs*) erlauben es, zukünftige Entwicklungspfade unter verschiedenen Annahmen zu berechnen, ein essenzielles Mittel zur Orientierung unter Unsicherheit.

Die Entwicklung sogenannter *Integrated Assessment Models* verbindet naturwissenschaftliche mit sozio-ökonomischen Szenarien. Damit lassen sich nicht nur Klimafolgen simulieren, sondern auch die Effekte von Politikinstrumenten bewerten, etwa CO_2-Steuern, Emissionshandel oder Investitionen in grüne Technologien. Diese Modelle werden unter anderem im Rahmen der IPCC-Berichte verwendet, um globale Zielkonflikte und Lösungsansätze zu analysieren.

Trotz dieser Fortschritte bleibt die Umsetzung in gesellschaftliche Handlungsprozesse eine der größten Herausforderungen. Wissenschaftliche Erkenntnisse allein reichen nicht aus, denn sie müssen politisch, kulturell und institutionell verankert werden. Das Resultat ein *knowledge–action gap* (= *Kluft zwischen Wissen und Handeln*), ein zentrales Dilemma der Nachhaltigkeitsdebatte. Ursache sind nicht nur Interessenskonflikte, sondern auch psychologische, kulturelle und ökonomische Trägheiten.

Digitale Technologien wie Fernerkundung, Satellitenmessungen, Big Earth Data oder KI-gestützte Analysen erweitern zudem die Möglichkeiten der Umweltbeobachtung erheblich. Sie ermöglichen Echtzeit-Monitoring von Klimatrends, Vegetationsveränderungen oder Schadstoffemissionen und liefern damit wertvolle Impulse für internationale Abkommen und Krisenmanagement (Reichstein et al. 2019, S. 195 ff.). Plattformen wie *Copernicus* (EU) oder *NASA EarthData* zeigen eindrucksvoll, wie satellitengestützte und ferngestützte Umweltbeobachtungsdaten heute global verfügbar sind und zunehmend in politische Entscheidungsprozesse integriert werden können. Copernicus ist das Erdbeobachtungsprogramm der Europäischen Union, das Umweltdaten zu Klima, Luftqualität, Landnutzung und Katastrophenmanagement bereitstellt. *NASA EarthData* bietet umfassenden Zugang zu Satellitendaten und Analysewerkzeugen der *NASA*, etwa zur Messung von Oberflächentemperaturen, CO_2-Konzentrationen oder Meereisausdehnung. Ergänzt werden diese Systeme durch *Ship of Opportunity Programme* (= *SOOP*), ein internationales Netzwerk freiwillig instrumentierter Handelsschiffe, das *in-situ-Daten*[13] über Temperatur, Salzgehalt und CO_2 im Ozean sammelt insbesondere in Regionen, in denen Satelliten- oder Bojenmessungen nicht ausreichen.

Angesichts der beschriebenen Herausforderungen stellt sich heute die Frage, wie eine gesellschaftliche Entwicklung innerhalb planetarer Grenzen aussehen kann. Wie lassen sich ökologische Tragfähigkeit, soziale Gerechtigkeit und ökonomische Stabilität miteinander versöhnen? Und welche kulturellen Narrative und politischen Institutionen braucht es, um diesen Wandel zu gestalten?

Ein zentrales Thema ist die Transformation des *Wohlstandsbegriffs,* wie bereits im ersten Kapitel ausführlich diskutiert. Eine kurze Erinnerung: Bislang dominieren

[13] In situ" (lateinisch: „am Ort") bedeutet in der wissenschaftlichen Praxis. Messung direkt am Ort des Geschehens, also vor Ort im natürlichen Kontext, im Gegensatz zu ferngestützten Methoden (z. B. Satellitenmessungen).

wirtschaftliche Kennzahlen wie das *Bruttoinlandsprodukt* als Maßstab gesellschaftlicher Entwicklung. Doch *BIP-Wachstum* misst, wie wir bereits gesehen haben weder Lebensqualität noch Umweltzustand und ignoriert soziale Ungleichheit sowie ökologische Schäden. Daher fordern viele Forschende eine Neudefinition von Wohlstand, die ökologische und soziale Dimensionen einbezieht. Die *Donut-Ökonomie* von Kate Raworth (2017, S. 44) kombiniert ökologische Obergrenzen mit sozialen Mindeststandards und visualisiert einen sicheren und gerechten Handlungsraum für die Menschheit. Auch das *Degrowth-Paradigma* stellt das Wachstumsparadigma infrage. Es plädiert für eine bewusste Reduktion materiellen Konsums und eine Umverteilung von Ressourcen, vor allem in wohlhabenden Gesellschaften. Ziel ist eine ökologisch stabile und sozial gerechte Lebensweise, die nicht von permanentem Wachstum abhängig ist (Kallis 2018, S. 18 f.). *Postwachstumsökonomie, ökologische Makroökonomie* und andere Konzepte entwickeln ähnliche Ansätze, die stets mit der Forderung nach tiefgreifenden Strukturveränderungen in Wirtschaft, Politik und Kultur verbunden sind. Zunehmend werden auch nicht-westliche Weltzugänge in die Diskussion eingebracht. Indigene Kosmologien, das *Buen-Vivir-Konzept*[14] aus Südamerika oder die *Ubuntu-Philosophie*[15] aus Afrika stellen relationales Denken, Gemeinschaft und Naturverbundenheit ins Zentrum. Diese Weltanschauungen bieten alternative Sichtweisen auf Mensch-Natur-Verhältnisse und inspirieren Debatten über Nachhaltigkeit, Solidarität und Resilienz (dazu mehr in Kap. 7).

Was all diese Ansätze eint, ist die Erkenntnis, dass die *Great Acceleration* ist nicht nur eine ökologische, sondern auch eine kulturelle Krise darstellt. Sie stellt unsere Vorstellungen von Fortschritt, Freiheit und Erfolg infrage. Sie fordert uns auf, die Grundlagen unserer Zivilisation neu zu denken und dies nicht nur aus technischer Notwendigkeit, sondern aus ethischer Verantwortung. Ein wachsender Forschungszweig untersucht deshalb die Rolle von *Narrativen*[16], Emotionen und Weltbildern im Kontext der Großen Beschleunigung. Wissenschaftskommunikation, Bildung und Kunst werden dabei als

[14] Das Konzept des Buen Vivir (spanisch für „gutes Leben") stammt aus den indigenen Weltanschauungen Südamerikas, insbesondere der Quechua-Philosophie des *Sumak Kawsay* und der Aymara-Idee des *Suma Qamaña*. Es wurde in den Verfassungen Ecuadors (2008) und Boliviens (2009) als Staatsziel verankert und stellt eine Alternative zu westlichen Entwicklungsmodellen dar. Buen Vivir betont ein harmonisches Zusammenleben zwischen Mensch, Gesellschaft und Natur, basierend auf Prinzipien wie Gemeinschaft, Gegenseitigkeit und ökologischer Nachhaltigkeit. Es kritisiert die individualistische und wachstumsorientierte Logik des Kapitalismus und strebt stattdessen eine Lebensweise an, die das Wohlergehen aller Lebewesen und der Umwelt in den Mittelpunkt stellt. Siehe u. a. Gudynas (2011).

[15] Die Ubuntu-Philosophie ist ein zentraler Bestandteil afrikanischer Weltanschauungen, insbesondere im südlichen Afrika. Der Begriff „Ubuntu" stammt aus Bantu-Sprachen wie Zulu und Xhosa und bedeutet wörtlich „Menschlichkeit". Er wird oft mit der Maxime „Ein Mensch ist ein Mensch durch andere Menschen" (umuntu ngumuntu ngabantu) zusammengefasst. Diese Philosophie betont die wechselseitige Verbundenheit aller Menschen und stellt Gemeinschaft, Mitgefühl und gegenseitige Verantwortung in den Mittelpunkt. Siehe u. a. Metz und Gaie (2010).

[16] Narrative sind sinnstiftende Erzählungen oder Deutungsmuster, die komplexe Zusammenhänge verständlich machen und kollektive Vorstellungen von Wirklichkeit strukturieren. Sie prägen, wie

Schlüsselbereiche identifiziert, um transformative Impulse in die Gesellschaft zu tragen. Die Frage lautet nicht nur, *was* wir wissen, sondern auch, *wie* wir darüber sprechen, *wem* wir zuhören und *welche* Zukunft wir uns vorstellen können.

Die Erkenntnisse aus Wissenschaft, Geschichte und Philosophie zeigen. Eine nachhaltige Zukunft ist nur innerhalb planetarer Belastungsgrenzen möglich. Dazu braucht es nicht nur ein verändertes unternehmerisches Handeln oder technologische Innovationen, sondern auch eine kulturelle Neuausrichtung. Die Zeit der Entkopplung von Mensch und Natur ist vorbei, das Zeitalter der Verbundenheit hat begonnen.

Die *Great Acceleration* verdeutlicht damit nicht nur den historischen Moment, in dem der Mensch zur geologischen Kraft wurde, sondern auch die systemischen Abhängigkeiten moderner Gesellschaften von funktionierenden *Ökosystemen.* Eine der zentralen theoretischen Brücken, um diese Verbindung zwischen Natur und Wirtschaft analytisch zu fassen, ist das Konzept der *Ökosystemdienstleistungen,* dem sich das nächste Kapitel widmet.

2.2 Ökosystem-Dienstleistungen: Ihre Bedeutung für Ökonomie und Unternehmen

Auch wenn wir eine rein transaktionale Betrachtung der Natur ablehnen, leistet das Konzept von *Ökosystemdienstleistungen* einen wertvollen Beitrag zu Bewertung von *Naturkapital*für den Menschen. *Ökosystemdienstleistungen* bezeichnen die vielfältigen direkten und indirekten Beiträge von natürlichen *Ökosystemen* zum Wohlergehen des Menschen. Sie umfassen all jene Leistungen, die die Natur bereitstellt und die für das menschliche Überleben, die Lebensqualität und ökonomische Prozesse von zentraler Bedeutung sind. Diese Leistungen beruhen auf der Funktionsfähigkeit ökologischer Systeme, also dem Zusammenspiel von *Biodiversität,* Stoffkreisläufen, Energieflüssen und ökologischen Wechselwirkungen. Das Konzept der *Ökosystemdienstleistungen*[17] wurde entwickelt, um den Nutzen der Natur für den Menschen systematisch darzustellen und damit auch ökonomisch, politisch und gesellschaftlich greifbar zu machen. Es stellt eine Brücke zwischen Umwelt- und Wirtschaftssystemen dar und erlaubt eine Bewertung der *Naturkapital-Abhängigkeit* moderner Gesellschaften.

Gesellschaften Krisen, Fortschritt oder Werte interpretieren und beeinflussen damit Wahrnehmung, Handeln und politische Entscheidungsprozesse maßgeblich (Vgl. de Andrade Júnior 2018).

[17] Die Begrifflichkeit Ökosystemdienstleistungen *(ecosystem services)*, das in seiner heutigen Form maßgeblich von der Millennium Ecosystem Assessment (MEA 2005) geprägt wurde basiert vor allem den Grundlagen, die in den 1970er und 1980er Jahren durch Umweltökonomen wie Gretchen Daily, Paul Ehrlich und vor allem später Robert Costanza erarbeitet wurde (siehe folgende Ausführungen im Text).

Nach der international anerkannten Kategorisierung des Millennium Ecosystem Assessment (2005, S. 2) lassen sich *Ökosystemdienstleistungen* in vier Haupttypen gliedern:

1. Versorgungsdienstleistungen *(Provisioning Services)*: Materielle Güter wie Nahrung, Süßwasser, Holz, Heilpflanzen und andere biologische Ressourcen
2. Regulierungsdienstleistungen *(Regulating Services)*: Leistungen wie Klimaregulation, Wasserreinigung, Bestäubung, Erosionsschutz und Krankheitskontrolle.
3. Kulturelle Dienstleistungen *(Cultural Services)*: Immaterielle Werte, etwa Erholung, spirituelle Bedeutung, Bildung und kulturelle Identität.
4. Unterstützende Dienstleistungen *(Supporting Services)*: Ökologische Grundlagenprozesse wie Bodenbildung, Photosynthese, Nährstoffkreisläufe und genetische Vielfalt, die alle anderen Leistungen ermöglichen.

Die Idee, dass die Natur dem Menschen Leistungen bietet (siehe Abb. 2.4), hat historische Wurzeln, etwa in philosophischen, ökologischen und wirtschaftlichen Theorien zur natürlichen Ordnung. Als wissenschaftliches Konzept wurde es jedoch erst in der zweiten Hälfte des 20. Jahrhunderts systematisch entwickelt. Erste Impulse kamen von Ökologen wie Odum (1953), den ökologischen Prozessen als energetische Flüsse verstand. Der Begriff *ecosystem services* wurde in den 1970er- und 1980er-Jahren durch Autoren wie Westman (1977) und Ehrlich und Ehrlich (1981) geprägt. Sie wiesen auf die fundamentale Abhängigkeit des Menschen von funktionierenden *Ökosystemen* hin.

Einen maßgeblichen Impuls erhielt das Konzept der *Ökosystemdienstleistungen* durch die Studie von Costanza et al. (1997), in der der globale ökonomische Wert dieser Dienstleistungen auf durchschnittlich 33 Billionen US-Dollar pro Jahr geschätzt wurde. Diese Schätzung übertraf das damalige *Welt-Bruttoinlandsprodukt* und verdeutlichte eindrucksvoll die immense wirtschaftliche Bedeutung intakter *Ökosysteme*. In den folgenden Jahrzehnten haben sich die ökonomischen Bewertungen von *Ökosystemdienstleistungen* erheblich weiterentwickelt. Zur Erinnerung. Neuere Analysen, die erweiterte Bewertungsmethoden und aktualisierte Daten berücksichtigen, schätzen den jährlichen globalen Nutzen dieser Dienstleistungen auf bis zu 125–140 Billionen US-Dollar[18] (OECD 2021, S. 12). Diese signifikante Steigerung reflektiert nicht nur die zunehmende Anerkennung der ökologischen Leistungen, sondern auch die wachsende Besorgnis über den fortschreitenden Verlust natürlicher Lebensräume und *Biodiversität*(siehe auch Kap. 1).

Die internationale Sichtbarkeit und Relevanz des Konzepts wurde durch das *Millennium Ecosystem Assessment* der Vereinten Nationen (2001–2005) weiter gestärkt, das eine systematische Klassifikation von *Ökosystemdienstleistungen* etablierte und deren Anwendung weltweit förderte. Heute gilt das Konzept als zentrales Instrument in der Umweltpolitik, der ökologischen Ökonomie und im Bereich unternehmerischer Nachhaltigkeit. Die Bedeutung von *Ökosystemdienstleistungen* für die Wirtschaft geht weit

[18] Vgl dazu auch Costanza et al. (2017).

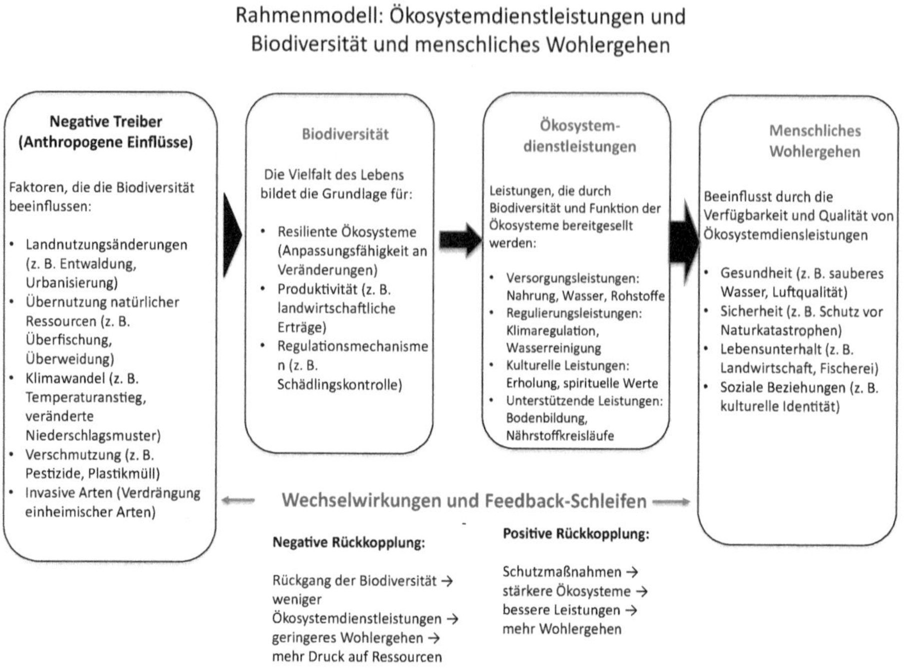

Abb. 2.4 Rahmenmodell – Ökosystemdienstleistungen und Biodiversität und menschliches Wohlergehen. (Quelle: Anlehnung an TEEB (2018), Díaz et al. (2015) sowie IPBES (2013))

über einzelne Sektoren hinaus und betrifft grundlegende Funktionen der globalen Wirtschaftsordnung. Intakte *Ökosysteme* sind nicht nur Lieferanten von Rohstoffen, sondern auch Regulatoren und Stabilitätsfaktoren, die fundamentalen Rahmenbedingungen für wirtschaftliches Handeln schaffen. In einer Zeit zunehmender Umweltveränderungen rückt diese Erkenntnis immer stärker in den Fokus von ökonomischen Analysen und unternehmerischen Strategien. Auf gesamtwirtschaftlicher Ebene wirken *Ökosystemdienstleistungen* als unsichtbare, aber unverzichtbare Infrastruktur. Wie bereits in Kap. 1 dargestellt, hängt ein erheblicher Anteil des globalen *Bruttoinlandsprodukts* direkt oder indirekt von natürlichen Systemen ab. Studien zeigen, dass der gesamtwirtschaftliche Nutzen dieser Leistungen häufig sogar den Beitrag klassischer Industriebranchen übertrifft, etwa durch Bestäubung, Wasserreinigung oder Klimaregulation. Diese ökologischen Funktionen stellen somit eine fundamentale Grundlage wirtschaftlicher Leistungsfähigkeit dar, die bislang weitgehend unterbewertet bleibt (World Economic Forum 2025, S. 8).

Besonders in Ländern des *Globalen Südens,* wo ein Großteil der Bevölkerung in der Landwirtschaft tätig ist oder direkt von natürlichen Ressourcen abhängig ist, sind diese Leistungen existenziell. Ein Ausfall von Ökosystemfunktionen kann dort unmittelbar zu wirtschaftlicher Destabilisierung, Nahrungsmittelknappheit oder Migration führen. Aber auch in hochentwickelten Volkswirtschaften entstehen durch den Verlust von *Naturkapital*erhebliche Folgekosten, etwa durch Überschwemmungen infolge fehlender Regulierung von Wassermengen in degradierten Landschaften.

Die Abhängigkeit ganzer Wirtschaftszweige von natürlichen Prozessen ist besonders in ressourcenintensiven Branchen sichtbar, was durch folgende Beispiele verdeutlich werden soll:

- *Landwirtschaft:* Landwirtschaftliche Produktion ist eng mit Bestäubung, Bodenqualität, Wasserverfügbarkeit und Klimastabilität verknüpft. Allein die durch Wildbestäuber bereitgestellte Bestäubungsleistung wird global auf 235–577 Mrd. US-Dollar jährlich geschätzt (IPBES 2016, S. XXX).
- *Fischerei und Aquakultur:* Intakte Küstenökosysteme wie Mangrovenwälder und Korallenriffe bieten nicht nur Lebensräume, sondern auch natürliche Schutzfunktionen gegen Stürme und Erosion. Ihr Verlust gefährdet Ernährungssicherheit und Einkommensquellen in Küstenregionen.
- *Forstwirtschaft:* Wälder liefern nicht nur Holz, sondern regulieren auch den Wasserhaushalt, binden Kohlenstoff und stabilisieren regionale Klimaverhältnisse, Leistungen, die in wirtschaftlichen Bewertungen häufig nicht abgebildet sind.
- *Tourismus:* Viele touristische Aktivitäten basieren auf landschaftlicher Schönheit, *Biodiversität* oder kulturellen Naturwerten. Die wirtschaftlichen Einbußen durch Umweltzerstörung, etwa durch Korallenbleiche oder Waldbrände, sind bereits in Milliardenhöhe dokumentiert.
- *Finanzsektor:* Auch Banken und andere Akteure im Finanzsektor zunehmend die Abhängigkeit von intakten *Ökosystemen,* insbesondere im Risikomanagement und in der Kreditvergabe. Naturbasierte Risiken wie Ernteausfälle, Extremwetter oder gesetzliche Auflagen zur Wiederaufforstung beeinflussen bereits heute Bewertungen von Investitionen.[19]

Die ökonomischen Auswirkungen des Rückgangs von *Ökosystemdienstleistungen* sind enorm, auch wenn sie häufig nicht in traditionellen Marktpreisen abgebildet werden. Dieses sogenannte *Marktversagen* führt dazu, dass Naturleistungen als gratis betrachtet und übernutzt werden. Dabei entstehen externe Kosten, die häufig auf die Allgemeinheit oder zukünftige Generationen abgewälzt werden, beispielsweise in Form von Gesundheitskosten durch Luftverschmutzung oder Schäden durch Extremwetterereignisse.

---

[19] Zentralbanken wie die Europäische Zentralbank (EZB), die Bank of England (BoE) und die Niederländische Zentralbank (DNB) integrieren zunehmend naturbezogene Risiken in ihre Stresstests und makroprudenziellen Analysen. Insbesondere die DNB war Vorreiter bei der Bewertung von Abhängigkeiten des Finanzsystems von Biodiversität und ökologischen Kipppunkten. Diese Entwicklungen spiegeln ein wachsendes Bewusstsein dafür, dass Klimarisiken und der Verlust ökologischer Resilienz direkte Auswirkungen auf Kreditvergabe, Kapitalanforderungen und Finanzstabilität haben (NGFS 2023; DNB 2020; ECB 2023).

Laut des *Dasgupta-Review* (2021) zum ökonomischen Wert der *Biodiversität*verliert die Welt jährlich etwa 4–6 Billionen US-Dollar an Wohlstand durch Naturzerstörung, eine Zahl, die konventionelle *BIP*-Messungen nicht erfassen (S. 2). Die Integration von *Naturkapital* in *Volkswirtschaftliche Gesamtrechnungen* gilt daher zunehmend als notwendig, um Wohlstand realitätsnäher abzubilden.

Der fortschreitende Verlust von *Ökosystemdienstleistungen* stellt folglich eine der zentralen systemischen Risiken für globale Wirtschafts- und Gesellschaftssysteme dar. Da viele dieser Dienstleistungen nicht substituierbar sind und tief in ökologische Wechselwirkungen eingebettet sind, kann ihr Ausfall zu gravierenden Folgewirkungen führen, ökonomisch, ökologisch, sozial und politisch. Unternehmen, Regierungen und Gesellschaften laufen Gefahr, die realen Kosten der Naturzerstörung zu unterschätzen, was langfristig zu wirtschaftlicher Instabilität und Wohlstandsverlust führen kann.

Wenn zentrale *Ökosystemdienstleistungen* wie Bestäubung, Wasserreinhaltung, Bodenerneuerung oder Klimaregulation geschwächt oder ganz verloren gehen, sind direkte wirtschaftliche Verluste die Folge. Diese äußern sich unter anderem in:

- *Produktivitätsrückgängen* in der Landwirtschaft durch ausgelaugte Böden, Verlust von Bestäubern oder zunehmende Wetterextreme.
- *Erhöhten Kosten* für technische Ersatzlösungen, z. B. für Wasseraufbereitung, Schädlingsbekämpfung oder Klimaanlagen zur Temperaturregulierung.
- *Versorgungskrisen,* etwa durch die Übernutzung von Fischbeständen oder den Zusammenbruch von Aquakulturen infolge mangelhafter Wasserqualität.
- Zunehmenden *Versicherungskosten* im Zuge von Naturkatastrophen, die durch das Verschwinden natürlicher Puffer wie Mangrovenwälder oder Feuchtgebiete begünstigt werden.

Wie die OECD (2023) betont, sind besonders einkommensschwache Regionen betroffen, die keine ausreichenden Mittel zur Substitution dieser Naturleistungen haben, der Verlust kann dort unmittelbar zu Hunger, Armut oder wirtschaftlicher Destabilisierung führen (S. 42).

Unternehmen sind in mehrfacher Hinsicht einem Risiko ausgesetzt, wenn *Ökosystemdienstleistungen* verloren gehen (Vgl. CISL 2021):

1. *Operative Risiken:* Produktionsausfälle, höhere Beschaffungskosten, Ausfall von Zulieferern und instabile Lieferketten bei Ressourcenknappheit oder Naturkatastrophen.
2. *Reputationsrisiken:* Unternehmen, die mit Umweltzerstörung in Verbindung gebracht werden, verlieren zunehmend das Vertrauen von Konsumierenden, Investierenden und Regulierungsbehörden.
3. *Regulatorische Risiken:* Neue Umweltauflagen, Emissionsvorgaben oder Schutzgebietsregelungen können Geschäftstätigkeiten einschränken und zusätzliche Kosten verursachen.

4. Markt- und Nachfrageveränderungen: Immer mehr Konsumierende fordern umweltverträgliche Produkte und Services, wer diesen Wandel ignoriert, verliert Marktanteile und Innovationskraft.

Laut dem Global Risk Report 2023 des *World Economic Forum* gelten *Biodiversitätsverlust* und das Versagen beim Schutz von *Ökosystemen* zu den Top 5 Risiken mit der höchsten globalen Auswirkung (World Economic Forum 2025, S. 10).

Ein funktionierendes *Ökosystem* trägt wesentlich zur menschlichen Gesundheit und zum gesellschaftlichen Zusammenhalt bei. Der Verlust von *Ökosystemdienstleistungen* kann mit erheblichen gesundheitlichen und sozialen Risiken einhergehen. Dazu zählen etwa eine erhöhte Krankheitsanfälligkeit infolge kontaminierten Wassers, zunehmender Luftverschmutzung oder der Ausbreitung vektorgebundener Erkrankungen (z. B. durch Mücken) in bislang nicht betroffene Regionen, insbesondere in tropischen und subtropischen Klimazonen. Ebenso kann der Rückgang landwirtschaftlicher Erträge infolge abnehmender Bodenfruchtbarkeit oder Wasserverfügbarkeit zur Destabilisierung der Ernährungssicherheit beitragen. Oder aber auch zu Migration und sozialen Konflikte, etwa durch die Verdrängung von Bevölkerungsgruppen infolge von Naturkatastrophen, Ernteausfällen oder Landverlust. Beispielsweise wird geschätzt, dass zwischen 2000 und 2019 weltweit rund 1,2 Mrd. Menschen durch Degradierung von Land und Ressourcen in ihrer Lebensgrundlage beeinträchtigt wurden (UNCCD 2022, S. 14). Wenn natürliche Ressourcen knapper und *Ökosystemdienstleistungen* unzuverlässiger werden, steigt das Risiko geopolitischer Spannungen. Bereits heute sind Konflikte um Wasserrechte, fruchtbares Land oder Fischgründe in verschiedenen Weltregionen Realität. Die Konkurrenz um natürliche Ressourcen kann zu innerstaatlichen Spannungen zwischen verschiedenen Interessengruppen (z. B. Landwirtschaft, Industrie, Indigene Gemeinschaften) führen, grenzüberschreitenden Konflikten beitragen, etwa in Flusseinzugsgebieten oder bei Meeresressourcen.

Im Zuge zunehmender globaler Herausforderungen wird in der Literatur verstärkt auf das gleichzeitige Auftreten und die gegenseitige Verstärkung mehrerer systemischer Krisen hingewiesen. Der Klimawandel etwa gilt als *risk multiplier* (= *Risikomultiplikator*), da er bestehende soziale, ökonomische und politische Spannungen verstärken kann (IPCC 2022, S. 811, 1128; Mach et al. 2019, S. 193). In diesem Zusammenhang etabliert sich in der interdisziplinären Forschung die Analyse sogenannter *komplexer* oder *interdependenter Krisen*, bei denen verschiedene Risikoarten, etwa ökologische und politische, in einem dynamischen Wechselverhältnis zueinanderstehen (Scheffran et al. 2012, S. 870; Rüttinger et al. 2015, S. 17–23).

Im Folgenden wird für diese wechselseitige Dynamik der analytische Begriff der *Zwillingskrisen* verwendet (Abb. 2.5). Gemeint ist damit das gleichzeitige Auftreten zweier unterschiedlicher, aber miteinander verknüpfter Krisentypen, insbesondere ökologischer und gesellschaftlicher, die sich nicht nur überlagern, sondern in ihrer Wirkung gegenseitig

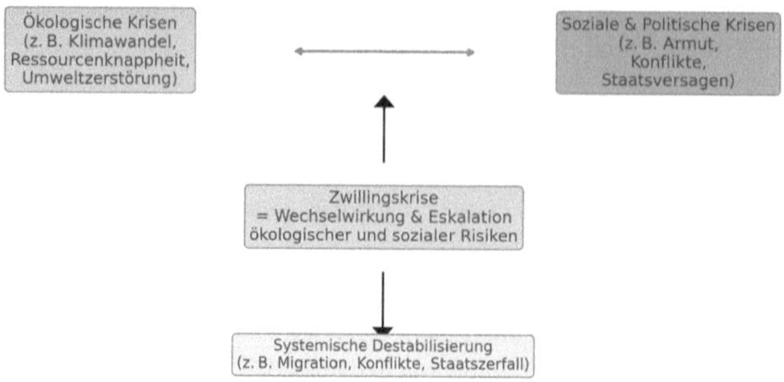

Abb. 2.5 Zwillingskrisen – Verstärkende Wechselwirkungen zwischen Umwelt und Gesellschaft. (Quelle: Eigene Darstellung)

verstärken. Der Begriff ist an das Konzept der *compound risks* (IPCC 2022) angelehnt, wird hier jedoch spezifisch auf das Zusammenspiel von Umweltzerstörung bzw. Klimawandel und sozialen oder politischen Instabilitäten bezogen.

Zwillingskrisen unterscheiden sich damit von additiven Krisenkonstellationen. Sie entfalten ein qualitativ neues Risiko, indem sie Eskalationspotenziale freisetzen, die über die Summe der Einzelrisiken hinausgehen. Diese Perspektive ist insbesondere für fragil aufgestellte Staaten und Regionen von Bedeutung, in denen Umweltstressoren soziale Spannungen verschärfen und politische Destabilisierung begünstigen können (Adger et al. 2014, S. 350–351; UNEP 2021, S. 25).

Der Verlust von *Ökosystemdienstleistungen* in Bezug auf Quantität und Qualität stellt für Unternehmen ein komplexes und multidimensionales Risiko dar. Dabei geht es nicht lediglich um kurzfristige Produktionsausfälle oder steigende Betriebskosten, sondern um grundlegende strukturelle Veränderungen der ökonomischen Rahmenbedingungen. Unternehmen, deren Geschäftsmodelle in besonderem Maße von der Stabilität und Regenerationsfähigkeit natürlicher Systeme abhängen, wie etwa in der Agrarwirtschaft, der Forstwirtschaft, dem Tourismus oder der Nahrungsmittelindustrie, sehen sich zunehmend einer wachsenden Unsicherheit und Volatilität ausgesetzt. Dieser Wandel erfordert nicht nur eine Anpassung operativer Prozesse, sondern auch eine strategische Neuausrichtung im Umgang mit naturbasierten Abhängigkeiten und Risiken. Intakte *Ökosysteme* bilden eine unsichtbare Infrastruktur, deren Zusammenbruch direkte Auswirkungen auf Versorgungssicherheit, Preisvolatilität und Standortbedingungen haben kann (World Economic Forum 2025, S. 6). Der Rückgang *ökologischer Resilienz*[20], also der Fähigkeit

[20] *Ökologische Resilienz* bezeichnet die Fähigkeit eines Ökosystems, externe Störungen, wie Klimaveränderungen, Extremwetter oder menschliche Eingriffe, zu verkraften, ohne seine grundlegenden Strukturen, Funktionen oder Regenerationsfähigkeit dauerhaft zu verlieren. Resiliente Systeme können Belastungen absorbieren und sich an veränderte Bedingungen anpassen.

von *Ökosystemen*, externe Störungen zu kompensieren, führt zu einer erhöhten Anfälligkeit gegenüber Krisen und Extremereignissen, mit entsprechenden Auswirkungen auf Lieferketten, Marktpreise und Versicherungsrisiken.

Ein weiterer Aspekt liegt in den steigenden Kosten für die Substitution ausgefallener Naturleistungen. Viele *Ökosystemdienstleistungen* fungieren als natürliche Infrastrukturen, Feuchtgebiete reinigen Wasser, Wälder regulieren das Klima, Mangroven schützen Küsten. Ihr Verlust zwingt Unternehmen dazu, technische Ersatzlösungen zu entwickeln, etwa Wasseraufbereitungsanlagen, künstliche Bestäubung oder Klimaanlagen zur Temperaturkontrolle. Diese Systeme sind jedoch kostenintensiv, energieaufwendig und häufig weniger effektiv als ihre natürlichen Pendants (OECD 2019, S. 22). Der ökonomische Vorteil, den Unternehmen bisher aus kostenlosen *Ökosystemleistungen* gezogen haben, kehrt sich somit ins Gegenteil. Die Externalisierung von Naturkosten führt mittelfristig zu höheren internen Kosten. Zudem wirkt sich der Rückgang von *Biodiversität* negativ auf die Innovationsfähigkeit ganzer Branchen aus. Die genetische Vielfalt in biologischen Ressourcen bildet eine zentrale Grundlage für Innovationen, etwa in der Lebensmittel- und Pharmaindustrie. Während die Abhängigkeit bei Lebensmitteln auf der Hand liegt, zeigen Arzneimittel wie *Paclitaxel* (aus der Pazifischen Eibe), *Honokiol* (aus der Magnolienrinde) oder *Periplogenin* (aus tropischen Pflanzen) besonders, wie stark moderne Medizin von natürlichen Wirkstoffen abhängig ist.[21] Ihr Verlust begrenzt die Entwicklung neuer Produkte und reduziert die Resilienz gegenüber zukünftigen Herausforderungen wie Pandemien, neuen Schädlingen oder klimatischen Veränderungen (IPBE 2016, S. 13). Geschäftsmodelle, die auf einer Ausbeutung endlicher Naturressourcen basieren, laufen zunehmend Gefahr, regulatorisch eingeschränkt oder durch veränderte Konsumentenpräferenzen verdrängt zu werden. Die Gefahr sogenannter *stranded assets,* also entwerteter Investitionen infolge ökologischer oder politischer Umbrüche, wächst (Bienert et al. 2022, S. 10). Eine fundierte Analyse dieser ökonomischen Dynamiken bietet der TEEB-Bericht für Europa, der unter anderem aufzeigt, dass der Rückgang zentraler Ökosystemleistungen in der EU jährlich volkswirtschaftliche Schäden in Milliardenhöhe verursacht, wie etwa durch den Verlust von Bestäubungsleistungen, Wasserreinhaltung und Bodenerhaltung (TEEB 2013, S. 16 ff.).

Auch die Standortwahl wird durch den Verlust von *Ökosystemdienstleistungen* beeinflusst. Regionen, die unter Umweltzerstörung leiden, etwa durch Wasserknappheit, Luftverschmutzung oder Bodendegradation, verlieren an Attraktivität für Investitionen und Fachkräfte. In einer globalisierten Wirtschaft kann dies zur Umverteilung von ökonomischen Zentren führen, wodurch bestehende Produktionsstandorte an Wettbewerbsfähigkeit einbüßen. Damit einher geht ein Wandel der globalen Wettbewerbsdynamik.

[21] Paclitaxel wird klinisch zur Behandlung verschiedener Tumoren wie Brust-, Eierstock- und Lungenkrebs eingesetzt. Honokiol zeigt in präklinischen Studien vielversprechende Wirkungen gegen Osteosarkome und andere solide Tumoren. Periplogenin hemmt in vitro das Wachstum von Prostatakarzinomen, indem es gezielt an die Na^+/K^+-ATPase bindet (vgl. dazu Liu et al. (2024), Huang et al. (2018), Zhang et al. (2024).

Unternehmen, die frühzeitig auf naturverträgliche Geschäftsmodelle, kreislauforientierte Wertschöpfungsketten und regenerative Prozesse umstellen, sichern sich langfristige Vorteile. Diese reichen von niedrigeren Betriebskosten über regulatorische Vorteile bis hin zur Erschließung neuer Märkte im Bereich nachhaltiger Produkte und Dienstleistungen (TNFD 2023, S. 9–12, 34, 39).

In zunehmendem Maße wird auch unternehmerische Verantwortung für die Erhaltung von *Ökosystemen* relevant. Unternehmen, die mit Naturzerstörung in Verbindung gebracht werden, sehen sich wachsenden Reputationsrisiken, regulatorischen Eingriffen und Investorenkritik ausgesetzt. Gleichzeitig entstehen neue Rahmenwerke zur Integration ökologischer Risiken in unternehmerische Entscheidungsprozesse. Die *Taskforce on Nature-related Financial Disclosures (TNFD)* etwa arbeitet an internationalen Standards zur Offenlegung von Abhängigkeiten und Auswirkungen auf die Natur, vergleichbar mit der etablierten *TCFD* im Klimabereich (TNFD 2023). Auch die *University of Cambridge Institute for Sustainability Leadership (CISL)* unterstreicht in ihrem Bericht *Nature-related financial risks: Key concepts and frameworks* die Notwendigkeit, Natur als systemrelevantes Risiko zu behandeln. Laut CISL (2021) sind naturbezogene Risiken in der Finanzwelt bislang massiv unterbewertet, dabei bergen sie ähnliche systemische Gefahren wie die Finanzkrise von 2008. Der Bericht unterscheidet physische Risiken (z. B. durch *Biodiversitätsverlust* oder Degradation), transitorische Risiken (z. B. durch neue Umweltgesetze oder veränderte Marktanforderungen) und Reputationsrisiken (CISL 2021, S. 7–9). Unternehmen werden demnach zunehmend aufgefordert, nicht nur ihre Klimaresilienz, sondern auch ihre Naturresilienz strategisch zu erfassen und zu integrieren.

Darüber hinaus hat der Verlust von *Ökosystemdienstleistungen* auch makroökonomische Implikationen. Steigende Preise für Rohstoffe, Nahrungsmittel oder Energie wirken inflationsfördernd und schwächen die Konsumkraft. Gleichzeitig steigen die gesellschaftlichen Kosten für Infrastrukturreparaturen, Katastrophenschutz oder Gesundheitssysteme. Regierungen reagieren darauf mit verschärften Umweltauflagen, Steuerreformen oder Investitionsanreizen für nachhaltige Technologien. Unternehmen, die sich frühzeitig auf diese Veränderungen einstellen, können Wettbewerbsvorteile sichern. Andere hingegen laufen Gefahr, durch politische Maßnahmen oder gesellschaftlichen Druck verdrängt zu werden.

Zuvor wurde die wechselseitige Verstärkung ökologischer und gesellschaftlicher Krisen als zentrales Merkmal sogenannter *Zwillingskrisen* thematisiert. Für Unternehmen ergibt sich daraus ein besonderes Risikoprofil, denn naturbedingte Stressoren wie Wasserknappheit, Ernteausfälle oder Extremwetterereignisse können in fragilen Kontexten soziale Spannungen eskalieren lassen, mit direkten Auswirkungen auf Lieferketten, Standortsicherheit und Investitionsentscheidungen. Anstatt nur einzelne Risiken zu betrachten, ist daher eine systemische Perspektive erforderlich, die ökologische und gesellschaftliche Instabilitäten gemeinsam analysiert. Dieser erweiterte Risikobegriff bildet die Grundlage

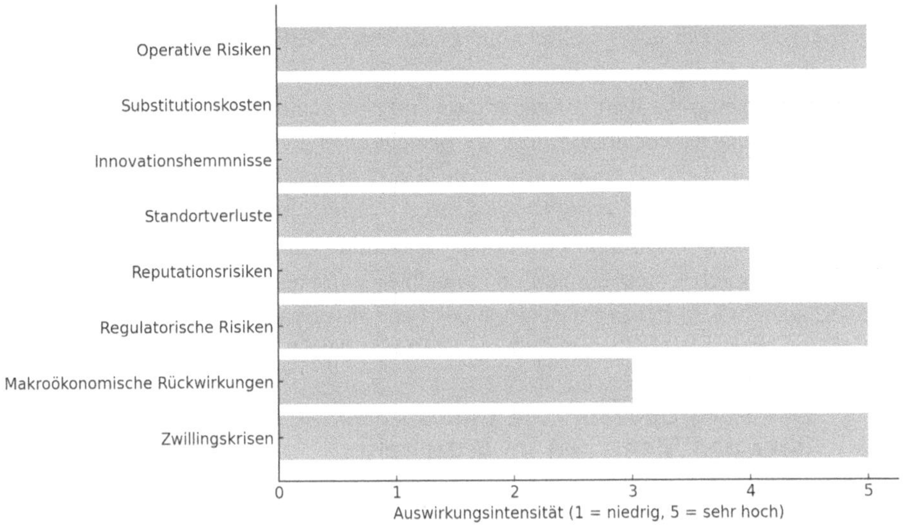

Abb. 2.6 Unternehmensrisiken durch Verlust von Ökosystemdienstleitungen. (Quelle: Eigene Darstellung in Anlehnung an Elderson, CISL, UNEP, IMF, IPBES, TNFD)

für neue Ansätze in der strategischen Unternehmenssteuerung, wie etwa Szenarioanalysen, Transformationspläne oder resilience-basierte Investitionsbewertungen (Rüttinger et al. 2015, S. 17–23 sowie UNEP 2021, S. 25).

Die nachfolgende Darstellung (Abb. 2.6) zur Bewertung der Auswirkungen des Verlusts von *Ökosystemdienstleistungen* auf Unternehmen basierte auf einer qualitativen Einschätzung. Um diese Einschätzung zu untermauern, wurden nun aktuelle empirische Studien herangezogen, die die Relevanz und Intensität dieser Risiken quantifizieren (siehe Details in Tab. 1.4).

Die Skala berücksichtigt die neuesten Forschungsergebnisse und bietet eine evidenzbasierte Grundlage für die Bewertung der Unternehmensrisiken im Zusammenhang mit dem Rückgang von *Ökosystemdienstleistungen.*Die Risiken durch den Verlust von Naturkapital sind vielfältig und betreffen Unternehmen auf operativer, strategischer und systemischer Ebene. Besonders gravierend sind operative Risiken und regulatorische Risiken, die jeweils mit der höchsten Auswirkungsintensität (5) bewertet wurden. So sind laut Elderson (2024) 72 % der EU-Unternehmen direkt von Ökosystemdienstleistungen abhängig, während zunehmende Umweltregulierungen laut TNFD (2023) tiefgreifende Anpassungen in Geschäftsmodellen erfordern. Auch Innovationshemmnisse und Reputationsrisiken (jeweils Intensität 4) bergen substanzielle Herausforderungen, etwa durch den Verlust an biologischer Vielfalt oder steigenden öffentlichen Druck (IPBES 2016; CISL 2021). Darüber hinaus führen Standortverluste und makroökonomische Rückwirkungen (Intensität 3) zu spürbaren Kosten und Unsicherheiten (CISL 2021; IMF 2024). Die mögliche Gleichzeitigkeit ökologischer und gesellschaftlicher Krisen (UNEP 2021) verstärkt schließlich das systemische Risiko erheblich.[22]

Doch der systemische Wert der Natur erschöpft sich nicht in ihrer Funktion für Unternehmen oder Volkswirtschaften. Hinter der ökologischen und ökonomischen Logik steht eine tiefere Frage. Welche Verantwortung tragen wir gegenüber der Natur, die unser Leben ermöglicht?

Die Betrachtung von *Natur als Kapital* kann nur dann zukunftsfähig sein, wenn sie auch die ethischen und normativen Grundlagen unseres Handelns mitdenkt. Diese grundlegenden Fragen stehen im Zentrum des folgenden Kapitels.

2.3 Das Anthropozän: Eine philosophisch-ethische Reflexion über den Menschen im Erdzeitalter

Die Frage nach der Verantwortung des Menschen im *Erdsystem*führt über die ökonomische Perspektive hinaus, hin zu einer tiefergehenden ethischen und philosophischen Auseinandersetzung. Während Kap. 1 die historischen Wurzeln der Trennung zwischen Mensch und Natur nachzeichnete und Abschn. 2.2 die strategische Relevanz funktionierender Ökosysteme für Unternehmen verdeutlichte, rückt dieses Kapitel die normative Dimension in den Mittelpunkt und soll die Diskussion nach vorne eröffnen.

Daher stellt sich die Frage, was es bedeutet, im *Anthropozän* zu leben, in einer Zeit, in der der Mensch zum dominanten Einflussfaktor auf das *Erdsystem* geworden ist? Welche

[22] 1. Operative Risiken (Stufe 5): Eine Analyse der Europäischen Zentralbank zeigt, dass 72 % der nicht-finanziellen Unternehmen im Euroraum signifikante wirtschaftliche Probleme aufgrund von Ökosystemdegradation erleben würden, da sie direkt von Ökosystemdienstleistungen abhängig sind (Elderson 2024). 2. Substitutionskosten (Stufe 4): Laut dem IPBES-Bericht von 2024 belaufen sich die jährlichen globalen Kosten durch den Verlust von Biodiversität und Ökosystemdienstleistungen auf bis zu 25 Billionen USD, was etwa einem Viertel des globalen BIP entspricht. 3. Innovationshemmnisse (Stufe 4): Der Verlust an Biodiversität schränkt die Entwicklung neuer Produkte in Branchen wie Pharma, Landwirtschaft und Kosmetik ein, da genetische Ressourcen und natürliche Vorbilder fehlen (IPBES 2016). 4. Standortverluste (Stufe 3): Unternehmen verlagern zunehmend ihre Standorte aufgrund von Umweltveränderungen wie Wasserknappheit oder Bodendegradation, was ansonsten zu erhöhten Betriebskosten führen würde (CISL 2021). 5. Reputationsrisiken (Stufe 4): Unternehmen, die mit Umweltzerstörung in Verbindung gebracht werden, sehen sich wachsendem öffentlichen Druck und potenziellen Boykotten ausgesetzt, was ihre Marktposition gefährden kann (CISL 2021). 6. Regulatorische Risiken (Stufe 5): Die Taskforce on Nature-related Financial Disclosures (TNFD) entwickelt derzeit Standards zur Offenlegung naturbezogener Risiken, was zu neuen regulatorischen Anforderungen für Unternehmen führen wird (TNFD 2023). 7. Makroökonomische Rückwirkungen (Stufe 3): Der Internationale Währungsfonds warnt davor, dass der Verlust von Naturkapital erhebliche Auswirkungen auf globale Wirtschaftsindikatoren und Finanzmärkte haben kann (IMF 2024). 8. Zwillingskrisen (Stufe 5): Das gleichzeitige Auftreten von ökologischen und gesellschaftlichen Krisen, wie etwa Umweltkatastrophen und soziale Unruhen, die sich verstärken sich gegenseitig und führen zu komplexen systemischen Risiken (UNEP 2021).

moralischen Maßstäbe sollten unser Handeln leiten, wenn wir wissen, dass wirtschaftliche Entscheidungen planetare Kipppunkte mit beeinflussen? Und wie verändert sich das Verständnis von Natur, wenn wir sie nicht nur als Ressource, sondern als Mitwelt begreifen, zu der wir in wechselseitiger Abhängigkeit stehen?

Diese Fragen markieren den Übergang von einer funktionalen zu einer existenziellen Perspektive, denn das *Anthropozän* ist nicht nur eine geologische Beschreibung, sondern im Sinne dieses Buches ein ethischer Appell, an unser Weltbild, unsere Institutionen und unser Handeln.

Die vorangegangene ökonomische Betrachtung von *Naturkapital* hat verdeutlicht, wie eng menschliches Handeln mit ökologischen Prozessen verflochten ist. *Ökosystem-Dienstleistungen* sichern Ernährung, regulieren das Klima, liefern Rohstoffe und tragen zur Gesundheit bei, sie sind längst ein integraler Bestandteil wirtschaftlicher Stabilität. Doch mit der Anerkennung ihres Wertes wächst auch die Verantwortung für ihren Schutz. Die ökonomische Perspektive markiert daher nicht den Endpunkt der Debatte, sondern ihren Ausgang. Wer den Begriff *Naturkapital* begreift, muss auch reflektieren, unter welchen ethischen Voraussetzungen dieses Kapital genutzt, bewahrt oder neu gedacht werden sollte. Genau hier setzt die folgende philosophisch-ethische Reflexion an. Wie bereits in Abschn. 2.1 erläutert, wird mit dem Begriff *Anthropozän* eine neue Rolle des Menschen im *Erdsystem* beschrieben. Sie definiert die Rolle des radikal neu als eine geologische Kraft dar, die planetare Prozesse mitgestaltet. Daraus ergeben sich grundlegende Fragen nach Verantwortung, Freiheit, Handlungsmacht, Zeit und Ethik. Die Vorstellung, dass der Mensch geologisch wirksam geworden ist, fordert unser Selbstbild heraus. Bruno Latour (2018) formuliert es in *Das terrestrische Manifest*sinngemäß, dass wir nicht mehr auf der Erde der Moderne leben, sondern auf einem neuen Planeten, dessen Bedingungen wir selbst mit geschaffen haben. Dieser Gedanke spiegelt die Idee der *Anthropozän-Debatte* wider, in der diskutiert wird, wie der Mensch durch seinen Einfluss auf Klima, *Biodiversität* und Geologie die Erde fundamental verändert hat Damit wird das Denken in der Tradition der Moderne, in der der Mensch sich als außerhalb und über der Natur stehend verstand, obsolet. Der Mensch ist nicht mehr nur Beobachter, sondern Akteur innerhalb eines dynamischen *Erdsystems.*

Die technische Reichweite menschlichen Handelns übersteigt längst die moralische Einhegung. Günther Anders (1956) beschrieb dies als *Prometheisches Gefälle*[23]. In seinem Hauptwerk *Die Antiquiertheit des Menschen* argumentiert er, dass wir fähig sind, mehr zu machen, als wir uns vorstellen können, und mehr vorzustellen, als wir verantworten wollen (S. 18). Diese Einsicht stellt eine zentrale Herausforderung an die Ethik

[23] Das *Prometheische Gefälle* ist ein von Günther Anders geprägter Begriff und beschreibt die wachsende Kluft zwischen dem, was der Mensch technologisch zu tun vermag, und dem, was er emotional, moralisch oder intellektuell zu verantworten und zu begreifen imstande ist. Es verweist auf eine strukturelle Überforderung des ethischen Urteilsvermögens angesichts rasanter technischer Entwicklungen. Die Diagnose warnt vor einer Entkopplung von Handlungs- und Verantwortungsfähigkeit in der Moderne (heute angewandt werden kann der Begriff etwa im Kontext von Atomwaffen, Klimawandel oder KI).

des *Anthropozäns* dar. Wie lässt sich eine moralische Orientierung entwickeln angesichts der Komplexität technischer Systeme und der Langfristigkeit ihrer Folgen?

Hans Jonas' (1979) *Das Prinzip Verantwortung* ist vielleicht die wirkmächtigste Antwort auf diese Frage. Jonas fordert eine Ethik, die der Reichweite moderner Technik gerecht wird, eine *heuristische Furcht,* die das Handeln an den möglichen zukünftigen Folgen misst. Seine berühmte Maxime lautet: *„Handle so, dass die Wirkungen deiner Handlung verträglich sind mit der Permanenz echten menschlichen Lebens auf Erden"* (Jonas 1979, S. 36). Im *Anthropozän* wird diese Ethik noch dringlicher. Die Herausforderung liegt darin, kollektive, intergenerationelle und globale Verantwortung zu denken, über die engen Grenzen traditioneller Moral hinaus.

Die *Umweltethik* bietet verschiedene Ansätze, um das Mensch-Natur-Verhältnis neu zu denken. Der *anthropozentrische Ansatz* misst der Natur nur insofern einen Wert bei, als sie dem Menschen dient. Doch das *Anthropozän* zeigt die Grenzen dieses Denkens. *Tiefenökologische* (Næss 1986) und *biozentrische Ansätze* (Taylor 1986) fordern hingegen eine Anerkennung der Eigenwürde nicht-menschlichen Lebens. Sie verlangen, „dass die Erde als ein lebendiges Ganzes geachtet wird" (Næss 1986, S. 9). Auch Aldo Leopolds *Land Ethic* formuliert eine radikale Erweiterung des moralischen Horizonts: *„Ein Ding ist richtig, wenn es die Integrität, Stabilität und Schönheit der biotischen Gemeinschaft bewahrt. Es ist falsch, wenn es dies nicht tut"* (Leopold 1949/1987, S. 224).

Diese Perspektiven fordern eine Abkehr vom menschzentrierten Weltbild hin zu einer ökozentrischen Ethik, in der der Mensch Teil eines komplexen Beziehungsgefüges ist.

Eine weitere ethische Dimension des *Anthropozäns* ist die Zeitlichkeit. Wer handelt, tut dies heute, aber die Folgen wirken über Jahrhunderte oder Jahrtausende. Philosophen wie John Rawls (1971) und später Edith Brown Weiss (1989) betonten daher die Notwendigkeit einer *intergenerationellen Gerechtigkeit.* Weiss (1989) formulierte drei Prinzipien. Erhaltung der Optionen, Qualität und Zugänglichkeit für zukünftige Generationen. Diese Prinzipien sind essenziell für eine gerechte Gestaltung des *Anthropozäns.* In metaphysischer Hinsicht verweist das *Anthropozän* auf eine neue Ontologie des Menschlichen. Der Mensch erscheint nicht mehr als Herrscher der Welt, sondern als Wesen, das unweigerlich in planetare Stoffströme, ökologische Kreisläufe und technische Netzwerke verstrickt ist. Donna Haraway (2016) schlägt in ihrem Buch *Unruhig bleiben: Die Verwandtschaft der Arten im Chthuluzän* vor, dass wir neue Formen des Zusammenlebens und der Verwandtschaft entwickeln müssen, um den ökologischen und sozialen Krisen des *Anthroprozäns* zu begegnen. Sie schlägt den Begriff *Chthuluzän*[24] als Alternative zum *Anthroprozän* vor,

---

[24] Chthuluzän ist ein Begriff, den die Wissenschaftstheoretikerin Donna J. Haraway geprägt hat, um eine alternative Vorstellung vom Zusammenleben auf der Erde zu formulieren. Im Unterschied zum Anthropozän, das den Menschen als treibende Kraft im Erdsystem hervorhebt, verweist das Chthuluzän auf ein Zeitalter der Verflechtung, in dem menschliche und nichtmenschliche Lebensformen untrennbar miteinander verbunden sind. Haraway versteht darunter kein geologisches Zeitalter im engeren Sinne, sondern eine erkenntnistheoretische und ethische Figur. Sie lädt dazu ein, sich auf ein Denken einzulassen, das die Welt nicht aus der Perspektive des Beherrschens, sondern des Mitseins betrachtet. Das Chthuluzän steht für eine Welt, die durch gemeinsame Prozesse entsteht.

einer erdverbundenen Epoche, in dem das Leben aus Ko-Evolution, Symbiose und Verantwortung gedacht wird: *„Wir müssen lernen, mit anderen zu leben und zu sterben in einem beschädigten Planeten"* (Haraway 2016, S. 10).

Das *Anthropozän,* nach der Auffassung des hier vorliegenden Buches und der bisher diskutieren Themen, ist nicht nur eine Diagnose, es ist vielmehr ein ethischer Appell. Die philosophisch-ethische Perspektive des *Anthropozäns* verdeutlicht, dass Natur nicht nur Ressource, sondern Mitwelt ist, ein Beziehungsraum, in dem Verantwortung, Abhängigkeit und Wirkung untrennbar miteinander verbunden sind. Diese Einsicht fordert nicht nur ein neues Weltbild, sondern auch konkrete Konsequenzen für wirtschaftliches Handeln. Denn wer Natur als Mitwelt versteht, kann sie nicht länger ignorieren, externalisieren oder instrumentalisieren.

An dieser Stelle schlägt das vorliegende Buch die Brücke zurück zur unternehmerischen Realität. Wie lassen sich naturbezogene Informationen so in betriebliche Prozesse integrieren, dass sie nicht nur Compliance sichern, sondern echten Wandel ermöglichen?

Die Erkenntnis, dass unternehmerisches Handeln tief in natürliche Systeme eingebettet ist, bleibt folgenlos, wenn sie nicht in die Entscheidungslogik von Unternehmen integriert wird. Kap. 3 widmet sich deshalb der Frage, wie naturbezogene Informationen, über *Biodiversität,* Ressourcenverfügbarkeit oder Emissionswirkungen, in der Praxis erfasst, bewertet und gesteuert werden können. Es zeigt auf, wie *Naturkapital* betriebswirtschaftlich operationalisiert werden kann und jenseits symbolischer Berichterstattung, als strategisches Element zukunftsfähiger Unternehmensführung.

Literatur

Adger, W. N. et al. (2014). Avoiding maladaptation: Climate change adaptation and the resilience of social-ecological systems. *Nature Climate Change, 4*(5), 349–357. https://doi.org/10.1038/nclimate2153 (Zugegriffen am 20. April 2025).

Anders, G. (1956). *Die Antiquiertheit des Menschen. Band I: Über die Seele im Zeitalter der zweiten industriellen Revolution* (S. 281). C. H. Beck.

Akinnawo S. (2023). Eutrophication: Causes, consequences, physical, chemical and biological techniques for mitigation strategies, Environmental Challenges, Volume 12 https://www.sciencedirect.com/science/article/pii/S2667010023000574?utm_source=chatgpt.com

Bienert, S., et al. (2022). *Managing transition risk in real estate: Aligning to the Paris Climate Accord.* United Nations Environment Programme Finance Initiative (UNEP FI). https://www.unepfi.org/wordpress/wp-content/uploads/2022/03/Managing-transition-risk-in-real-estate.pdf (Zugegriffen am 20. April 2025.

Nicht Individuen oder souveräne Akteure gestalten das Leben, sondern kollektive, sich gegenseitig beeinflussende Organismen, Stoffe und Techniken. Statt Flucht in Fortschrittsversprechen oder Rückzug ins Apokalyptische schlägt Haraway eine Praxis des Bleibens vor. Sie fordert auf, sich den gegenwärtigen ökologischen und sozialen Herausforderungen zu stellen, ohne einfache Lösungen zu erwarten. Das Chthuluzän öffnet so einen Raum für Verantwortung, Fürsorge und neue Formen des Zusammenlebens.

Boers, N. (2021). Observation-based early-warning signals for a collapse of the Atlantic Meridional Overturning Circulation. *Nature Climate Change, 11*, 680–688. https://doi.org/10.1038/s41558-021-01097-4 (Zugegriffen am 20. April 2025).

Bradford DeLong, J. (1998). Estimating world GDP, one million B.C.–present. https://delong.typepad.com/print/20061012_LRWGDP.pdf (Zugegriffen am 19. April 2025).

Cambridge Institute for Sustainability Leadership (CISL). (2021). *Handbook for nature-related financial risks: Key concepts and a framework for identification.* CISL. https://www.cisl.cam.ac.uk/system/files/documents/handbook-for-nature-related-financial.pdf (Zugegriffen am 20. April 2025).

Costanza, R., et al. (1997). The value of the world's ecosystem services and natural capital. *Nature, 387*(6630), 253–260. https://www.esd.ornl.gov/benefits_conference/nature_paper.pdf (Zugegriffen am 19. April 2025).

Costanza, R., et al. (2017). Twenty years of ecosystem services: How far have we come and how far do we still need to go? *Ecosystem Services*, 28, 1–16. https://doi.org/10.1016/j.ecoser.2017.09.008 (Zugegriffen am 18. Mai 2025).

Dasgupta, P. (2021). *The economics of biodiversity: The Dasgupta Review.* HM Treasury. https://www.gov.uk/government/publications/final-report-the-economics-of-biodiversity-the-dasgupta-review (Zugegriffen am 20. April 2025).

de Andrade Júnior, H. (2018). Climate change and storytelling: Narratives and cultural meaning in environmental communication. Culture & Psychology, 25(2), 266–270. https://doi.org/10.1177/1354067X18808763 (Zugegriffen am 19. Mai 2025).

Díaz, S. et al. (2015). The IPBES conceptual framework – Connecting nature and people. *Current Opinion in Environmental Sustainability, 14*, 1–16. https://doi.org/10.1016/j.cosust.2014.11.002 (Zugegriffen am 20. April 2025).

Díaz, S. et al. (2019). Pervasive human-driven decline of life on Earth points to the need for transformative change. *Science, 366*(6471), eaax3100. https://doi.org/10.1126/science.aax3100 (Zugegriffen am 20. April 2025).

DNB. (2020). *Indebted to Nature – Exploring biodiversity risks for the Dutch financial sector.* De Nederlandsche Bank. https://www.dnb.nl (Zugegriffen am 18. Mai 2025).

ECB. (2023). *Guide on climate-related and environmental risks.* European Central Bank. https://www.ecb.europa.eu (Zugegriffen am 18. Mai 2025).

Ehrlich, P. R., & Ehrlich, A. H. (1981). *Extinction: The causes and consequences of the disappearance of species.* Random House.

Elderson, F. (2024). Frank Elderson on nature-related financial risks. *European Central Bank.* https://www.ecb.europa.eu/press/key/date/2024/html/ecb.sp240906~54436f6891.en.html (Zugegriffen am 20. April 2025).

European Commission. (n.d.). *Copernicus: Europe's eyes on Earth.* https://www.copernicus.eu (Zugegriffen am 18. Mai 2025).

Garnett, T., & Godfray, H. C. J. (2012). *Sustainable intensification in agriculture: Navigating a course through competing food system priorities.* Food Climate Research Network, University of Oxford. https://www.tabledebates.org/sites/default/files/2020-10/SI_report_final.pdf (Zugegriffen am 20. April 2025).

Grace, J. M., Skaggs, R. W., & Chescheir, G. M. (2019). Nitrogen and phosphorus eutrophication in marine ecosystems. In Forest Hydrology and Watershed Management (pp. 215–234). USDA Forest Service. https://www.srs.fs.usda.gov/pubs/chap/chap_2019_grace_001.pdf.

Haraway, D. (2016). *Staying with the trouble: Making kin in the Chthulucene.* Duke University Press.

Heinberg, R. (2007). *Peak everything: Waking up to the century of declines.* New Society Publishers.

Ghosh, E., Kartha, S., & Nazareth, A. (2022). *The inequality-emissions link and what it means for the 1.5°C goal* (SEI Methodological Note, pre-print). Stockholm Environment Institute. https://doi.org/10.51414/sei2022.001 (Zugegriffen am 20. April 2025).

Gudynas, E. (2011). Buen vivir: Today's tomorrow. *Development, 54*(4), 441–447. https://doi.org/10.1057/dev.2011.86 (Zugegriffen am 20. April 2025).

Huang, K., Chen, Y., Zhang, R., et al. (2018). Honokiol induces apoptosis and autophagy via the ROS/ERK1/2 signaling pathway in human osteosarcoma cells in vitro and in vivo. *Cell Death & Disease, 9*, 157. https://doi.org/10.1038/s41419-017-0166-5 (Zugegriffen am 19. Mai 2025).

International Commission on Stratigraphy. (2024). *International chronostratigraphic chart.* https://stratigraphy.org/ (Zugegriffen am 10. Mai 2025).

International Geosphere-Biosphere Programme (IGBP). (2015). *Planetary dashboard shows "Great Acceleration" in human activity since 1950.* http://www.igbp.net/news/pressreleases/pressreleases/planetarydashboardshowsgreataccelerationinhumanactivitysince1950.5.950c2fa1495db7081eb42.html (Zugegriffen am 26. April 2025).

International Union of Geological Sciences (IUGS). (2024). *The Anthropocene* (Veröffentlicht am 20. März 2024). https://www.iugs.org/_files/ugd/f1fc07_40d1a7ed58de458c9f8f24de5e739663.pdf (Zugegriffen am 20. April 2025).

IPCC. (2021). *Climate Change 2021: The Physical Science Basis.* https://www.ipcc.ch/report/ar6/wg1 (Zugegriffen am 18. Mai 2025).

Intergovernmental Panel on Climate Change (IPCC). (2022). *Climate change 2022: Impacts, adaptation, and vulnerability. Contribution of Working Group II to the Sixth Assessment Report of the Intergovernmental Panel on Climate Change.* Cambridge University Press. https://www.ipcc.ch/report/ar6/wg2/ (Zugegriffen am 20. April 2025).

Intergovernmental Science-Policy Platform on Biodiversity and Ecosystem Services (IPBES). (2016). *Assessment report on pollinators, pollination and food production.* https://ipbes.net/assessment-reports/pollinators (Zugegriffen am 20. April 2025).

International Monetary Fund (IMF). (2024). *Embedded in nature: Nature-related economic and financial risks.*

IPBES (2013). Conceptual Framework for the Intergovernmental Science-Policy Platform on Biodiversity and Ecosystem Services. http://www.ipbes.net/sites/default/files/downloads/Decision%20IPBES_2_4.pdf.

Jonas, H. (1979). *Das Prinzip Verantwortung: Versuch einer Ethik für die technologische Zivilisation.* Suhrkamp.

Kallis, G. (2018). *Degrowth.* Agenda Publishing.

Latour, B. (2018). *Das terrestrische Manifest.* Suhrkamp.

Lenton, T. M. et al. (2008). Tipping elements in the Earth's climate system. *Proceedings of the National Academy of Sciences, 105*(6), 1786–1793. https://doi.org/10.1073/pnas.0705414105 (Zugegriffen am 20. April 2025).

Lessenich, S. (2016). *Neben uns die Sintflut: Die Externalisierungsgesellschaft und ihr Preis.* Hanser Berlin.

Leopold, A. (1987). *A Sand County almanac and sketches here and there* (Reprint; Original erschienen 1949). Oxford University Press.

Liu, J. C. T., De La Peña, R., Tocol, C., et al. (2024). Reconstitution of early paclitaxel biosynthetic network. *Nature Communications, 15*, 1419. https://doi.org/10.1038/s41467-024-45574-8 (Zugegriffen am 18. Mai 2025).

Mach, K. J. et al. (2019). Climate as a risk factor for armed conflict. *Nature, 571*(7764), 193–197. https://doi.org/10.1038/s41586-019-1300-6 (Zugegriffen am 20. April 2025).

Meadows, D. H. et al. (1972). *The limits to growth: A report for the Club of Rome's Project on the Predicament of Mankind.* Universe Books.

Mehmood, K. et al. (2024) Comparative analysis of CO2 emissions and economic performance in the United States and China: Navigating sustainable development in the climate change era.

Metz, T., & Gaie, J. B. R. (2010). The African ethic of Ubuntu/Botho: Implications for research on morality. *Journal of Moral Education, 39*(3), 273–290. https://doi.org/10.1080/03057240.2010.497609 (Zugegriffen am 20. April 2025).

Millennium Ecosystem Assessment. (2005). *Ecosystems and human well-being: Synthesis.* Island Press. https://www.millenniumassessment.org/documents/document.358.aspx.pdf (Zugegriffen am 20. April 2025).

Næss, A. (1986). The deep ecology movement: Some philosophical aspects. In A. Drengson & H. Glasser (Eds.), *Selected works of Arne Naess, X* (pp. 33–55). Open Air Philosophy. https://openairphilosophy.org/wp-content/uploads/2019/02/OAP_Naess_Deep_Ecology_Movement.pdf (Zugegriffen am 20. April 2025).

NGFS. (2023). *Enhancing Market Transparency in Environmental Risks.* Network for Greening the Financial System. https://www.ngfs.net (Zugegriffen am 18. Mai 2025).

OECD. (2019). *Biodiversity: Finance and the economic and business case for action.* OECD Publishing. https://www.oecd.org/content/dam/oecd/en/publications/reports/2019/12/biodiversity-finance-and-the-economic-and-business-case-for-action_016f1faa/a3147942-en.pdf (Zugegriffen am 20. April 2025).

NASA, Goddard Institute for Space Studies. (o. J.). *Global mean CO_2 mixing ratios (ppm).* NASA GISS. https://data.giss.nasa.gov/modelforce/ghgases/Fig1A.ext.txt (Zugegriffen am 20. April 2025).

NASA. (n.d.). *EarthData: Earth Observing System Data and Information System (EOSDIS).* https://earthdata.nasa.gov (Zugegriffen am 18. Mai 2025).

National Oceanic and Atmospheric Administration (NOAA). (2024). *Climate change: Atmospheric carbon dioxide.* NOAA Climate.gov. https://www.climate.gov/news-features/understanding-climate/climate-change-atmospheric-carbon-dioxide (Zugegriffen am 20. April 2025).

OECD. (2021). *Biodiversity and ecosystem services: The economics of ecosystems and biodiversity (TEEB) for business.* OECD Publishing. https://www.oecd.org/content/dam/oecd/en/publications/reports/2019/12/biodiversity-finance-and-the-economic-and-business-case-for-action_016f1faa/a3147942-en.pdf (Zugegriffen am 19. April 2025).

OECD. (2023). *A supervisory framework for assessing nature-related financial risks.* OECD Publishing. https://www.oecd.org/content/dam/oecd/en/publications/reports/2023/09/a-supervisory-framework-for-assessing-nature-related-financial-risks_1fd4b9d6/a8e4991f-en.pdf (Zugegriffen am 20. April 2025).

Odum, E. P. (1953). *Fundamentals of ecology.* Saunders.

Persson, L. et al. (2022). Outside the safe operating space of the planetary boundary for novel entities. *Environmental Science & Technology, 56*(3), 1510–1521. https://doi.org/10.1021/acs.est.1c04158 (Zugegriffen am 20. April 2025).

Piketty, T. (2014). *Capital in the twenty-first century.* Harvard University Press.

Pinker, S. (2018). Enlightenment now: The case for reason, science, humanism, and progress. Viking Penguin.

Planetary Boundaries Science (PBScience). 2025. Planetary Health Check 2025. Potsdam Institute for Climate Impact Research (PIK), Potsdam, Germany.

Piketty, T. (2023). *Natur, Kultur und Ungleichheit.* Piper.

Potsdam-Institut für Klimafolgenforschung (PIK). (2024). *Planetary boundaries – Defining a safe operating space for humanity.* https://www.pik-potsdam.de/en/output/infodesk/planetary-boundaries/planetary-boundaries (Zugegriffen am 26. April 2025).

Rawls, J. (1971). *A theory of justice.* Harvard University Press.

Raworth, K. (2017). *Doughnut economics: Seven ways to think like a 21st-century economist.* Chelsea Green Publishing.

Reichstein, M et al. (2019). Deep learning and process understanding for data-driven Earth system science. *Nature, 566*(7743), 195–204. https://doi.org/10.1038/s41586-019-0912-1 (Zugegriffen am 20. April 2025).

Richardson, K. et al. (2023). Earth beyond six of nine planetary boundaries. *Science Advances, 9*(37), eadh2458. https://doi.org/10.1126/sciadv.adh2458 (Zugegriffen am 20. April 2025).

Ritchie, H., Rosado, P., & Roser, M. (2023). *CO_2 and greenhouse gas emissions.* Our World in Data. https://ourworldindata.org/co2-and-greenhouse-gas-emissions (Zugegriffen am 20. April 2025).

Rockström, J et al. (2009). A safe operating space for humanity. *Nature, 461*(7263), 472–475. https://doi.org/10.1038/461472a (Zugegriffen am 20. April 2025).

Rüttinger, L. et al. (2015). *A new climate for peace: Taking action on climate and fragility risks.* adelphi, International Alert, Woodrow Wilson Center, EUISS. https://climate-diplomacy.org/sites/default/files/2020-11/NewClimateForPeace_FullReport_small_0.pdf (Zugegriffen am 20. April 2025).

Scheffran, J. et al. (2012). Climate change and violent conflict. *Science, 336*(6083), 869–871. https://doi.org/10.1126/science.1221339 (Zugegriffen am 20. April 2025).

Schellnhuber, H. J. (1999). 'Earth system' analysis and the second Copernican revolution. *Nature, 402*(6761), C19–C23. https://doi.org/10.1038/35011515 (Zugegriffen am 20. April 2025).

Smil, V. (2017). *Energy and civilization: A history.* MIT Press.

Steffen, W. et al. (2007). The Anthropocene: Are humans now overwhelming the great forces of nature? *Ambio, 36*(8), 614–621. https://www.zccli.pro.br/wp-content/uploads/2018/04/2007-Steffen-Crutzen-McNeill-The-Anthropocene.pdf (Zugegriffen am 20. April 2025).

Steffen, W. et al. (2011) The Anthropocene: From Global Change to Planetary Stewardship. AMBIO 40, 739–761 (2011). https://doi.org/10.1007/s13280-011-0185-x

Steffen, W. et al. (2015). Planetary boundaries: Guiding human development on a changing planet. *Science, 347*(6223), 736–746. https://www.researchgate.net/publication/270898819_'Planetary_Boundaries_Guiding_Human_Development_on_a_Changing_Planet' (Zugegriffen am 20. April 2025).

Steffen, W. et al. (2018). Trajectories of the Earth system in the Anthropocene. *Proceedings of the National Academy of Sciences, 115*(33), 8252–8259. https://doi.org/10.1073/pnas.1810141115 (Zugegriffen am 20. April 2025).

Steffen, W. et al. (2020). The emergence and evolution of Earth System Science. *Nature Reviews Earth & Environment, 1*, 54–63. https://doi.org/10.1038/s43017-019-0005-6 (Zugegriffen am 20. April 2025).

Taskforce on Nature-related Financial Disclosures (TNFD). (2023). *Beta framework.* https://tnfd.global/wp-content/uploads/2023/08/Recommendations_of_the_Taskforce_on_Nature-related_Financial_Disclosures_September_2023.pdf (Zugegriffen am 20. April 2025).

Taylor, P. W. (1986). *Respect for nature: A theory of environmental ethics.* Princeton University Press.

The Economics of Ecosystems and Biodiversity (TEEB). (2018). *TEEB for agriculture & food: Scientific and economic foundations.* United Nations Environment Programme. https://teebweb.org/our-work/agrifood/understanding-teebagrifood/evaluation-framework/ (Zugegriffen am 20. April 2025).

TEEB – The Economics of Ecosystems and Biodiversity. (2013). *Scoping study for the EU.* Brussels: DG Environment, European Commission. https://www.cbd.int/financial/values/eu-valuation2013.pdf (Zugegriffen am 20. April 2025).

Turner, G. M. (2008). A comparison of The Limits to Growth with thirty years of reality. *Global Environmental Change, 18*(3), 397–411. https://doi.org/10.1016/j.gloenvcha.2008.05.001 (Zugegriffen am 20. April 2025).

UNESCO-IOC. (n.d.). *Ship of Opportunity Programme (SOOP).* https://www.ocean-ops.org/board?t=soop (Zugegriffen am 18. Mai 2025).

UNESCO. (2022). Schooling, literacy and numeracy in 19th century Europe: Long-term development and hurdles to efficient schooling. https://unesdoc.unesco.org/ark:/48223/pf0000383171.locale=en (Zugegriffen am 19. April 2025).

United Nations Environment Programme (UNEP). (2021). *Making peace with nature: A scientific blueprint to tackle the climate, biodiversity and pollution emergencies.* Nairobi: United Nations Environment Programme. https://www.unep.org/resources/making-peace-nature (Zugegriffen am 20. April 2025).

United Nations Convention to Combat Desertification (UNCCD). (2022). *Global Land Outlook, Second Edition: Land restoration for recovery and resilience.* Bonn: UNCCD. https://www.unccd.int/sites/default/files/2022-04/UNCCD_GLO2_low-res_2.pdf?utm_source=chatgpt.com (Zugegriffen am 20. April 2025).

Wang, M., Hu, C., Barnes, B. B., Mitchum, G., Lapointe, B., & Montoya, J. P. (2019). The great Atlantic Sargassum belt. *Science*, 365(6448), 83–87. https://doi.org/10.1126/science.aaw7912 (Zugegriffen am 18. Mai 2025).

Weiss, E. B. (1989). *In fairness to future generations: International law, common patrimony, and intergenerational equity.* Tokyo: United Nations University Press.

Westman, W. E. (1977). How much are nature's services worth? *Science, 197*(4307), 960–964. https://doi.org/10.1126/science.197.4307.960 (Zugegriffen am 20. April 2025).

World Bank (2024). Pathways out of the polycrisis: Poverty, prosperity and planet report overview. World Bank. https://openknowledge.worldbank.org/server/api/core/bitstreams/f75dd18d-4e3f-44f9-b455-7f0d8e189609/content.

World Economic Forum. (2020). *Nature risk rising: Why the crisis engulfing nature matters for business and the economy.* https://www3.weforum.org/docs/WEF_New_Nature_Economy_Report_2020.pdf (Zugegriffen am 20. April 2025).

World Economic Forum. (2025). *The Global Risks Report 2025* (20th ed.). Geneva: World Economic Forum. https://www.weforum.org/publications/global-risks-report-2025/ (Zugegriffen am 20. April 2025).

Zhang, X., Pang, T., Zhang, H., et al. (2024). The natural compound periplogenin suppresses the growth of prostate carcinoma cells by directly targeting ATP1A1. *Scientific Reports, 14*, 20509. https://doi.org/10.1038/s41598-024-71722-7.

3 Wiederentdeckung der Natur für Unternehmen: Wie beziehen Unternehmen naturbezogene Informationen ein?

Die ersten beiden Kapitel machen die Notwendigkeit deutlich, im sozioökonomischen Kontext *Natur als Kapital* zu verstehen und zu definieren. Ein solches Verständnis der *Natur als Kapital* ist für die Entwicklung nachhaltiger Wirtschaftspraktiken und den Schutz der unschätzbar wertvollen Ökosysteme unseres Planeten von entscheidender Bedeutung. Der Diskurs um das Konzept *Natur als Kapital* deutet auf eine wachsende Anerkennung der Notwendigkeit hin, ökologische Überlegungen und den Wert der biologischen Vielfalt in wirtschaftliche Kennzahlen und Richtlinien zu integrieren und menschliche Aktivitäten mit der *Nachhaltigkeit* natürlicher Systeme in Einklang zu bringen. Längst ist deutlich geworden, wie in unserem ersten Kapitel angerissen, dass die traditionellen volkswirtschaftlichen Modelle, die die Natur vorrangig als externe Ressource behandeln, nicht ausreichen, um den komplexen Wechselwirkungen zwischen Ökonomie, Ökologie und Gesellschaft gerecht zu werden. In Reaktion auf die ökologischen Krisen unserer Zeit, vom Klimawandel über das Artensterben bis hin zur Übernutzung natürlicher Ressourcen, und auch vor der Frage, wie zukünftige Generationen eine vergleichbare Chance auf Prosperität haben können, wie vorherige Generationen, formiert sich ein neues wirtschaftliches Denken, das die Natur nicht länger als kostenloses Gut betrachtet, sondern als Grundlage allen Lebens, und so auch als eine relevante Grundlage wirtschaftlichen Handelns.

Dieses Kapitel widmet sich der Frage, wie sich die Idee der *Natur als Kapital* entwickelt hat, welche theoretischen Konzepte und politischen Initiativen daraus hervorgegangen sind und welche Bedeutung sie heute in der ökologischen Ökonomie und in unternehmerischen Strategien und Praktiken einnimmt. Im Fokus stehen dabei sowohl die ökologischen Dienstleistungen, die natürliche Systeme bereitstellen, als auch

M. H. Müller und A. K. Meyer, *Natur als Kapital: Evolution oder Revolution?*, Ökonomien und Gesellschaften im Wandel,
https://doi.org/10.1007/978-3-658-49415-5_3

die Versuche, diese in ökonomischen Modellen zu bewerten und in unternehmerische Entscheidungsprozesse zu integrieren. Die damit verbundenen Herausforderungen, von ethischen Implikationen bis hin zur methodischen Erfassbarkeit, werden ebenso thematisiert wie die Chancen, die in einer Neubewertung des Verhältnisses zwischen Mensch und Natur liegen.

3.1 Naturkapital: Begriffsbedeutung und seine Relevanz für ökonomische Entwicklung

Die jüngere Debatte über die Kritik am *Bruttoinlandsprodukt* hat deutlich gemacht, dass zentrale ökologische Werte in herkömmlichen Wirtschaftskennziffern unsichtbar bleiben. Wachstum des *BIP* kann sogar mit Umweltzerstörung einhergehen, ohne dass dies im Indikator negativ auffallen muss, im Gegenteil, Kosten für Umweltverschmutzung oder Ressourcenabbau lassen das *BIP* oft weiter steigen. So gelten Natur und ihre Leistungen in der traditionellen Volkswirtschaftlichen Gesamtrechnung als externer Input oder werden als freie Güter vorausgesetzt. Damit wird das ökonomische System blind gegenüber der Degradation unserer natürlichen Lebensgrundlagen. Das weltweite Ringen um alternative Wohlstandsmaße, vom *Genuine Progress Indicator* bis zum *Index of Sustainable Economic Welfare,* entspringt dem Bedürfnis, diese Blindstellen zu überwinden.

Bereits die *Stiglitz-Sen-Fitoussi-Kommission* stellte 2009 fest, dass die Wahl zwischen der Förderung des *BIP*und dem Schutz der Umwelt eine falsche Alternative sei, sofern Umweltzerstörung angemessen in die Messung der Wirtschaftsleistung einbezogen werde (Stiglitz et al. 2009, S. 7, 8). Diese Erkenntnis unterstreicht, dass gängige Wirtschaftsindikatoren die Natur bislang systematisch unterbewerten.

Vor diesem Hintergrund wird eine tiefgreifende Verschiebung in der Wahrnehmung und Bewertung der Natur sichtbar: Sie wird zunehmend als ökonomisch relevanter Kapitalstock verstanden, der messbare Dienstleistungen erbringt. Indem natürliche Systeme in ökonomische Kalküle eingebettet und als produktive Ressourcen quantifiziert werden, wird versucht, ihre Bedeutung innerhalb bestehender Marktlogiken sichtbar und verrechenbar zu machen. Der Essaytitel von Morgan Robertson (2006), *The nature that capital can see,* bringt diese Entwicklung prägnant auf den Punkt: Natur erhält innerhalb wirtschaftlicher Systeme erst dann Aufmerksamkeit, wenn sie sich in Kennzahlen, Märkten und Modellen abbilden lässt (Robertson 2006, S. 367).

Aufbauend auf den in Abschn. 1.4.3 skizzierten Überlegungen zur Ganzheitlichkeit von Kapitalformen wird daher in diesem Kapitel die These vertreten, dass die ökonomische Konzeption von Natur nicht bloß eine kategoriale Erweiterung darstellt, sondern das Verhältnis zwischen Ökonomie und Ökologie strukturell neu justiert. Es gilt zwischen dem analytischen Fachbegriff *Naturkapital* und dem interpretativen Rahmen *Natur als Kapital* unterschieden. Diese Unterscheidung dient als konzeptionelle Leitlinie für die folgenden

Kapitel.[1] Während ersterer primär in der ökologischen Ökonomie und im Accounting Verwendung findet, erlaubt letzterer eine kritisch-normative[2] Auseinandersetzung mit der ökonomischen Sicht auf Natur. So wird im Folgenden die historische Entwicklung der Idee, Natur ökonomisch zu bewerten analysiert, zentrale theoretische Unterschiede zwischen Umwelt- und ökologischer Ökonomie herausgestellt, die praktische Umsetzung der Integration von *Natur als Kapital* in unser ökonomisches Handeln diskutiert und ethische sowie intergenerationelle Implikationen reflektiert.

Zuvor setzen wir uns kurz mit dem Begriff des Kapitals auseinander sowie mit einer Kritik des Konzepts, in das die aktuelle vorherrschende Wirtschaftsordnung eingebettet ist: den Kapitalismus.

3.1.1 Natur und Kapital: Eine kritische Begriffsbestimmung im Zeichen des Anthropozäns

Der Begriff *Natur* ist in der wissenschaftlichen und gesellschaftlichen Debatte vielschichtig und historisch gewachsen. In einem klassischen Verständnis bezeichnet Natur all jene Teile der Welt, die unabhängig vom Menschen entstanden sind (Ott und Dierks 2004, S. 20).

Natur umfasst sowohl unbelebte Elemente wie Klima, Gesteine oder Gewässer, als auch lebendige Organismen, von Mikroben bis zu komplexen Ökosystemen. Doch diese vermeintlich klare Trennung zwischen *Natur* und Mensch ist spätestens mit dem Eintritt ins *Anthropozän* brüchig geworden (siehe dazu auch Abschn. 2.3). Der Mensch ist heute nicht mehr nur Teil der Natur, sondern eine geologische Wirkmacht, durch welche die Natur systematisch transformiert wird (Latour 2001, S. 16–17). Natur wird dadurch zur hybriden Realität, weder rein natürlich noch ausschließlich kulturell, und muss als dynamisches Geflecht gegenseitiger Abhängigkeiten verstanden werden (Reckwitz 2019, S. 33).

Im Kontext ökologischer Krisen erfährt der Begriff *Kapital* eine tiefgreifende theoretische Neuverortung. Während Kapital in der klassischen politischen Ökonomie, bei Marx oder in jüngerer Zeit bei Piketty, als Ressourcenkategorie verstanden wird, die in Produktionsprozesse eingebracht wird, um ökonomischen Mehrwert zu erzeugen (z. B.

[1] Die Unterscheidung folgt einer dreistufigen Begriffsklärung. Naturkapital bezeichnet in der Umwelt- und ökologischen Ökonomie den Bestand und die Funktionsweise ökologischer Systeme, die direkt oder indirekt ökonomischen Nutzen stiften (z. B. Biodiversität, CO_2-Bindung). Natur als Kapital hingegen ist ein normativ-analytischer Rahmen, der die Sprache der Ökonomie nutzt, um Machtverhältnisse, Wertefragen und gesellschaftliche Deutungen in den Blick zu nehmen. Kapital selbst ist dabei kein neutraler Begriff, sondern Ausdruck gesellschaftlicher Wertzuschreibungen, der im Kontext des Kapitalismus unterschiedlich codiert ist.

[2] Zur Unterscheidung zwischen normativen und analytischen Begriffen vgl. auch die diskurstheoretische Einordnung bei Foucault (1971) oder Habermas (1981).

Geld, Maschinen, Boden; vgl. Piketty 2014, S. 39), geht die gegenwärtige Nachhaltigkeitsdebatte weit darüber hinaus. Sie umfasst auch Formen immateriellen Kapitals wie Human- oder Sozialkapital und insbesondere *Naturkapital,* das bereits in vorhergehenden Kapiteln im Sinne ökologischer Tragsysteme und Ökosystemleistungen eingeführt wurde (vgl. Costanza et al. 1997). In dieser erweiterten Perspektive ist Kapital nicht bloß materieller Besitz oder Produktionsmittel, sondern ein gesellschaftlich konstruierter Rahmen zur Bewertung, Mobilisierung und Nutzbarmachung von Ressourcen. Diese Bewertung ist nicht neutral, sondern Ausdruck spezifischer Weltdeutungen. Der Kapitalbegriff ist somit untrennbar mit der ihn rahmenden Wirtschafts- und Gesellschaftsordnung verbunden, so der kapitalistischen Marktlogik, in der Natur zunehmend als ökonomisch verwertbare Größe erscheint.

Der Philosoph Markus Gabriel (2024) argumentiert, dass Kapitalismus nicht nur ein ökonomisches System, sondern ein umfassendes Sinnsystem sei, das soziale, kulturelle und ökologische Werte auf Tauschverhältnisse reduziert. Diese Reduktion erfolgt laut Gabriel entlang dreier zentraler Prinzipien: (1) der normativen Vorstellung freier und gleichberechtigter am Markt Teilnehmenden, (2) der Vorstellung von Märkten als quasinatürliche Ordnungsformen und (3) der Preisbildung als einzig legitimer Wertmessung (Gabriel 2024, S. 56–58, 85). Diese Logiken prägen nicht nur die ökonomische Realität, sondern auch die Art und Weise, wie Natur und Umwelt in Wert gesetzt und reguliert werden.

Der Begriff des *Natur als Kapital* ist daher doppelt codiert. Einerseits macht er ökologische Abhängigkeiten ökonomisch sichtbar und anschlussfähig, andererseits läuft er Gefahr, die Natur ausschließlich unter den Vorzeichen kapitalistischer Verwertbarkeit zu begreifen. Die Ambivalenz des Konzepts liegt damit weniger in seiner Begrifflichkeit als in seiner Anwendung innerhalb bestehender sozioökonomischer Strukturen. Diese Prinzipien führen dazu, dass alles, so auch die Natur, als handelbare Ware erscheint. Der intrinsische Wert eines *Ökosystems,* einer Tierart oder einer Landschaft wird durch die Definition seiner Marktgängigkeit ersetzt. Die Idee, dass etwas nur dann gesellschaftlich relevant sei, wenn es sich rechnet, prägt zunehmend auch Umweltdebatten. In dieser Perspektive wird Natur als Kapital behandelt, als Ressource, die sich in Produktions- und Wertschöpfungsketten einfügen lässt.

Gegen diese ökonomistische Verengung entwickelt Gabriel das Konzept eines *ethischen Kapitalismus.* Dieser soll nicht auf die bloße Akkumulation von Geldwerten zielen, sondern eine gerechte Wertordnung etablieren, in der moralische, soziale und ökologische Werte nicht systematisch verdrängt werden. Ein solcher Kapitalismus müsste Märkte und wirtschaftliche Beziehungen normativ gestalten, etwa durch Institutionen, Gesetze und kulturelle Praktiken, die das Gemeinwohl, Gerechtigkeit und die Würde allen Lebens ins Zentrum stellen (Gabriel 2024, S. 91–94). Kapital wird in diesem Sinne nicht als Instrument zur Ausbeutung, sondern als verantwortbare Möglichkeit der Teilhabe neu interpretiert.

Insgesamt zeigt sich; *Natur* und Kapital sind keine neutralen, sondern gesellschaftlich aufgeladene Begriffe. Ihre Bedeutung hängt davon ab, in welchem Weltbild sie verortet sind. Während kapitalistische Logiken dazu tendieren, *Natur* zu kommodifizieren, plädieren kritische Stimmen wie Gabriel für ein neues Verständnis, eines, das Natur nicht nur als Ressource, sondern als Mitwelt begreift, in der der Mensch in ethischer Beziehung zu allem Lebendigen steht. Dieses Verständnis eröffnet die Möglichkeit, Wirtschaft und Gesellschaft nicht gegen, sondern mit der Natur zu gestalten.

Vor diesem Hintergrund hat das normative Konzept *Natur als Kapital* auch in der Nachhaltigkeitsforschung Einzug gehalten. Eine gängige Unterscheidung ist die zwischen *schwacher* und *starker Nachhaltigkeit.*

Schwache Nachhaltigkeit geht davon aus, dass das Gesamtportfolio an Kapital (physisches, humanes, soziales und natürliches Kapital) für kommende Generationen erhalten bleiben muss, wobei Verluste an Naturkapital durch Zuwächse an anderem Kapital kompensiert werden können. Demgegenüber fordert *starke Nachhaltigkeit,* das Naturkapital in absoluten physischen Mengen zu erhalten, da viele natürliche Funktionen nicht vollständig durch vom Menschen geschaffenes Kapital ersetzt werden können.

Insbesondere kritisches *Naturkapital,* jene Teile der Umwelt, die für das menschliche Überleben unabdingbar sind (z. B. ein bestimmtes Maß an atmosphärischem Sauerstoff, Trinkwasser, fruchtbaren Böden und biodiversen Ökosystemen), sollte nicht unterschritten werden. Hier argumentieren ökologische Ökonomen, dass für solche essenziellen Ressourcen die Substituierbarkeit gegen Null geht; ihr Verlust ist irreversibel und würde die Grundlagen der Wirtschaft und des menschlichen Wohlergehens zerstören (Ekins et al. 2003, S. 7; Daly 1991; Pearce et al. 1989; Neumayer 2013).

Die Auffassung der *Natur als Kapital* hat zur Entwicklung des Konzepts der grünen bzw. umweltökonomischen Gesamtrechnung in der Volkswirtschaftlichen Gesamtrechnung geführt. Hierbei werden Indikatoren wie das *Bruttoinlandsprodukt* angepasst, indem die Abnutzung des *Naturkapitals* (z. B. Abholzung oder der Abbau von Bodenschätzen) als Abschreibung berücksichtigt und Schadenskosten durch Umweltverschmutzung abgezogen werden. Solche Konzepte sollen ein umfassenderes Bild der wirtschaftlichen Wohlfahrt liefern als das traditionelle BIP, das Umweltverbräuche und externe Effekte nicht berücksichtigt (Bartelmus 2013, S. 8, S. 10). In ihrem Bericht zur Messung wirtschaftlicher und sozialer Entwicklung betonen Stiglitz et al. (2020), dass Wohlfahrtsmaße die Dimensionen Umwelt und *Nachhaltigkeit* ausdrücklich berücksichtigen müssen, um falsche Anreize zu vermeiden, wie die Illusion, eine Volkswirtschaft sei prosperierend, obwohl sie tatsächlich ihre natürlichen Grundlagen übernutzt.

Die Sichtweise der *Natur als Kapital* betont also, dass die Erhaltung der natürlichen Lebensgrundlagen nicht als Verzicht, sondern als Investition in zukünftigen Wohlstand zu begreifen ist (Stiglitz et al. 2020, S. 30 ff.). Dieses Verständnis eröffnet die Möglichkeit, Wirtschaft und Gesellschaft nicht gegen, sondern im Einklang mit den ökologischen Grundlagen zu gestalten. Es zeigt sich, dass die ökonomische Bewertung der Natur mehr als eine technische Erweiterung ist. Sie ist Ausdruck eines tiefgreifenden Wandels in der Art, wie Natur in ökonomische Systeme eingebettet wird.

Um die Tiefe dieser Verschiebung zu verstehen, lohnt ein Blick auf die klassischen Grundannahmen der Ökonomie, nämlich die Produktionsfaktoren Boden, Arbeit und Kapital. Die folgende Analyse zeigt, wie das Konzept *Natur als Kapital* diese Kategorien herausfordert und neu interpretiert.

3.1.2 Natur als Kapital? Neuvermessung der Beziehung zwischen Ökonomie und Ökologie

Die Einteilung wirtschaftlicher Produktion in die drei klassischen Produktionsfaktoren Boden, Arbeit und Kapital bildet das Fundament der traditionellen Volkswirtschaftslehre, wie sie etwa von Adam Smith, David Ricardo oder der späteren Neoklassik vertreten wurde.

Boden steht in diesem Modell für natürliche Ressourcen, landwirtschaftlich nutzbare Flächen und standortgebundene Gegebenheiten. Arbeit bezeichnet die menschliche Tätigkeit zur Generierung von Wertschöpfung, während Kapital die durch den Menschen geschaffenen Produktionsmittel umfasst, darunter Maschinen, Infrastrukturen sowie finanzielle Mittel. Diese Dreiteilung folgt einem anthropozentrischen und mechanistisch geprägten Weltbild, in dem die Natur vorrangig als passiver Inputfaktor erscheint, erforderlich für Produktionsprozesse, jedoch nicht selbst aktiv an der Wertschöpfung beteiligt.

Das Konzept des *Naturkapitals,* wie es insbesondere im Rahmen der ökologischen Ökonomie entwickelt wurde (vgl. Daly und Farley 2011; Costanza et al. 1997), setzt an dieser reduktiven Sichtweise an. Es erweitert und differenziert den klassischen Produktionsfaktor Boden, indem es nicht nur den physischen Bestand an natürlichen Ressourcen wie Wasser, Böden, Wäldern oder biologischer Vielfalt berücksichtigt, sondern auch die ökologischen Prozesse, die essenzielle Leistungen für menschliche Gesellschaften bereitstellen. Hierzu zählen unter anderem Kohlenstoffbindung, Bestäubung und Wasserregulation. Natur wird somit nicht lediglich als statische Ressource verstanden, sondern als dynamisches System mit funktionaler Bedeutung. Das Konzept des *Naturkapitals* macht die systemische Relevanz ökologischer Prozesse sichtbar und einer ökonomischen Bewertung zugänglich und geht damit deutlich über das klassische Bodenverständnis hinaus.

Wie in Abschn. 3.1 erläutert, handelt es sich beim Begriff *Natur als Kapital* nicht um einen engen ökonomischen Fachterminus, sondern um einen kritisch-normativen Deutungsrahmen zur Reflexion der Beziehung zwischen Mensch und Natur. Im Unterschied zum analytischen Konzept des *Naturkapitals,* das auf die ökonomische Bewertung natürlicher Ressourcen fokussiert, greift dieser interpretative Rahmen bewusst die Sprache der Ökonomie auf, um deren Reichweite und Grenzen sichtbar zu machen. Die Vorstellung, Natur als Kapitalstock zu verstehen, der kontinuierlich Erträge liefert, verdeutlicht einerseits ihre fundamentale Bedeutung für gesellschaftliches Wohlergehen. Andererseits verweist sie auf die Risiken einer Übernutzung und Monetarisierung ökologischer Systeme. Der Begriff *Natur als Kapital* eröffnet somit einen normativ-analytischen Denkraum, der ökonomische Logiken fruchtbar macht, zugleich aber auch deren Begrenztheit offenlegt, insbesondere dort, wo kulturelle, ethische oder ökologische Werte nicht in monetären Kategorien erfassbar sind. Er fungiert damit als konzeptionelle Brücke zwischen klassischer Ökonomie und postmaterialistischer Kritik. Diese Perspektive verweist auf eine grundlegende Herausforderung moderner Gesellschaften, die Schwierigkeit, ökologische Aspekte in ökonomische Entscheidungsprozesse zu integrieren. Wie Talcott Parsons (1971) betont, entstehen in funktional ausdifferenzierten Gesellschaften eigenständige Subsysteme, etwa Wirtschaft, Wissenschaft oder Recht, mit je spezifischen Handlungslogiken. Diese Differenzierung erschwert es, umfassende normative Bezüge wie ökologische Verantwortung systematisch in ökonomische Praktiken einzubetten.

Die Idee, der Natur einen ökonomischen Wert zuzuschreiben, reicht bis in die klassische Nationalökonomie zurück. Bereits bei Ricardo und Smith wurden Boden und natürliche Ressourcen als grundlegende Produktionsfaktoren behandelt. Dennoch blieb der Beitrag der Natur jenseits ihrer stofflichen Nutzung über lange Zeit in der volkswirtschaftlichen Gesamtrechnung unberücksichtigt. Erst mit der Entstehung der Umweltökonomik in den 1960er Jahren setzte eine systematische Berücksichtigung externer Umweltkosten ein (Spash 2021, S. 5 bis 6). Parallel dazu entwickelte sich die ökologische Ökonomie, die sich durch eine umfassendere systemische Perspektive von der Umweltökonomik unterscheidet. Sie vertritt die Auffassung, dass die Wirtschaft ein Subsystem der Natur darstellt, dessen physikalische Grenzen nicht beliebig überschritten werden können. Naturkapital gilt in diesem Verständnis nicht als beliebig austauschbare Ressource, sondern als komplementäre und unverzichtbare Grundlage jeglicher ökonomischer Aktivität (Daly 1996, S. 5; Costanza et al. 1997, S. 259).

Seit den 1990er Jahren wurden erste Versuche unternommen, den Wertverlust an Naturkapital systematisch in volkswirtschaftlichen Kennzahlen abzubilden. Die Weltbank führte mit den *Adjusted Net Savings* (auch *Genuine Savings*)[3] einen Indikator ein, der neben Investitionen in Humankapital auch den Abbau natürlicher Ressourcen und Emissionen als ökonomisch relevante Abschreibungen berücksichtigt (World Bank 2006). In den

---

[3] Die *Adjusted Net Savings* (ANS), auch bekannt als *Genuine Savings,* gelten als Indikator für die langfristige wirtschaftliche Nachhaltigkeit eines Landes. Im Gegensatz zur herkömmlichen Sparquote berücksichtigen sie nicht nur Abschreibungen auf physisches Kapital, sondern auch Investitionen in Humankapital sowie ökologische Verluste – etwa durch die Nutzung nicht erneuerbarer Ressourcen, den Rückgang der Waldfläche oder CO_2-Emissionen. Ein negativer ANS-Wert signalisiert, dass ein Land sein Gesamtvermögen reduziert und damit ökonomisch auf Kosten künftiger Generationen wirtschaftet. Die ANS markieren damit einen frühen Versuch, Naturkapitalverlust als ökonomisch relevante Abschreibung sichtbar zu machen und bilden eine Vorstufe umfassender Umweltbuchhaltungssysteme wie SEEA oder True Cost Accounting (World Bank 2006).

2000er und 2010er Jahren wurde diese Perspektive zunehmend international und institutionell gestärkt. Mit dem *System of Environmental Economic Accounting* (SEEA) etablierte die UN im Jahre 2012 ein statistisches Rahmenwerk, das es ermöglicht, Umweltaspekte systematisch in volkswirtschaftliche Kontensysteme zu integrieren (United Nation o.J.). In der EU wurde dieses System mit der Verordnung (EU) Nr. 691/2011 in die Umweltökonomischen Gesamtrechnungen überführt (EU 2011). Damit wurde nicht nur eine einheitliche methodische Grundlage für die Erfassung von Umweltgütern und -dienstleistungen geschaffen, sondern auch ein institutioneller Rahmen für ihre Bewertung als ökonomisch relevante Größen etabliert. Diese Entwicklung greift zentrale Herausforderungen auf, wie sie im Zusammenhang mit der Governance gemeinschaftlich genutzter Ressourcen diskutiert werden. Dazu zählen Fragen nach der Sichtbarmachung ökologischer Leistungen, nach der gerechten Zurechnung von Nutzungsansprüchen und der fairen Verteilung von Belastungen, Aspekte, die auch im Kontext von Allmendegütern und ihrer nachhaltigen Bewirtschaftung zentral sind (vgl. Abschn. 1.6.2.3).

Einen wichtigen politischen Nachhall und eine wissenschaftlich fundierte Bestätigung der bereits zuvor etablierten Ansätze bot der *Dasgupta-Bericht.* Er fordert eine grundlegende Neubewertung des ökonomischen Naturverhältnisses und betont, dass ein dauerhaft tragfähiges Wirtschaftssystem auf dem Erhalt und der Wiederherstellung von *Naturkapital* basieren muss (Dasgupta 2021, S. 15). Die ausdrückliche Empfehlung, *Naturkapital*systematisch in nationale Rechnungslegungssysteme zu integrieren, unterstreicht die Relevanz des *SEEA-Frameworks* und verstärkt dessen Bedeutung im internationalen Diskurs zur Transformation ökonomischer Bewertungsgrundlagen.

Die wachsende Integration von *Naturkapital* in ökonomische Konzepte markiert einen grundlegenden Paradigmenwechsel. An die Stelle einer rein extraktiven Perspektive tritt eine bilanzielle und auf langfristige Tragfähigkeit ausgerichtete Sichtweise (Costanza et al1997; Daly und Farley 2011; Dasgupta 2021). Für das Verständnis dieser Entwicklung ist die Unterscheidung zwischen Umweltökonomik und ökologischer Ökonomie von zentraler Bedeutung. Während die Umweltökonomik auf der neoklassischen Theorie aufbaut und Umweltprobleme primär als Ausdruck von Marktversagen behandelt, stellt die ökologische Ökonomie die Einbettung wirtschaftlicher Prozesse in biophysikalische Systeme in den Mittelpunkt (Daly und Farley 2011).

Die *Umweltökonomik* zielt darauf, externe Effekte wie Umweltverschmutzung über ökonomische Instrumente wie Preise oder Steuern in die Marktmechanismen zu integrieren. Ihr Ziel ist eine effizientere Ressourcenverwendung im Rahmen bestehender Marktstrukturen. Dieses Vorgehen orientiert sich am Konzept der sogenannten *schwachen Nachhaltigkeit* (Pearce et al. 1989, S. 21). In dieser Logik erscheint der Erhalt der Natur nachrangig, wodurch die langfristige Stabilität ökologischer Systeme in den Hintergrund tritt.

Demgegenüber vertritt die *ökologische Ökonomie* das Konzept *starker Nachhaltigkeit.* Es basiert auf der Überzeugung, dass kritische Bestandteile des *Naturkapitals,* wie Biodiversität oder klimatische Stabilität, nicht substituiert werden können (Daly 1996, S. 53).

In dieser Perspektive ist *Naturkapital* keine beliebige Ressource, sondern eine konstitutive Voraussetzung gesellschaftlicher Wohlfahrt. Ziel ist nicht nur die Einbeziehung der Natur in ökonomische Modelle, sondern eine grundlegende Neuausrichtung wirtschaftlicher Logiken entlang ökologischer Prinzipien (Martinez-Alier 2002, S. 7).

Robert Costanza, einer der führenden Vertreter der ökologischen Ökonomie, beschreibt die Wirtschaft als vollständig in die Umwelt eingebettet und somit als ein nicht autonomes, sondern abgeleitetes System (Costanza et al. 1997, S. 254). Die ökologische Ökonomie hebt die Bedeutung systemischer Grenzen, physikalischer Stoff- und Energieflüsse sowie intergenerationeller Gerechtigkeit hervor. Natur erscheint in diesem Kontext nicht als Input eines isolierten Produktionsprozesses, sondern als tragende infrastrukturelle Grundlage jeglicher ökonomischer Tätigkeit, und somit, im Sinne dieses Buches, als *Naturkapital.* Beide Denkschulen haben zur konzeptionellen Ausarbeitung des Begriffs *Naturkapitals* wesentlich beigetragen. Die Umweltökonomik hat vor allem methodische Verfahren zur monetären Bewertung geliefert, während die ökologische Ökonomie eine systemtheoretisch fundierte Rahmung bereitstellt. Der zentrale Unterschied liegt in der normativen Ausrichtung. Während Natur in der Umweltökonomie kapitalisiert wird, um Effizienz innerhalb bestehender Strukturen zu steigern, fordert die ökologische Ökonomie eine tiefgreifende Transformation der ökonomischen Grundannahmen (Daly und Farley, 2011, S. 7 bis 9, 21).

3.1.3 Naturkapital: Von der ökologischen Grundlage zur ökonomischen Kategorie

Aufbauend auf den zuvor dargestellten Definitionen von *Naturkapital,* insbesondere der Konzeption von Costanza et al. (1997), die *Ökosysteme* als Quelle direkter und indirekter Nutzenstiftung für den Menschen beschreiben, rückt zunehmend die Frage nach der Sichtbarmachung und ökonomischen Einbettung dieser Leistungen in den Vordergrund (Daly und Farley 2011, S. 17). Je besser es gelingt, den Beitrag natürlicher Systeme zu quantifizieren und in Entscheidungsprozesse zu integrieren, desto eher können Umweltfolgen als wirtschaftlich relevante Größen erkannt, bewertet und gesteuert werden. In dieser Perspektive wird Natur nicht länger als externer Lieferant betrachtet, sondern als ökonomischer Vermögenswert mit strategischer Bedeutung für Wohlstand und unternehmerische Zukunftsfähigkeit. Das Konzept des *Naturkapitals* fungiert somit als konzeptioneller Anker, der sowohl volkswirtschaftliche als auch betriebliche Denkweisen erweitert und an die biophysikalische Realität rückbindet.

Gleichzeitig markiert dieser Denkansatz eine strukturelle Neuorientierung. Die Natur wird nicht mehr bloß als Ressourcenspeicher verstanden, sondern als funktionaler Kapitalstock, dessen Integrität langfristig erhalten werden muss, analog zur Wartung technischer Infrastruktur. Diese Sichtweise ermöglicht neue Formen der Governance, des Reportings und der Risikobewertung, birgt jedoch auch die Gefahr der Verkürzung ökologischer Komplexität auf monetarisierbare Größen.

Der damit verbundene Zielkonflikt, zwischen notwendiger ökonomischer Integration und drohender Kommerzialisierung ökologischer Zusammenhänge, bleibt konstitutiv für die Anwendung des Naturkapitalkonzepts. Gerade deshalb kommt es darauf an, den Wert der Natur nicht ausschließlich in Geld zu bemessen, sondern ihn auch in seiner systemischen, kulturellen und sozialen Bedeutung zu reflektieren.

In der Praxis ist der Begriff *Naturkapital* allerdings nicht eindeutig. Böhm et al. (2014) weisen darauf hin, dass *Naturkapital* je nach politischem Interesse als Rohstoffreservoir, Dienstleistungserbringer oder kulturelles Gut verstanden werden kann. Diese *Polyvalenz* eröffnet Spielräume, birgt aber auch Risiken der Beliebigkeit.

Zudem besteht ein grundlegender Unterschied zwischen Bestands- und Flussgrößen. Während *Naturkapital* den Bestand beschreibt (z. B. Waldfläche, Fischpopulation), beziehen sich *Ökosystemdienstleistungen* auf den Nutzenstrom, der aus diesen Beständen hervorgeht (z. B. jährliche CO_2-Bindung). Beide Dimensionen müssen berücksichtigt werden, um eine realistische Einschätzung ökologischer Vermögenswerte zu ermöglichen (Dasgupta 2021, S. 5, 23). Im weiteren Verlauf des Buches wird dieses auch so verstanden, dass beide Größen, Bestands- und Flussgrößen der Natur zu dem Begriff *Naturkapital* gehören.

Trotz definitorischer Unschärfen zeigt sich, dass die Einführung des Begriffs *Naturkapital* ermöglicht, ökologische Werte in Entscheidungsprozesse zu integrieren, etwa in der Unternehmensstrategie, bei der öffentlichen Investitionsplanung oder in internationalen Entwicklungsprogrammen (Natural Capital Coalition 2016). Dabei bleibt es entscheidend, wie umfassend der Kapitalbegriff ausgelegt wird. rein monetär oder auch sozial-ökologisch fundiert.

Die Monetarisierung von *Ökosystemdienstleistungen* gilt als zentrales Element in der operativen Umsetzung des Naturkapitalbegriffs. Ziel ist es, ökologische Leistungen, etwa die Filterfunktion eines Feuchtgebiets oder die Bestäubung durch Insekten, in monetäre Größen zu überführen, um sie in wirtschaftliche Entscheidungen einbeziehen zu können (Costanza et al. 1997). Dahinter steht die Annahme, dass nur was einen Preis hat, wird in Märkten und Politiken beachtet (World Bank 2012, S. 109). Auch Dasgupta (2021) betont, dass diese Werte sichtbar gemacht werden müssen, um den systematischen Bewertungsfehler der gegenwärtigen Ökonomie zu korrigieren. Eine Monetarisierung erfolgt durch verschiedene Bewertungsverfahren, darunter Kostenersatzmethoden, Zahlungsbereitschaftsstudien oder Marktpreisansätze. Ein Beispiel ist die Entscheidung der Stadt New York, in den Schutz der Catskill-Wassereinzugsgebiete zu investieren, anstatt eine teure Wasseraufbereitungsanlage zu bauen, weil die natürliche Reinigungsleistung der Wälder als kosteneffizienter bewertet wurde (Chichilnisky und Heal 1998, S. 629).

Trotz solcher Erfolge ist die Monetarisierung ökologischer Leistungen ambivalent. Robertson (2006) kritisiert in seiner ethnografischen Analyse des Wetland Banking, dass die Natur auf das reduziert werde, was das Kapital sehen kann, d. h., nur jene Naturleistungen erhalten Beachtung, die quantifizierbar sind (S. 367). Ähnlich argumentiert Böhm et al. (2014), dass durch den Monetarisierungsprozess qualitative Unterschiede eingeebnet würden, mit der Folge, dass systemische oder kulturelle Werte verloren gingen. Ein weiteres Problem besteht in der Unsicherheit und Instabilität der Bewertung. Monetäre Werte hängen stark von Annahmen, Diskontierungsraten und Kontexten ab, was die Vergleichbarkeit einschränkt (Robertson 2006, S. 368–369). Dennoch bieten monetarisierte Werte oft einen pragmatischen Hebel, um Naturaspekte in Entscheidungsfindung einzubringen, insbesondere, wenn sie vorher gar nicht berücksichtigt wurden (Dasgupta 2021, S. 84). Gleichwohl bleibt die Gefahr des Greenwashing bestehen, insbesondere wenn Bewertungsmethoden intransparent bleiben oder keine substantiellen Maßnahmen folgen (Böhm et al. 2014).

Das Konzept *Naturkapital* ist mittlerweile in einer Vielzahl institutioneller und politischer Umsetzungsformen verankert, auf nationaler, regionaler und globaler Ebene. *Natural Capital Accounting (NCA)*, auch als Umweltökonomische Gesamtrechnungen bezeichnet, wurde von der UN mit dem *SEEA*-Rahmenwerk formalisiert (United Nations o. J.). Hierbei handelt es sich um ergänzende Konten zur Volkswirtschaftlichen Gesamtrechnung, die natürliche Ressourcenbestände, Emissionen und Ökosystemdienstleistungen in physischer und monetärer Form erfassen. Ziel ist es, den realen Wohlstand einer Volkswirtschaft, also inklusive *Naturkapital,* zu messen.

Diese Verbindung ist auch Ziel des internationalen Natural Capital Accounting and Valuation of Ecosystem Services *(NCAVES)*, das Schnittstellen zwischen SEEA und unternehmerischer Praxis systematisch entwickelt (siehe dazu auch Abschn. 3.2.2).

True Cost Accounting spielt hierbei eine zentrale Rolle, da es insbesondere auf betrieblicher Ebene ansetzt, um verborgene Umwelt- und Sozialkosten sichtbar zu machen und in Entscheidungsprozesse einzuspeisen. Es bietet damit eine wichtige Ergänzung zu nationalen Accounting-Ansätzen wie *SEEA,* indem es konkrete Steuerungsimpulse für Unternehmen liefert und zur internen Verankerung ökologischer Grenzen beiträgt. Zur unternehmerischen Operationalisierung des Naturkapitalbegriffs wurde mit dem *Natural Capital Protocol* ein praxisorientierter Leitfaden entwickelt, der Unternehmen dabei unterstützt, ihre Abhängigkeiten und Auswirkungen auf *Naturkapital* systematisch zu identifizieren, zu bewerten und in Entscheidungen zu integrieren (Natural Capital Coalition 2016).

Die Vielfalt der dargestellten Instrumente, von nationalen Umweltkonten über unternehmerische Steuerungsansätze bis hin zu marktbasierten Kompensationssystemen, verdeutlicht die Breite institutioneller Wege zur Operationalisierung des Naturkapitalbegriffs. Trotz ihrer Unterschiede verfolgen sie ein gemeinsames Ziel, den ökologischen Wert der Natur sichtbar, bewertbar und steuerbar zu machen. Während *SEEA* und *NCAVES* auf makroökonomischer Ebene die ökonomische Bedeutung von Ökosystemen in volkswirtschaftliche Kennzahlen integrieren, setzen Instrumente wie *True Cost Accounting* und das *Natural Capital Protocol* an der Unternehmenspraxis an, um naturbezogene Risiken und Abhängigkeiten systematisch zu erfassen. Demgegenüber etablieren Programme wie Payment for Ecosystem Services und Kompensationsmärkte wie das Wetland Banking marktförmige Mechanismen, mit denen Naturleistungen direkt vergütet oder handelbar gemacht werden.

Gemeinsam bilden diese Ansätze ein institutionelles Geflecht, das *Naturkapital* auf verschiedenen Maßstabsebenen, global, national, lokal und unternehmerisch, in Entscheidungsprozesse integriert. Ihre parallele Entwicklung spiegelt die zunehmende Einsicht wider, dass ökologische Systeme nicht nur externe Rahmenbedingungen ökonomischen Handelns sind, sondern selbst Gegenstand ökonomischer Bewertung, Planung und Steuerung werden müssen. Diese Entwicklung findet ihre institutionelle Verdichtung im Konzept der sogenannten *Nature Markets,* die als ökonomischen Arenen bezeichnet werden können, in denen *Naturkapital* oder daraus abgeleitete Leistungen als handelbare, bewertbare oder bilanzierbare Einheiten auftreten. Kap. 4 widmet sich dieser Entwicklung vertiefend und analysiert die damit verbundenen Potenziale und Problemlagen. Im Zentrum stehen dabei Fragen nach Effizienz, Transparenz, Verteilungswirkungen sowie der politischen und rechtlichen Steuerungsfähigkeit solcher Märkte. Darüber hinaus wird kritisch reflektiert, inwiefern die Etablierung von *Nature Markets* das Verhältnis zwischen Gesellschaft und Natur grundlegend verschiebt, etwa durch neue Regime der Inwertsetzung, Eigentumszuweisung und institutionellen Ausschlusses.

Solche Entwicklungen zeigen, dass der Begriff *Naturkapital* zunehmend in Governance-Prozesse integriert wird, sei es im Rahmen von Rechnungslegung, Anreizmechanismen oder regulatorischen Berichtspflichten. Beispiele hierfür sind kompensatorische Marktmechanismen wie das *Wetland Banking*[4] in den USA. Bauträger, die Feuchtgebiete zerstören, sind verpflichtet, an anderer Stelle Ersatz zu schaffen oder Ausgleichszertifikate (sogenannte *Credits,* siehe dazu Kap. 4) von akkreditierten Wetland-Banken zu erwerben (Robertson 2006). Solche Mechanismen verdeutlichen exemplarisch, wie Naturleistungen in standardisierte und handelbare Einheiten überführt werden, um in wirtschaftliche Verwertungsketten integriert zu werden. Auch Programme wie das

[4] *Wetland Banking* ist ein marktbasiertes Kompensationssystem, das in den USA weiterhin aktiv betrieben wird. Es ermöglicht Bauträgern, Eingriffe in Feuchtgebiete durch den Erwerb von Kompensationszertifikaten (sogenannte Credits) aus ökologisch aufgewerteten Flächen auszugleichen. Trotz regulatorischer Unsicherheiten infolge des US-Supreme-Court-Urteils *Sackett v. EPA* (2023), das den Geltungsbereich des Clean Water Act einschränkte, bestehen Programme wie das *Wetland Mitigation Banking Program (WMBP)* fort und fördern weiterhin die Schaffung neuer Kompensationsflächen, etwa in Michigan, Minnesota und Iowa. Einzelne US-Bundesstaaten haben jedoch begonnen, Schutzregelungen für Feuchtgebiete zu lockern, was die langfristige Stabilität des Instruments regional gefährden könnte (vgl. USDA 2024; Supreme Court of the United States 2023; Tennessee Lookout 2025; LA Illuminator 2025).

Payment for Ecosystem Services (PES)[5] zählen zu diesen Steuerungs- und Finanzialisierungsmechanismen im Kontext von Ökosystemdienstleistungen. Sie beruhen auf dem Prinzip, dass Akteure, die Ökosystemleistungen bereitstellen, für deren Erhalt oder Wiederherstellung entlohnt werden sollten (Wunder 2005, S. 3). Ein international vielbeachtetes Beispiel ist das von einer Treibstoffsteuer finanzierte *PES-Programm* in Costa Rica, das Landbesitzenden gezielt Anreize für Wiederaufforstung und Walderhalt bietet. Die Waldfläche des Landes stieg dadurch zwischen den 1990er- und 2010er-Jahren signifikant an (Porras et al. 2013).

Eine besondere Form internationaler Naturkompensation stellte die *Yasuní-ITT-Initiative* in Ecuador dar. Die Regierung schlug 2007 vor, auf die Förderung großer Ölreserven im Yasuní-Nationalpark zu verzichten, unter der Bedingung, dass die internationale Gemeinschaft Ecuador mit 3,6 Mrd. US-Dollar entschädigt (Yasuni-ITT-Initiative 2015, S. 2). Der zugrunde liegende Gedanke war, ungenutzte Kohlenstoffvorräte und die *Biodiversität* des Gebiets als globale Kapitalgüter *(=Naturkapitalien)* anzuerkennen und entsprechend zu vergüten. Trotz ihres symbolischen Werts scheiterte die Initiative. Gründe dafür waren, dass die von der internationalen Gemeinschaft zugesagten Mittel nicht bereitgestellt wurden und gleichzeitig Zweifel an der Verlässlichkeit und langfristigen Verpflichtung der ecuadorianischen Regierung bestanden.

Auf europäischer Ebene setzt man zunehmen auf institutionalisierte Ansätze, um Naturkapital in politische und ökonomische Steuerungsprozesse einzubetten. Die *EU-Taxonomie*[6] ist ein Klassifikation-Rahmenwerk, welches Kriterien definiert, anhand derer wirtschaftliche Aktivitäten unter anderem hinsichtlich ihrer Umweltauswirkungen bewertet werden (Europäische Kommission 2023). Die neue *Corporate Sustainability Reporting Directive (CSRD)* verpflichtet Unternehmen zur Offenlegung naturbezogener Risiken entlang ihrer Lieferketten. Die Bewertung von Entwaldungsrisiken, Wasserverbrauch oder Biodiversitätsverlust wird dabei integraler Bestandteil der unternehmerischen Berichterstattung (EU-Kommission 2023).[7] Trotz politischer Diskussionen in 2024 und 2025

[5] *Payment for Ecosystem Services (PES)* bezeichnet marktbasierte Anreizmechanismen, bei denen Nutzende von Ökosystemleistungen Zahlungen an diejenigen leisten, die diese Leistungen bereitstellen oder erhalten. Ziel ist es, durch finanzielle Kompensation umweltförderliches Verhalten zu unterstützen und so den Erhalt von Biodiversität, Wasserqualität, Kohlenstoffspeicherung oder anderen Ökosystemfunktionen zu fördern.

[6] Die *EU-Taxonomie* ist ein Klassifikationssystem der Europäischen Union, das objektive Kriterien zur Bestimmung der ökologischen Nachhaltigkeit wirtschaftlicher Aktivitäten festlegt. Ziel ist es, Transparenz über die Umweltwirkungen wirtschaftlicher Tätigkeiten herzustellen und so die Vergleichbarkeit in der Nachhaltigkeitsberichterstattung von Unternehmen und Finanzmarktakteuren zu verbessern. Sie dient als regulatorischer Referenzrahmen zur Umsetzung der Offenlegungspflichten nach der Sustainable Finance Disclosure Regulation (SFDR) und der Corporate Sustainability Reporting Directive (CSRD), nicht aber als Steuerungsinstrument für Investitionen selbst.

[7] Die Corporate Sustainability Reporting Directive (CSRD) ist eine EU-Richtlinie, die Unternehmen seit 2024 zur umfassenden Offenlegung von Nachhaltigkeitsinformationen verpflichtet. Sie ersetzt die bisherige Non-Financial Reporting Directive (NFRD) und legt den Fokus auf standardisierte ESG-Berichterstattung anhand der European Sustainability Reporting Standards (ESRS). Um die

(reduzierte Berichtspflichten für KMU, verzögerte Einführung branchenspezifischer Standards, stärkere Betonung auf Verhältnismäßigkeit) über Bürokratieabbau bleibt die CSRD ein zentraler Baustein für die Integration von Naturkapital in die unternehmerische Praxis.

Parallel dazu beginnt auch der Privatsektor, *Naturkapital* systematisch in strategische Prozesse zu integrieren. Die *Initiative Business for Nature* versammelt Unternehmen, die sich für verbindliche Berichtspflichten und konkrete Maßnahmen zur Erhaltung von Naturkapital einsetzen (Business for Nature 2023). Die *Taskforce on Nature-related Financial Disclosures (TNFD)* entwickelt zudem ein Rahmenwerk zur Offenlegung naturbezogener Risiken in Geschäftsmodellen, analog zur *TCFD*[8] für Klimarisiken.

Diese Entwicklungen zeigen, dass sich das Konzept *Naturkapital* von einer theoretischen Rahmensetzung hin zu einem handlungsleitenden Prinzip institutioneller Praxis entwickelt hat (siehe zur Systematisierung der verschiedenen Governanceformen Tab. 3.1). Demgegenüber verweist der zuvor eingeführte Begriff *Natur als Kapital* auf einen kritisch-normativen Deutungsrahmen, der die ideengeschichtlichen, ökonomischen und gesellschaftlichen Dimensionen der ökonomischen Naturaneignung in den Blick nimmt.

Ein weiteres Beispiel für die Berücksichtigung von *Naturkapital* in der politischen Steuerung ist der US-Bundesstaat Maryland, der 2010 als erster eine Berechnung des *Genuine Progress Indicator* (GPI)[9] in sein Regierungsprogramm integrierte. Der *GPI* subtrahiert Umwelt- und Sozialkosten vom *BIP*, darunter auch den Verlust an *Naturkapital*, und macht so deutlich, dass ein steigender Ressourcenverbrauch nicht automatisch zu wachsendem gesellschaftlichen Wohlstand führt (Maryland DNR 2014, S. 10).

Anwendung der CSRD rechtlich abzusichern und gleichzeitig ihre Umsetzung zu vereinfachen, veröffentlichte die Europäische Kommission im Februar 2025 einen sogenannten Omnibus-Akt. Dieser sieht gezielte Änderungen bestehender EU-Richtlinien vor, etwa der Bilanzrichtlinie und der Transparenzrichtlinie, mit dem Ziel, die neuen Anforderungen der CSRD besser in den bestehenden Rechtsrahmen zu integrieren und Doppelregelungen sowie Umsetzungshürden zu reduzieren. Mit der im April 2025 verabschiedeten „Stop-the-Clock"-Richtlinie (EU 2025/794) wurde die Anwendung der CSRD für bestimmte Unternehmen um zwei Jahre verschoben. Darüber hinaus wurden die Schwellenwerte für die Berichtspflicht angehoben und eine Vereinfachung der ESRS angekündigt, um die Berichterstattung insbesondere für KMU praxistauglicher zu gestalten (EMAS 2025; Europäische Kommission 2025).

[8] Die Task Force on Climate-related Financial Disclosures (TCFD) wurde 2015 vom Finanzstabilitätsrat (FSB) ins Leben gerufen, um ein einheitliches Rahmenwerk zur Offenlegung klimabezogener finanzieller Risiken zu schaffen. Ziel ist es, Unternehmen, Investoren und Aufsichtsbehörden dabei zu unterstützen, klimabezogene Risiken und Chancen systematisch in Entscheidungsprozesse zu integrieren (TCFD 2017).

[9] Der *Genuine Progress Indicator (GPI)* ist ein alternativer Wohlfahrtsindikator, der über das Bruttoinlandsprodukt (BIP) hinausgeht. Er berücksichtigt neben ökonomischen Faktoren auch soziale und ökologische Aspekte, indem er beispielsweise Umweltzerstörung, Einkommensungleichheit oder unbezahlte Care-Arbeit in die Bewertung einbezieht. Ziel ist es, ein umfassenderes Maß für gesellschaftlichen Fortschritt zu schaffen, das auch die langfristige Nachhaltigkeit und Lebensqualität reflektiert (Talberth et al. 2007).

Tab. 3.1 Governance-Ansätze zur Einbeziehung von Naturkapital

Ebene	Ansatz	Ziel	Akteurs Ebene	Mechanismus
Meta(regulatorisch/ supranational/EU-Ebene)	CSRD (Corporate Sustainability Reporting Directive)	Verankerung naturbezogener Berichtspflichten in der Unternehmensberichterstattung	Unternehmen mit Sitz oder Geschäftstätigkeit in der EU	Verbindliche Offenlegung zu Umwelt- und Naturthemen entlang der Wertschöpfungskette
Makro(Nationalstaatlich/ Makroökonomisch)	SEEA/NCAVES	Integration von Naturkapital in volkswirtschaftliche Gesamtrechnungen	Nationalstaaten/ Statistikämter	Erweiterte volkswirtschaftliche Bilanzierungssysteme
Meso(Finanz- und Marktakteure/Sektorale Ebene)	TNFD (Taskforce on Nature-related Financial Disclosures)	Integration naturbezogener Risiken in unternehmerische Risiko- und Finanzberichte	Unternehmen, Finanzinstitutionen	Rahmenwerk für naturbezogene Offenlegung
	Kompensationsmärkte (z. B. Wetland Banking)	Ausgleich irreversibler Eingriffe in Ökosysteme	Staat + Marktakteure	Handel mit Kompensationszertifikaten
Mikro(unternehmerisch/ lokal)	Natural Capital Protocol (NCP)	Operationalisierung von Naturkapital auf Unternehmensebene	Unternehmen	Leitfaden zur Bewertung von Abhängigkeiten und Wirkungen
	True Cost Accounting (TCA)	Internalisierung externer Effekte in unternehmerische Entscheidungen	Unternehmen	Sichtbarmachung von Umwelt- und Sozialkosten
	PES (Payment for Ecosystem Services)	Entlohnung für erbrachte Ökosystemleistungen	Lokale Landnutzer, Staat, Private	Direktzahlungen/ Anreizsystem
	SBTN (Science-Based Targets for Nature)	Wissenschaftsbasierte Zielsetzung für Ressourcennutzung im Einklang mit planetaren Grenzen	Unternehmen	Quantitative Allokation und Zielvorgaben für naturbezogene Ressourcen

Quelle: Eigene Darstellung

Gerade vor dem Hintergrund der zunehmenden politischen und ökonomischen Relevanz von *Naturkapital* wird deutlich, dass effektive Governance auf Reporting angewiesen ist. Governance bedarf somit Instrumente, die ökologische, soziale und ökonomische Informationen integrieren, um fundierte Entscheidungsfindung auf allen Ebenen, lokal, national und global, zu ermöglichen.

Das Konzept des integrierten Nachhaltigkeitsreportings stellt hierbei einen vielversprechenden Ansatz dar. Es zielt darauf ab, ökologische und soziale Auswirkungen unternehmerischen Handelns systematisch mit finanziellen Kennzahlen zu verknüpfen und so eine neue Form von Transparenz und Rechenschaftspflicht zu schaffen. Insofern stellt es eine notwendige institutionelle Erweiterung dar, die es erlaubt, die Prinzipien der Commons-Governance, Partizipation, Monitoring, Rechenschaft, in den Kontext wirtschaftlicher Praxis zu übertragen.

Das folgende Kapitel geht daher der Frage nach, wie sich integriertes Nachhaltigkeitsreporting als zentraler Baustein einer ökologisch informierten Wirtschaft begreifen lässt, welche Standards und Initiativen existieren und wie Unternehmen, Institutionen und Gemeinschaften durch Reporting nicht nur dokumentieren, sondern auch transformieren können.

3.2 Integriertes Nachhaltigkeitsaccounting und umweltökonomische Gesamtrechnungen: Die Vermessung ökologischer Verantwortung

Die vorangegangene Diskussion über die Governance von Commons (siehe Abschn. 1. 6.2.3) hat deutlich gemacht, dass nachhaltiges Ressourcenmanagement ohne transparente, partizipative und adaptive Steuerungsinstrumente nicht gelingen kann. Zentrale Elemente gelingender Gemeingut-Verwaltung, wie Monitoring, Rechenschaft und kollektive Entscheidungsfähigkeit, sind nicht nur auf lokale Gemeinschaften beschränkt, sondern gewinnen zunehmend auch auf unternehmerischer und staatlicher Ebene an Bedeutung. In einer Welt, in der Natur als Kapital verstanden wird, stellt sich die Frage, wie sich ökologische Leistungen in ökonomische Entscheidungsprozesse integrieren lassen, ohne ihre systemische Komplexität zu reduzieren.

Hier setzt unter anderem das Konzept des integrierten Nachhaltigkeitsaccountings an. Es verfolgt das Ziel, ökologische, soziale und ökonomische Informationen systematisch miteinander zu verbinden und in eine gemeinsame Bewertungs- und Berichtsstruktur zu überführen. Dabei geht es nicht nur um Transparenz gegenüber Stakeholdern, sondern auch um die interne Steuerungslogik von Unternehmen und Institutionen. Integriertes Accounting stellt somit eine Brücke dar zwischen ökologischer Verantwortung und betriebswirtschaftlicher Praxis, und bietet einen institutionellen Rahmen, um die Prinzipien einer ressourcenbewussten Governance in der realwirtschaftlichen Welt zu verankern.

Eine besonders wichtige Grundlage hierfür auf volkswirtschaftlicher Ebene liefert die umweltökonomische Gesamtrechnung (Environmental Economic Accounting, EEA). Sie stellt einen bedeutenden Fortschritt im Verständnis der Beziehung zwischen Umwelt und Wirtschaft dar, indem sie die Beiträge von *Naturkapital*und *Ökosystemdienstleistungen* zur gesellschaftlichen Wohlfahrt quantifiziert. Während sie als Ergänzung oder sogar als alternatives Maß zum *Bruttoinlandsprodukt* diskutiert wird, erscheint eine parallele Nutzung beider Systeme als besonders aussichtsreich. So lassen sich kurzfristige wirtschaftliche Entwicklungen erfassen, ohne den Blick für langfristige ökologische Tragfähigkeit zu verlieren. Die Integration der EEA in wirtschaftliche Bewertungsprozesse kann nicht nur fundiertere Entscheidungen ermöglichen, sondern auch dabei helfen, den gesellschaftlichen Fortschritt auf dem Weg zu nachhaltiger Entwicklung objektiver zu messen.

Angesichts globaler Herausforderungen wie Umweltzerstörung, *Biodiversitätsverlust* und Klimawandel wird die Relevanz einer naturbasierten Buchführung und Berichterstattung weiter steigen. Die folgenden Abschnitte untersuchen, wie integriertes Nachhaltigkeitsaccounting und umweltökonomische Gesamtrechnungen dazu beitragen können, ökologische Verantwortung in ökonomischen Systemen sichtbar zu machen – und welche Voraussetzungen erfüllt sein müssen, damit diese Instrumente nicht nur Berichtspflicht erfüllen, sondern auch transformatives Potenzial entfalten.

3.2.1 System for Environmental Economic Accounting (SEEA): Eine Alternative für das BIP?

Die Grundlagen für das Verstehen der Existenz von sozio-ökonomischen Ordnungssystemen bildet das Verständnis gegenüber der Wirtschaftsordnung und des Wirtschaftssystems. Die Wirtschaftsordnung beschreibt die Gesamtheit der rechtlichen und sozialen Normen und Institutionen und ist somit als ein Ordnungsgefüge zu verstehen. Wirtschaftsordnungen stellen institutionelle Systeme verhaltenssteuernder Regeln dar, die Problembereiche menschlicher Interaktionen gemäß einer Leitidee ordnen (Müller 2019 S. 9–17.). Basierend auf den Erkenntnissen der vorherigen Kapitel ist klar, dass die aktuellen Ordnungen und Systeme unzureichende und nicht zukunftsfähige institutionellen Anreize zwischen den agierenden Individuen setzen.

Die Umweltökonomische Gesamtrechnung (= *Environmental Economic Accounting, EEA*) ist ein übergeordneter Rahmen zur Messung der Wechselwirkungen zwischen Wirtschaft und Umwelt. Ziel ist es, darzustellen, wie natürliche Ressourcen zur wirtschaftlichen Entwicklung beitragen, wie sich wirtschaftliche Aktivitäten auf die Umwelt auswirken und wie Umweltveränderungen wiederum die Wirtschaftsleistung beeinflussen. In den letzten Jahren hat sich die Diskussion intensiviert, ob *EEA* eine Alternative zu herkömmlichen Messgrößen wie dem *BIP* darstellen kann oder als ergänzendes Instrument genutzt werden sollte, um die Aussagekraft bestehender Wirtschaftsindikatoren zu erweitern.

EEA umfasst dabei verschiedene methodische Ansätze, von denen das *System of Environmental Economic Accounting (SEEA)* das international am weitesten verbreitete und zugleich standardisierte Rahmenwerk ist. Es wurde von den Vereinten Nationen verabschiedet, um Umwelt- und Wirtschaftsdaten systematisch zusammenzuführen und damit eine belastbare Grundlage für die Bewertung ökologischer Nachhaltigkeit in wirtschaftlichen Zusammenhängen zu schaffen (United Nations n.d.). Während *EEA* als generischer Begriff für umweltbezogene Wirtschaftsbilanzierung dient, bezeichnet *SEEA* konkret das formalisierte statistische System, das mit dem bestehenden System der volkswirtschaftlichen Gesamtrechnungen kompatibel ist.

Das *SEEA* ermöglicht die Bilanzierung sowohl von natürlichen Vermögenswerten als auch von Strömen an Ökosystemdienstleistungen, sowohl in physischer als auch in monetärer Form. Damit wird ein Vergleich mit traditionellen wirtschaftlichen Größen wie dem BIP möglich. Indem Naturressourcen als Kapitalbestand verstanden werden, also nicht nur hinsichtlich ihrer Existenz, sondern auch ihrer Fähigkeit, Erträge in Form ökologischer Leistungen zu liefern, wird ein Perspektivwechsel vollzogen. Umweltressourcen erscheinen nicht länger als externe, unbegrenzte Faktoren, sondern als ökonomisch relevante Bestände, deren Erhalt entscheidend für langfristige Stabilität ist (vgl. Ekins 2011, S. 632).

Durch diese integrative Betrachtung zeigt sich, dass reines *BIP*-Wachstum auch mit ökologischer Degradation einhergehen kann, ohne dass dies im Indikator selbst sichtbar wird. *EEA* und insbesondere *SEEA* eröffnen demgegenüber eine erweiterte Sichtweise auf Wohlstand und Wohlergehen, indem sie den Verlust von Naturkapital als Vermögensminderung erfassen. Dies schafft nicht nur Transparenz, sondern ermöglicht auch politischen Entscheidungsträgern fundiertere Urteile über die langfristige Tragfähigkeit wirtschaftlicher Entwicklung. Auf dieser Grundlage kann etwa die Erschöpfung natürlicher Ressourcen in Relation zur Wirtschaftsleistung verfolgt und in Strategien zur Nachhaltigkeitspolitik integriert werden. Anstatt *EEA* als direkte Alternative zum *BIP* zu betrachten, kann es sinnvoller sein, die beiden Rahmen als komplementär zu betrachten. *EEA* kann einen Kontext für das *BIP* bieten, indem es die ökologischen Grundlagen der Wirtschaftstätigkeit veranschaulicht und die langfristige Nachhaltigkeit von Wachstumsmustern hervorhebt. Ein simultaner Einsatz beider Instrumente ermöglicht es politischen Entscheidungsträgern, kurzfristige wirtschaftliche Ziele anzugehen und gleichzeitig langfristige ökologische Auswirkungen zu berücksichtigen. Beispielsweise könnte ein Land aufgrund einer raschen Industrialisierung ein erhebliches *BIP*-Wachstum verzeichnen. Wenn *EEA* jedoch zeigt, dass das *Naturkapital*in einem nicht nachhaltigen Tempo erschöpft wird oder dass die Ökosystemleistungen abnehmen, kann dies eine Neubewertung der Wirtschaftspolitik und -praxis auslösen (Beynaghi et al. 2019,

S. 210). Solche Erkenntnisse können dazu beitragen, Volkswirtschaften in Richtung nachhaltigerer Praktiken zu lenken, die neben der wirtschaftlichen Entwicklung auch den Wert von *Naturkapital* für ihre Zukunftsfähigkeit anerkennen. Ein ergänzender Ansatz kann auch das Verständnis der Folgen politischer Entscheidungen bereichern. So könnten beispielsweise Investitionen in *Erneuerbare Energien* Arbeitsplätze schaffen und das Wirtschaftswachstum ankurbeln, was sich in den *BIP*-Kennzahlen widerspiegelt, während gleichzeitig die natürlichen Ressourcen für künftige Generationen erhalten bleiben, ein Vorteil, der sich auf Erkenntnise eines *EEA* stützt.

Die Anwendung des *EEA* ist in verschiedenen Ländern und Kontexten zu beobachten und zeigt ihre Vielseitigkeit und Relevanz. So hat die Europäische Union beispielsweise mit der Umsetzung des *SEEA*-Rahmenwerks begonnen, um die Prozesse der Umweltberichterstattung und -buchhaltung zu verbessern und so einen Wandel hin zur Nachhaltigkeit zu fördern (Ivits et al. 2020, S. V). Diese Initiative unterstreicht die Bedeutung der Einbeziehung von Umweltfaktoren in nationale Rechnungslegungssysteme, um eine besser informierte Entscheidungsfindung auf politischer Ebene zu ermöglichen. Darüber hinaus haben in Ländern wie Australien und den Niederlanden durchgeführte Untersuchungen die praktischen Vorteile der *EEA* aufgezeigt. In Australien hat die Umsetzung von Umweltkonten die Verfolgung von Veränderungen der natürlichen Ressourcenbestände ermöglicht, was zu nachhaltigeren Wassermanagementpraktiken geführt hat (Australian Bureau of Statistics 2013, S. 12). In ähnlicher Weise haben die Niederlande die Umweltbuchhaltung verwendet, um die Nachhaltigkeit nationaler Politiken in Bezug auf *Biodiversität* und natürliche Ressourcen zu bewerten (Statistics Netherlands 2019). Diese Anwendungen veranschaulichen, wie die *EEA* nationale Strategien informieren und dazu beitragen kann, Ressourcen effizienter zu verteilen. Durch die Integration von Umweltaspekten in die Wirtschaftsplanung können Länder ihre Widerstandsfähigkeit gegenüber Umweltveränderungen erhöhen und gleichzeitig nachhaltiges Wachstum fördern.

Die Einführung von *EEA*-Rahmenwerken ist nicht nur eine technische Notwendigkeit, sondern auch ein Spiegelbild der sich ändernden gesellschaftlichen Prioritäten in Bezug auf ökologische Nachhaltigkeit. Angesichts der wachsenden Besorgnis über Klimawandel und Verlust der Artenvielfalt besteht eine steigende Nachfrage nach Wirtschaftssystemen, die ökologische Gesundheit und gesellschaftliches Wohlergehen in den Vordergrund stellen (Raworth 2017, S. 83). Daher kann die Integration von *EEA* in wirtschaftliche Rechnungslegungssysteme als wertvolles Instrument dienen, um wirtschaftliche Aktivitäten mit gesellschaftlichen Werten und ökologischen Prioritäten in Einklang zu bringen. Darüber hinaus spielt das öffentliche Bewusstsein eine entscheidende Rolle bei der Gestaltung des Diskurses über wirtschaftliche Kennzahlen. Da die Bürger zunehmend die Bedeutung von Nachhaltigkeit erkennen, wird von Regierungen zunehmend gefordert, Kennzahlen einzuführen, die die Umweltgesundheit und das gesellschaftliche Wohlergehen genauer widerspiegeln. Diese Veränderung des öffentlichen Bewusstseins bietet politischen Entscheidungsträgern die Möglichkeit, *EEA* als Mittel zur Förderung nachhaltiger Entwicklung zu nutzen.

Trotz seiner potenziellen Vorteile ist die Umsetzung von *EEA* mit Herausforderungen verbunden. Eine erhebliche Hürde ist die Verfügbarkeit zuverlässiger Daten über natürliche Ressourcen und Ökosystemdienstleistungen. Das Sammeln und Aufbewahren umfassender Datensätze erfordert die Zusammenarbeit zwischen verschiedenen staatlichen und nichtstaatlichen Interessengruppen und erfordert erhebliche Ressourcen und technisches Fachwissen (United Nations o. J.).

Darüber hinaus besteht die Herausforderung, die *EEA* in bestehende wirtschaftliche Rahmenbedingungen zu integrieren. Der Übergang von traditionellen Buchhaltungsmethoden zu einer Methode, die die *EEA* einbezieht, erfordert erhebliche Änderungen in Politik, Bildung und institutionellen Strukturen. Dies erfordert den Aufbau von Kapazitäten innerhalb von Regierungen und Organisationen, um die *EEA* effektiv zu nutzen und eine Kultur der Nachhaltigkeit in der Wirtschaftsplanung zu fördern.

Darüber hinaus kann der Widerstand etablierter Wirtschaftsinteressen die weit verbreitete Einführung von *EEA*-Rahmenwerken behindern. Branchen, die stark von natürlichen Ressourcen abhängig sind oder stark zur Umweltverschmutzung beitragen, könnten sich Änderungen widersetzen, die ihre Betriebspraktiken einschränken könnten Ruijs und van der Heide (2016, S. 148).[10] Um diesen Widerstand zu überwinden, sind konzertierte Anstrengungen erforderlich, um entsprechende Interessengruppen einzubeziehen und die langfristigen Vorteile nachhaltiger Praktiken hervorzuheben.

3.2.2 Verknüpfung zwischen SEEA und betrieblichem Rechnungswesen durch das Natural Capital Accounting and Valuation of Ecosystem Services Project (NCAVES)

Das *Natural Capital Accounting and Valuation of Ecosystem Services (NCAVES)*-Projekt[11] stellt einen bedeutenden Meilenstein in der Operationalisierung umweltökonomischer Gesamtrechnungen für betriebliche und politische Anwendungen dar. Es wurde von den Vereinten Nationen, der Europäischen Union und dem *Bundesministerium für Umwelt, Naturschutz und nukleare Sicherheit (BMU)* initiiert, um das *SEEA* enger mit praktischen Anforderungen in Unternehmen und öffentlichen Institutionen zu verknüpfen.

[10] Siehe auch Brandon et al. (2021).

[11] Dabei ist hervorzuheben, dass es sich bei NCAVES nicht um ein eigenes Rahmenwerk, sondern um ein zeitlich befristetes internationales Projekt handelt (2017–2021), das die Anwendung und Implementierung des SEEA-Standards in der Praxis unterstützt. Während SEEA ein dauerhaftes, international normiertes System zur Umweltökonomischen Gesamtrechnung darstellt, verfolgt NCAVES das Ziel, diesen Rahmen konkret in politische und betriebliche Entscheidungsprozesse zu überführen und dabei institutionelle Voraussetzungen, methodische Schnittstellen und sektorale Anwendungsfelder zu erproben.

Ziel war es, nationale Umweltkonten gemäß den *SEEA*-Standards zu entwickeln und gleichzeitig Schnittstellen zum betrieblichen Nachhaltigkeitsmanagement zu operationalisieren. Diese Schnittstellen ermöglichen eine systematische Übersetzung ökologischer Prozesse in ökonomisch relevante Indikatoren, wodurch sich naturbasierte Informationen direkt in unternehmerische Steuerungsinstrumente integrieren lassen (La Notte et al. 2019). Besonders hervorzuheben ist die Etablierung monetärer Bewertungen von *Ökosystemleistungen,* ein entscheidender Schritt für die Vergleichbarkeit und Integration in Bilanzierungslogiken. Die Bewertung erfolgt in diesem Zusammenhang sowohl über marktbasierte Methoden (z. B. Zahlungsbereitschaft, Kostenvermeidung) als auch über indikative Verfahren, die ökologische Zusammenhänge quantifizieren, selbst wenn keine Marktpreise vorliegen.

Pilotprojekte in Südafrika, Indien und Brasilien zeigten die Umsetzbarkeit in der Praxis. Hier wurde erfolgreich demonstriert, wie naturbezogene Informationen konsistent in nationale Statistiksysteme und betriebliche Datenstrukturen überführt werden können (Hein et al. 2020, S. 612). Dabei wurde deutlich, dass sektorale Besonderheiten, etwa in Land- und Forstwirtschaft, Tourismus oder Rohstoffextraktion, jeweils spezifische Anforderungen an die Gestaltung von Naturkapitalkonten stellen. Die Praxisorientierung des Projekts zeigte, dass auch Faktoren wie Datenverfügbarkeit, Systeminteroperabilität und institutionelle Kapazitäten entscheidend für die Umsetzung sind.

NCAVES wirkte dabei als Brücke zwischen globalen Datenstandards und unternehmerischer Praxis, insbesondere vor dem Hintergrund wachsender regulatorischer Anforderungen. Die resultierenden *SEEA*-basierten Naturkapitaldaten lassen sich mit gängigen ESG-Standards wie GRI, IFRS S2 und der EU-CSRD verknüpfen und ermöglichen ein konsistentes Rahmenwerk ökologischer Rechenschaftspflicht (Vardon et al. 2018, S. 13, S. 35). Dies schafft nicht nur Transparenz gegenüber Kapitalmärkten, sondern auch eine Grundlage für strategische Steuerung auf Basis ökologischer Risiken und Chancen. Ein zentrales Ergebnis des Projekts ist die Erkenntnis, dass naturkapitalbezogene Informationen nicht nur retrospektiv zur Berichterstattung, sondern auch prospektiv für unternehmerische Entscheidungen eingesetzt werden können.[12] *NCAVES*

[12] In allen fünf beteiligten Ländern wurden erstmals umfassende Umwelt- und Ökosystemkonten erstellt, in politische Entscheidungsprozesse integriert und in Szenarioanalysen zur Bewertung ökologischer Handlungsoptionen eingesetzt. Länder wie Südafrika, Indien und Mexiko entwickelten daraufhin nationale Strategien zur Verstetigung von Naturkapitalbilanzen, etwa durch ressortübergreifende Koordinationsmechanismen, institutionalisierte Umweltkonten und die systematische Verzahnung mit Planungsprozessen.

Auch auf globaler Ebene hatte NCAVES Wirkung, so trugen die Erfahrungen trugen zur internationalen Anerkennung des SEEA-Ecosystem Accounting als statistischem Standard bei und flossen in Biodiversitätsziele (SDGs, Post-2020 Global Biodiversity Framework) sowie in die Entwicklung von Leitlinien zur Integration von Naturkapital in die Unternehmensberichterstattung ein. Damit verdeutlicht das Projekt exemplarisch, wie naturkapitalbasierte Umweltökonomik als Governance-Innovation wirken kann, über die technische Dimension hinaus, hinein in institutionelle Transformationen (United Nations Statistics Division 2021).

eröffnet damit Perspektiven für ein zukunftsgerichtetes Naturkapitalmanagement, das sowohl ökonomische als auch ökologische Resilienz systematisch adressiert (Obst et al. 2016, S. 18).

Die anhaltende Orientierung politischer Steuerungsmechanismen am *BIP* als zentrales Maß gesellschaftlichen Fortschritts bleibt trotz zunehmender ökologischer Herausforderungen problematisch. Denn, wie im Verlauf des Buches dargelegt wurde, bildet das *BIP* weder den Ressourcenverbrauch noch den Verlust von *Naturkapital* ab, wodurch Wachstum entstehen kann, das auf langfristiger ökologischer Degradierung beruht. Eine stärkere Differenzierung und Kontextualisierung dieser Größen erscheint insbesondere vor dem Hintergrund planetarer Belastungsgrenzen und knapper ökologischer Ressourcen geboten. Vor diesem Hintergrund ist die Diskussion um eine Konzentration von Nachhaltigkeitsberichtsanforderungen auf eine begrenzte Anzahl großer Unternehmen differenziert zu betrachten. Zwar kann eine schrittweise Implementierung regulatorischer Anforderungen zur Entlastung administrativer Strukturen beitragen, doch birgt eine allzu starke Fokussierung auf ausgewählte Akteure auch die Gefahr, dass zentrale Informationen über den ökologischen Ressourcenverbrauch in der Breite unternehmerischer Tätigkeiten verloren gehen. Für kapitalmarktorientierte Akteure, aber auch für zivilgesellschaftliche und politische Institutionen, stellen standardisierte, unternehmensspezifische Kennzahlen zur Nutzung und Belastung natürlicher Ressourcen eine essenzielle Grundlage dar, etwa um Kapitalkosten differenziert zu bewerten oder naturbezogene Risiken angemessen zu internalisieren.

Vor allem in Bezug auf unternehmerische Wirkungen auf *Biodiversität,* Landnutzung und Stoffströme bedarf es konsistenter und vergleichbarer Indikatoren, die über die rein finanzielle Berichterstattung hinausgehen. In diesem Zusammenhang gewinnen Ansätze wie *True Cost Accounting, Natural Capital Accounting* und *Absolute Environmental Sustainability Assessment* (wird im Folgenden noch näher erläutert) an Bedeutung, da sie ökologische Systemgrenzen in ökonomische Bewertungsmodelle zu integrieren versuchen. Ein vielversprechender Zugang besteht in der Weiterentwicklung integrierter Berichterstattungsformate, wie sie etwa durch die Arbeiten der *EFRAG* oder der *Taskforce on Nature-related Financial Disclosures* vorangetrieben werden. Ziel ist eine holistische Informationsarchitektur, in der ökologische, soziale und ökonomische Wirkungen in systematischer Weise miteinander verknüpft und in die strategische Unternehmenssteuerung eingebettet werden.

Die institutionelle Einbettung von Naturkapitalrechnungen in politische wie ökonomische Entscheidungsstrukturen erfordert interdisziplinäre Zusammenarbeit, kapazitätsbildende Maßnahmen und den Aufbau leistungsfähiger statistischer Infrastrukturen.

3.2.3 Auswirkungen unternehmerischen Handelns im Rahmen des Absolute Environmental Sustainability Assessments (AESA)

Während *SEEA* und *NCAVES* darauf abzielen, Umwelt- und Naturkapitalinformationen methodisch zu erfassen und in institutionelle Entscheidungsprozesse zu integrieren, stellt das Konzept des Absolute Environmental Sustainability Assessment *(AESA)* eine normative Erweiterung dar. Es zielt darauf, nicht nur Umweltauswirkungen zu bilanzieren, sondern sie in Relation zu ökologischen Belastungsgrenzen zu bewerten, also zur Frage, ob ein Unternehmen, ein Sektor oder eine Volkswirtschaft innerhalb der ökologischen Tragfähigkeit operiert.

Das Konzept des *AESA* markiert einen paradigmatischen Wandel in der Bewertung unternehmerischer Umweltwirkungen. Im Gegensatz zu herkömmlichen, oftmals inkrementellen Ansätzen der Nachhaltigkeitsbewertung, die auf relativen Verbesserungen wie Effizienzsteigerungen oder Emissionsreduktionen pro Produktionseinheit basieren, fordert *AESA* die Einhaltung absoluter ökologischer Grenzen, wie sie im Konzept der *Planetary Boundaries* formuliert wurden (Rockström et al. 2009; Steffen et al. 2015). Die Grundannahme lautet, dass Umweltwirkungen nicht im Vergleich zu Mitbewerbern, sondern im Verhältnis zur Belastbarkeit der planetaren Systeme bewertet werden müssen (Bjørn et al. 2016, S. 2).

AESA überträgt diese globale Perspektive auf die Mikroebene einzelner Unternehmen, was eine erhebliche methodische und konzeptionelle Herausforderung darstellt. Im Kern geht es darum, das global verbleibende ökologische Budget, etwa für Treibhausgase, Landnutzung, Wasserverbrauch oder biogeochemische Flüsse, gerecht und wissenschaftlich fundiert auf die Ebene wirtschaftlicher Akteure zu allokieren (Bjørn et al. 2016, S. 22). Der Fokus verschiebt sich damit von einer betriebswirtschaftlichen Effizienzlogik zu einer ökologischen Verantwortungsperspektive, in der das absolute Maß der Umweltinanspruchnahme zentral wird.

Zur Allokation der planetaren Belastungsgrenzen auf Unternehmen existieren verschiedene methodische Ansätze, etwa die proportionale Verteilung nach Marktanteilen, Produktionsvolumen, Umsatz, Zahl der Mitarbeitenden oder dem Beitrag zur globalen Wertschöpfung. Diese Verfahren werfen normative Fragen nach Fairness und Verantwortung auf, insbesondere im Hinblick auf regionale Unterschiede, historische Emissionen und Entwicklungsgrade von Unternehmen. Die Auswahl der Allokationsmethode beeinflusst maßgeblich die Höhe der einem Unternehmen zugewiesenen ökologischen Zielkorridore und damit die Nachhaltigkeitsbewertung selbst (Bjørn et al. 2016; Ryberg et al. 2020).

Ein wesentliches Merkmal von *AESA* ist die starke Verknüpfung naturwissenschaftlicher Erkenntnisse mit unternehmensbezogener Entscheidungslogik. Diese Verbindung bedingt eine hohe methodische Präzision sowie eine transdisziplinäre Perspektive, die sowohl ökologische Resilienz als auch ökonomische Steuerungsinstrumente berücksichtigt. Dabei wird deutlich, dass klassische Kennzahlen der Umweltberichterstattung, etwa

CO_2-Intensitäten oder Recyclingquoten, nicht ausreichen, um die tatsächliche ökologische Tragfähigkeit eines Geschäftsmodells zu erfassen (Bjørn et al. 2019).

In der unternehmerischen Praxis gewinnt *AESA* zwar zögerlich, aber zunehmend an Bedeutung. Besonders sichtbar wird dies durch seine Integration in bestehende Steuerungsinstrumente wie die *Science-Based Targets (SBTs),* die unternehmensspezifische Reduktionspfade auf Basis der Pariser Klimaziele operationalisieren (SBTi 2024). Im Sinne einer erweiterten Nachhaltigkeitsbetrachtung fordert *AESA* die Einbeziehung multipler planetarer Belastungsgrenzen in unternehmerische Steuerungsprozesse, darunter *Biodiversität,* Nährstoffkreisläufe und Landnutzung. Ein wichtiger Schritt in diese Richtung ist das Rahmenwerk *des Science Based Targets Network (SBTN),* das Zielsysteme für den Schutz der Natur entwickelt (SBTN 2024).[13]

Zudem werden Methoden der *Lebenszyklusanalyse* (= *Life Cylce Analysis, LCA*) herangezogen, um unternehmerische Umweltauswirkungen systematisch im Verhältnis zu ökologischen Belastungsgrenzen zu bewerten.[14] Der Fokus liegt auf der Identifikation von sicheren Handlungsräumen (safe operating spaces) für verschiedene Umweltfaktoren. Neuere Ansätze zeigen, dass das Konzept der planetaren Grenzen auch auf subnationale Kontexte wie Länder, Städte oder Industriesektoren übertragbar ist (Biermann und Kim 2020, S. 505 f.).

AESA entwickelt sich somit zunehmend von einem wissenschaftlichen Konzept zu einem praktisch operationalisierbaren Steuerungsinstrument. In Verbindung mit naturkapitalbasierten Kontensystemen eröffnet es die Möglichkeit, Nachhaltigkeit nicht nur zu dokumentieren, sondern auch verbindlich zu steuern. Als konzeptionelle Ergänzung zu *SEEA* und *NCAVES* schließt *AESA* damit eine normative Lücke. Während SEEA strukturiert, was gemessen werden kann, und *NCAVES* zeigt, wie es in institutionelle Prozesse eingebunden werden kann, liefert *AESA* die Maßstäbe, wann Umweltwirkungen als tragfähig oder überschritten gelten. Eine strukturelle Harmonisierung ergibt sich dort, wo *SEEA*-basierte Umweltkonten als Datengrundlage für *AESA*-Bewertungen dienen, etwa zur Ableitung regionaler oder sektoraler Belastungsgrenzen.

Diese normative Erweiterung wirkt sich tiefgreifend auf das unternehmerische Handeln aus. Unternehmen sind künftig nicht mehr nur für die Optimierung relativer Umweltkennzahlen verantwortlich, sondern müssen sicherstellen, dass ihre absoluten Umweltwirkungen innerhalb global tragfähiger Grenzen verbleiben. Dies betrifft strategische Entscheidungen, Investitionen, Innovationsprozesse und Nachhaltigkeitsberichterstattung gleichermaßen. Produkte oder Dienstleistungen, die zwar effizient erscheinen,

---

[13] Siehe auch Giesekam (2021).

[14] Die *Lebenszyklusanalyse* (Life Cycle Analysis, LCA) ist eine systematische Methode zur Erfassung und Bewertung der potenziellen Umweltwirkungen eines Produkts, Prozesses oder einer Dienstleistung über dessen gesamten Lebensweg – von der Rohstoffgewinnung über Produktion und Nutzung bis zur Entsorgung. Sie dient der Identifikation von Umweltbelastungen entlang der Wertschöpfungskette und ermöglicht es, ökologische „Hotspots“ zu erkennen sowie Optimierungspotenziale im Verhältnis zu ökologischen Belastungsgrenzen zu bestimmen (ISO 14040/44).

aber das ökologische Budget überschreiten, gelten langfristig als nicht nachhaltig und unternehmerisch riskant.

Darüber hinaus birgt *AESA* Potenzial für eine neue Form unternehmerischer Legitimation. Unternehmen, die ihre ökologischen Wirkungen transparent im Verhältnis zu planetaren Grenzen darstellen, stärken ihre Glaubwürdigkeit und erfüllen zugleich wachsende regulatorische Anforderungen, etwa im Rahmen der EU-Taxonomie oder der *Corporate Sustainability Reporting Directive (CSRD),* die eine wissenschaftsbasierte Nachhaltigkeitsbewertung fordern.

Eine aktuelle Studie der London Stock Exchange Group (2025) unterstreicht zudem die wachsende Bedeutung naturbezogener Informationen für Investitionsentscheidungen. Investitionen in grüne Technologien und nachhaltige Infrastrukturen erreichen bereits ein jährliches Volumen von über einer Billion US-Dollar. Unternehmen, die ökologische Risiken frühzeitig in ihre Steuerung integrieren, profitieren zunehmend von Investoreninteresse und regulatorischen Vorteilen. Standardisierte Nachhaltigkeitsmetriken, wie sie *AESA* oder das *SEEA*-Framework ermöglichen, gelten dabei als Voraussetzung für glaubwürdige Umweltbewertungen und werden zum strategischen Erfolgsfaktor in einem Marktumfeld, in dem ökologische Resilienz zum Wettbewerbsvorteil wird.

3.2.4 Orientierung an der Nachhaltigkeits-Nulllinie

Viele Konzepte nachhaltigen Wirtschaftens lassen sich unter einer normativen Prämisse bündeln. Unternehmensaktivitäten sollten sich oberhalb der sogenannten *Nachhaltigkeits-Nulllinie* abspielen (Dahm, 2019, S. 115). Diese beschreibt einen Zustand, in dem das Unternehmen keinen Schaden verursacht, aber auch noch keinen aktiven Beitrag zur Regeneration leistet. Erst Aktivitäten oberhalb dieser Linie können als lebensdienlich im Sinne planetarer Resilienz gelten.

Die *Nachhaltigkeits-Nulllinie,* die in ihrer Definition nicht auf ökologische Nachhaltigkeit beschränkt ist, sondern lediglich im Kontext des vorliegenden Buches zur Beschreibung dieses Aspektes herangezogen wird, kann als Bilanzgleichung wie in Abb. 3.1 dargestellt werden.

Dahm argumentiert, dass eine langfristig tragfähige Wirtschaft nicht nur Schadensvermeidung (Vermeidung, Internalisierung, Kompensation) leisten muss, sondern aktiv zum Aufbau eines ökologischen Puffers beiträgt. Damit verbunden ist ein Perspektivwechsel

(Internalisierung + Kompensation + gute Wirkung) – (Externalisierung negativer Effekte) ≤ 0

Abb. 3.1 Nachhaltigkeits-Nulllinie. (Quelle: Dahm, 2019, S. 118)

vom weniger schlecht zum mehr gut. Unternehmen, die diesen Pfad beschreiten, agieren nicht nur regelkonform, sondern zukunftsgestaltend.

Die *Nachhaltigkeits-Nullinie* bildet einen normativen Bezugsrahmen zur systematischen Einordnung unternehmerischer Aktivitäten entlang eines ökologischen Wirkungsspektrums. Sie unterscheidet zwischen drei grundlegenden Wirkungsniveaus: unterhalb der Linie liegt umweltschädigendes Verhalten, auf der Linie eine schadensneutrale Wirkung, oberhalb eine regenerativ-positive Wirkung. Aufbauend auf dieser Logik wird mit der *Impact-Treppe* ein eigenständiges analytisches Modell vorgeschlagen, das diese Zielkorridore in eine abgestufte unternehmerische Wirkungssystematik übersetzt (vgl. Tab. 3.2). Die Impact-Treppe dient nicht nur der Klassifikation, sondern auch der strategischen Orientierung unternehmerischer Nachhaltigkeitsmaßnahmen.

Während Dahm (2019) mit dem Konzept der *Nachhaltigkeits-Nullinie* primär auf eine *regenerative Wirtschaftsweise* abzielt, also auf die aktive Wiederherstellung ökologischer und sozialer Systeme, geht das hier entwickelte Modell bewusst einen weiter gefassten Weg. Es berücksichtigt zusätzlich die notwendige *transformative Dimension*[15], also die tiefgreifende Veränderung bestehender Wirtschafts-, Konsum- und Produktionsmuster. Transformation wird dabei nicht als bloße Vorstufe, sondern als eigenständige, unverzichtbare Phase auf dem Weg zu regenerativem Wirtschaften verstanden, etwa durch neue Geschäftsmodelle, institutionelle Innovationen oder strukturelle Umbauten. Die *Impact-Treppe* unterscheidet sich zudem von klassischen Wirkungsmodellen wie der *Theory of Change* oder den *Logic Models,* indem sie eine explizite Verknüpfung mit ökologischen Zielgrößen, insbesondere den planetaren Belastungsgrenzen, vornimmt. Diese Integration erlaubt eine präzise Bewertung unternehmerischer Nachhaltigkeitsstrategien entlang eines Spektrums von der bloßen Schadensvermeidung über strukturelle Transformation bis hin zu ökologischer Regeneration. Nur durch die Verbindung beider Ansätze, Transformation und Regeneration, lässt sich eine ökonomische Praxis entwickeln, die der ökologischen Realität des 21. Jahrhunderts gerecht wird.

Diese Form der Steuerung durch Schwellenwerte lehnt sich an die planetaren Belastungsgrenzen an, wie sie von Rockström et al. (2009) und Steffen et al. (2015) formuliert wurden. Unternehmen, die sich am Konzept der *Nachhaltigkeits-Nullinie* orientieren, erkennen an, dass ökologische Belastbarkeiten als harte biophysikalische Grenzen zu verstehen sind, die wirtschaftliches Handeln begrenzen müssen. Die Orientierung an einer solchen Linie ermöglicht es, Nachhaltigkeit nicht bloß als relative Verbesserung

[15] Bezeichnet die tiefgreifende Umgestaltung bestehender Wirtschafts-, Produktions- und Konsummuster im Sinne einer nachhaltigen, regenerativen Gesellschaftsentwicklung. Transformation wird dabei nicht als abrupter Bruch verstanden, sondern als prozesshafte Dynamik, in der inkrementelle Schritte, also graduelle, oft kleinteilige Veränderungen innerhalb bestehender Systeme, eine zentrale Rolle spielen. Solche Veränderungen entfalten ihr transformatorisches Potenzial vor allem dann, wenn sie an institutionellen Schnittstellen wirken und bestehende Pfadabhängigkeiten gezielt unterbrechen. Armin Nassehi (2019) betont in diesem Zusammenhang, dass Transformation nur dann gelingen kann, wenn sie systemintern anschlussfähig ist, also auf Logiken und Strukturen des Bestehenden reagiert, statt sie von außen zu ersetzen.

Tab. 3.2 Die Impact-Treppe im Kontext der Nachhaltigkeits-Nulllinie

Stufe/Ebene	Merkmale/ Kennzeichen	Beispiele für Aktivitäten	Bewertung der Wirkung
Schädlich	Ausbeutung von natürlichen Ressourcen, Zerstörung von Naturkapital, Schädigung von Ökosystemen	Rodung von Wäldern, Gewässerverschmutzung, Ausbeutung Seltener Erden	Negativ – reduziert Zukunftsfähigkeit
Schadensminimierend	Verringerung negativer Umwelteffekte innerhalb bestehender Geschäftsmodelle (Effizienzsteigerung)	Ressourcen- und Energieeffizienz, CO_2-Reduktion, Kreislaufwirtschaftsmaßnahmen (Recycling)	Weniger negativ – Schadensreduktion
Neutral (Nulllinie)	Aktivitäten verursachen keinen Netto-Schaden; Schadensvermeidung ist vollständig umgesetzt	Klimaneutrale Produktion, vollständige Kompensation ökologischer Schäden, Netto-Null-Emissionen	Neutral – kein Schaden, aber kein positiver Beitrag

(Fortsetzung)

Tab. 3.2 (Fortsetzung)

Stufe/Ebene	Merkmale/ Kennzeichen	Beispiele für Aktivitäten	Bewertung der Wirkung
Regenerativ	Aktive Verbesserung und Erneuerung von Ökosystemen, Aufbau ökologischer Resilienz	Wiederaufforstung, Renaturierung von Flächen, Aufbau von Biodiversitätszonen	Positiv – trägt zur Resilienz bei
Transformativ	Ganzheitlicher Wandel von Geschäftsmodellen, Märkten und kulturellen Paradigmen hin zu planetarer Verträglichkeit	Transition zu einer Postwachstumswirtschaft, Aufbau regenerativer Wertschöpfungsketten, Gemeinwohlökonomie	Systemisch positiv – langfristige Zukunftsfähigkeit

Quelle: Eigene Darstellung

zu betrachten, sondern als messbare Zielsetzung, um ein ökologisch tragfähiges Niveau zu erreichen.

Ein weiterer Vorteil dieses Konzepts ist seine Anschlussfähigkeit an ökologische Bilanzierungsansätze, etwa an das *SEEA* oder *Natural Capital Accounting,* wie in Abschn. 3.2.1 erwähnt. Diese integrieren ökologische Schäden in monetäre oder physische Rechenmodelle und erlauben eine genauere Quantifizierung der Abweichung von der *Nachhaltigkeits-Nulllinie.* So kann nicht nur der Status quo beschrieben, sondern auch ein Zielzustand definiert und über ein Monitoring verfolgt werden.

Besonders im Kontext der Unternehmensbewertung und strategischen Entscheidungsfindung gewinnt die Nachhaltigkeits-Nulllinie an Bedeutung. Sie erlaubt eine klare Trennung zwischen betriebswirtschaftlich erfolgreichen, aber ökologisch destruktiven Geschäftsmodellen, und solchen, die echte Zukunftsfähigkeit verkörpern. Unternehmen können damit Nachhaltigkeit nicht mehr als optionales Add-on behandeln, sondern müssen sich an einer ökologisch fundierten Baseline messen lassen. Die Orientierung an einer ökologisch fundierten Baseline ermöglicht eine klare Trennung zwischen scheinbar erfolgreichen, aber ökologisch destruktiven Geschäftsmodellen und solchen, die echte Zukunftsfähigkeit aufweisen (De Giacomo und Bleischwitz 2020).

Zudem bietet die *Nachhaltigkeits-Nulllinie* eine Möglichkeit, die Vielzahl an Nachhaltigkeitsinitiativen, Zertifizierungen und *ESG-Indikatoren* kritisch zu hinterfragen. Viele dieser Systeme erfassen relative Fortschritte oder erfassen nur Teilaspekte der ökologischen Gesamtwirkung. Die *Nachhaltigkeits-Nulllinie* hingegen bietet einen integrativen Maßstab, der auf absolute Grenzen abzielt und sich nicht mit weniger schlecht zufriedengibt. Damit dient sie auch als ethischer Kompass für unternehmerische Entscheidungen in einem Zeitalter ökologischer Unsicherheit (Dahm 2019, S. 122).

Schließlich lässt sich dieses Konzept auch mit der Idee der *ökologischen Schuld*[16] verknüpfen. Unternehmen, die unterhalb der *Nachhaltigkeits-Nullinie* operieren, akkumulieren nicht allein ökologische Kosten, sondern auch eine moralische Schuld, die über rein materielle Kompensation hinausgeht. Dieses Konzept der ökologischen Schuld *(ecological debt)* verweist auf langfristige Umweltverantwortung und auf Forderungen aus globalem Umwelt- und Gerechtigkeitsdiskurs (Kallis et al. 2020; Warlenius et al. 2015). Es korrespondiert mit dem *polluter-pays-Prinzip,* wonach Verursacher für die Umweltschäden aufkommen (OECD 2008) und erweitert dieses um eine zukunftsgerichtete Verpflichtung zur systemischen Resilienzstärkung und Wiederherstellung (Kallis et al. 2013, S. 89).

---

[16] Der Begriff der ökologischen Schuld verweist auf die moralische Verantwortung für Umweltbelastungen, die durch das Überschreiten ökologischer Grenzen entstehen, etwa durch Emissionen, Ressourcenverbrauch oder Biodiversitätsverluste. Im Unterschied zu rechtlichen oder ökonomischen Haftungskategorien ist ökologische Schuld normativ aufgeladen und impliziert eine Verpflichtung zur Kompensation oder Wiederherstellung. Sie ist nicht im Sinne individueller Schuldzuschreibung zu verstehen, sondern als Ausdruck struktureller Verantwortung innerhalb des planetaren Belastungsrahmens (vgl. Kallis et al. 2020, S. 89).

Insgesamt eröffnet die *Nachhaltigkeits-Nulllinie* einen normativen, systemisch fundierten und zugleich anschlussfähigen Orientierungsrahmen für Unternehmen im *Anthropozän*. Sie transformiert Nachhaltigkeit von einer Option zu einer klar definierten Voraussetzung für ökonomisches Handeln und stellt die Frage, welche Form von Wirtschaft wirklich mit den Lebensgrundlagen auf diesem Planeten kompatibel ist.

Die in diesem Kapitel untersuchten Instrumente und Konzepte liefern die notwendigen methodischen Grundlagen und Informationen, um naturbezogene Aspekte überhaupt erst messbar und bewertbar zu machen. Ihre wirksame Integration in die strategische Steuerung und die operativen Entscheidungsprozesse von Unternehmen wird im weiteren Verlauf des Buches (insbesondere in Kap. 5) vertieft betrachtet.

Während Kap. 3 die Integration von *Naturkapital* in interne Steuerungsprozesse beleuchtete, richtet Kap. 4 den Blick auf die Märkte als externe Rahmungsbedingungen unternehmerischen Handelns. Denn selbst die ambitioniertesten Nachhaltigkeitsstrategien bleiben begrenzt, wenn Märkte ökologische Wirklichkeit nicht widerspiegeln. Kap. 4 analysiert daher, wie sogenannte Naturmärkte als Steuerungsinstrumente ausgestaltet sein müssen, um wirksam zur ökologischen Transformation beizutragen.

Literatur

Australian Bureau of Statistics. (2013). *Water Account, Australia, 2011–12* (No. 4610.0). Canberra: ABS. https://www.abs.gov.au/ausstats/abs@.nsf/lookup/4610.0main+features302011-12 (Zugegriffen am 21. April 2025).

Bartelmus, P. (2013). *Sustainability economics: An introduction.* Routledge.

Beynaghi, A., Trencher, G., Moztarzadeh, F., & Filho, W. L. (2019). Future sustainability scenarios: Impact on ecological footprint and policy implications. In W. L. Filho (Hrsg.), *Social responsibility and sustainability: How businesses and organizations can operate in a sustainable and socially responsible way* (S. 205–216). Springer. https://doi.org/10.1007/978-3-030-03562-4_14 (Zugegriffen am 21. April 2025).

Biermann, F., & Kim, R. E. (2020). The boundaries of the planetary boundary framework: A critical appraisal of approaches to define a "safe operating space" for humanity. *Annual Review of Environment and Resources, 45*, 497–521. (Zugegriffen am 21. April 2025).

Brandon, C., et al. (2021). Integrating natural capital into national accounts: Three decades of promise and challenge. *Review of Environmental Economics and Policy, 15*(1), 000–000. https://doi.org/10.1086/713075 (Zugegriffen am 21. April 2025).

Business for Nature. (2023). *Make it mandatory – Business for Nature.* https://www.businessfornature.org/make-it-mandatory (Zugegriffen am 21. April 2025).

Böhm, S., Misoczky, M. C., & Moog, S. (2014). Greening capitalism? A Marxist critique of carbon markets. *Organization Studies, 33*(11), 1617–1638. https://doi.org/10.1177/0170840612463326 (Zugegriffen am 21. April 2025)

Bjørn, A., Richardson, K., & Hauschild, M. Z. (2016). A proposal to measure absolute environmental sustainability in life cycle assessment. *Ecological Indicators, 63*, 1–13. https://doi.org/10.1016/j.ecolind.2015.11.046 (Zugegriffen am 21. April 2025).

Bjørn, A., Bey, N., Georg, S., & Hauschild, M. Z. (2019). A framework for development and communication of absolute environmental sustainability assessment methods: ASEA method

framework. *Journal of Industrial Ecology, 23*(4), 838–854. https://doi.org/10.1111/jiec.12820 (Zugegriffen am 21. April 2025).
Chichilnisky, G., & Heal, G. (1998). Economic returns from the biosphere. Nature, 391(6668), 629–630. https://doi.org/10.1038/35557. Zugegriffen am 21. April 2025.
Costanza, R., et al. (1997). The value of the world's ecosystem services and natural capital. *Nature, 387*(6630), 253–260. https://doi.org/10.1038/387253a0 (Zugegriffen am 21. April 2025).
Dahm, J. D. (2019). *Benchmark Nachhaltigkeit. Sustainability Zeroline: Das Maß für eine zukunftsfähige Oekonomie.* Bielefeld: transcript Verlag.
Daly, H. (1991). Steady-State Economics (2nd ed.), Washington, D.C., Island Press.
Daly, H. E. (1996). Beyond growth: The economics of sustainable development. Beacon Press.
Daly, H. E., & Farley, J. (2011). *Ecological economics: Principles and applications* (2nd ed.). Island Press.
Dasgupta, P. (2021). *The economics of biodiversity: The Dasgupta review.* HM Treasury. https://www.gov.uk/government/publications/final-report-the-economics-of-biodiversity-the-dasgupta-review (Zugegriffen am 21. April 2025).
De Giacomo, M. R., & Bleischwitz, R. (2020). Business models for environmental sustainability: Contemporary shortcomings and some perspectives. *Business Strategy and the Environment, 29*(8), 3353–3369. https://doi.org/10.1002/bse.2576 (Zugegriffen am 21. April 2025).
Ekins, P. (2011). Environmental sustainability: From environmental valuation to the sustainability gap. *Progress in Physical Geography, 35*(5), 629–651. https://doi.org/10.1177/0309133311423186 (Zugegriffen am 21. April 2025).
Europäische Kommission. (2025). *Richtlinie (EU) 2025/794 zur Verschiebung der Berichtspflichten im Rahmen der CSRD.* Amtsblatt der Europäischen Union. https://eur-lex.europa.eu/legal-content/DE/TXT/PDF/?uri=OJ:L_202500794&qid=1746168247283 (Zugegriffen am 10. Mai 2025).
EMAS. (2025). *CSRD-Umsetzung: EU schlägt Omnibus-Akt zur Vereinfachung und Harmonisierung vor.* https://www.emas.de/aktuelles/news/2025-02-crsd-omnibus (Zugegriffen am 18. Mai 2025).
Europäische Union (EU), (2011). *Verordnung (EU) Nr. 691/2011 des Europäischen Parlaments und des Rates vom 6. Juli 2011 über europäische Umweltökonomische Gesamtrechnungen.* Amtsblatt der Europäischen Union, L 192, 1–16. https://eur-lex.europa.eu/legal-content/DE/ALL/?uri=CELEX%3A32011R0691 (Zugegriffen am 18. Mai 2025).
Foucault, M. (1971). *L'Ordre du discours.* Paris.
Habermas, J. (1981). *Theorie des kommunikativen Handelns.* Frankfurt am Main: Suhrkamp.
International Organization for Standardization. (2006a). *ISO 14040: Environmental management – Life cycle assessment – Principles and framework.* Geneva: ISO.
International Organization for Standardization. (2006b). *ISO 14044: Environmental management – Life cycle assessment – Requirements and guidelines.* Geneva: ISO.
Ivits, E., et al. (2020). *Land and ecosystem accounts for Europe: Towards geospatial environmental accounting.* ETC/ULS Report 02/2020. European Topic Centre on Urban, Land and Soil Systems. https://www.eionet.europa.eu/etcs/etc-di/products/etc-di-products/etc-uls-report-02-2020-land-and-ecosystem-accounts-for-europe-towards-geospatial-environmental-accounting (Zugegriffen am 21. April 2025).
Ekins, P et al (2003). Identifying critical natural capital. Ecological Economics, 44(2–3), 159–163 (Zugegriffen am 18. Mai 2025).
Europäische Kommission. (2023). *Leitfaden zur EU-Taxonomie und zur CSRD-Berichtspflicht.* https://finance.ec.europa.eu (Zugegriffen am 21. April 2025).
Gabriel, M. (2024). *Gutes tun: Wie der ethische Kapitalismus die Demokratie retten kann* (S. 56–85). Berlin: Ullstein.

Giesekam, J.; (2021). Science-Based Targets: On Target?. Sustainability. 13, 1657. https://doi.org/10.3390/su13041657. Zugegriffen am 21. April 2025

Hein, L., et al. (2020). Progress in natural capital accounting for ecosystems. *Science, 367*(6477), 514–515. https://doi.org/10.1126/science.aaz8901 (Zugegriffen am 21. April 2025).

Kallis, G., Gómez-Baggethun, E. & Zografos, C. (2013). *To value or not to value? That is not the question. Ecological Economics, 94*, 97–105 (Zugegriffen am 19. Mai 2025).

Kallis, G., Paulson, S., D'Alisa, G., & Demaria, F. (2020). *The case for degrowth.* Wiley.

LA Illuminator. (2025, 17. April). *How weakening federal wetland protections puts restoration efforts at risk.* https://lailluminator.com/2025/04/17/wetlands-protection (Zugriff am 18. Mai 2025).

La Notte, A., et al. (2019). Beyond the economic boundaries to account for ecosystem services. *Ecosystem Services, 35*, 116–129. https://doi.org/10.1016/j.ecoser.2018.12.007 (Zugegriffen am 21. April 2025).

Latour, B. (2001). *Wir sind nie modern gewesen.* Frankfurt am Main: Suhrkamp.

London Stock Exchange Group. (2025). *Investing in the Green Economy 2025: Navigating Volatility and Disruptions.* https://www.lseg.com/en/insights/investing-in-the-green-economy-2025-navigating-volatility-and-disruptions (Zugegriffen am 14. Mai 2025).

Martinez-Alier, J. (2002). *The environmentalism of the poor: A study of ecological conflicts and valuation.* Edward Elgar Publishing. https://cdn.unrisd.org/assets/library/papers/pdf-files/martinezalier.pdf (Zugegriffen am 21. April 2025).

Maryland Department of Natural Resources. (2014). *Maryland's Genuine Progress Indicator: A new measure of prosperity.* https://dnr.maryland.gov (Zugegriffen am 21. April 2025).

Müller, M. H.-P. (2019). *Neo-Ordoliberalismus: Ein Zukunftsmodell für die Soziale Marktwirtschaft.* Springer Gabler.

Nassehi, A. (2019). *Muster: Theorie der digitalen Gesellschaft.* München: C.H. Beck.

Natural Capital Coalition. (2016). *Natural Capital Protocol.* https://naturalcapitalcoalition.org (Zugegriffen am 21. April 2025).

Neumayer, E. (2013). Weak versus strong sustainability: Exploring the limits of two opposing paradigms (4th ed.). Edward Elgar.

OECD. (2008). *The polluter-pays principle: OECD analyses and recommendations.* OECD Publishing. https://www.oecd.org/en/publications/the-polluter-pays-principle_9789264044845-en.html (Zugegriffen am 15. Mai 2025).

Obst, C., Hein, L., & Edens, B. (2016). National accounting and the valuation of ecosystem assets and their services. *Environmental and Resource Economics, 64*, 1–23. https://doi.org/10.1007/s10640-015-9921-1 (Zugegriffen am 21. April 2025).

Ott, K., & Dierks, J. (2004). *Umweltethik zur Einführung* (S. 19–21). Hamburg: Junius.

Ruijs, A., & van der Heide, M. (2016). The accounting push and the policy pull: Balancing environment and economy. *Ecological Economics, 124*, 145–152. https://doi.org/10.1016/j.ecolecon.2016.01.021 (Zugegriffen am 21. April 2025).

Parsons, T. (1971). *Das System moderner Gesellschaften.* München: Juventa.

Pearce, D., Markandya, A., & Barbier, E. (1989). *Blueprint for a green economy.* Earthscan. https://www.researchgate.net/publication/39015804_Blueprint_for_a_Green_Economy (Zugegriffen am 21. April 2025).

Pereira, L., et al. (2020). Developing multi-scale and integrative nature–people scenarios using the Nature Futures Framework. *People and Nature, 2*(4), 1172–1195. https://doi.org/10.1002/pan3.10146 (Zugegriffen am 21. April 2025).

Piketty, T. (2014). *Capital in the Twenty-First Century.* Cambridge: Harvard University Press.

Porras, I., et al. (2013). *Learning from 20 years of payments for ecosystem services in Costa Rica.* IIED. https://www.espa.ac.uk/files/espa/Costa%20Rica.pdf?utm_source=chatgpt.com (Zugegriffen am 21. April 2025).

Raworth, K. (2017). *Doughnut Economics: Seven Ways to Think Like a 21st-Century Economist.* Chelsea Green Publishing.
Reckwitz, A. (2019). *Das Ende der Illusion: Politik, Ökonomie und Kultur in der Spätmoderne.* Berlin: Suhrkamp.
Robertson, M. M. (2006). The nature that capital can see: Science, state, and market in the commodification of ecosystem services. *Environment and Planning D: Society and Space, 24*(3), 367–387. https://doi.org/10.1068/d3304 (Zugegriffen am 21. April 2025).
Rockström, J., et al. (2009). A safe operating space for humanity. *Nature, 461*(7263), 472–475. https://doi.org/10.1038/461472a (Zugegriffen am 20. April 2025).
Ryberg, M., et al. (2020). Absolute environmental sustainability assessment of a Danish utility company relative to the Planetary Boundaries. *Journal of Industrial Ecology.* https://doi.org/10.1111/jiec.13075 (Zugegriffen am 21. April 2025).
Science Based Targets initiative (SBTi). (2024). About Science Based Targets. https://sciencebasedtargets.org. Zugegriffen am 21. April 2025.
Science Based Targets Network (SBTN). (2024). Technical Guidance for Science-Based Targets for Nature. https://sciencebasedtargetsnetwork.org. Zugegriffen am 21. April 2025.
Spash, C. L. (2021). The History of Pollution 'Externalities' in Economic Thought (S. 5–6). Vienna University of Economics and Business. https://www-sre.wu.ac.at/sre-disc/sre-disc-2021_01.pdf. Zugegriffen am 21. April 2025.
Steffen, W., et al. (2015). Planetary boundaries: Guiding human development on a changing planet. Science, 347(6223), 736-746. https://www.researchgate.net/publication/270898819_'Planetary_Boundaries_Guiding_Human_Development_on_a_Changing_Planet'. Zugegriffen am 21. April 2025.
Stiglitz, J. et al. (2020), Jenseits des BIP: Was bei der wirtschaftlichen und sozialen Entwicklung wirklich zählt, OECD Publishing, Paris, https://doi.org/10.1787/80cca758-de. Zugegriffen am 20. April 2025.
Statistics Netherlands. (2019). *Annual Report 2018.* The Hague/Heerlen: CBS. https://www.cbs.nl/-/media/cbs/over-ons/organisatie/annual-report-2018.pdf (Zugegriffen am 21. April 2025).
Stiglitz, J. E., Sen, A., & Fitoussi, J.-P. (2009). *Report by the Commission on the Measurement of Economic Performance and Social Progress.* https://ec.europa.eu/eurostat/documents/118025/118123/Fitoussi+Commission+report (Zugegriffen am 21. April 2025).
Supreme Court of the United States. (2023). *Sackett v. Environmental Protection Agency*, 598 U.S. ___ (2023). https://www.supremecourt.gov/opinions/22pdf/21-454_4g15.pdf (Zugriff am 18. Mai 2025).
Talberth, J., Cobb, C., & Slattery, N. (2007). *The Genuine Progress Indicator 2006: A Tool for Sustainable Development.* Redefining Progress. https://www.researchgate.net/publication/252265237_The_Genuine_Progress_Indicator_2006 (Zugriff am 18. Mai 2025).
Taplin, D., & Clark, H. (2012). *Theory of Change Basics: A Primer on Theory of Change.* New York: ActKnowledge. Abgerufen von https://www.theoryofchange.org (Zugegriffen am 18. Mai 2025).
Task Force on Climate-related Financial Disclosures (TCFD). (2017). *Recommendations of the Task Force on Climate-related Financial Disclosures.* https://www.fsb-tcfd.org/publications/final-recommendations-report/ (Zugegriffen am 10. Mai 2025).
Tennessee Lookout. (2025, 14. April). *Wetlands protections built an industry for mitigation banking. Rollbacks could erode it.* https://tennesseelookout.com/2025/04/14/wetlands-protections (Zugriff am 18. Mai 2025).
United Nations. (o. J.). *System of Environmental-Economic Accounting (SEEA).* https://seea.un.org/ (Zugegriffen am 21. April 2025).

United Nations Statistics Division. (2021). *Natural Capital Accounting and Valuation of Ecosystem Services (NCAVES) Project*. https://seea.un.org/home/Natural-Capital-Accounting-Project (Zugegriffen am 18. Mai 2025).

USDA. (2024). *Wetland Mitigation Banking Program – FY2024 Project List*. https://www.nrcs.usda.gov/programs-initiatives/wmpb (Zugriff am 18. Mai 2025).

Vardon, M. et al. (2018). *Natural Capital Accounting for Better Policy Decisions: Climate change and Biodiversity*. Proceedings and Highlights of the 3rd Forum on Natural Capital Accounting for Better Policy Decisions. World Bank WAVES. https://documents1.worldbank.org/curated/en/832031580102680871/pdf/Natural-Capital-Accounting-for-Better-Policy-Decisions-Climate-Change-and-Biodiversity.pdf (Zugegriffen am 21. April 2025).

Warlenius, R., Pierce, G., & Ramasar, V. (2015). *Reversing the arrow of arrears: The concept of "ecological debt" and its value for environmental justice. Global Environmental Change*, 30, 21–30. https://doi.org/10.1016/j.gloenvcha.2014.10.006 (Zugegriffen am 19. Mai 2025).

World Bank. (2006). *Where is the Wealth of Nations? Measuring Capital for the 21st Century*. Washington, DC: World Bank. https://documents1.worldbank.org/curated/en/287171468323724180/pdf/348550REVISED0101Official0use0ONLY1.pdf. Zugegriffen am 18. Mai 2025.

World Bank. (2012). *Inclusive green growth: The pathway to sustainable development*. https://openknowledge.worldbank.org (Zugegriffen am 21. April 2025).

World Economic Forum. (2020). *Nature risk rising: Why the crisis engulfing nature matters for business and the economy*. https://www.weforum.org/reports/nature-risk-rising-why-the-crisis-engulfing-nature-matters-for-business-and-the-economy (Zugegriffen am 21. April 2025).

Wunder, S. (2005). *Payments for environmental services: Some nuts and bolts* (CIFOR Occasional Paper No. 42). Center for International Forestry Research. (Zugegriffen am 21. April 2025).

Yasuni-ITT Initiative. (2015). *Conserving the Yasuni: The Yasuni-ITT Initiative*. Government of Ecuador. https://www.researchgate.net/publication/277013691_Ecuador's_Yasuni-ITT_initiative_for_mitigating_the_impact_of_climate_change (Zugegriffen am 21. April 2025).

4 Naturmärkte: Schlüsselinstrument einer zukunftsfähigen Unternehmenspraxis

Die vorangegangenen Kapitel dieses Buches haben Schritt für Schritt dargelegt, wie das ökonomische Denken in Bezug auf die Rolle der Natur in Unternehmensprozessen erweitert werden muss, um den Herausforderungen des 21. Jahrhunderts gerecht zu werden. Ausgangspunkt war die Auseinandersetzung mit grundlegenden ökonomischen Größen wie dem *BIP* und *komparativen Kostenvorteilen* sowie die Analyse *globaler Wertschöpfungsketten.* Darauf aufbauend wurde das Konzept des *Naturkapitals* näher beleuchtet und die Unterscheidung zum Begriff *Natur als Kapital,* d. h. kritisch-normative Auseinandersetzung mit der ökonomischen Sicht auf Natur, klargezogen.

Aus dem Wandel hin zu einer ökonomischen Sichtweise, die Natur nicht länger als bloßes Außen betrachtet, ergibt sich zwangsläufig die Notwendigkeit, ökologische Werte, wie der *Biodiversität,* Klimastabilität oder Bodenfruchtbarkeit, systematisch in wirtschaftliche Entscheidungen, Marktmechanismen und Unternehmenssteuerung zu integrieren. Wirtschaftliches Handeln soll nicht mehr unabhängig von natürlichen Grundlagen gedacht, sondern mit deren Erhalt und Wiederherstellung verknüpft werden. Das bedeutet einerseits, den inneren Wert von *Ökosystemen,* ihre Existenz, Vielfalt und Regenerationsfähigkeit anzuerkennen, und andererseits, die tatsächlichen Kosten und den ökonomischen Nutzen von *Ökosystemdienstleistungen* sichtbar und wirksam in reale wirtschaftliche Transaktionen einzubeziehen. Dieses Ziel wird durch die Entwicklung sogenannter *Naturmärkte (= Nature Markets)* verfolgt.

M. H. Müller und A. K. Meyer, *Natur als Kapital: Evolution oder Revolution?*, Ökonomien und Gesellschaften im Wandel,
https://doi.org/10.1007/978-3-658-49415-5_4

4.1 Naturmärkte als neue Steuerungslogik

Im Folgenden wird unter dem Begriff *Nature Markets* nicht pauschal der Handel mit natürlichen Ressourcen verstanden, wie er etwa auf klassischen Rohstoffmärkten (für Holz, Fisch, Wasser etc.) stattfindet. Vielmehr steht der Begriff hier für eine spezifische, neuere Klasse von marktähnlichen Mechanismen, die darauf abzielen, *Ökosystemleistungen,* also den Nutzen, den natürliche Systeme für Gesellschaft und Wirtschaft bereitstellen, ökonomisch zu bewerten, handelbar zu machen und in Entscheidungsprozesse zu integrieren.

Naturmärkte stellen eine neue Form ökonomischer Organisation dar, die den fundamentalen Wandel widerspiegelt, ökologische Prozesse nicht mehr nur als äußere Rahmenbedingungen wirtschaftlichen Handelns, sondern als zentrale Produktionsfaktoren zu begreifen. Sie verkörpern den Versuch, Natur und ihre Leistungen in marktwirtschaftliche Logiken einzubetten, dabei jedoch den Eigenwert und die intrinsische Bedeutung der natürlichen Systeme nicht aus dem Blick zu verlieren und Natur nicht bloß zu monetarisieren. In diesem Ansatz zeigt sich das Bemühen, ökonomische Effizienz mit ökologischer Verantwortung in Einklang zu bringen und neue Wege für eine nachhaltige Entwicklung zu eröffnen. Es muss aber gleichermaßen berücksichtigt werden, dass Naturmärkte stets in einem politisch-normativen Spannungsfeld operieren werde und keine vollständig wertneutralen Steuerungsinstrumente darstellen können. So zeigt Spash (2008), dass Marktpreise keine ethische Legitimation für Umweltentscheidungen liefern können, insbesondere dort nicht, wo irreversible Schäden, intergenerationelle Gerechtigkeit oder kulturelle Vielfalt betroffen sind.[1]

Märkte im Allgemeinen erfüllen zentrale Funktionen innerhalb moderner Wirtschaftssysteme. Auf der einen Seite strukturieren sie den Austausch zwischen Akteuren, sorgen für Preisbildung, fördern Innovation und erleichtern so auf der anderen Seite die Allokation knapper Ressourcen (Stiglitz 1989; Sullivan und Sheffrin 2003). Doch diese Effizienz funktioniert nur dann werthaltig und nachhaltig zugleich, wenn auch die natürlichen Grundlagen wirtschaftlicher Aktivität, nämlich fruchtbare Böden, stabiles Klima, *Biodiversität,* als knappe Güter erkannt und entsprechend reguliert werden. In der Vergangenheit wurden diese externen Effekte systematisch ausgeblendet. Die Entwicklung von Naturmärkten zielt deshalb darauf ab, diesen blinden Fleck der ökonomischen Theorie und Praxis zu adressieren (Costanza et al. 1997, S. 253).

---

[1] Siehe auch Martinez-Alier (2002), betont in diesem Zusammenhang, dass dabei nicht nur ökologische Zusammenhänge verkürzt, sondern auch kulturelle, spirituelle und gemeinschaftliche Bedeutungen von Natur ausgeblendet werden und so die Sprache der Ökonomie, die alternative Weltzugänge marginalisiert. Spash (2008) zeigt auch auf, dass eine sogenannte Kommodifizierung ökologischer Werte – also deren Umwandlung in handelbare Güter – systematisch zu einer Reduktion ökologischer Komplexität auf ökonomisch verwertbare Parameter führen kann.

Die Internalisierung ökologischer Kosten kann grundsätzlich auf verschiedene Weise erfolgen. Neben marktbasierten Instrumenten wie handelbaren Emissions- oder Biodiversitätszertifikaten wurden in der ökonomischen Theorie auch Pigou-Steuern vorgeschlagen, also staatlich festgelegte Abgaben, die negative *externe Effekte* durch einen Preisaufschlag internalisieren sollen (siehe dazu auch Abschn. 1.5.1). Während Umweltabgaben eine direkte und administrative Lösung darstellen, fehlt ihnen häufig die dynamische Effizienz marktlicher Mechanismen, insbesondere im Hinblick auf Innovationsanreize und kosteneffiziente Allokation. Gerade bei komplexen Umweltgütern wie CO_2 oder *Biodiversität* haben sich deshalb handelbare Zertifikate durchgesetzt, weil sie eine flexible Erfüllungspflicht erlauben, Marktpreise generieren und eine Skalierung durch private Investitionen ermöglichen.

Gleichwohl darf die Diskussion ökologischer Steuerung nicht auf Markt- und Staatslösungen reduziert werden, wie wir bereits in Abschn. 1.6 anhand der Arbeit von Elinor Ostrom (1990) diskutiert haben. Sie hat in ihren empirischen Studien eindrucksvoll gezeigt, dass lokale Gemeinschaften in der Lage sind, Allmenderessourcen wie Wälder, Fischbestände oder Wasserquellen durch kollektive Regeln, Monitoring und Sanktionen nachhaltig zu bewirtschaften, vorausgesetzt, es bestehen Vertrauen, Transparenz und Partizipation. Diese Form der gemeinschaftlichen Selbstorganisation stellt eine eigenständige Governance-Option dar, insbesondere dort, wo staatliche Kapazitäten begrenzt sind oder Marktmechanismen versagen. Naturmärkte sind daher stets im Kontext eines institutionellen Pluralismus zu betrachten, in dem staatliche Regulierung, marktwirtschaftliche Anreize und gemeinschaftliche Aushandlungsprozesse sinnvoll aufeinander abgestimmt werden müssen (vgl. dazu auch Paavola 2007).

4.2 Marktformen, Instrumente und Governance

Naturmärkte keine bloße Erweiterung bestehender Finanzmärkte, sondern eine institutionelle Innovation, die neue Kategorien von handelbaren Gütern schafft. Der Begriff der *Naturmärkte* wird in der wissenschaftlichen und politischen Diskussion sehr unterschiedlich verwendet. Um die folgende Analyse zu strukturieren, wird hier eine differenzierte Definition zugrunde gelegt. *Naturmärkte* sind institutionell gestaltete Austauschsysteme, in denen ökologische Werte, etwa Kohlenstoffbindung oder Biodiversitätsschutz, handelbar gemacht werden, um ökologische Externalitäten zu internalisieren und nachhaltige Investitionen zu fördern. Dabei lassen sich verschiedene Formen unterscheiden: staatlich verpflichtende Märkte (z. B. Emissionshandelssysteme), freiwillige Märkte (z. B. Biodiversity Credits), Zahlungsmechanismen für *Ökosystemleistungen* (PES) sowie naturbezogene Finanzmärkte (z. B. Green Bonds). Die Gemeinsamkeit dieser Formen liegt in der ökonomischen Bewertung und Steuerung ökologischer Leistungen, ihre Unterschiede ergeben sich aus Zweck, Regulierungsgrad und institutionellem Design. Ihr Ziel ist es, den Wert von Natur sichtbar, verrechenbar und investierbar zu machen, um unternehmerisches Handeln auf eine ökologisch tragfähige Basis zu stellen. Dabei ist es wesentlich, die Märkte hinsichtlich ihres Zwecks und ihrer Struktur differenziert zu betrachten, ein Missverständnis, das bis heute weit verbreitet ist.

4.3 Carbon- und Biodiversity-Credits im Vergleich

Die derzeit am intensivsten diskutierten Instrumente sind *Carbon-* und *Biodiversity-Credits.*[2] Obwohl sie ähnlich benannt sind, verfolgen sie fundamental unterschiedliche Zielsetzungen und verlangen folglich unterschiedliche Marktstrukturen. Zentrale Voraussetzung für stabile *Naturmärkte* ist die klare Definition und Zuweisung von *Property Rights (= Eigentumsrechte)*[3] über Umweltgüter wie Kohlenstoffspeicher, Land und *Biodiversität.* Nur wo *Eigentums- und Nutzungsrechte* rechtssicher geregelt sind, können Märkte effizient, gerecht und stabil operieren. Besonderes Augenmerk muss auf den Schutz indigener und lokaler Gemeinschaften gelegt werden, um Appropriation zu verhindern. Während *Naturmärkte* in hochentwickelten Wirtschaftsräumen zunehmend institutionell eingebettet werden, stellen sich im *Globalen Süden* besondere Herausforderungen. Schwache Rechtsstaatlichkeit, instabile politische Strukturen und unzureichender Zugang zu Finanzierungsmöglichkeiten erschweren den Aufbau funktionierender Naturmarkt-Infrastrukturen. Häufig fehlen belastbare Daten, transparente Zertifizierungssysteme und vertrauenswürdige Intermediäre, was das Risiko von Marktversagen oder gar neuer Formen ökologischer Ausbeutung erhöht. Ohne gezielte Unterstützung, so

---

[2] Kohlenstoffmärkte beruhen auf dem Prinzip des Emissionshandels, bei dem Emissionsrechte gehandelt werden können, entweder im Rahmen verpflichtender Regime (wie dem EU-Emissionshandelssystem) oder auf freiwilliger Basis *(Voluntary Carbon Markets).* Letztere basieren auf freiwilligen Kompensationsprojekten, die durch Standards wie *Gold Standard* oder *Verra* zertifiziert werden. Biodiversitätsmärkte operieren nach ähnlichem Prinzip, etwa im Rahmen von Biodiversitäts-Offsets. Programme wie REDD + (Reducing Emissions from Deforestation and Forest Degradation) zielen darauf ab, Wälder als Kohlenstoffsenken zu erhalten und bieten Ländern des Globalen Südens finanzielle Anreize für den Waldschutz. Kritisiert wird allerdings, dass diese Märkte nicht zwangsläufig zu realen Emissionsreduktionen oder Biodiversitätsschutz führen, wenn etwa zusätzliche Effekte fehlen oder Doppelzählungen auftreten. Siehe zur vertiefung, Streck & Keenlyside (2022), Goldstandard Foundation (2023), Verra (2023), Anglesen (2009) sowie Salzman et al. (2018).

[3] Siehe zur Vertiefung von Eigentumsrechten Demsetz (1967). Toward a Theory of Property Rights. Demsetz' Aufsatz von 1967 gilt als grundlegender Beitrag zur ökonomischen Theorie von Eigentumsrechten. Er zeigt auf, dass sich Eigentumsrechte dann herausbilden, wenn sie helfen, externe Effekte zu internalisieren und damit Ressourcennutzung effizienter zu gestalten. Für die Umweltökonomie ist dies zentral: Naturgüter wie Boden, Wasser oder *Biodiversität* werden oft übernutzt, solange keine klaren Nutzungsrechte bestehen. Die Idee, Umweltleistungen handelbar zu machen, etwa durch CO_2- oder Biodiversity-Credits, baut direkt auf dieser Argumentation auf.

etwa durch internationale Entwicklungsbanken, Klimafonds oder öffentlich-private Partnerschaften, besteht die Gefahr, dass *Naturmärkte* bestehende globale Machtasymmetrien reproduzieren, anstatt sie zu überwinden. Daher müssen Naturmärkte als Bestandteil einer transformativen Entwicklungsstrategie gedacht werden, die Governance-Aufbau, Technologietransfer und Kapazitätsentwicklung im *Globalen Süden* explizit einbezieht.

Historische Erfahrungen, etwa mit der Etablierung von Anleihen- und Rentenmärkten, zeigen, dass die Entwicklung effizienter und vertrauenswürdiger Märkte oft Jahrzehnte oder sogar Jahrhunderte dauern kann. Erst durch kontinuierliche Standardisierung, rechtliche Absicherung, Transparenzmechanismen und die aktive Mitwirkung einer breiten Basis von Marktakteuren entstehen stabile Strukturen. Auch für *Naturmärkte* gilt. Es braucht Geduld und gezielte institutionelle Anstrengungen, um Liquidität, Fairness und Glaubwürdigkeit aufzubauen. Schnelle Erfolge sind unrealistisch, vielmehr ist ein langfristiger Aufbau gefragt, der Lernprozesse und Weiterentwicklungen einschließt.

Naturmärkte lassen sich in verschiedene Marktformen gliedern, die jeweils als Antwort auf spezifische *Marktversagen* in Umweltgütern und -dienstleistungen entstanden sind (siehe Tab. 4.1). *Naturgüter* weisen oft Merkmale öffentlicher oder gemeinschaftlicher Güter auf (z. B. saubere Luft, intakte Ökosysteme), sodass auf freien Märkten häufig keine effiziente Allokation stattfindet. Da Umweltkosten und -nutzen in den Marktpreisen nicht abgebildet sind (externe Effekte), führt dies zu Übernutzung oder Vernachlässigung wichtiger Ressourcen. Die *Institutionenökonomik* (Coase, Williamson u. a.) betont, dass in einer Welt ohne Transaktionskosten Private einen Pareto-effizienten Ausgleich von *Externalitäten* aushandeln könnten (Coase-Theorem). In der Realität jedoch sind Informations- und Verhandlungskosten hoch sowie Eigentumsrechte oft unklar. Daher bedarf es staatlicher Regulierung und innovationsorientierter Marktinstrumente (z. B. Cap-and-Trade, Zahlungsmechanismen), um externe Effekte intern zu erfassen (Cortekar und Groth 2010, S. 826 f.).

Der Begriff der *Marktform* wird in diesem Zusammenhang nicht im klassischen Sinne der Wettbewerbstheorie (z. B. Monopol, Oligopol, vollständiger Wettbewerb) verwendet, sondern bezeichnet institutionelle Arrangements zur Organisation des Austauschs ökologischer Leistungen. Anders als bei traditionellen Märkten, die auf homogene Güter, transparente Preisbildung und freie Marktteilnahme abzielen, beruhen Naturmärkte häufig auf komplexen Bewertungssystemen, regulatorischen Eingriffen und hybridem Governance-Design. Ihre Funktionsweise hängt wesentlich von extern gesetzten Normen, Datenqualität und der Wirksamkeit von Kontrollmechanismen ab. Marktform meint hier also primär die Art der institutionellen Rahmung und die spezifische Steuerungslogik des jeweiligen Markttypus, wie durch gesetzliche Verpflichtung, freiwillige Vereinbarung oder finanzwirtschaftliche Integration.

Vor diesem Hintergrund verkörpern *Credits (= Gutschrift)* eine Form des *Eigentumsrechts* an einer quantifizierten Umweltleistung oder einem Nutzen. Gemäß der *Property Rigths Theory* (Coase 1960; Demsetz 1967) ermöglicht die Definition klarer, durchsetzbarer Rechte an knappen Ressourcen oder Dienstleistungen eine marktbasierte Allokation

Tab. 4.1 Typologie von Naturmärkten – Marktform, Steuerungslogik und Beispiel

Marktform	Steuerungslogik	Beispiel
Bereitstellungsmärkte	Nutzung natürlicher Ressourcen über Nutzungsrechte	Wasserrechte in Kalifornien
Regulierte Umweltmärkte	Rechtlich verpflichtende Marktmechanismen (Cap-and-Trade)	EU-Emissionshandelssystem (EU ETS), BNG
Freiwillige Märkte/PES[4]	Anreizsysteme ohne gesetzliche Verpflichtung	Waldschutz-PES in Costa Rica
Finanzmärkte für Natur	Integration ökologischer Kriterien in Finanzierungsentscheidungen	Green Bonds für Aufforstung
Biodiversity Credits[5]	Förderung ökologischer Leistungen über handelbare Zertifikate	Biodiversity Net Gain im Vereinigten Königreich

Quelle: Eigene Darstellung

und einen marktbasierten Austausch. *CO2*- und *Biodiversity-Credits* wandeln immaterielle Umweltvorteile, wie reduzierte Emissionen oder eine verbesserte Lebensraumqualität, in eigenständige, handelbare Einheiten um. Dieser Prozess weist Ökosystemleistungen quasi-Eigentumsrechte zu, wodurch ihr Wert anerkannt, übertragen und in wirtschaftliche Entscheidungen einbezogen werden kann. *Credits* operationalisieren somit die Privatisierung von Umweltdienstleistungen innerhalb marktwirtschaftlicher oder hybrider Governance-Rahmen[6], indem sie Umweltschutz mit wirtschaftlichen Anreizen in Einklang bringen und die Ressourcenallokation durch Marktmechanismen erleichtern. Die Schaffung von *CO_2*- und *Biodiversity-Credits* träg auch der Problematik der *Commons* (siehe Abschn. 1.6) Rechnung, bei der Gemeingüter, wie die Atmosphäre oder die *Biodiversität,* übernutzt werden, weil einzelnen Nutzern Anreize zu ihrem Schutz fehlen. Ohne klare *Eigentumsrechte* oder Verantwortlichkeit wird Umweltzerstörung zu einem klassischen Fall *negativer Externalitäten.*

Durch die Definition eigentumsähnlicher Rechte durch Credits internalisieren diese Märkte, was zuvor Externalitäten waren. Beispiele sind:

- Ein CO_2-Credit internalisiert die Kosten von Treibhausgasemissionen, indem sie den Ausstoß oder die Vermeidung einer Tonne CO_2 mit einem Preis verknüpft.
- Ein Biodiversity-Credit internalisiert den ökologischen Wert der Erhaltung oder Verbesserung von Arten und Lebensräumen.

---

[4] Siehe Nicolaus und Jetzkowitz (2014).

[5] Siehe Aide (2024).

[6] Gemeint ist ein institutionelles Gefüge, in dem Staat, Markt und Zivilgesellschaft gemeinsam an der Regelsetzung, Überwachung und Durchsetzung beteiligt sind.

Dieser Ansatz kann Emissionsreduzierung und Naturschutz fördern, da er Umweltschutz wirtschaftlich wertvoll und handelbar macht. Er verwandelt frei zugängliche Ressourcen in Vermögenswerte, die durch Markt- oder hybride institutionelle Vereinbarungen geregelt werden, was die Effizienz und Nachhaltigkeit verbessern kann (Coase 1960; Ostrom 1990).

Carbon-Credits bilden bereits ein zentrales Element der *Naturmärkte.* Sie dienen der Kompensation von Treibhausgasemissionen durch Investitionen in Klimaschutzprojekte wie Aufforstung, Schutz natürlicher Kohlenstoffspeicher oder regenerative Landwirtschaft. Der Begriff *Carbon Credit* wird dabei unterschiedlich verwendet. In freiwilligen Märkten *(= Voluntary Carbon Markets)* bezeichnet er eine zertifizierte Einsparung oder Bindung von einer Tonne CO_2e, etwa durch ein Projekt zur Aufforstung oder Emissionsvermeidung. In verpflichtenden Systemen wie dem *EU-Emissionshandelssystem (ETS)* hingegen handelt es sich um sogenannte *Emissionszertifikate* oder *Allowances,* die Unternehmen für ihre reale Emissionsmenge erwerben müssen (European Commission 2024). Beide Instrumente folgen der gleichen Grundidee der Mengensteuerung, unterscheiden sich jedoch hinsichtlich ihrer Regulierung, Herkunft und Zweckbindung.

Eine besonders dynamische Entwicklung ist aktuell im Bereich der *Biodiversity-Credits* zu beobachten. Diese stellen eine neue Form marktfähiger Naturschutzinstrumente dar, die darauf abzielen, den Erhalt und die Wiederherstellung biologischer Vielfalt durch private Investitionen zu fördern (vgl. Schwerdtner Manez und Clifton 2025). Anders als klassische *Biodiversitäts-Offsets,* die den Verlust biologischer Vielfalt durch Ausgleichsmaßnahmen kompensieren, verfolgen *Biodiversity-Credits* einen nicht-kompensatorischen Ansatz. Sie zielen auf die aktive Verbesserung und Wiederherstellung von *Ökosystemen,* unabhängig von vorausgehenden Eingriffen ab. Dadurch eröffnen sie neue Möglichkeiten zur Finanzierung von Naturschutzprojekten durch Unternehmen und Investoren.

Ein zentraler Unterschied zu *Carbon-Credits* ergibt sich aus der ökologischen Logik beider Systeme. Im Unterschied zum Kohlenstoff, dessen Emissionen durch ein globales Budget (z. B. das 1,5°C-Ziel) quantitativ begrenzt und wissenschaftlich kalibriert werden können, verfügt *Biodiversität* über kein linear aufbrauchbares Budget im klassischen Sinn. Vielmehr ist *Biodiversität* ein systemischer Faktor ökologischer Resilienz, dessen Verlust komplexe, teils nicht-lineare Kaskadeneffekte auslösen kann.[7] *Ökologische Systeme* sind durch funktionelle Redundanz gekennzeichnet, das heißt, mehrere Arten können ähnliche ökologische Funktionen übernehmen, was bis zu einem gewissen Grad Verluste kompensiert. Wird jedoch eine kritische Schwelle überschritten, etwa bei Bestäubern, Bodenmikroorganismen oder *Trophieebenen*[8], kommt es zu irreversiblen Kipppunkten, die

[7] Siehe hierzu das Konzept der Planetaren Grenzen (Rockström et al. 2009; Steffen et al. 2015), das *Biodiversität* nicht als Budget, sondern als regulatorische Erdsystemfunktion versteht, deren Unterschreitung schwer kalkulierbare Systemrisiken birgt.

[8] Trophieebenen beschreiben die Position eines Organismus innerhalb einer Nahrungskette, von Primärproduzenten (z. B. Pflanzen) über Pflanzenfresser bis hin zu Spitzenprädatoren, und verdeutlichen die Energieflüsse innerhalb von Ökosystemen.

ganze Ökosystemfunktionen destabilisieren können (Folke et al. 2004, S. 259 ff.). Daher lässt sich der Schutz von Biodiversität nicht über eine verbleibende Mengenschwelle steuern, sondern erfordert präventive, ortsbezogene und systemorientierte Strategien, die auf Erhalt und Wiederherstellung ökologischer Integrität zielen.

Konzepte wie das im Vereinigten Königreich (UK) gesetzlich verankerte *Biodiversity Net Gain (BNG)* (Department for Environment, Food & Rural Affairs 2024) fordern in diesem Zusammenhang, dass Eingriffe in die Natur nicht nur kompensiert, sondern überkompensiert werden *(= net gain)* mit dem Ziel, einen messbaren Nettozuwachs an *Biodiversität* zu erzielen. Nach den Vorgaben des neuen britischen Gesetzes müssen alle größeren Bauvorhaben in England künftig einen Biodiversitätsgewinn von mindestens 10 % nachweisen, der für mindestens 30 Jahre erhalten bleibt (The Wildlife Trusts 2024). Parallel dazu entstehen in UK auch neue regulatorische Initiativen zur Stärkung der Glaubwürdigkeit *freiwilliger Naturmärkte (Voluntary Markets)*. So hat die britische Regierung 2024 eine umfassende Konsultation zur Integrität von freiwilligen Kohlenstoff- und Naturmärkten eingeleitet. Ziel ist es, Mindeststandards für Transparenz, Validierung und zusätzlichkeitssichernde Mechanismen zu schaffen, um das Vertrauen in marktbasierte Naturschutzlösungen zu erhöhen (UK Government 2024). Anders als staatlich regulierte Biodiversitätskompensationen oder gesetzlich verankerte Nettozuwachs-Verpflichtungen wie *BNG* folgt der *In-Setting-Ansatz*[9] keiner formalen Regulierung. Vielmehr beruht er auf unternehmerischer Selbstverpflichtung, etwa im Rahmen von *ESG-Strategien,* freiwilligen Nachhaltigkeitszielen oder Stakeholdererwartungen. So setzen in Kolumbien Unternehmen auf freiwillige Biodiversitätsmaßnahmen, die über regulatorische Anforderungen hinausgehen, etwa durch Renaturierung, Aufforstung oder nachhaltige Landnutzung in Zusammenarbeit mit lokalen Gemeinschaften (Forliance 2024; WCS Colombia 2023). Diese Initiativen sind häufig in *ESG-Strategien* eingebettet und zielen auf soziale und ökologische Ko-Benefits. Im internationalen Kontext wird zudem der sogenannte *Stacking-Ansatz* diskutiert, bei dem mehrere Ökosystemleistungen, wie Kohlenstoffbindung und Biodiversität, aus derselben Fläche separat zertifiziert und vermarktet werden (Cooley & Olander 2011; Biodiversity Credit Alliance 2023). Obwohl dieser Ansatz zusätzliche Finanzierungspotenziale bietet, bestehen erhebliche Herausforderungen hinsichtlich Doppelzählung, zusätzlicher Wirkung und regulatorischer Absicherung (Defra 2024b; Gold Standard 2023).

Genau darin besteht Potenzial. Die Maßnahmen entstehen nicht aus externer Pflicht, sondern aus strategischer Übernahme von Verantwortung im eigenen Wirkungsbereich. Ein Vergleich der verschiedenen Strukturen ist in Tab. 4.2 dargestellt.

---

[9] Insetting ist ein unternehmensinterner Ansatz, bei dem Investitionen in ökologische Nachhaltigkeit, etwa zur CO_2-Reduktion oder zur Förderung von Biodiversität, direkt in den eigenen Lieferketten oder im näheren betrieblichen Umfeld verankert sind. Ziel ist es, Umweltauswirkungen zu reduzieren und gleichzeitig betriebliche Resilienz sowie soziale und ökologische Mehrwerte zu schaffen.

Tab. 4.2 Vergleich von Offsetting, Biodiversity Net Gain (BNG) und In-Setting

Ansatz/ Mechanismus	Ziel/Funktion	Ort der Maßnahme	Regulatorischer Rahmen	Beispiel/Kontext	Kritik/Potenzial
Offsetting	Ausgleich von Biodiversitätsverlusten durch Maßnahmen an anderer Stelle	Extern/räumlich entkoppelt	Verpflichtend oder freiwillig (z. B. Bau, Infrastruktur)	Projektgenehmigung mit Ausgleichspflicht (z. B. DE, AU)	Greenwashing-Risiko, Entkopplung vom Verursacherprinzip, Wirksamkeit hängt von Projektqualität ab
Biodiversity Net Gain (BNG)	Nettozuwachs an Biodiversität über den Eingriff hinaus	Extern, aber räumlich oder rechtlich verbunden	Gesetzlich geregelt (z. B. UK Environment Act, DEFRA 2024a und 2024b)	UK: gesetzlich vorgeschriebener 10 %-Zuwachs für Bauprojekte	Messprobleme, langfristige Kontrolle schwierig, Gefahr von rein formaler Zielerfüllung
Stacking (mehrfache Anrechnung)	Separate Zertifizierung verschiedener Ökosystemleistungen aus einer Fläche	Gleiche Fläche (z. B. CO_2 & Biodiversität parallel)	Uneinheitlich geregelt; freiwillige Märkte (z. B. UK, Plan Vivo)	UK: Kombination von Biodiversity Credits & Nutrient Credits möglich (DEFRA 2024a und 2024b)	Finanzierungspotenzial; aber Gefahr der Doppelzählung und erhöhter Überprüfungsaufwand
Insetting (strategischer Ansatz)*	Integration biodiversitätsfördernder Maßnahmen in unternehmerische Prozesse	Intern/in der eigenen Wertschöpfungskette oder im Einflussbereich	Kein formaler Rahmen – freiwillig im Rahmen von ESG, CSR oder Lieferkettenstrategie	**Kolumbien: Forliance-Projekt in Vichada oder PVS mit Ecopetrol & WCS**	Hohe Glaubwürdigkeit, strukturelle Verankerung möglich; fehlende Standards & Vergleichbarkeit, Wirkung abhängig von Umsetzung

Quelle: Eigene Darstellung in Anlehnung an: Schwerdtner Manez und Clifton (2025), DEFRA (2024a und 2024b), UNEP-WCMC (2023) sowie IUCN (2022).
*Insetting ist kein marktbasierter Kompensationsmechanismus im engeren Sinne, sondern ein strategischer Unternehmensansatz zur Integration ökologischer Maßnahmen in Geschäftsmodelle oder Lieferketten. Es ergänzt marktbasierte Ansätze, ersetzt sie jedoch nicht zwingend

Im Kontext der internationalen Klimapolitik wird zunehmend diskutiert, inwieweit freiwillige Naturmarktprojekte, vor allem solche im Bereich Aufforstung und Habitatrestauration, doppelt auf die *national festgelegten Beiträge (= National Determined Contributions, NDCs)*[10] angerechnet werden dürfen. Viele Länder berücksichtigen bereits den Erhalt und die Wiederherstellung natürlicher Habitate in ihren *NDCs*. Die Nutzung solcher Projekte im freiwilligen Kohlenstoffmarkt ohne klare Regeln könnte zu doppelter Anrechnung führen und somit die ökologische Integrität gefährden. Eine robuste Governance ist daher unabdingbar, um Transparenz, zusätzliche Emissionsreduktion und faire Anrechnung sicherzustellen.

Insgesamt lässt sich festhalten, dass die verschiedenen *Naturmärkte* als Reaktion auf das *Marktversagen* bei Umweltgütern entstehen. Sie definieren oder modifizieren *Property Rights,* versuchen Transaktionskosten zu senken und kombinieren Marktmechanismen mit staatlicher oder gemeinschaftlicher Regulierung. Institutionenökonomische Theorien (Coase, Williamson u. v. m.) helfen zu verstehen, warum reine Marktmodelle für Umweltexternalitäten oft versagen und in welchen Fällen marktbasiertes Steering erfolgreich sein kann. Die genannten Marktinnovationen sind somit Versuche, durch neue institutionelle Arrangements externe Effekte zu internalisieren und Effizienzgewinne im Umweltschutz zu realisieren. Für Unternehmen eröffnen *Naturmärkte* neue Steuerungsoptionen und Geschäftsmodelle. Proaktives Ressourcenmanagement ersetzt reaktive Umweltpolitik. Unternehmen investieren in Renaturierungsprojekte, emissionsmindernde Technologien oder biodiversitätsfördernde Maßnahmen und können dadurch regulatorische Anforderungen erfüllen, Risiken absichern und neue Wertschöpfung generieren. Zugleich verändern sich ihre Rollen innerhalb gesellschaftlicher Aushandlungsprozesse. Der Aufbau von Vertrauen, die Partizipation an mehrstufigen Governance-Systemen und die Entwicklung belastbarer Bewertungsstandards sind wesentliche Erfolgsfaktoren (Gómez-Baggethun und Ruiz-Pérez 2011).

Die Integration von *Naturmärkten* verlangt allerdings hohe methodische Kompetenz, verlässliche Daten und eine umfassende interne Steuerung. Neue Bewertungsansätze für *Naturkapital,* robuste Risikomanagementsysteme und die Transformation des Rechnungswesens sind erforderlich (Agard 2019, S. 149 f.; Kumar et al. 2019, S. 3; NCAVES 2020).

Die Verknüpfung ökologischer Werte mit marktwirtschaftlichen Mechanismen wirft fundamentale normative Fragen auf. Wer bestimmt den Wert der Natur? Wie werden kulturelle, soziale und spirituelle Dimensionen von Ökosystemen berücksichtigt? Es besteht die Gefahr, dass *Naturmärkte* bestehende Ungleichheiten vertiefen und kapitalstarken

---

[10] NDCs kennzeichnen die national festgelegten Klimaschutzbeiträge im Rahmen des Pariser Klimaabkommens. Sie legen fest, welche Maßnahmen ein Land ergreifen will, um Treibhausgasemissionen zu reduzieren und zur Begrenzung der globalen Erwärmung beizutragen. Jeder Vertragsstaat bestimmt seine NDCs eigenverantwortlich, muss sie regelmäßig aktualisieren und deren Umsetzung transparent berichten. NDCs sind damit das zentrale Instrument der internationalen Klimapolitik zur Erreichung der globalen Temperaturziele. UNFCCC. (n.d.).

Akteuren privilegierten Zugang zu *Ökosystemleistungen* verschaffen (Kosoy und Corbera 2010, S. 1229). Die Gestaltung von *Naturmärkten* muss deshalb sozial gerecht, transparent und partizipativ erfolgen. Nur durch die aktive Einbindung lokaler Gemeinschaften, indigener Völker und der Zivilgesellschaft kann eine sozial und ökologisch verträgliche Nutzung ökologischer Ressourcen gewährleistet werden. Märkte allein garantieren keine Nachhaltigkeit, sie müssen eingebettet sein in einen Ordnungsrahmen, der ökologische Belastungsgrenzen und soziale Gerechtigkeit als zentrale Prinzipien anerkennt. Naturmärkte markieren den institutionellen Wendepunkt in der ökonomischen Betrachtung der Natur, weg von einer externalisierten Ressource hin zu einer zentralen, wertschöpfenden Grundlage allen wirtschaftlichen Handelns. Unternehmen, die diesen Wandel aktiv gestalten, sichern sich in einem zunehmend ressourcenknappen und regulierten Umfeld nicht nur ökologische Resilienz, sondern auch wirtschaftliche Wettbewerbsfähigkeit.

Diese Transformation stellt auch die Wirtschaftswissenschaft vor neue Aufgaben. Die Integration planetarer Grenzen, die Neubewertung von Kapitalbegriffen und die Entwicklung neuer Wohlstandsindikatoren jenseits des BIP sind entscheidend für ein zukunftsfähiges Wirtschaftssystem (Raworth 2017; Daly und Farley 2011).

Die Etablierung von Naturmärkten ist somit kein Selbstzweck, sondern ein Mittel zur Gestaltung eines Wirtschaftsraums, der planetare Belastungsgrenzen respektiert, natürliche Grundlagen regeneriert und die Voraussetzungen für nachhaltigen Wohlstand langfristig sichert.

In dieser Perspektive folgt die Entwicklung von Naturmärkten einem historischen Muster. Immer dann, wenn die Menschheit an ökologische, technologische oder soziale Grenzen stieß, war sie gezwungen, ihre institutionellen und ökonomischen Strukturen grundlegend zu transformieren. Die Agrarrevolution, die industrielle Revolution oder die Herausbildung moderner Wohlfahrtsstaaten sind Ausdruck solcher Entwicklungssprünge, die auf die Überwindung systemischer Beschränkungen abzielten.

Eine solche Neuorganisation kann jedoch nicht allein durch Marktmechanismen erfolgen. Auch die gezielte öffentliche Lenkung von Investitionen spielt eine zentrale Rolle. Eine makroökonomische Analyse des Internationalen Währungsfonds zeigt, dass staatliche Ausgaben für Biodiversität, saubere Energie oder ökologische Infrastruktur nicht nur ökologisch sinnvoll, sondern auch ökonomisch überdurchschnittlich wirksam sind. In ihrer Studie Building Back Better belegen Batini et al. (2022), dass grüne Ausgaben durchschnittliche Produktionsmultiplikatoren von 1,1 bis 1,5 erzielen, während konventionelle, CO_2-intensive Ausgaben nur bei 0,5 bis 0,6 liegen. Mit anderen Worten: Ein investierter Dollar in die Natur generiert mehr wirtschaftliche Aktivität als herkömmliche Ausgaben – insbesondere auch in Schwellen- und Entwicklungsländern. Die Autor:innen kommen zu dem Schluss, dass „stabilizing climate and reversing biodiversity loss are not at odds with continuing economic advances" (Batini et al. 2022, S. 25). Diese Erkenntnis stärkt die Argumentation für eine aktiv steuernde Rolle des Staates im Aufbau resilienter Naturmärkte und zeigt, dass ökologische Transformation nicht im Gegensatz zu wirtschaftlicher Prosperität stehen muss – sondern ihr Fundament sein kann.

Ergänzend zur Diskussion marktbasierter Instrumente zeigt eine makroökonomische Analyse des Internationalen Währungsfonds, dass auch direkt staatlich gesteuerte grüne Investitionen erhebliche wirtschaftliche Wirkungen entfalten. In der Studie Building Back Better belegen Batini et al. (2022), dass Investitionen in Biodiversitätsschutz, grüne Infrastruktur oder saubere Energie höhere Produktionsmultiplikatoren erzielen (zwischen 1,1 und 1,5) als klassische fossile Ausgaben (nur 0,5 bis 0,6). Dies bedeutet, dass grüne Staatsausgaben nicht nur ökologisch notwendig, sondern auch ökonomisch überdurchschnittlich wirksam sind. Die Autor:innen argumentieren, dass der Schutz des Klimas und der biologischen Vielfalt nicht im Widerspruch zu wirtschaftlichem Wachstum steht, sondern vielmehr einen produktiven Hebel zur Förderung von Stabilität und Beschäftigung darstellt (Batini et al. 2022, S. 25). Dies unterstreicht die Notwendigkeit, Marktmechanismen um systematisch geplante öffentliche Investitionsstrategien zu ergänzen.

4.4 Kritik, Herausforderungen und Ausblick

In diesem Kontext sind Naturmärkte Ausdruck einer notwendigen strukturellen Innovation. Ihre institutionelle Verankerung, auf Basis klar definierter *Property Rights,* belastbarer Bewertungs- und Zertifizierungsmechanismen sowie fairer Governance-Strukturen, ermöglicht es, ökologische Werte in ökonomische Entscheidungsprozesse zu integrieren, ohne die Eigenlogik ökologischer Systeme zu negieren. Die Natur wird dabei nicht zur bloßen Ware degradiert, sondern als fundamentaler Produktions- und Lebensfaktor anerkannt. Gerade in der Entwicklung institutioneller Rahmenbedingungen zeigt sich. Nachhaltigkeit ist nicht bloß moralisch geboten, sondern systemisch notwendig, um wirtschaftliche Ordnungen dauerhaft tragfähig zu gestalten. Die Natur ist kein externer Parameter, sondern der tragende Grund jeder ökonomischen Aktivität.

Die Etablierung von *Naturmärkten* markiert somit den Beginn einer neuen Entwicklungsstufe der ökonomischen Rationalität. Einer Rationalität, die nicht auf die Maximierung kurzfristiger Gewinne, sondern auf die Sicherung der langfristigen Tragfähigkeit menschlicher Zivilisation abzielt. Es geht nicht um eine marginale Korrektur bestehender Systeme, sondern um eine tiefgreifende Neuausrichtung wirtschaftlichen Denkens und Handelns, eine Entwicklung, die, historisch betrachtet, in der Logik menschlicher Anpassungsfähigkeit an systemische Grenzen steht, deren Dringlichkeit und Globalität jedoch ohne historisches Vorbild ist.

Am Schluss dieses Kapitels soll bewusst eine kritische Auseinandersetzung mit der Entwicklung von Naturmärkten erfolgen. Diese ist notwendig, da gegenwärtig nicht absehbar ist, welche Dynamiken und Auswirkungen die weitere Etablierung dieser Märkte entfalten wird. Die Diskussion um Naturmärkte zeigt deutlich, dass ihre Einführung sowohl erhebliche Innovationspotenziale als auch gravierende Herausforderungen mit sich bringt. Ihre Funktionsfähigkeit ist keineswegs selbstverständlich, sondern setzt die integrative Berücksichtigung ökologischer, sozialer und institutioneller Komplexitäten voraus.

Vor diesem Hintergrund wird ersichtlich, dass *Naturmärkte* nur dann einen substantiellen Beitrag zur Transformation wirtschaftlicher Systeme leisten können, wenn sie bewusst gestaltet, kritisch überwacht und in ein umfassendes Konzept nachhaltiger Wirtschaftsweise eingebettet werden. Die Entwicklung von *Naturmärkten* ist als institutionelle Innovation zu begreifen, die darauf abzielt, ökologische Werte systematisch in ökonomische Entscheidungsprozesse zu integrieren. Dabei handelt es sich nicht um reine Märkte im klassischen Sinne, sondern um hybride Arrangements, die Marktmechanismen, staatliche Regulierung und gesellschaftliche Aushandlungsprozesse miteinander verknüpfen. Ihre Effizienz und Stabilität hängen maßgeblich von der Qualität und Kohärenz der zugrunde liegenden institutionellen Strukturen ab.

Ein zentrales Problem stellt die Messbarkeit und Standardisierung ökologischer Leistungen dar. Während Kohlenstoffemissionen relativ präzise quantifiziert werden können (z. B. in Tonnen CO_2-Äquivalent), ist Biodiversität ein vielschichtiges, ortsgebundenes Gut, dessen adäquate Erfassung erheblich komplexer ist. Diese epistemische Herausforderung erschwert die Schaffung transparenter Märkte, erhöht die Transaktionskosten und verstärkt das Risiko von Greenwashing (Kosoy und Corbera 2010).

Mit der zunehmenden Integration von Naturwerten in Finanzmärkte, etwa durch grüne Anleihen, *Biodiversity-Credits* oder naturbasierte Derivate, geht zudem die Gefahr einer einseitigen ökonomischen Reduktion der Natur einher. Diese Monetarisierung der Natur birgt erhebliche Risiken. Es droht eine Verkürzung ökologischer Zusammenhänge auf monetarisierbare Parameter, eine Vertiefung sozialer Ungleichheiten sowie die Einführung spekulativer Dynamiken in zentrale ökologische Güter.[11] Überdies besteht das Risiko einer zunehmenden Entkopplung zwischen ökologisch motivierter Kapitalallokation und realwirtschaftlicher Wertschöpfung. Wenn Naturmärkte primär durch spekulative Finanzströme angetrieben werden – etwa durch naturbasierte Derivate oder Portfoliotransaktionen, droht eine Volatilität, die weder ökologische Wirkung noch soziale Stabilität garantiert. Solche Marktbewegungen können kurzfristige Renditeziele über ökologische Nachhaltigkeit stellen und dabei sowohl Vertrauen als auch Legitimität untergraben. Eine makroökonomisch stabile Integration von Naturmärkten erfordert daher klare Leitplanken: etwa Kapitalbindungspflichten, Mindesthaltedauern oder verpflichtende ökologische Berichtspflichten, um die Anbindung an realwirtschaftliche Maßnahmen sicherzustellen und spekulativen Exzessen vorzubeugen. Ein grundlegendes Kriterium für die Glaubwürdigkeit von Naturmärkten ist die strikte Einhaltung des Prinzips der *Additionality* (= Zusätzlichkeit)[12]. Anerkannt werden dürfen nur Projekte und Maßnahmen, die nachweislich über gesetzliche Verpflichtungen hinausgehen und neue ökologische Leistungen

[11] Eine aktuelle Studie zeigt, dass 87 % der von großen Unternehmen nachgefragten Offsets im freiwilligen Kohlenstoffmarkt von geringer Qualität sind und damit die Integrität des Marktes erheblich gefährden (Trencher et al. 2024).

[12] Siehe zur Vertiefung Probst et al. (2024).

erbringen. Die methodische Überprüfung dieser Zusätzlichkeit ist jedoch komplex und anfällig für strategische Verzerrungen.

In jüngerer Zeit ist die Qualität freiwilliger CO_2-Kompensationsprojekte zunehmend Gegenstand kritischer Prüfung. Zahlreiche Untersuchungen und Medienrecherchen zeigen, dass viele vermeintlich zusätzlich ausgewiesene Projekte, insbesondere im Bereich der Aufforstung oder Vermeidung von Entwaldung, nicht die versprochene Emissionsminderung bewirken oder auf zweifelhaften Baselines beruhen (z. B. West et al. 2020; The Guardian 2023). In einigen Fällen wurden CO_2-Zertifikate vergeben, obwohl das zugrunde liegende Projekt auch ohne finanzielle Kompensation zustande gekommen wäre. Diese Problematik untergräbt das Vertrauen in freiwillige Carbon Credit Märkte und verdeutlicht den Bedarf an strengeren Standards, glaubwürdiger Validierung und nachvollziehbarem Monitoring.

Vor diesem Hintergrund entstehen derzeit zahlreiche Initiativen zur Qualitätssicherung, etwa durch die *Integrity Council for the Voluntary Carbon Market (= ICVCM)* oder die *Voluntary Carbon Markets Integrity Initiative (= VCMI)*, die auf eine Vereinheitlichung von Zertifizierungsverfahren, verbindliche Transparenzregeln und eine klare Trennung von freiwilligen und verpflichtenden Märkten hinwirken. Dabei wird auch das Risiko der Doppelanrechnung zunehmend thematisiert. So schreibt Artikel 6 des Pariser Klimaabkommens vor, dass Emissionsminderungen, sogenannte *ITMOs (= Internationally Transferred Mitigation Outcomes)*[13], die von einem Land auf ein anderes übertragen werden, nur einmal und transparent bilanziert werden dürfen. Die Anwendung dieses Prinzips auf freiwillige Märkte bleibt bislang jedoch uneinheitlich geregelt und ist Gegenstand intensiver internationaler Verhandlungen.

Diese Debatten zeigen, dass die Etablierung wirksamer *Naturmärkte* nicht nur die Ausgestaltung ökonomischer Anreizsysteme erfordert, sondern ebenso ein robustes institutionelles Umfeld, das Qualität, Integrität und ökologische Glaubwürdigkeit sicherstellt.

Darüber hinaus besteht die Gefahr, dass *Naturmärkte* bestehende soziale Ungleichheiten verstärken, indem sie lokale Gemeinschaften und indigene Bevölkerungen von der Nutzung und Kontrolle über natürliche Ressourcen ausschließen oder enteignen. Die soziale Dimension marktbasierter Naturschutzinstrumente lässt sich nicht auf Verteilungsfragen reduzieren, sondern berührt tiefgreifende Fragen von Rechten, Mitsprache und kultureller Integrität. Insbesondere bei Projekten in Gebieten mit indigenen Völkern gilt das international anerkannte Prinzip des *Free, Prior and Informed Consent* (FPIC)[14], wie

[13] *Internationally Transferred Mitigation Outcomes (ITMOs)* sind handelbare Emissionsminderungen, die im Rahmen von Artikel 6 des Pariser Klimaabkommens zwischen Staaten übertragen werden können. Sie ermöglichen es einem Land, Emissionsreduktionen, die in einem anderen Land erzielt wurden, für die eigene Zielerreichung (Nationally Determined Contributions, NDCs) anzurechnen. ITMOs sollen Klimaschutz effizienter gestalten, setzen jedoch transparente Buchführung, Umweltintegrität und die Vermeidung doppelter Anrechnungen voraus.

[14] Siehe dazu Office of the United Nations High Commissioner for Human Rights (OHCHR) (o. J.).

es in der UN-Erklärung über die Rechte indigener Völker (UNDRIP)[15] verankert ist. Dieses Prinzip fordert, dass betroffene Gemeinschaften frei, rechtzeitig und auf Grundlage vollständiger Informationen der Nutzung oder Veränderung ihrer Territorien zustimmen, oder diese ablehnen können. Eine glaubwürdige Gestaltung von *Naturmärkten* muss daher sicherstellen, dass indigene Rechte nicht nur geschützt, sondern aktiv gestärkt werden, durch Mitsprache, faire Nutzenverteilung und Anerkennung traditionellen ökologischen Wissens.

Gleichzeitig eröffnen *Naturmärkte* bei entsprechender Gestaltung die Chance, durch partizipative Ansätze und gezielte Allokation von *Property Rights*gemeinschaftsbasierte Schutzmechanismen zu stärken und soziale Inklusion zu fördern. Ein weiteres strukturelles Spannungsfeld ergibt sich aus der unterschiedlichen Zeitlogik von Märkten und ökologischen Prozessen. Während Märkte tendenziell kurzfristige Effizienzoptimierung anstreben, entfalten ökologische Schutz- und Regenerationsprozesse ihre Wirkungen erst über lange Zeiträume hinweg. Der langfristige Erfolg von Naturmärkten wird daher davon abhängen, ob dauerhafte ökologische Wirkungen institutionell gesichert werden können. etwa durch langfristige Verträge, Monitoring-Systeme und staatliche Flankierungsmaßnahmen.

Schließlich dürfen *Naturmärkte* nicht als Ersatz für ambitionierte Umwelt- und Klimapolitik missverstanden werden. Sie können ergänzende Instrumente innerhalb einer umfassenden ökologischen Transformationsstrategie darstellen, müssen jedoch zwingend innerhalb klar definierter ordnungspolitischer Rahmenbedingungen operieren. Ohne verbindliche Klimaziele, Biodiversitätsstandards und belastbare Governance-Strukturen drohen *Naturmärkte,* ineffektiv zu bleiben oder sogar kontraproduktive Effekte zu entfalten.

Doch Märkte allein reichen nicht aus. Selbst bei hoher Integrität naturbasierter Märkte bleibt die Umsetzung entscheidungsrelevanter Informationen eine unternehmerische Aufgabe. Kap. 5 wendet sich deshalb erneut der Unternehmenspraxis zu und fragt, wie *Naturkapital*jenseits von KPIs in die strategische Steuerung eingebettet werden kann. Im Zentrum stehen dabei Konzepte wie die doppelte Wesentlichkeit, Chancen- und Risikoanalysen sowie transformative Steuerungsmodelle.

Literatur

Agard, J., et al. (2019). Integrating natural capital and ecosystem services into policy and decision making in Trinidad and Tobago. In P. Kumar, P. A. L. D. N. Nunes, & S. E. Esen (Hrsg.), *Mainstreaming natural capital and ecosystem services into development policy.* Routledge.

Aide, T. M. (2024). The biodiversity credit market needs rigorous baseline, monitoring, and validation practices. *npj Biodiversity, 3*(30). https://doi.org/10.1038/s44185-024-00062-6 (Zugegriffen am 26. April 2025).

[15] *Siehe dazu*UNDRIP (2007). *United Nations Declaration on the Rights of Indigenous Peoples.*

Angelsen, A. (Hrsg.). (2009). *Realising REDD+: National strategy and policy options.* CIFOR.

Batini, N. et al. (2022). *Building Back Better: How Big Are Green Spending Multipliers?* IMF Working Paper WP/21/87. https://doi.org/10.5089/9781513574462.001 (Zugegriffen am 26. April 2025).

BIODIVERSITY CREDIT ALLIANCE. (2023). Demand-side Sources and Motivation for Biodiversity Credits. Issue Paper No.1. https://www.biodiversitycreditalliance.org/wp-content/uploads/2024/05/BCAIssuePaper_DemandOverview06122023-final.pdf (Zugegriffen am 10. Mai 2025).

Coase, R. H. (1960). The problem of social cost. Journal of Law and Economics, 3, 1–44.

Cooley, D., & L. Olander. (2011). Stacking Ecosystem Services Payments: Risks and Solutions. Nicholas Inst. Work. Paper, Duke Univ., NI-WP#11-04.

Cortekar, J., & Groth, M. (2010). Die Bedeutung von Transaktionskosten und Verfügungsrechten – Eine Würdigung zum 100. Geburtstag von Ronald H. Coase. *Wirtschaftsdienst, 90*(12), 826–830. https://www.wirtschaftsdienst.eu/inhalt/jahr/2010/heft/12/beitrag/zum-100-geburtstag-von-ronald-h-coase.html (Zugegriffen am 26. April 2025).

Costanza, R., et al. (1997). The value of the world's ecosystem services and natural capital. *Nature, 387*(6630), 253–260. https://doi.org/10.1038/387253a0 (Zugegriffen am 21. April 2025).

Daly, H. E., & Farley, J. (2011). *Ecological economics: Principles and applications* (2nd ed.). Island Press.

Demsetz, H. (1967). Toward a theory of property rights. *The American Economic Review, 57*(2), 347–359. http://www.jstor.org/stable/1821637 (Zugegriffen am 10. Mai 2025).

Dasgupta, P. (2021). *The Economics of Biodiversity: The Dasgupta Review.* London: HM Treasury. https://www.gov.uk/government/publications/final-report-the-economics-of-biodiversity-the-dasgupta-review (Zugegriffen am 26. April 2025).

Department for Environment, Food & Rural Affairs (Defra). (2024a). *Biodiversity Net Gain (BNG) Collection.* https://www.gov.uk/government/collections/biodiversity-net-gain (Zugegriffen am 26. April 2025).

Department for Environment, Food & Rural Affairs (Defra). (2024b). *BNG Statutory Guidance.* https://www.gov.uk/government/collections/biodiversity-net-gain (Zugegriffen am 10. Mai 2025).

European Commission. (2024). EU Emissions Trading System (EU ETS). https://climate.ec.europa.eu/eu-action/eu-emissions-trading-system-eu-ets_en (Zugegriffen am 26. April 2025).

Folke, C., et al. (2004). Regime shifts, resilience, and biodiversity in ecosystem management. *Annual Review of Ecology, Evolution, and Systematics, 35*, 557–581. https://doi.org/10.1146/annurev.ecolsys.35.021103.105711 (Zugegriffen am 10. Mai 2025).

Forliance. (2024). Safeguarding Colombia's natural treasures and empowering communities. https://forliance.com/news-and-insights/news-detail/safeguarding-colombias-natural-treasures-and-empowering-communities. (Zugegriffen am 10. Mai 2025).

Gold Standard Foundation. (2023). Gold Standard for the Global Goals. https://www.goldstandard.org (Zugegriffen am 21. April 2025).

Gómez-Baggethun, E., & Ruiz-Pérez, M. (2011). Economic valuation and the commodification of ecosystem services. *Progress in Physical Geography, 35*(5), 613–628. https://doi.org/10.1177/0309133311421708 (Zugegriffen am 21. April 2025).

ICVCM. (2023). Core Carbon Principles and Assessment Framework. https://icvcm.org (Zugegriffen am 10. Mai 2025).

IUCN. (2022). Standard for Nature-based Solutions. https://iucn.org/our-work/topic/iucn-global-standard-nature-based-solutions (Zugegriffen am 10. Mai 2025).

Kosoy, N., & Corbera, E. (2010). Payments for ecosystem services as commodity fetishism. *Ecological Economics, 69*(6), 1228–1236. https://doi.org/10.1016/j.ecolecon.2009.11.002 (Zugegriffen am 21. April 2025).

Kumar, P., Nunes, P. A. L. D. N., & Esen, S. E. (Hrsg.). (2019). *Mainstreaming natural capital and ecosystem services into development policy.* Routledge.

Martinez-Alier, J. (2002). *The environmentalism of the poor: A study of ecological conflicts and valuation.* Edward Elgar. https://cdn.unrisd.org/assets/library/papers/pdf-files/martinezalier.pdf (Zugegriffen am 10. Mai 2025).

Nicolaus, K., & Jetzkowitz, J. (2014). How does paying for ecosystem services contribute to sustainable development? Evidence from case study research in Germany and the UK. *Sustainability, 6*(5), 3019–3042. https://doi.org/10.3390/su6053019 (Zugegriffen am 26. April 2025).

NCAVES. (2020). *Natural Capital Accounting and Valuation of Ecosystem Services Project Report.*

Office of the United Nations High Commissioner for Human Rights (OHCHR). (o. J.). Consultation and Free, Prior and Informed Consent (FPIC). https://www.ohchr.org/en/indigenous-peoples/consultation-and-free-prior-and-informed-consent-fpic (Zugegriffen am 10. Mai 2025).

Ostrom, E. (1990). Governing the commons: The evolution of institutions for collective action. Cambridge University Press.

Paavola, J. (2007). Institutions and environmental governance: A reconceptualization. *Ecological Economics, 63*(1), 93–103. https://doi.org/10.1016/j.ecolecon.2006.09.026 (Zugegriffen am 10. Mai 2025).

Probst, B. S., Toetzke, M., Kontoleon, A., et al. (2024). Systematic assessment of the achieved emission reductions of carbon crediting projects. *Nature Communications, 15*, 9562. https://doi.org/10.1038/s41467-024-53645-z (Zugegriffen am 26. April 2025).

Raworth, K. (2017). *Doughnut economics: Seven ways to think like a 21st-century economist.* Chelsea Green Publishing.

Rockström, J et al. (2009). A safe operating space for humanity. Nature, 461(7263), 472–475. https://doi.org/10.1038/461472a (Zugegriffen am 20. April 2025).

Salzman, J., Bennett, G., Carroll, N., Goldstein, A., & Jenkins, M. (2018). The global status and trends of Payments for Ecosystem Services. *Nature Sustainability, 1*(3), 136–144. https://doi.org/10.1038/s41893-018-0033-0 (Zugegriffen am 10. Mai 2025).

Schwerdtner Manez, K., & Clifton, J. (2025). Biodiversity credits: A new currency to support nature conservation? *Oryx*, 1–6. https://doi.org/10.1017/S0030605324001467 (Zugegriffen am 10. Mai 2025).

Spash, C. L. (2008). How much is that ecosystem in the window? The one with the bio-diverse trail. *Environmental Values, 17*(2), 259–284. https://doi.org/10.3197/096327108X303882 (Zugegriffen am 10. Mai 2025).

Steffen, W. et al. (2015). Planetary boundaries: Guiding human development on a changing planet. Science, 347(6223), 736–746. https://www.researchgate.net/publication/270898819_'Planetary_Boundaries_Guiding_Human_Development_on_a_Changing_Planet' (Zugegriffen am 20. April 2025).

Stiglitz, J. E. (1989). Markets, Market Failures, and Development. *American Economic Review, 79*(2), 197–203. https://www.nber.org/system/files/working_papers/w2961/w2961.pdf (Zugegriffen am 20. April 2025).

Streck, C., & Keenlyside, P. (2022). Voluntary carbon markets: What they are and how they can help address climate change. *Brookings Institution.*

Sullivan, A., & Sheffrin, S. M. (2003). *Economics: Principles in action.* Pearson Prentice Hall.

The Wildlife Trusts. (2024). Biodiversity Net Gain – a legal requirement for developments in England. https://www.wildlifetrusts.org/nature-based-solutions/biodiversity-net-gain (Zugegriffen am 10. Mai 2025).

The Guardian. (2023, 18. Januar). Revealed: More than 90% of rainforest carbon offsets by biggest certifier are worthless, analysis shows. https://www.theguardian.com/environment/2023/jan/18/revealed-forest-carbon-offsets-biggest-provider-worthless-verra-aoe (Zugegriffen am 10. Mai 2025).

Trencher, G., Nick, S., Carlson, J., et al. (2024). Demand for low-quality offsets by major companies undermines climate integrity of the voluntary carbon market. *Nature Communications, 15*, 6863. https://doi.org/10.1038/s41467-024-51151-w (Zugegriffen am 26. April 2025).

UK Government. (2024). Voluntary carbon and nature markets: Raising integrity – Consultation document. Department for Energy Security and Net Zero. https://www.gov.uk/government/consultations/voluntary-carbon-and-nature-markets-raising-integrity/voluntary-carbon-and-nature-markets-raising-integrity-consultation-document-accessible-webpage (Zugegriffen am 10. Mai 2025).

UNEP-WCMC. (2023). Designing effective biodiversity credit markets: Lessons from pilot initiatives. https://www.unep-wcmc.org/en/news/10-of-unep-wcmcs-key-contributions-to-combatting-the-global-nature-crisis-in-2023 (Zugegriffen am 10. Mai 2025).

UNFCCC. (n.d.). Nationally Determined Contributions (NDCs). United Nations Framework Convention on Climate Change. https://unfccc.int/process-and-meetings/the-paris-agreement/nationally-determined-contributions-ndcs (Zugegriffen am 10. Mai 2025).

United Nations (UNDRIP). (2007). *United Nations Declaration on the Rights of Indigenous Peoples.* https://www.un.org/development/desa/indigenouspeoples/wp-content/uploads/sites/19/2018/11/UNDRIP_E_web.pdf (Zugegriffen am 10. Mai 2025).

United Nations Framework Convention on Climate Change (UNFCCC). (2015). *Paris Agreement – Article 6.* https://unfccc.int/sites/default/files/english_paris_agreement.pdf (Zugegriffen am 10. Mai 2025).

Verra. (2023). Verified Carbon Standard (VCS). https://verra.org (Zugegriffen am 10. Mai 2025)

WCS Colombia. (2023). https://colombia.wcs.org/en-us/ANNUAL-REPORT-WCS-COLOMBIA.aspx (Zugegriffen am 10. Mai 2025).

West, T. A., et al. (2020). Overstated carbon emission reductions from voluntary REDD+ projects in the Brazilian Amazon. https://doi.org/10.17863/CAM.57434 (Zugegriffen am 10. Mai 2025).

5 Entscheidungsfindung und Steuerung in Unternehmen – Mehr als nur KPIs

Unternehmen stehen in einem wechselseitigen Verhältnis zur Natur. Einerseits sind sie Mitverursacher des Verlusts biologischer Vielfalt, etwa durch Ressourcenextraktion, Landnutzung und Emissionen. Andererseits sind sie selbst in hohem Maße auf funktionierende Ökosysteme angewiesen, etwa bei der Versorgung mit Rohstoffen, der Stabilität von Lieferketten oder dem Schutz vor Umweltrisiken. Diese Abhängigkeit von natürlichen Systemen macht deutlich, dass ökologische Faktoren nicht länger als externe Effekte behandelt werden können, sondern als ein integraler Bestandteil unternehmerischer Entscheidungsprozesse betrachtet und behandelt werden mussen.

Traditionelle Ansätze, wie z. B. ressourcenbasierte Ansätze, Signaling-Theorien oder netzwerktheoretische Perspektiven, zur Analyse von Unternehmensentscheidungen, fokussieren stark auf das Wettbewerbsumfeld.[1] Was tun andere Unternehmen? Wie wirken Marktmechanismen und Stakeholder-Erwartungen? Was signalisiert Nachhaltigkeit nach außen? In diesem Kapitel liegt der Fokus nicht auf externen Einflüssen, sondern auf den internen Steuerungsmechanismen von Unternehmen im Kontext ökologischer Nachhaltigkeit.

[1] Traditionelle theoretische Zugänge der Unternehmensanalyse, etwa der ressourcenbasierte Ansatz (Resource-Based View), die Signaling-Theorie oder netzwerktheoretische Perspektiven, fokussieren primär auf unternehmensinterne Ressourcen, strategische Marktinteraktionen und strukturelle Einbettungen in ökonomische Netzwerke. Ziel ist es, Wettbewerbsvorteile, Marktverhalten oder Kooperationsdynamiken zu erklären. Dabei bleibt die Umwelt zumeist eine externe Randbedingung; ökologische oder soziale Faktoren werden nur berücksichtigt, sofern sie direkt auf ökonomische Leistungsfähigkeit oder strategische Positionierungen wirken. Ein ganzheitliches Verständnis unternehmerischer Verantwortung jenseits marktförmiger Rationalität wird in diesen Ansätzen in der Regel nicht systematisch adressiert.

M. H. Müller und A. K. Meyer, *Natur als Kapital: Evolution oder Revolution?*, Ökonomien und Gesellschaften im Wandel,
https://doi.org/10.1007/978-3-658-49415-5_5

Im Zentrum stehen dabei Fragen nach der institutionellen Verankerung von Nachhaltigkeit, der Integration naturbezogener Risiken und Chancen in Entscheidungsprozesse sowie der Ausgestaltung unternehmensinterner Steuerungssysteme. Dazu zählen insbesondere die Prozesssteuerung, Ergebnissteuerung, kulturelle Steuerung und personelle Steuerung, jeweils mit Blick darauf, wie ökologische Abhängigkeiten und Auswirkungen berücksichtigt werden können.

Die in Kap. 3 detailliert behandelten Instrumente und Bilanzierungssysteme, wie *Natural Capital Accounting* oder das *System of Environmental Economic Accounting,* können dabei die notwendige Datengrundlage und das analytische Rüstzeug für eine fundierte Integration in die internen Entscheidungsprozesse und die davon abgeleitete Steuerung ermöglichen.

5.1 Die Sache mit der doppelten Wesentlichkeit unternehmerischer Wirkungen

Die Frage, was im Kontext unternehmerischen Handelns als *wesentlich* gilt, ist keineswegs nur ein semantisches oder theoretisches Problem. Vielmehr bildet diese Frage den Kern aktueller Debatten um Nachhaltigkeitsberichterstattung, strategische Steuerung und regulatorische Anforderungen. Vor allem im Lichte ökologischer Krisen und planetarer Belastungsgrenzen gewinnt die sogenannte doppelte Wesentlichkeit an Bedeutung, also die gleichzeitige Berücksichtigung der Auswirkungen der Umwelt auf das Unternehmen *(outside-in)* sowie der Wirkungen des Unternehmens auf Umwelt und Gesellschaft *(inside-out).* Eine solche doppelte Perspektive ist essenziell für ein erweitertes Verständnis von Entscheidungsfindung, bei der die Abhängigkeit von der Natur mit einzogen werden soll. Es geht folglich nicht mehr nur darum, wie externe Umweltveränderungen Geschäftsmodelle gefährden könnten, sondern auch darum, welche Verantwortung und welchen Einfluss ein Unternehmen auf ökologische Systeme ausübt. Damit wird Wesentlichkeit zu einem normativen wie analytischen Steuerungskriterium, mit weitreichenden Implikationen für Governance, Controlling und Kommunikation.

Unsere Ausführungen zeigen, dass die europäischen *European Sustainability Reporting Standards (ESRS)* sowie die *Global Reporting Initiative (GRI)* dieses erweiterte Verständnis aktiv unterstützen. Beide Ansätze orientieren sich am Konzept der doppelten Wesentlichkeit und integrieren ökologische und soziale Auswirkungen systematisch in ihre Berichtsanforderungen. Diese Ansätze eröffnen damit die Möglichkeit, Nachhaltigkeit nicht nur als externes Reputations- oder Risikothema zu behandeln, sondern sie als integralen Bestandteil unternehmerischer Steuerung aktiv mit einzubeziehen. Die Einbindung von wissenschaftsbasierten Konzepten wie den planetaren Grenzen zeigt zudem den Anspruch, objektive Maßstäbe für unternehmerisches Handeln zu setzen.

Im Gegensatz dazu verfolgen die *International Financial Reporting Standards (IFRS)* eine andere Zielsetzung und fokussieren weiterhin ausschließlich auf die finanzielle

Wesentlichkeit, das heißt auf Informationen, die für Investoren und Kapitalmärkte relevant sind (IFRS Foundation 2024, S. 10.). Diese im Gegensatz zur doppelten Wesentlichkeit einseitige Ausrichtung wird zunehmend kritisiert, unter anderem von Cooper und Michelon et al. (2022, S. 13, 16), die betonen, dass ein zukunftsfähiges Nachhaltigkeitsmanagement ohne doppelte Wesentlichkeit konzeptionell unvollständig bleibt. Auch die *Taskforce on Nature-related Financial Disclosures (TNFD)* hebt hervor, dass nur eine umfassende Wesentlichkeitsbetrachtung den systemischen Risiken des Biodiversitätsverlusts gerecht werden kann (TNFD 2022, S. 73).

Der Finanzsektor nimmt in diesem Diskurs und der Entwicklung um die erweiterte Wesentlichkeitsperspektiven eine gestaltende Rolle ein. Dabei zeigt sich, dass Banken, Versicherungen und institutionelle Investoren regulatorische Entwicklungen keineswegs ausschließlich als Belastung wahrnehmen. Vielmehr unterstützen zentrale Akteure des Finanzsystems jene Initiativen, die auf verbesserte Transparenz, Vergleichbarkeit und Standardisierung von Nachhaltigkeitsinformationen abzielen. Doch zahlt Regulierung tatsächlich auf das ein, worum es im Kern gehen sollte? Zur Beantwortung dieser Frage ist zunächst zu klären, welche Rolle dem Finanzsektor im Transformationsprozess realistisch zukommt. Wie das *International Institute of Finance* (2023) betont, besteht die Gefahr, dass eine überhöhte Erwartungshaltung gegenüber dem Finanzsektor und seinen Aufsichtsstrukturen von den eigentlichen politischen und sektoralen Maßnahmen ablenkt, die notwendig sind, um die Transformation der Realwirtschaft zu ermöglichen: *„Over-reliance on the financial sector and its regulators to deliver the net zero transition risks diverting attention from the fundamental policies needed to catalyze actions across the entire economy.“*

Zwar können Finanzinstitutionen Kapital mobilisieren, unternehmerische Transformationsprozesse begleiten und durch CO_2-Transformationspläne oder nachhaltigkeitsbezogene Steuerungssysteme Impulse setzen, es verbleiben jedoch zentrale strukturelle Entscheidungen, etwa in Industrie, Landwirtschaft oder Infrastruktur, außerhalb ihres direkten Einflussbereichs.

Regulatorik kann in diesem Kontext eine unterstützende Funktion übernehmen: Sie schafft Transparenz, fördert bewährte Verfahren, wie klimabezogene Stresstests der *Europäischen Zentralbank (EZB)*, und können dazu beitragen bei, Klima- und Umweltrisiken systematisch in das Risikomanagement zu integrieren. Gleichzeitig zeigt sich, dass die gegenwärtige Ausgestaltung (zum Zeitpunkt des Schreibens) regulatorischer Rahmenbedingungen in Teilen der Europäischen Union eine derart hohe Komplexität erreicht hat, die eine kohärente Umsetzung erschwert und die Wirkung einzelner Instrumente abschwächt.

Vor diesem Hintergrund gewinnt die Diskussion um eine zielgerichtete, effektive Regulierung an Relevanz. Regulierungsinitiativen wie die Omnibus-Verordnung setzen an diesem Punkt an und zielen darauf ab, den Fokus wieder stärker auf den übergeordneten Zweck, die ökologische und soziale Transformation, zu richten, anstatt sich in übermäßiger Detailtiefe zu verlieren. Gleichzeitig wird ein strukturelles Dilemma sichtbar. Zwar werden oft umfassende Nachhaltigkeitsinformationen gefordert und benötigt, doch fehlt in vielen Fällen die Möglichkeit, die Umsetzung innerhalb der Unternehmen eigenständig zu verifizieren. Diese Abhängigkeit von konsistenten, vergleichbaren und überprüfbaren Informationen unterstreicht die Notwendigkeit methodisch fundierter Wesentlichkeitsanalysen als Grundlage risikoadäquater Entscheidungen.

Entsprechend betonen Experten wie Donato Calace: *„Indem wir uns strukturiert mit der Wesentlichkeit beschäftigen, kommen wir von einer Kunst zu einer Wissenschaft"* (Calace 2019). *Marjella Alma, CEO von Datamaran, ergänzt: „Die Materialitätsanalyse sollte auf soliden, objektiven Daten basieren, nicht auf subjektiven Meinungen. Sie beeinflusst die Unternehmensstrategie maßgeblich."* Die Herausforderung besteht also darin, subjektive Einschätzungen durch faktenbasierte Verfahren zu ersetzen, insbesondere, wenn ökologische Grenzen als Bezugsrahmen dienen sollen.

Hier setzen die ESRS an, indem sie eine verpflichtende Offenlegung entlang der gesamten Wertschöpfungskette verlangen (EFRAG 2022). Auch die GRI zielt mit dem Konzept des Nachhaltigkeitskontexts darauf ab, Unternehmen zur Einbeziehung wissenschaftlicher Erkenntnisse in ihre Wesentlichkeitsanalysen zu bewegen. Dennoch zeigen Studien, dass die praktische Umsetzung dieser Anforderungen bislang noch lückenhaft bleibt. Nur wenige Unternehmen beziehen sich tatsächlich auf objektiv messbare ökologische Belastungsgrenzen (Bjørn et al. 2016; Landrum und Ohsowski 2017).

Damit stellt sich letztlich die zentrale Frage. Wie kann gewährleistet werden, dass Unternehmen nicht nur über finanzielle Kennzahlen, sondern auch über ihre ökologischen und sozialen Auswirkungen systematisch und vergleichbar berichten? Die Antwort liegt in der Etablierung klarer, wissenschaftlich fundierter Standards, die doppelte Wesentlichkeit als Leitprinzip unternehmerischer Steuerung verankern, und damit *Naturkapital* zu einem festen Bestandteil strategischer Entscheidungsfindung machen.

5.2 Risiko- oder Chancenorientierung in Bezug auf Naturkapital

Die zunehmende Erschöpfung natürlicher Ressourcen, der Verlust von *Biodiversität* und die Beschleunigung globaler Umweltveränderungen haben bereits zu einem Wechsel in der unternehmerischen Entscheidungsfindung geführt. *Naturkapital,* verstanden als die Gesamtheit der natürlichen Ressourcen und *Ökosystemdienstleistungen,* auf denen wirtschaftliche Aktivität beruht, wird von vielen Unternehmen (wenn auch nur teilweise) nicht mehr nur als externes Gut betrachtet, sondern als eine zentrale Dimension strategischer Unternehmenssteuerung (Costanza et al. 2014, S. 148). In diesem Kontext ist eine differenzierte Auseinandersetzung mit Risiken und Chancen unerlässlich, wobei sich beide Perspektiven nicht ausschließen, sondern wechselseitig bedingen.

Unternehmen agieren zunehmend in einem ökologisch volatilen Umfeld. *Naturkapitalrisiken* manifestieren sich auf verschiedenen Ebenen, als physische Risiken (z. B.

Ernteausfälle durch Wetterextreme), regulatorische Risiken (z. B. strengere Umweltauflagen), Markt- und Reputationsrisiken (z. B. durch Konsumentenproteste oder Lieferkettenprobleme) sowie als finanzielle Risiken durch mangelnde *Naturkapitalbewertung* in der Bilanz (Dasgupta 2021, S. 279).

Diese Risiken haben das Potenzial, bestehende Geschäftsmodelle substanziell zu destabilisieren. Wie bereits in früheren Kapiteln dargestellt, hängt ein erheblicher Teil der globalen Wirtschaftsleistung von intakten natürlichen Systemen ab. Der Verlust von *Naturkapital* stellt damit nicht nur eine ökologische Herausforderung, sondern ein ökonomisches Risiko erster Ordnung dar, insbesondere für Branchen mit direkter oder indirekter Abhängigkeit von Ökosystemleistungen. Unternehmen, die diese Zusammenhänge ignorieren, laufen Gefahr, in einer zunehmend naturbasierten Risikolandschaft strukturell verwundbar zu werden.

Um diesen Risiken zu begegnen, etablieren Unternehmen naturbezogene Risikoanalysen, oft im Einklang mit internationalen Rahmenwerken wie der *Taskforce on Nature-related Financial Disclosures* (TNFD 2023, S. 12). Diese fördert die systematische Offenlegung naturbezogener finanzieller Risiken und unterscheidet dabei zwischen direkten Abhängigkeiten (z. B. Wasser oder Bodenfruchtbarkeit) und indirekten Auswirkungen (z. B. Änderungen von Konsumentenpräferenzen infolge ökologischer Krisen). Integriert werden diese Analysen zunehmend in *Enterprise Risk Management-Systeme (ERM)*, um eine systematische Verknüpfung mit klassischen Risikoarten herzustellen (UNEP FI 2022, S. 31).

Neben der Risikominimierung bietet die Auseinandersetzung mit *Naturkapital* auch die Möglichkeit, strategische Wettbewerbsvorteile zu erlangen. Unternehmen, die frühzeitig in naturbasierte Innovationen investieren, können neue Märkte erschließen, regulatorischen Entwicklungen vorgreifen und Vertrauen bei Stakeholdern aufbauen (Pereira et al. 2020, S. 1174 f.). Dazu zählen beispielsweise Investitionen in regenerative Landwirtschaft, Kreislaufwirtschaft oder biodiversitätsfördernde Lieferketten.

Besonders relevant ist hierbei die Differenzierung zwischen kurzfristigen Anpassungsstrategien und langfristigen Transformationsstrategien. Erstere zielen auf Effizienzsteigerung, Letztere auf eine tiefgreifende Neuausrichtung des Geschäftsmodells im Sinne ökologischer Resilienz. Studien zeigen, dass langfristig ausgerichtete Unternehmen tendenziell erfolgreicher mit Unsicherheiten im ökologischen Umfeld umgehen (Fazey et al. 2013, S. 25, 26).

True Cost Accounting (TCA), wie in Abschn. 3.1.2 angesprochen, stellt einen methodischen Rahmen dar, um die oft unsichtbaren Umweltkosten wirtschaftlichen Handelns sichtbar und bewertbar zu machen. Ziel ist es, nicht nur die direkten, sondern auch die indirekten ökologischen, sozialen und wirtschaftlichen Kosten und Nutzen einer unternehmerischen Aktivität in die Bewertung einzubeziehen (TEEB 2018, S. 26, 55 f.). Der Vorteil von *TCA* liegt in der Integration ökologischer Bewertungslogiken in bestehende ökonomische Kalküle. So kann etwa die Umweltbelastung durch eine bestimmte landwirtschaftliche Produktionsweise in monetären Größen ausgedrückt werden, was nicht nur eine interne Steuerung erleichtert, sondern auch als Grundlage für Investitionsentscheidungen, Produktdesign oder Preisgestaltung dient (Food and Land Use Coalition 2019, S. 37).

Die Risiko- und Chancenperspektive auf *Naturkapital* eröffnet einen transformativen Zugang zur Unternehmenssteuerung. Anstelle der klassischen Trennung von Umwelt- und Finanzberichterstattung entwickelt sich ein integriertes Steuerungsverständnis, in dem naturbezogene Informationen Teil der strategischen Planung, des Controllings und der externen Kommunikation werden (Bebbington und Larrinaga 2014, S. 396).

Ein zentraler Schritt in diese Richtung ist die Internalisierung ökologischer Werte in das betriebliche Rechnungswesen, etwa durch Umweltkostenrechnungen, ökologische Deckungsbeitragsrechnungen oder Investitionsbewertungen unter Berücksichtigung externer Effekte (Bartelmus 2013, S. 84). Auch die Entwicklung naturbasierter *Key Performance Indicators (KPIs)*, wie Biodiversitätsintensität pro Produkteinheit, wird in der Literatur diskutiert (Jones und Solomon 2013). Allerdings bestehen noch methodische und institutionelle Herausforderungen. So ist die finanzielle Bemessung von *Ökosystemdienstleistungen* teils mit erheblichen Unsicherheiten behaftet, und es fehlt vielerorts an standardisierten Berichtsformaten. Dennoch zeigt die Forschung, dass eine konsequente Integration von *Naturkapital* in unternehmerische Steuerungssysteme nicht nur zur Risikominderung, sondern auch zur langfristigen Wertschöpfung beitragen kann (Guerry et al. 2015, S. 7352).

5.3 Integration von Naturkapital in Entscheidungsprozesse

Die systematische Integration von *Naturkapital* in unternehmerische Entscheidungsprozesse markiert eine entscheidende Transformation, wenn nicht sogar einen Paradigmenwechsel in der Unternehmenssteuerung. Traditionell dominieren finanzielle Kennzahlen und kurzfristige Gewinnorientierung die strategische Planung und operative Ausgestaltung betrieblicher Prozesse. Diese Ausrichtung vernachlässigt jedoch die vielfältigen ökologischen Abhängigkeiten, die für die langfristige Wertschöpfung zentral sind (Bebbington und Larrinaga 2014, S. 395 f.). *Naturkapital,* verstanden als die Gesamtheit natürlicher Ressourcen und *Ökosystemdienstleistungen,* auf die wirtschaftliche Tätigkeiten angewiesen sind, muss daher als entscheidungsrelevante Kategorie in Managementsysteme integriert werden.

Diese Integration erfordert eine tiefgreifende Neuausrichtung bestehender Steuerungslogiken. Friede et al. (2015) belegen in ihrer Metaanalyse, dass die Einbeziehung nichtfinanzieller Kriterien, insbesondere ökologischer und sozialer, einen signifikant positiven Effekt auf die finanzielle Performance von Unternehmen aufweisen kann. Über 90 % der analysierten Einzelstudien zeigen dabei entweder einen positiven oder zumindest keinen negativen Zusammenhang zwischen nachhaltiger Unternehmensführung und finanziellen Erfolgskennzahlen wie Gewinn, ROI oder Marktwert (Friede et al. 2015, S. 210).

Gleichzeitig bestehen Defizite in den herkömmlichen Steuerungsinstrumenten. Diese seien nur begrenzt in der Lage, Umwelt- und Sozialaspekte sowie deren Wechselwirkungen mit finanziellen Entscheidungsparametern zu berücksichtigen. Der Versuch, ökologische Indikatoren in lineare Entscheidungslogiken zu integrieren, stößt oft an methodische und epistemische Grenzen, etwa durch Unsicherheiten, systemische Komplexitäten oder Zeitverzögerungen ökologischer Effekte (Rieneke et al. 2012 sowie Beusch et al. 2022).

Eine Studie des *Network for Greening the Financial System (NGFS)*[2] aus dem Jahr 2025 verdeutlicht, wie dringend diese Defizite adressiert werden müssen und das nicht nur im Finanzsektor, sondern auch für allgemeine unternehmerische Steuerungsansätze. Die Studie entwickelt erstmals kurzfristige Klimaszenarien mit einem Zeithorizont von drei bis fünf Jahren, um die wirtschaftlichen und finanziellen Auswirkungen klimabezogener Risiken realitätsnäher zu erfassen. Im Mittelpunkt steht dabei die Transmission klimabezogener Risiken auf die Realwirtschaft und das Finanzsystem, etwa durch beschädigte Infrastruktur, Ernteausfälle, Nachfrageverschiebungen oder regulatorische Eingriffe. Diese Übertragungsmechanismen sind nicht auf Finanzinstitute beschränkt, sondern betreffen Unternehmen direkt und physische Risiken wirken auf Produktionsprozesse und Lieferketten, transitorische Risiken auf Geschäftsmodelle, Investitionen und Kapitalzugang. Obwohl die Studie primär auf das Finanzsystem zielt, lassen sich die dort identifizierten Herausforderungen unmittelbar auf die betriebliche Steuerung übertragen. Denn wenn das Finanzsystem strukturell gefordert ist, wird auch die ökonomische Gesamtsituation volatiler, Unternehmen müssen sich folglich auf veränderte Rahmenbedingungen in Finanzierung, Nachfrage, Regulierung und Risikowahrnehmung einstellen. Die *NGFS*-Analyse zeigt deutlich, dass bestehende Steuerungsinstrumente nicht ausreichen, um mit Unsicherheiten, Nichtlinearitäten und der Dynamik ökologischer Systemrisiken adäquat umzugehen. Es braucht neue Modelle und Bewertungsrahmen, die ökologische Wechselwirkungen sichtbar und entscheidungsrelevant machen, gerade im Hinblick auf langfristige Resilienz und zukunftsfähige Wertschöpfung (Emambakhsh et al. 2025).

Eine erfolgreiche Integration von *Naturkapital* in Entscheidungsprozesse verlangt daher neue Bewertungsmaßstäbe, systemisches Denken und die Fähigkeit, mit Unsicherheiten und Ambivalenzen produktiv umzugehen. Dies betrifft insbesondere die strategische Planung, das Risikomanagement sowie das Investitionscontrolling. Letztlich

---

[2] Das *Network for Greening the Financial System (NGFS)* ist ein Zusammenschluss von Zentralbanken und Finanzaufsichtsbehörden, der 2017 gegründet wurde. Ziel des Netzwerks ist es, das globale Finanzsystem widerstandsfähiger gegenüber Klimarisiken zu machen und die Finanzierung einer nachhaltigen Transformation zu fördern. Das NGFS entwickelt Szenarien, Leitlinien und Empfehlungen zur Integration von Klima- und Umweltaspekten in Regulierung, Risikobewertung und makroökonomische Analysen.

bedarf es eines erweiterten Verständnisses von Wertschöpfung, das ökologische Resilienz als betriebliche Ressource anerkennt und aktiv in das Steuerungsrepertoire aufnimmt (Gray 2010, S. 51; Hahn et al. 2014, S. 296).

5.4 Arten der Unternehmenssteuerung zur Berücksichtigung von Naturkapital

Damit *Naturkapital* in der Unternehmenssteuerung adäquat berücksichtigt werden kann, bedarf es eines Steuerungssystems, das sowohl auf strategischer als auch operativer Ebene nichtfinanzielle Informationen systematisch integriert. Wie Simons (1995, S. 5) feststellt, basieren Steuerungssysteme auf „formalen, informationsbasierten Routinen und Verfahren", die der Aufrechterhaltung oder Veränderung organisatorischer Aktivitäten dienen. Steuerung ist somit untrennbar mit Informationsverfügbarkeit, -qualität und -verarbeitung verknüpft. Allerdings herrscht in vielen Unternehmen ein eklatantes Informationsdefizit bezüglich des Zustands und der Relevanz von *Naturkapital.* Dies erschwert nicht nur die Integration in bestehende Steuerungslogiken, sondern unterminiert auch die Wirksamkeit von Nachhaltigkeitsstrategien (Johnstone 2019; Hörisch et al. 2015). Die notwendige Transformation unternehmerischer Steuerungssysteme beginnt daher mit der institutionellen Verankerung relevanter Umweltinformationen sowie der Etablierung von Routinen zu deren Nutzung.

Das *Levers-of-Control-Framework* von Simons (1994, 1995) bietet hierfür einen theoretisch fundierten Rahmen, um verschiedene Steuerungsmechanismen im Unternehmen zu systematisieren. Die vier zentralen Stellhebel, *belief systems, boundary systems, diagnostic controls* und *interactive controls,* verdeutlichen, wie normative Orientierung, Regelsetzung, Kontrolle und Kommunikation zusammenspielen, um organisationales Verhalten zu lenken. *Belief Systems* umfassen die Grundüberzeugungen eines Unternehmens, seine Vision, Mission und strategischen Zielsetzungen. Diese normativen Grundlagen beeinflussen maßgeblich, ob *Naturkapital*als zentrale Ressource begriffen und aktiv in strategische Prozesse einbezogen wird (Simons 1995, S. 34). *Boundary Systems* definieren hingegen jene Grenzen, innerhalb derer Handlungen als legitim gelten, beispielsweise über Verhaltensregeln, Compliance-Vorgaben oder Risikomanagementprozesse. Auch hier kann die explizite Verankerung von Umweltstandards, wie etwa Emissionsgrenzwerten oder Biodiversitätszielen, eine zentrale Wirkung entfalten (Malmi und Brown 2008, S. 290).

Diagnostic Controls dienen der Überwachung von Zielerreichung und Abweichungen, beispielsweise über Nachhaltigkeits-KPIs oder Umweltkennzahlen. Sie sind in der Regel reaktiv und kennzahlenbasiert. Entscheidend für transformative Lernprozesse sind jedoch Interactive Controls, die auf einen kontinuierlichen Dialog zwischen Führungskräften und Mitarbeitenden setzen. Sie ermöglichen es, neue Umwelttrends, Stakeholder-Erwartungen oder Innovationspotenziale frühzeitig zu identifizieren und in strategische Diskussionen zu integrieren (Müller-Stewens et al. 2008, S. 10, 11–14).

In zunehmend unübersichtlichen und nur schwer kalkulierbaren Umweltzuständen hat sich gezeigt, dass klassische, linear strukturierte Entscheidungsprozesse oft an ihre Grenzen stoßen. Stattdessen gewinnen interaktive Steuerungsformen an Bedeutung, also solche Ansätze, die auf Offenheit, Rückkopplung und gemeinsame Ausrichtung setzen. Dabei geht es nicht allein um effizientere Prozesse, sondern um die Fähigkeit, unter unsicheren Rahmenbedingungen aktiv nach Chancen zu suchen und flexibel auf Veränderung zu reagieren. Gerade im Kontext ökologischer Transformationen kann ein solcher Zugang hilfreich sein, weil er Umweltrisiken nicht nur als Belastung versteht, sondern auch als möglichen Auslöser für Innovationen (vgl. Eisenhardt und Martin 2000, S. 1108; Teece 2007, S. 1319).

In der Realität bleibt die Umsetzung trotzdem häufig hinter dem Anspruch zurück. Es fehlt vielerorts an der nötigen Verzahnung zwischen strategischen Zielen und operativem Alltag. Johnstone (2019, S. 5) spricht in diesem Zusammenhang von einer Lücke, die sich unter anderem durch fehlendes Wissen über bestehende Nachhaltigkeitsinstrumente erklären lässt. Auch Hörisch et al. zeigen in ihren Untersuchungen, dass die tatsächliche Nutzung solcher Instrumente eng mit der Vertrautheit mit ihnen zusammenhängt. Daraus ergibt sich ein klarer Handlungsbedarf: Unternehmen müssen gezielt Kompetenzen aufbauen, nicht nur auf dem Papier, sondern durch echte Lernprozesse bei denjenigen, die Entscheidungen verantworten. Denn nur so kann Naturkapital nicht abstrakt, sondern wirksam in die Unternehmenssteuerung eingebettet werden.

5.5 Vom transaktionalen zum transformativen Management

In der unternehmerischen Praxis dominieren vielfach Führungsansätze, die auf einem transaktionalen Grundverständnis beruhen. Dabei stehen messbare Ziele, Effizienzvorgaben und die Steuerung über Kennzahlen im Vordergrund, ein Ansatz, der insbesondere in stabilen Marktumfeldern seine Berechtigung hat (vgl. Bass 1999, S. 9–10). Allerdings zeigt sich in jüngerer Zeit immer deutlicher, dass diese Logik an ihre Grenzen stößt etwa dann, wenn Unternehmen mit tiefgreifenden ökologischen oder gesellschaftlichen Veränderungen konfrontiert sind. Denn in solchen Situationen reicht die reine Optimierung bestehender Prozesse häufig nicht mehr aus, um zukunftsfähig zu bleiben.

Demgegenüber steht das Konzept der sogenannten transformativen Führung, das auf den Politikwissenschaftler James MacGregor Burns (1978) zurückgeht. Transformative Führung zeichnet sich nach Burns dadurch aus, dass sie über das bloße Abarbeiten von Aufgaben hinausgeht und auf die Veränderung von Werten, Einstellungen und Zielen der Geführten abzielt. Im unternehmerischen Kontext bedeutet das, dass Führungskräfte nicht nur betriebswirtschaftliche Kennzahlen im Blick behalten, sondern aktiv an einer Neuausrichtung der Organisation entlang gesellschaftlich relevanter Zielsetzungen, insbesondere der Nachhaltigkeit, mitwirken. John P. Kotter (1990) beschreibt diese erweiterte Form von Führung unter dem Begriff *Leadership* und hebt dabei die Bedeutung von Vision, Motivation und kulturellem Wandel hervor (Kotter 1990, S. 3–5).

Vor diesem Hintergrund ist ein transformatives Managementverständnis notwendig, das Nachhaltigkeit nicht als externes Regulativ, sondern als integralen Bestandteil unternehmerischer Identität und strategischer Ausrichtung begreift. Auf Basis empirischer Forschung beschreiben Weißenberger und Meyer (2025), wie sich dieser Wandel in der unternehmerischen Praxis vollzieht. Zentral sei die Entwicklung und Verankerung unternehmerischer Grundüberzeugungen, die den Wert von Nachhaltigkeit nicht nur deklaratorisch, sondern strukturell im Steuerungsrahmen des Unternehmens etablieren. Solche normativen Fundamente wirken als handlungsleitende Orientierungen, die strategische Entscheidungen maßgeblich beeinflussen (Weißenberger und Meyer 2025, S. 8–10).

Ein bedeutsamer Mechanismus zur Unterstützung dieser Transformation besteht in der freiwilligen Selbstbindung durch unternehmerische (Selbst-)Verpflichtungen, beispielsweise in Form von Nachhaltigkeitszielen, Kodizes oder internen Standards. Diese Verpflichtungen wirken sowohl intern, als Motivation und Orientierung für Mitarbeitende, als auch extern, im Sinne einer erhöhten Legitimität gegenüber Stakeholdern.

Darüber hinaus kommt der aktiven Auseinandersetzung mit gesellschaftlichen Veränderungen eine hohe Bedeutung zu. Transformatives Management zeichnet sich durch eine erhöhte Sensibilität für sozio-ökonomische, politische und ökologische Entwicklungen aus und integriert diese proaktiv in unternehmerische Entscheidungsprozesse. Dies erfordert nicht nur eine prinzipielle Offenheit gegenüber Wandel, sondern auch die Bereitschaft, Ressourcen, sowohl finanzieller als auch organisatorischer Art, in neue Lösungsansätze zu investieren (Weißenberger und Meyer 2025, S. 9).

Empirisch belegt gilt als zentrales Instrument der Umsetzung dabei die interaktive Steuerung, die den monologischen Charakter klassischer Managementprozesse überwindet. Diskussionsräume innerhalb der Organisation, in Form von abteilungsübergreifenden Workshops, interdisziplinären Projekten oder offenen Innovationsformaten, schaffen Gelegenheiten für die kollektive Reflexion und Neubewertung von Zielsetzungen. Diese Form des Dialogs ermöglicht nicht nur die Einbindung vielfältiger Perspektiven, sondern fördert auch eine breitere Akzeptanz und stärkere Identifikation mit Nachhaltigkeitszielen (ebd., S. 10–11).

Damit diese interaktiven Prozesse nicht im Ungefähren bleiben, bedarf es einer fundierten Informationsbasis. Ein geeignetes Datenmanagement, das Nachhaltigkeitsindikatoren systematisch erfasst und aufbereitet, bildet die Voraussetzung für eine inhaltlich fundierte Steuerung. Hierbei sind die in Kap. 3 vorgestellten Ansätze und Rahmenwerke essenziell, um die notwendigen Nachhaltigkeitsindikatoren systematisch zu erfassen und für die Steuerung nutzbar zu machen, auch wenn ihre praktische Anwendung mit Herausforderungen verbunden sein kann (vgl. Abschn. 3.2). Die Qualität und Verfügbarkeit von Nachhaltigkeitsdaten ist damit nicht nur für das externe Reporting, sondern auch für die interne Diskussion und strategische Ausrichtung von zentraler Bedeutung (ebd., S. 11–12).

Insgesamt markiert der Übergang vom transaktionalen zum transformativen Management einen fundamentalen Wandel unternehmerischer Steuerungslogiken. Unternehmen agieren nicht mehr primär als geschlossene Wirtschaftseinheiten mit dem Ziel der Gewinnmaximierung, sondern als gesellschaftliche Akteure, die sich aktiv an der Gestaltung nachhaltiger Zukunftspfade beteiligen. Dieser Wandel verlangt nicht nur neue Steuerungsinstrumente, sondern vor allem ein neues Führungsverständnis – eines, das Verantwortung, Lernfähigkeit und Wertorientierung ins Zentrum rückt.

5.6 Der Transformationsmanagement-Kompass

Drei Management-Ebenen werden im Transformationsmanagement-Kompass abgebildet (siehe Abb. 5.1).[3] Ausgehend von einem engen Verständnis bei der Realisierung von Nachhaltigkeitszielen adressiert die erste Ebene regulatorische Vorschriften, vertragliche Verpflichtungen sowie gesellschaftliche Normen und Compliance-Anforderungen (Weißenberger 2022; Weißenberger und Marrocco 2022). Sie bildet das Zentrum des Kompasses und stellt die grundlegende Orientierung sicher. Ziel ist es, die Wahrscheinlichkeit unmittelbarer legaler, ökonomischer und sozialer Sanktionen infolge von Normverletzungen oder Fehlverhalten zu reduzieren. Eine ausschließliche Fokussierung auf diese Ebene verkennt jedoch die strategischen Potenziale ökologischer Nachhaltigkeit. Sie würde eine Integration von *Naturkapital* in die Unternehmenssteuerung lediglich als Hygienefaktor darstellen. Das heißt: Natur wird als externer Rahmen betrachtet, den es zu berücksichtigen gilt, ohne dass sie in die Wertschöpfung oder Wettbewerbsfähigkeit integriert wird. Diese Sichtweise kann eine defensive Nachhaltigkeitsstrategie fördern, die sich auf Risikovermeidung beschränkt und gleichzeitig die Gefahr von symbolischen Maßnahmen („Greenwashing") birgt. Letzteres kann sich negativ auf den Unternehmenserfolg, die gesellschaftliche Glaubwürdigkeit und insbesondere auf die langfristige Transformationsfähigkeit auswirken (Delmas und Burbano 2011). Ein Fokus auf diese Ebene ist notwendig im Sinne von Compliance, jedoch nicht hinreichend im Sinne zukunftsfähiger Unternehmenssteuerung.

Ein erweitertes Verständnis von Steuerung findet sich auf der zweiten Ebene des Kompasses. Unternehmen nutzen hier transaktionales Management, um operative Effizienzgewinne zu erzielen. Nachhaltigkeitsmaßnahmen werden in diesem Kontext als ökonomisch sinnvolle Hebel begriffen, die bereits im Einklang mit bestehenden Geschäftslogiken stehen. Dieser Ansatz adressiert sogenannte *low hanging fruits* (Wickert und Risi 2019, S. 8), also Maßnahmen, bei denen ökologische und ökonomische Zielsetzungen unmittelbar übereinstimmen. Ein klassisches Beispiel ist die Umsetzung von Energiesparmaßnahmen, die nicht nur zu einer Reduktion des CO_2-Fußabdrucks führen, sondern auch eine unmittelbare Senkung der Energiekosten bewirken.

[3] Der Transformationsmanagement-Kompass basiert auf systemischen Managementansätzen (vgl. Meadows 1999; Senge 1990).

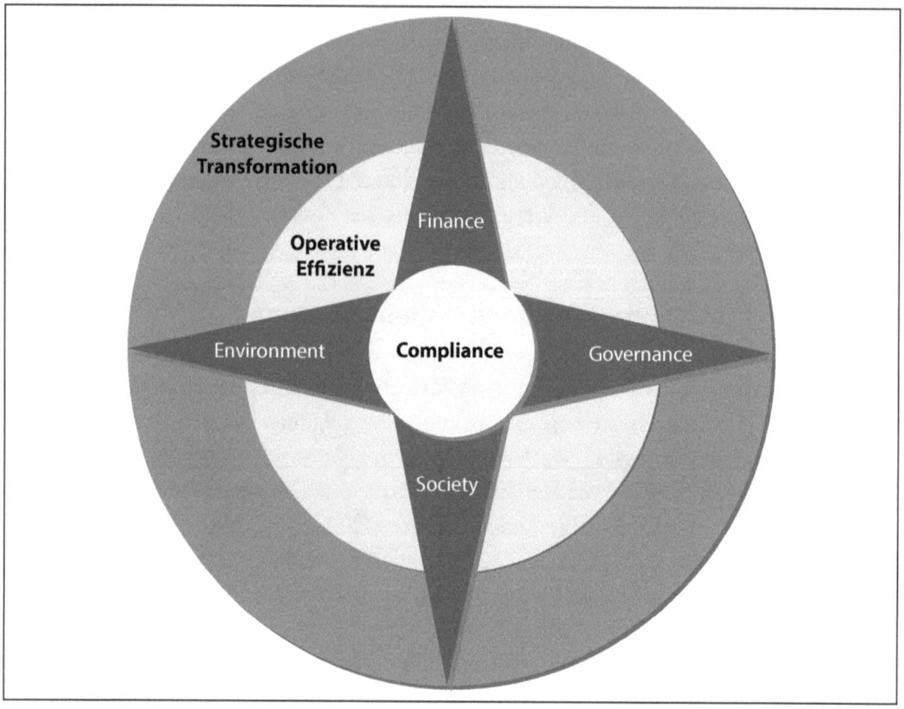

Abb. 5.1 Transformationsmanagement-Kompass. (Quelle: Weißenberger 2022; Weißenberger und Marrocco 2022)

Ein konkretes Beispiel aus dem Bereich *Naturkapital* wäre die Renaturierung betrieblicher Flächen mit gleichzeitigem Hochwasserschutz, etwa durch die Wiederherstellung von Auenlandschaften oder Gründächern in urbanen Räumen. Diese Maßnahmen erhöhen die ökologische Resilienz, verbessern die Biodiversität und können gleichzeitig Versicherungsprämien reduzieren oder Infrastrukturkosten senken (TEEB 2010). Die Investition in *Naturkapital* zahlt sich hier ökonomisch aus, obwohl sie primär ökologisch motiviert erscheint. Damit werden ökologische Aspekte nicht nur als Kostenfaktor, sondern als Effizienztreiber und Risikosenker integriert. Auch das betriebliche Wassermanagement bietet Potenzial. Die Wiederverwendung von Prozesswasser senkt nicht nur den Ressourcenverbrauch, sondern reduziert zugleich Abwassergebühren und Risiken durch Wasserknappheit, die in vielen Regionen zunehmend an Bedeutung gewinnen (WWF 2023). Obwohl diese Maßnahmen die Unternehmensperformance verbessern können, verbleiben sie zumeist innerhalb bestehender Denk- und Steuerungsmuster. Die finanzielle Nachhaltigkeit bleibt das primäre Ziel, während ökologische Leistungen als positive Begleiterscheinung auftreten. Eine dauerhafte strategische Positionierung im Sinne von Transformation wird auf dieser Ebene nicht erreicht.

Die dritte Ebene des Transformationsmanagement-Kompasses zielt auf eine strategische Transformation ab. Unternehmen, die diesen Schritt vollziehen, begreifen ökologische und soziale Nachhaltigkeit nicht als externes Erfordernis oder operativen Optimierungsfaktor, sondern als integralen Bestandteil ihrer strategischen Ausrichtung. In dieser Sphäre wird versucht, den Zielkonflikt zwischen finanzieller und nichtfinanzieller Nachhaltigkeit grundlegend aufzulösen, nicht durch Kompromisse, sondern durch neue Steuerungselemente, Geschäftsmodelle und Innovationslogiken. Es geht hier um die *high hanging fruits,* also jene Maßnahmen, die zunächst mit höheren Investitionen und Unsicherheiten verbunden sind, langfristig jedoch dauerhafte Wettbewerbsvorteile ermöglichen (Wickert und Risi 2019).

Strategische Nachhaltigkeit verlangt demnach mehr als individuelle Motivation. Sie ist Ergebnis kollektiver Lernprozesse, struktureller Verankerung und kultureller Verinnerlichung innerhalb des Unternehmens (Eccles et al. 2014). Hierbei kann *Naturkapital*eine zentrale Rolle einnehmen, etwa durch die Integration naturbasierter Lösungen in Innovationsprozesse oder durch die konsequente Berücksichtigung ökologischer Grenzen in der Produktentwicklung.

Ein eindrucksvolles Beispiel für eine solche strategische Integration bietet der Aufbau regenerativer Lieferketten in der Agrar- und Lebensmittelindustrie. Zum Beispiel investieren Unternehmen aus der Lebensmittelindustrie in landwirtschaftliche Praktiken, die Humusaufbau, Biodiversität und Wasserrückhalt fördern. Diese Investitionen in regenerative Landwirtschaft verstehen *Naturkapital* nicht nur als Ressource, sondern als Grundlage für die langfristige Stabilität von Erträgen, Preissicherheit, Markenzugang und Kundenbindung. Der Erhalt und die Regeneration von Böden, Bestäuberpopulationen und Wasserkreisläufen werden hierbei nicht als ökologische Zusatznutzen verstanden, sondern als integrale Bestandteile zukunftsfähiger Geschäftsmodelle. Zudem tragen solche Strategien zur Risikoreduktion in globalen Lieferketten bei, etwa durch die Verringerung klimabedingter Ernteausfälle oder durch die Steigerung lokaler Resilienz gegenüber extremen Wetterereignissen. Die Integration von *Naturkapital* wird hier zum strategischen Asset, das sowohl Investoren als auch Stakeholder zunehmend als Indikator für unternehmerische Zukunftsfähigkeit erkennen (Dasgupta 2021).

Eine aktuelle Marktanalyse der London Stock Exchange Group (2025) zeigt, dass sich dieser Trend in konkreten Investitionsentscheidungen widerspiegelt. Mit einem jährlichen Volumen von über einer Billion US-Dollar investieren institutionelle Anleger weltweit in grüne Technologien, Klimaanpassung und naturbasierte Lösungen. *Naturkapital*wird dadurch nicht nur als Risikofaktor, sondern als Wachstumsfeld verstanden, mit Potenzialen etwa im Bereich klimaresilienter Landwirtschaft, Biodiversitätsmanagement oder grüner Infrastruktur. Die Studie hebt hervor, dass Unternehmen, die ökologische Kennzahlen strategisch integrieren, ihre Attraktivität für Investoren und ihre Wettbewerbsfähigkeit auf globalen Märkten signifikant steigern können.

Solche Strategien setzen allerdings eine tiefgreifende Transformation in der Unternehmensführung voraus, insbesondere in der Art, wie Wertschöpfung, Steuerung und Risiko definiert werden. Die Voraussetzung für solche Schritte ist die Entwicklung von organisationalem Kapital, das die Fähigkeit einschließt, neue Denkweisen, interne Routinen und Steuerungsinstrumente zu etablieren. Strategische Nachhaltigkeit verlangt demnach mehr als individuelle Motivation. Sie ist Ergebnis kollektiver Lernprozesse, struktureller Verankerung und kultureller Verinnerlichung innerhalb des Unternehmens (Eccles et al. 2014).

Verantwortungsvolles Wirtschaften kann sich jedoch nicht ohne geeignete institutionelle Rahmenbedingungen entfalten. In der *Sozialen Marktwirtschaft*[4] sorgen Rechtsstaatlichkeit, Wettbewerbsregeln und Sozialpartnerschaft für einen Ordnungsrahmen, der es Unternehmen ermöglicht, frei zu agieren, ohne gesellschaftliche Werte zu verletzen. Im Kontext der globalisierten Wirtschaft wird jedoch deutlich, dass die bestehenden Vorschriften oft nicht mit der Dynamik wirtschaftlicher Innovationen Schritt halten können. Hier wird die Idee der Ordnungsverantwortung relevant. Das bedeutet, dass Unternehmen mitverantwortlich dafür sind, dass die Spielregeln des Marktes fair und zukunftsfähig gestaltet werden (von Broock 2012, S. 210).

Martin von Broock (2012, S. 180) entwickelt in diesem Kontext ein Drei-Ebenen-Modell unternehmerischer Verantwortung, das über eine rein ergebnisorientierte Perspektive hinausgeht. Auf der ersten Ebene steht die Handlungsverantwortung im Sinne der Mikroebene. Sie bezieht sich auf das unmittelbare operative Handeln von Unternehmen und dessen direkte Auswirkungen. Die zweite Ebene umfasst die Ordnungsverantwortung auf Systemebene, wobei Unternehmen aktiv zur Ausgestaltung verlässlicher institutioneller Rahmenbedingungen beitragen sollen, etwa durch die Einhaltung rechtlicher Vorgaben, die Unterstützung fairer Wettbewerbsstrukturen und die Mitwirkung an der Weiterentwicklung regulativer Ordnungen. Ergänzt wird dieses Modell durch die Diskursverantwortung auf der Metaebene. Unternehmen tragen hier die Verantwortung, sich an öffentlichen Debatten zu beteiligen und zur Entwicklung eines gemeinsamen Verständnisses grundlegender gesellschaftlicher Werte und Ziele beizutragen (von Broock 2012, S. 221). Dieses gemeinsame Spielverständnis bildet laut von Broock die Voraussetzung dafür, dass institutionelle Regeln überhaupt entstehen und langfristig gesellschaftliche Akzeptanz finden. Ein stabiler normativer Konsens ist demnach essenziell für die Legitimität und Wirksamkeit wirtschaftlicher Ordnungen (von Broock 2012, S. 223). Für Unternehmen folgt daraus ein erweitertes Rollenverständnis. Sie agieren nicht nur als ökonomische Akteure im engeren Sinne, sondern auch als politische und moralische Instanzen. Über Maßnahmen wie Selbstbindung, die Unterstützung nachhaltiger Regulierungen oder eine transparente Kommunikationspraxis tragen sie zum Funktionieren und zur Weiterentwicklung einer sozial und ökologisch tragfähigen Marktordnung bei.

[4] Die *Soziale Marktwirtschaft* ist eine Wirtschaftsordnung, die das Prinzip der freien Marktwirtschaft mit dem Ziel des sozialen Ausgleichs verbindet. Sie basiert auf Wettbewerb, unterliegt jedoch gezielten staatlichen Eingriffen, etwa durch Umverteilung, Regulierung oder soziale Sicherungssysteme, um Chancengleichheit, Wohlstand und soziale Gerechtigkeit zu fördern. Der Begriff ist eng mit der deutschen Wirtschaftspolitik nach dem Zweiten Weltkrieg verbunden.

Auch Suchanek (2007, S. 136) unterstreicht den engen Zusammenhang zwischen Freiheit, Vertrauen und Verantwortung. Die Gewährung von Freiheit in der Marktwirtschaft, etwa die Freiheit, neue Produkte zu erfinden oder international zu investieren, setze das Vertrauen der Gesellschaft voraus, dass diese Freiheit verantwortlich genutzt werde (Suchanek 2007, S. 137). Wird dieses Vertrauen enttäuscht, reagiert die Öffentlichkeit mit Forderungen nach Einschränkungen und Kontrollen. Es ist also im wohlverstandenen Eigeninteresse der Unternehmen, durch vorbildliches Verhalten und Selbstverpflichtungen zu demonstrieren, dass sie die ihnen anvertraute Freiheit verdienen. Freiwillige Leitbilder und Kodizes können eine Selbstbindung erzeugen, die staatliche Eingriffe teilweise ersetzt und somit allen Beteiligten zugutekommt (Suchanek 2007, S. 140). Unternehmen stärken die institutionelle Vertrauensbasis der Marktwirtschaft, indem sie Verantwortung konsistent und glaubwürdig demonstrieren und so relevante Inkonsistenzen zwischen Anspruch und Verhalten vermeiden (Suchanek 2007, S. 142).

Die Diskussion um Unternehmensverantwortung mündet letztendlich in der grundlegenden Frage nach dem Verhältnis von Ökonomie und Ethik. Lange Zeit wurden die wirtschaftliche und die moralische Sphäre getrennt voneinander betrachtet. Effizienz und Gewinn auf der einen, Werte und Gerechtigkeit auf der anderen Seite. Doch wie zuvor gezeigt wurde, ist diese Trennung weder historisch noch sachlich haltbar. Eine funktionierende Marktwirtschaft braucht moralische Fundamente, d. h. Werte wie Ehrlichkeit, Verlässlichkeit, Fairness, um das notwendige Vertrauen zwischen den Akteuren aufzubauen (Mayer 2024, S. 17, 69 ff.). Ohne ein Mindestmaß an sozialer Vertrauensbasis würden Verträge nicht eingehalten, Investitionen unterbleiben und selbstregulative Marktmechanismen versagen. Wirtschaftsethiker haben daher immer wieder betont, dass Ethik keine externe Einschränkung, sondern ein Produktivfaktor der Wirtschaft sei. So spricht man von Sozialkapital oder Vertrauenskapital, das ähnlich wie finanzielle oder natürliche Ressourcen eine Vorbedingung für nachhaltigen Erfolg darstellen (Suchanek 2007, S. 45). Unternehmen, die dieses Kapital pflegen, etwa durch ethische Unternehmenswerte, Stakeholder-Dialoge und transparente Berichterstattung, genießen langfristig Wettbewerbsvorteile durch Reputation und loyale Beziehungen.

Vor diesem Hintergrund verfolgt das vorliegende Buch einen konstruktiven Zugang. Die vorgeschlagenen Ansätze sind für den Markt gedacht, nicht gegen ihn. Ziel ist es, Anreiz- und Wettbewerbsbedingungen sowie Mechanismen der Unternehmenssteuerung so zu gestalten, dass sie Marktakteure dazu befähigen und motivieren, in den Erhalt und die Regeneration von *Naturkapital*zu investieren.

Tatsächlich ist jedoch festzustellen, dass die strategische Verankerung ökologischer Nachhaltigkeit in Unternehmen derzeit noch selten ist. Kühnen et al. (2022) zeigen, dass Nachhaltigkeit häufig als Compliance-Faktor oder operative Effizienzmaßnahme wahrgenommen wird, jedoch nur selten als Grundlage unternehmerischer Positionierung oder langfristiger Wertschöpfung. Das Konzept der positiven Nachhaltigkeitsleistung, wie es bereits in Abschn. 3.2.4 im Zusammenhang mit Aktivitäten oberhalb der Nachhaltigkeits-Nulllinie eingeführt wurde, bleibt für viele Entscheidungsträger schwer greifbar. Die systematische Integration von *Naturkapital,* stellt daher eine Schlüsselherausforderung dar, die nur durch eine tiefgreifende Transformation betrieblicher Steuerung adressiert werden kann.

Literatur

Barbier, E. B. (2012). *Natural capital, ecological scarcity and rural poverty.* Oxford University Press. https://www.researchgate.net/publication/256036805_Natural_Capital_Ecological_Scarcity_and_Rural_Poverty (Zugegriffen am 21. April 2025).

Bass, B. M. (1999). Two decades of research and development in transformational leadership. *European Journal of Work and Organizational Psychology, 8*(1), 9–32. https://doi.org/10.1080/135943299398410 (Zugegriffen am 21. April 2025).

Bartelmus, P. (2013). Sustainability economics: An introduction. Routledge.

Bebbington, J., & Larrinaga, C. (2014). Accounting and sustainable development: An exploration. *Accounting, Organizations and Society, 39*(6), 395–413. https://doi.org/10.1016/j.aos.2014.01.003 (Zugegriffen am 21. April 2025).

Beusch, P., Frisk, E., & Roslender, R. (2022). Management control for sustainability: Towards integrated systems. *Management Accounting Research, 54,* 100777. https://doi.org/10.1016/j.mar.2021.100777 (Zugegriffen am 21. April 2025).

Bjørn, A., et al (2016). A proposal to measure absolute environmental sustainability in life cycle assessment. Ecological Indicators, 63, 1–13. https://doi.org/10.1016/j.ecolind.2015.11.046. Zugegriffen am 21. April 2025.

Burns, J. M. (1978). *Leadership.* New York: Harper & Row.

Calace, D. (2019). Materiality process: A shift from art to science. https://www.reutersevents.com/materiality-process-shift-art-science (Zugegriffen am 10. Januar 2023).

Chichilnisky, G., & Heal, G. (1998). Economic returns from the biosphere. *Nature, 391*(6668), 629–630. https://doi.org/10.1038/35557 (Zugegriffen am 21. April 2025).

Cooper, S., & Michelon, G. (2022). Conceptions of materiality in sustainability reporting frameworks: Commonalities, differences and possibilities. In C. A. Adams (Hrsg.), *Handbook of Accounting and Sustainability* (Kap. 4, S. 44–66). Edward Elgar Publishing.

Costanza, R. et al. (2014). Development: Time to leave GDP behind. Nature 505, 283–285. https://doi.org/10.1038/505283a. Zugegriffen am 10. Mai 2025.

Dasgupta, P. (2021). The Economics of Biodiversity: The Dasgupta Review. Retrieved from https://assets.publishing.service.gov.uk/media/602e92b2e90e07660f807b47/The_Economics_of_Biodiversity_The_Dasgupta_Review_Full_Report.pdf. Zugegriffen: 01. April 2025.

Delmas, M. A., & Burbano, V. C. (2011). The Drivers of Greenwashing. *California Management Review, 54*(1), 64–87.

Eccles, R. G., Ioannou, I., & Serafeim, G. (2014). The impact of corporate sustainability on organizational processes and performance. *Management Science, 60*(11), 2835–2857.

EFRAG (2022). ESRS exposure drafts. https://www.efrag.org/en/sustainability-reporting/esrs/sector-agnostic/public-consultation-on-the-first-set-of-draft-esrs (Zugegriffen am 10. Mai 2025).

Eisenhardt, K. M., & Martin, J. A. (2000). Dynamic capabilities: What are they? *Strategic Management Journal, 21*(10–11), 1105–1121. https://sms.onlinelibrary.wiley.com/doi/epdf/10.1002/1097-0266%28200010/11%2921%3A10/11%3C1105%3A%3AAID-SMJ133%3E3.0.CO%3B2-E (Zugegriffen am 21. April 2025).

Emambakhsh, T. et al. (2025). What the financial sector needs to know about climate-related risks in the next five years: Navigating the new NGFS short-term scenarios for Europe. *VoxEU.org*. https://cepr.org/voxeu/columns/what-financial-sector-needs-know-about-climate-related-risks-next-five-years (Zugegriffen am 14. Mai 2025).

Food and Land Use Coalition. (2019). https://www.foodandlandusecoalition.org/wp-content/uploads/2019/09/FOLU-GrowingBetter-GlobalReport.pdf. Zugegriffen am 10. Mai 2025.

Friede, G., Busch, T., & Bassen, A. (2015). ESG and financial performance: Aggregated evidence from more than 2000 empirical studies. *Journal of Sustainable Finance & Investment, 5*(4), 210–233. https://doi.org/10.1080/20430795.2015.1118917 (Zugegriffen am 21. April 2025).

Giesekam, J. (2021). Science-based targets: On target? *Sustainability, 13*, 1657. https://doi.org/10.3390/su13041657 (Zugegriffen am 21. April 2025).

Gray, R. (2010). Is accounting for sustainability actually accounting for sustainability … and how would we know? *Accounting, Organizations and Society, 35*(1), 47–62.

Gudynas, E. (2011). Buen Vivir: Today's tomorrow. *Development, 54*(4), 441–447. https://doi.org/10.1057/dev.2011.86 (Zugegriffen am 20. April 2025).

Guerry, A. D. et al. (2015). Natural capital and ecosystem services informing decisions: From promise to practice. *Proceedings of the National Academy of Sciences, 112*(24), 7348–7355. https://doi.org/10.1073/pnas.1503751112 (Zugegriffen am 21. April 2025).

Hahn, T., Figge, F., Pinkse, J., & Preuss, L. (2014). Tensions in corporate sustainability: Towards an integrative framework. *Journal of Business Ethics, 127*(2), 297–316.

Hardin, G. (1968). The tragedy of the commons. *Science, 162*(3859), 1243–1248. https://math.uchicago.edu/~shmuel/Modeling/Hardin,%20Tragedy%20of%20the%20Commons.pdf (Zugegriffen am 21. April 2025).

Hörisch, J., Johnson, M., & Schaltegger, S. (2015). Implementation of sustainability management and company size: A knowledge-based view. *Business Strategy and the Environment, 24*(8), 765–779.

International Institute of Finance. (2023). The Role of The Financial Sector in the Net Zero Transition: Assessing Implications for Policy, Supervision and Market Frameworks, https://www.iif.com/portals/0/Files/content/32370132_iif_transition_planning_report_2023_final_for_publication.pdf (Zugegriffen am 10. Mai 2025).

Rieneke, S., Busch, T., & Bassen, A. (2012). Standardization as institutional work: The regulatory power of a responsible investment standard. *Organization Studies, 33*(5–6), 763–790. https://journals.sagepub.com/doi/10.1177/0170840612443628 (Zugegriffen am 21. April 2025).

IFRS Foundation. (2024). General sustainability-related disclosures – Exposure Draft IFRS S1. International Financial Reporting Standards. https://www.ifrs.org/content/dam/ifrs/project/general-sustainability-related-disclosures/exposure-draft-ifrs-s1-general-sustainability-related-disclosures.pdf (Zugegriffen am 21. April 2025).

Johnstone, L. (2019). A systematic analysis of environmental management systems in SMEs. *Journal of Cleaner Production, 214*, 420–430 (Zugegriffen am 21. April 2025).

Jones, M. J., & Solomon, J. F. (2013). Problematising accounting for biodiversity. *Accounting, Auditing & Accountability Journal, 26*(5), 668–687. https://doi.org/10.1108/AAAJ-07-2012-01038 (Zugegriffen am 21. April 2025).

Kotter, J. P. (1990). What leaders really do. *Harvard Business Review, 68*(3), 103–111.

Kühnen, M., Silva, S., & Hahn, R. (2022). From negative to positive sustainability performance measurement and assessment? A qualitative inquiry drawing on framing effects theory. *Business Strategy and the Environment, 31*(5), 1985–2001.

Landrum, N. E., & Ohsowski, B. (2017). Identifying worldviews on corporate sustainability: A content analysis of corporate sustainability reports. *Business Strategy and the Environment*. https://doi.org/10.1002/bse.1989 (Zugegriffen am 21. April 2025).

Malmi, T., & Brown, D. A. (2008). Management control systems as a package—Opportunities, challenges and research directions. *Management Accounting Research, 19*(4), 287–300.

Mayer, C. (2024). *Capitalism and crises: How to fix them.* Oxford University Press.

Meadows, D. H. (1999). *Leverage points: Places to intervene in a system.*

Müller-Stewens, G., Möller, K., & Slocum, J. (2008). Strategy process research: The role of management control systems. https://www.alexandria.unisg.ch/server/api/core/bitstreams/2172bf5d-cb99-4829-9c32-0a0f6fb382f3/content (Zugegriffen am 21. April 2025).

Network for Greening the Financial System (NGFS). (2024). NGFS short-term climate scenarios for central banks and supervisors. https://www.ngfs.net/en/publications-and-statistics/publications/ngfs-short-term-climate-scenarios-central-banks-and-supervisors (Zugegriffen am 14. Mai 2025).

Pereira, L., et al. (2020). Developing multi-scale and integrative nature–people scenarios using the Nature Futures Framework. *People and Nature, 2*(4), 1172–1195. https://doi.org/10.1002/pan3.10146 (Zugegriffen am 21. April 2025).

Fazey, I., et al. (2013). Knowledge exchange: A review and research agenda for environmental management. *Environmental Conservation, 40*(1), 19–36. https://doi.org/10.1017/S037689291200029X (Zugegriffen am 21. April 2025).

Science Based Targets initiative (SBTi). (2024). About science based targets. https://sciencebasedtargets.org (Zugegriffen am 21. April 2025).

Science Based Targets Network (SBTN). (2024). Technical Guidance for Science-Based Targets for Nature. https://sciencebasedtargetsnetwork.org (Zugegriffen am 21. April 2025).

Senge, P. (1990). *The fifth discipline: The art and practice of the learning organization.* Doubleday.

Simons, R. (1994). How new top managers use control systems as levers of strategic renewal. *Strategic Management Journal, 15*(3), 169–189. https://www.jstor.org/stable/2486965 (Zugegriffen am 21. April 2025).

Simons, R. (1995). *Levers of control: How managers use innovative control systems to drive strategic renewal.* Harvard Business School Press.

Spash, C. L. (2021). The history of pollution 'externalities' in economic thought. Vienna University of Economics and Business. https://www-sre.wu.ac.at/sre-disc/sre-disc-2021_01.pdf (Zugegriffen am 21. April 2025).

Steffen, W., et al. (2015). Planetary boundaries: Guiding human development on a changing planet. *Science, 347*(6223), 736–746. https://www.researchgate.net/publication/270898819_'Planetary_Boundaries_Guiding_Human_Development_on_a_Changing_Planet' (Zugegriffen am 21. April 2025).

Suchanek, A. (2007). *Ökonomische Ethik* (2. Aufl.). Mohr Siebeck.

The Economics of Ecosystems and Biodiversity (TEEB). (2018). *Measuring what matters in agriculture and food systems: A synthesis of the results and recommendations of TEEBAgriFood.* UN Environment. http://teebweb.org/agrifood/reports/synthesis-report/ (Zugegriffen am 21. April 2025).

TEEB. (2010). Mainstreaming the Economics of Nature: a Synthesis of the Approach, Conclusions and Recommendations of TEEB

Teece, D. J. (2007). Explicating dynamic capabilities: The nature and microfoundations of (sustainable) enterprise performance. *Strategic Management Journal, 28*(13), 1319–1350. https://sms.onlinelibrary.wiley.com/doi/epdf/10.1002/smj.640 (Zugegriffen am 21. April 2025).

Taskforce on Nature-related Financial Disclosures. (2022). The TNFD nature-related risk & opportunity management and disclosure framework Beta v0.1. https://tnfd.global/wp-content/uploads/2022/03/220321-TNFD-framework-beta-v0.1-FINAL.pdf (Zugegriffen am 21. April 2025).

Taskforce on Nature-related Financial Disclosures (TNFD). (2023). Beta framework v0.4. https://tnfd.global (Zugegriffen am 21. April 2025).

UNEP FI – United Nations Environment Programme Finance Initiative. (2022). Integrating nature into enterprise risk management. https://www.unepfi.org (Zugegriffen am 21. April 2025).

Von Broock, M. (2012). *Spielzüge – Spielregeln – Spielverständnis. Eine Investitionsheuristik für die Soziale Ordnung.* Marburg.

Weißenberger, B. E., (2022). Unternehmensführung und nachhaltiger Wettbewerbserfolg. Der Betrieb, 9, pp. 478–482.

Weißenberger, B. E. & Marrocco, A., (2022). Corporate Digital Responsibility und ihre Integration in die Unternehmensführung. In: S. Roth & H. Corsten (Eds.), Handbuch Digitalisierung. Verlag Franz Vahlen, München, pp. 41–58.

Weißenberger, B. E., & Meyer, F. (2025). *Nachhaltigkeit in der Unternehmenssteuerung: Empirische Befunde zur Transformation betrieblicher Steuerungssysteme.* Springer Gabler.

Wickert, C., & Risi, D. (2019). From controlling to transforming: Rethinking corporate sustainability management. *Journal of Business Ethics, 160*(4), 1–17.

WWF. (2023). Water stewardship in industry: Managing risks and creating opportunities. World Wide Fund for Nature. https://wwf.panda.org/discover/our_focus/freshwater_practice/water_stewardship/ (Zugegriffen am 21. April 2025).

6 Natur als Kapital: Neue Vermögenswerte, systemisches Denken und der duale Steuerungsansatz

Die bisherigen Überlegungen machen deutlich, dass die traditionelle Trennung von Natur und Wirtschaft ein folgenschweres Missverständnis darstellt, das bis heute die Strukturen ökonomischen Handelns prägt. Die Reduktion der Natur auf eine passive Ressource, bereitgestellt in scheinbar unbegrenzter Menge, verkennt die fundamentale Einbettung aller ökonomischen Prozesse in biophysikalische Systeme. Wirtschaft und Gesellschaft sind nicht autonom, sondern bestehen als Subsysteme innerhalb planetarer Lebensgrundlagen. Diese Einsicht erfordert eine radikale Neubewertung des ökonomischen Denkens.

6.1 Natur als aktives Kapital

Der Begriff *Natur als Kapital,* wurde in diesem Buch definiert als ein kritisch-normativer Deutungsrahmen zur Reflexion der Beziehung zwischen Mensch und Natur. Natur wird in dieser Perspektive als aktives Kapital verstanden, als dynamisches, sich selbst regulierendes System, das nicht nur durch quantitative Nutzung, sondern auch durch qualitative Veränderungen beeinträchtigt werden kann. Bestimmte ökologische Prozesse sind irreversibel oder nur auf Zeitskalen regenerierbar, die weit über menschliche Planungshorizonte hinausreichen. Der Annahme, Naturleistungen seien beliebig reproduzierbar, wird damit entschieden etwas entgegengesetzt. Vor diesem Hintergrund gewinnt die **Konzeptualisierung von Natur als Kapital** an Bedeutung. Die Idee dahinter ist, dass die Natur nicht nur passiver Hintergrund der Ökonomie ist, sondern, und das ist unser Verständnis, als

M. H. Müller und A. K. Meyer, *Natur als Kapital: Evolution oder Revolution?*, Ökonomien und Gesellschaften im Wandel,
https://doi.org/10.1007/978-3-658-49415-5_6

aktiver Vermögenswert betrachtet werden kann. Daher bezeichnen wir *Natur als aktives Kapital.*

Dabei verschärft die systemische Komplexität natürlicher Systeme die Herausforderung. Ökologische Systeme reagieren nicht linear und stabil, sondern hochgradig adaptiv und empfindlich gegenüber Störungen. Tatsächlich erfordern **systemisches Denken und ökologische Komplexität** eine erweiterte Perspektive. Schon geringe Eingriffe können massive, oft nicht vorhersehbare Kaskadeneffekte erzeugen, die ökologische Kipppunkte überschreiten und ganze Systeme destabilisieren. Ökologische Systeme zeichnen sich durch nicht-lineare Dynamiken, Rückkopplungen und Schwellenwerte aus. Veränderungen verlaufen oft **nicht linear.** Ein zunächst gradueller Umweltwandel kann ab einem kritischen Punkt zu abrupten, unumkehrbaren Umkippeffekten führen. Solche *Tipping Points (= Kipppunkte)*[1] treten auf, wenn Belastungen bestimmte **Schwellen** überschreiten und dadurch selbstverstärkende Prozesse in Gang setzen, die das System in einen neuen Zustand überführen (Marsden et al. 2024, S. 6 ff). Unternehmen müssen daher systemisches Denken entwickeln, das nicht nur lokale Effekte, sondern auch übergreifende Rückkopplungen, Schwellenwerte und Unsicherheiten in ihre Entscheidungsfindung integriert.

Hinzu kommt, dass die ökologische Dimension wirtschaftlichen Handelns durch erhebliche Wissenslücken und Unsicherheiten gekennzeichnet ist. Viele Wechselwirkungen zwischen ökonomischen Aktivitäten und ökologischen Folgen sind nicht vollständig erforscht oder treten erst zeitverzögert in Erscheinung. Entscheidungen müssen daher unter Unsicherheit getroffen werden, wobei das Vorsorgeprinzip eine zentrale Handlungsmaxime bildet. Nicht Wissen im klassischen Sinne, sondern verantwortungsvolle Antizipation wird zur entscheidenden Kompetenz. Die bestehenden ökonomischen Indikatorensysteme sind diesen Anforderungen nicht gewachsen. Klassische Messgrößen wie das *Bruttoinlandsprodukt*oder traditionelle Gewinnrechnungen erfassen weder den Zustand noch den Wert von *Naturkapital* adäquat. Eine nachhaltige Transformation der Wirtschaft erfordert die Entwicklung neuer Indikatoren, die sowohl Flussgrößen, etwa Emissionen oder Ressourcennutzungen, als auch Bestandsgrößen wie Biodiversität, Bodenqualität oder Wasserverfügbarkeit systematisch integrieren und sichtbar machen.

Angesichts dieser komplexen, schwer vorhersagbaren Wechselwirkungen ist die **Unsicherheit** im Umgang mit der Natur ein zentrales Thema. Wir können oft weder den exakten Ort noch den Zeitpunkt von Kipppunkten im Voraus bestimmen. Die möglichen Schäden, wie z. B. das dauerhafte Ausbleiben von Ökosystemleistungen, sind jedoch so gravierend, dass ein Abwarten auf vollständige wissenschaftliche Gewissheit riskant

---

[1] *Kipppunkte* (engl. *Tipping Points*) bezeichnen kritische Schwellenwerte in nicht-linearen, komplexen Erdsystemen, bei deren Überschreiten ein System durch positive Rückkopplungen in einen qualitativ neuen Zustand übergeht. Diese Übergänge sind häufig abrupt, potenziell irreversibel und entziehen sich gradueller Steuerung. In der Klimaforschung gelten Kipppunkte, etwa beim grönländischen Eisschild, dem Permafrost oder dem Amazonasregenwald, als zentrale Risikofaktoren für das Überschreiten planetarer Belastungsgrenzen.

wäre. Daher ist ein ***Precautionary Principle*** (= ***Vorsorgeansatz***[2]) im Umwelt- und Ressourcenmanagement notwendig. Dieses Prinzip besagt, dass potenziell schwerwiegende oder irreversible Schäden an der Umwelt auch dann **präventives Handeln** rechtfertigen, wenn wissenschaftliche Datenlage zu Ursache und Wirkung noch unsicher ist (Kimberly 2015, S. 6–7). Ein vorsorgeorientiertes Handeln zielt darauf ab, schädliche Einwirkungen auf die natürlichen Lebensgrundlagen frühzeitig zu minimieren, bevor irreversible Kipppunkte überschritten werden. Damit verbindet sich eine ethische Verantwortung gegenüber künftigen Generationen, insbesondere angesichts irreversibler Entwicklungen wie dem Artensterben (Marsden et al. 2024, S. 5). In dieser Perspektive erwächst für die Gegenwartsgesellschaft die normative Verpflichtung, im Zweifel zugunsten des Erhalts ökologischer Systeme zu entscheiden.

Auch ordnungspolitisch lässt sich diese Haltung begründen: Markus Hans-Peter Müller (2019) entwirft in seinem Konzept eines erneuerten Ordoliberalismus ein Zukunftsmodell, das auf dem Dreiklang von ökonomischer Effizienz, ökologischer Tragfähigkeit und sozialer Gerechtigkeit basiert, verstanden als gleichwertige Grundpfeiler einer solidarisch-dynamischen Wirtschaftsordnung (vgl. Müller 2019, S. 176 f.).

Diese normative Neuausrichtung korrespondiert mit Talcott Parsons' *Systemtheorie*[3], die gesellschaftliche Teilsysteme wie Wirtschaft, Politik oder Kultur als funktional differenzierte, aber normativ eingebettete Einheiten begreift (Parsons 1951). Nachhaltigkeit bedeutet aus dieser Perspektive eine Rejustierung ökonomischer Funktionslogiken, in der ökologische Tragfähigkeitsgrenzen nicht nur als externe Randgrößen behandelt, sondern systematisch als integrative und stabilisierende Rahmenbedingungen verankert werden müssen.

Transformation entfaltet ihre größte Wirksamkeit nicht im Widerstand gegen bestehende Strukturen, sondern indem sie an deren inneren Dynamiken ansetzt. Veränderung muss so gestaltet sein, dass sie aus dem System selbst heraus möglich wird, nicht durch Bruch, sondern durch Anschlussfähigkeit. Besonders wirksam sind inkrementelle Schritte dann, wenn sie sich in bestehende Logiken einfügen lassen: etwa wenn ein Unternehmen Nachhaltigkeit entlang seiner etablierten Wertschöpfungsketten integriert, wenn eine

---

[2] Das Vorsorgeprinzipe besagt, dass Gefahren für die Umwelt überhaupt erst nicht entstehen. Das Vorsorgeprinzip leitet uns also dazu an, frühzeitig und vorausschauend zu handeln, um Belastungen der Umwelt zu vermeiden. Siehe dazu auch zur Vertiefung Umweltbundesamt (2021) sowie Curie (1982).

[3] Die Systemtheorie beschreibt Gesellschaft als ein Gefüge funktional ausdifferenzierter Teilsysteme (z. B. Wirtschaft, Politik, Recht, Wissenschaft), die spezifischen Logiken folgen. Talcott Parsons (1951) betont die normative Einbettung dieser Systeme in gemeinsame Wertorientierungen und sieht gesellschaftliche Integration durch funktionale Rollen und Konsens als zentral. Niklas Luhmann (1984) hingegen versteht soziale Systeme als selbstreferenzielle, autopoietische Kommunikationssysteme, die operativ geschlossen sind und über eigene binäre Codes Sinn erzeugen (z. B. Zahlung/Nichtzahlung im Wirtschaftssystem). Während Parsons Integration durch gemeinsame Werte fokussiert, analysiert Luhmann die Möglichkeit von Steuerung durch strukturelle Kopplung und beobachtungsbasierte Irritation. Nachhaltige Transformation kann aus dieser Perspektive nur gelingen, wenn sie systemintern anschlussfähig kommuniziert wird.

Behörde neue digitale oder ökologische Standards über bekannte Verwaltungsverfahren umsetzt oder wenn ein Marktakteur Nachhaltigkeit nicht als moralische Zusatzforderung begreift, sondern als betriebswirtschaftlich sinnvolle Strategie. Transformation bedeutet in diesem Verständnis nicht die Abschaffung des Bestehenden, sondern dessen gezielte Weiterentwicklung von innen heraus.

6.2 Die aktive Verantwortung von Unternehmen

Die Verantwortung der Unternehmen reicht dabei weit über die eigenen Werkstore hinaus. In einer globalisierten Wirtschaft wird *Naturkapital* entlang komplexer Wertschöpfungsketten beansprucht und oft in Regionen belastet, die weit entfernt von den Orten des Endverbrauchs liegen. So wurde beispielsweise ermittelt, dass rund 30 % der globalen Bedrohungen von Arten auf den internationalen Handel zurückzuführen sind, was bedeutet, dass der Biodiversitäts-Fußabdruck des Konsums in vielen Industrienationen überwiegend in entfernten Ländern anfällt (Lenzen et al. 2012, S. 109). Unternehmen tragen daher Verantwortung nicht nur für ihre unmittelbaren ökologischen Fußabdrücke, sondern auch für indirekte Wirkungen entlang ihrer gesamten Lieferketten. Neue Konzepte wie Scope-3-Emissionen oder Biodiversity Footprinting verdeutlichen die Notwendigkeit umfassender Transparenz, strategischer Steuerung und aktiver Übernahme ökologischer Verantwortung.

Doch diese tiefgreifende Transformation kann nicht allein durch unternehmerische Selbstregulierung erreicht werden. Es bedarf einer grundlegenden Governance-Neuausrichtung, die ökologische Prinzipien verbindlich in die wirtschaftlichen und politischen Strukturen integriert. Neue Berichtspflichten wie die *Corporate Sustainability Reporting Directive* oder Initiativen wie die *Taskforce on Nature-related Financial Disclosures* markieren erste Schritte in diese Richtung. Die Weiterentwicklung institutioneller Rahmenbedingungen muss sicherstellen, dass die ökologische Wahrheit wirtschaftlichen Handelns offengelegt und Steuerungsimpulse gesetzt werden, die langfristige Resilienz innerhalb der planetaren Belastungsgrenzen fördern.

Unternehmen werden dabei ihrer Rolle als *corporate citizens,* also als Akteur, der einen aktiven Beitrag zum Gemeinwohl der Gesellschaft leistet, nicht gerecht, wenn sie passiv auf die vollständige Etablierung formaler ökologischer Bilanzierungssysteme warten (Camilleri und Sheehy 2021, S. 3). Vielmehr müssen sie aktiv und frühzeitig beginnen, ihre eigene direkte und indirekte Wirkung auf die natürlichen Systeme und ihre Abhängigkeit von *Naturkapital* zu identifizieren, zu bewerten und in ihre strategischen Planungen einzubeziehen. Dazu sind erhebliche Investitionen in ökologische Wissenssysteme, Kompetenzentwicklung und systemische Analysefähigkeiten notwendig. Diese Entwicklung von Know-how und Methoden ist ein längerer Lernprozess, der nicht kurzfristig abzuschließen sein wird; er muss **parallel** zum Aufbau formeller Accounting- und Reporting-Strukturen erfolgen. **Mit anderen Worten.** Während Regulierungsstandards und Berichtspflichten noch im Entstehen sind, sollten Unternehmen bereits jetzt intern die notwendigen Transformationsprozesse anstoßen. Nur durch dieses gleichzeitige Lernen und Gestalten können sie resilient und zukunftsfähig innerhalb der planetaren Grenzen wirtschaften. Dabei ist jedoch auch zu berücksichtigen, dass Regulierung ein sich entwickelndes und kontextabhängiges Steuerungsinstrument ist, das insbesondere in frühen Phasen nicht immer kohärent oder vollständig ausgestaltet ist. In der Praxis kann sie mitunter Fragmentierungen, Inkonsistenzen oder Überschneidungen aufweisen. Aus diesem Grund bedarf es einer reflektierten und kritischen Analyse regulatorischer Entwicklungen, nicht im Sinne pauschaler Ablehnung, sondern als Beitrag zur Weiterentwicklung effektiver und legitimer Rahmenbedingungen (Sasfai et al. 2025). Dennoch bleibt Regulierung ein notwendiger Rahmen, um Orientierung zu schaffen, gemeinschaftliches Handeln zu ermöglichen und systemische Fehlanreize zu korrigieren.

6.3 Notwendigkeit einer grundlegenden Governance Neuausrichtung

Angesichts der ökologischen und institutionellen Herausforderungen ist ein dualer Steuerungsansatz unerlässlich. Einerseits gilt es, *Bottom-up*-Mechanismen zu etablieren, durch die Unternehmen ihre ökologischen Abhängigkeiten erkennen, bewerten und eigenverantwortlich steuern können. Andererseits bedarf es komplementärer *Top-down*-Strukturen, die diese unternehmerischen Anstrengungen durch verbindliche Standards, regulatorische Vorgaben und tragfähige institutionelle Rahmenbedingungen flankieren. Nur wenn beide Ebenen, der unternehmensinterne Aufbau ökologischer Intelligenz und die politisch verankerte kollektive Rahmensetzung, ineinandergreifen, kann der notwendige Paradigmenwechsel gelingen. Diese doppelte Steuerungsstruktur verweist auf die Notwendigkeit einer normativen Integration funktional differenzierter Systeme, wie sie auch Parsons (1971) mit seinem Konzept gesellschaftlicher Teilsysteme und deren Einbettung in gemeinsame Wertmuster beschrieben hat.

Diese doppelte Bewegung, die sich in der Integration ökologischer Aspekte in die Unternehmenspraxis einerseits und der Transformation institutioneller Ordnungen andererseits manifestiert, bildet den Kern einer neuen Wirtschaftskonzeption, einer Wirtschaft, die sich nicht länger auf der Externalisierung ökologischer Kosten gründet, sondern die planetaren Grenzen aktiv in ihre Wertschöpfungsprozesse einbezieht. Damit verbunden ist die Erkenntnis, dass Nachhaltigkeit nicht lediglich Anpassung an neue Rahmenbedingungen bedeutet, sondern als strategischer Treiber für Produkt-, Prozess- und Geschäftsmodellinnovationen fungieren kann. Unternehmen, die ökologische Komplexität als Ausgangspunkt unternehmerischer Gestaltung begreifen, erschließen sich nicht nur Wettbewerbsvorteile, sondern leisten zugleich einen Beitrag zur Entwicklung resilienter und zukunftsfähiger Wertschöpfungssysteme. Diese Form des transformativen Managements erfordert jedoch Investitionen, in neue Ressourcen, in spezifische Kompetenzen und in organisatorische Strukturen. Diese Investitionen sind stets mit Unsicherheiten verbunden, eröffnen im Erfolgsfall jedoch die Chance auf tiefgreifende strategische Transformationen. Sie können nicht nur die Wettbewerbsfähigkeit stärken, sondern auch die Anpassungsfähigkeit gegenüber künftigen ökologischen, sozialen und wirtschaftlichen Umbrüchen. Dies erfordert aber, wie in Kap. 4 dargelegt, insbesondere eine Abkehr von einer rein finanzkennzahlenbasierten Unternehmenssteuerung hin zu einer umfassenderen Perspektive auf Wertschöpfung, die ökologische und soziale Aspekte systematisch einbezieht.

In einem erweiterten Steuerungsverständnis gewinnen neue Vermögenswerte, wie *Biodiversität,* funktionierende Ökosysteme und regenerationsfähige Ressourcen, zunehmend an strategischer Bedeutung. Ihre Integration in unternehmerische Entscheidungsprozesse markiert nicht nur eine strukturelle Anpassung in der Bewertung von unternehmerischem Erfolg, sondern stellt auch einen entscheidenden Schritt auf dem Weg zu einer Wirtschaft dar, die ökologische Verantwortung systematisch in ihre Wertschöpfungslogik einbettet. Ein besonders grundlegender, jedoch bislang oft vernachlässigter Vermögenswert in diesem Zusammenhang ist das sogenannte *Naturkapital.* Dabei handelt es sich keineswegs um ein neuartiges Konzept, vielmehr stellt die Natur seit jeher die biophysikalische Grundlage allen Wirtschaftens dar. Dennoch wird sie in der unternehmerischen Praxis bislang häufig als externer Faktor behandelt und ökonomisch unterbewertet (Dasgupta 2021, S. 197). Investitionen in *Naturkapital,* etwa in Renaturierung, Biodiversitätsschutz oder naturbasierte Lösungen, erscheinen kurzfristig als aufwendig und wenig rentabel. Langfristig jedoch erweisen sie sich als strategisch klug. Sie stabilisieren ökologische Systeme, sichern Ressourcenzugänge und stärken die Resilienz von Geschäftsmodellen gegenüber zukünftigen Krisen.

Unternehmen, die *Naturkapital* aktiv in ihre Planung und Steuerung integrieren, leisten damit nicht nur einen Beitrag zur ökologischen Nachhaltigkeit, sondern bauen zugleich wertvolle strategische Assets auf. Diese können Risiken minimieren, neue Innovationspotenziale freisetzen und zur Sicherung der sogenannten *license to operate* beitragen, also jener gesellschaftlichen Legitimation, ohne die wirtschaftliches Handeln auf Dauer nicht tragfähig ist. In einem sich wandelnden regulatorischen Umfeld, in dem Nachhaltigkeit zunehmend zur Voraussetzung für Marktzugang, Finanzierung und Kundenakzeptanz wird, kann die frühzeitige Auseinandersetzung mit *Naturkapital*entscheidende Wettbewerbsvorteile verschaffen.

Wie in Abb. 6.1 dargestellt, verweist der ethische Kompass des Wittenberg-Zentrums für Globale Ethik (WZGE) auf eine wertebasierte Orientierung im unternehmerischen Handeln. Dabei wird deutlich, dass die Spannung zwischen ökonomischer Gewinnorientierung und moralischem Anspruch keineswegs unvereinbar ist. Vielmehr können gezielte Investitionen, sei es in Vertrauen oder in Natur, als Brücke zwischen ökonomischer Rationalität und ethischer Verantwortung fungieren. Die Symbolik des Kompasses verdeutlicht. So wie sich Menschen seit Jahrhunderten an der Natur orientieren, bedarf es auch im Management einer wertegeleiteten Navigation, eines inneren Kompasses, der auf langfristige Verantwortung ausgerichtet ist.

Naturkapital wird damit nicht nur zum Gegenstand ökologischer Rechenschaft, sondern avanciert zunehmend zum strategischen Hebel einer umfassenden Transformation der Wirtschaft. Seine zentrale Rolle ergibt sich aus dem Umstand, dass es die physische Grundlage aller wirtschaftlichen Prozesse bildet, eine Tatsache, die lange übersehen oder systematisch ausgeblendet wurde.

Bereits John Stuart Mill (1848) erkannte in seiner Unterscheidung zwischen produktivem und unproduktivem Kapital, dass natürliche Ressourcen eine unverzichtbare Voraussetzung für nachhaltige wirtschaftliche Stabilität darstellen. Diese frühe Einsicht wird heute von der modernen Nachhaltigkeitsökonomie wieder aufgegriffen und in konkrete Konzepte überführt, allen voran das sogenannte *Natural Capital Accounting* (NCA). Dieses zielt darauf ab, den ökologischen Wert von Ressourcen wie Böden,

Abb. 6.1 Ethischer Kompass des Wittenberg-Zentrums für Globale Ethik. (Quelle: Wittenberg-Zentrum für Globale Ethik o. J.)

Wasser, Wäldern oder Biodiversität systematisch in volkswirtschaftliche und unternehmerische Bilanzierungsprozesse zu integrieren. Internationale Initiativen wie das *System of Environmental Economic Accounting* der Vereinten Nationen leisten hierzu einen bedeutenden Beitrag, indem sie methodische Standards schaffen, um *Naturkapital* als zentralen Bestandteil von Wohlstandsmessung und Politikgestaltung zu etablieren.

Für Unternehmen ergibt sich daraus ein klarer Handlungsauftrag. Investitionen in *Naturkapital* sind nicht nur moralisch geboten, etwa im Sinne einer intergenerationellen Verantwortung, sondern zunehmend auch betriebswirtschaftlich geboten. Angesichts von sich abzeichnenden ökologischen Kipppunkten, globaler Ressourcenverknappung und wachsender regulatorischer Anforderungen werden ehemals externe Umweltkosten zunehmend internalisiert. Damit werden naturbezogene Risiken zu realen finanziellen Risiken, und naturbezogene Chancen zu strategischen Assets. Aus dieser Perspektive ist *Naturkapital* nicht länger eine externe Variable, sondern ein gleichwertiger, wenn nicht gar grundlegender, Vermögenswert neben Infrastruktur, Technologie oder Humankapital.

Die konsequente Integration von *Naturkapital* in das wirtschaftliche Denken und Handeln bildet somit einen zentralen Baustein einer zukunftsfähigen Ökonomie. Sie stellt die Grundlage für resiliente Geschäftsmodelle dar, die nicht auf Exploration, sondern auf Regeneration, nicht auf kurzfristige Rendite, sondern auf langfristige Tragfähigkeit ausgerichtet sind. Auch wenn Unternehmen eine zentrale Rolle im Umgang mit *Naturkapital* spielen, dürfen sie nicht isoliert betrachtet werden. Sie sind eingebettet in politische, kulturelle und gesellschaftliche Strukturen, die unser Verhältnis zur Natur tief prägen. Kap. 7 weitet daher den Blick über betriebswirtschaftliche Steuerung hinaus und beleuchtet die globalen Machtverhältnisse, kulturellen Deutungsmuster und sozialen Dynamiken, die die Transformation zur Nachhaltigkeit begleiten oder behindern.

Literatur

Camilleri, M. A., & Sheehy, B. (2021). Corporate citizenship. In S. Idowu, R. Schmidpeter, N. Capaldi, L. Zu, M. Del Baldo & R. Abreu (Hrsg.), *Encyclopedia of sustainable management*. Springer. https://ssrn.com/abstract=3819901 (Zugegriffen am 10. Mai 2025).

Currie, D. P. (1982). Air pollution control in West Germany. *The University of Chicago Law Review, 49*(2), 355–393. https://doi.org/10.2307/1599426 (Zugegriffen am 10. Mai 2025).

Dasgupta, P. (2021). *The economics of biodiversity: The Dasgupta review*. https://assets.publishing.service.gov.uk/media/602e92b2e90e07660f807b47/The_Economics_of_Biodiversity_The_Dasgupta_Review_Full_Report.pdf (Zugegriffen am 1. April 2025).

Kimberly, A., et al. (2015). Principles for managing marine ecosystems prone to tipping points. *Ecosystem Health and Sustainability, 1*(5), 1–18. https://doi.org/10.1890/EHS14-0024.1 (Zugegriffen am 10. Mai 2025).

Lenzen, M., et al. (2012). International trade drives biodiversity threats in developing nations. *Nature, 486*, 109–112. https://doi.org/10.1038/nature11145 (Zugegriffen am 10. Mai 2025).

Luhmann, N. (1984). *Soziale Systeme. Grundriß einer allgemeinen Theorie*. Frankfurt am Main: Suhrkamp.

Marsden, L., et al. (2024). *Ecosystem tipping points: Understanding risks to the economy and financial system.* UCL Institute for Innovation and Public Purpose, Policy Report 2024/03. https://www.ucl.ac.uk/bartlett/public-purpose/2024/apr/ecosystem-tipping-points (Zugegriffen am 10. Mai 2025).

Mill, J. S. (1848). *Principles of political economy with some of their applications to social philosophy.* London: John W. Parker.

Müller, M. H.-P. (2019). *Neo-Ordoliberalismus: Ein Zukunftsmodell für die Soziale Marktwirtschaft.* Wiesbaden: Springer Gabler.

Parsons, T. (1951). The Social System. Glencoe, IL: Free Press.

Parsons, T. (1971). *Das System moderner Gesellschaften.* München: Juventa. (Original: *The system of modern societies*, 1971).

Sasfai, B., et al. (2025). Climate and sustainability regulations: 2024 end-of-year review. *Harvard Law School Forum on Corporate Governance.* https://corpgov.law.harvard.edu/2025/01/26/climate-and-sustainability-regulations-2024-end-of-year-review/ (Zugegriffen am 10. Mai 2025).

Umweltbundesamt. (2021). *Vorsorgeprinzip.* https://www.umweltbundesamt.de/vorsorgeprinzip (Zugegriffen am 10. Mai 2025).

Wittenberg-Zentrum für Globale Ethik. (o. J.). *Ethischer Kompass.* https://www.wcge.org/de/themen/verantwortungsvolle-fuehrung/ethischer-kompass (Zugegriffen am 10. Mai 2025).

7 Natur zwischen Macht und Wandel: Erweiterte Reflexionen jenseits ökonomischer Modelle

Bevor wir einen Ausblick geben, möchten wir noch einen Schritt weitergehen und zusätzliche Themenfelder beleuchten. Dieses Kapitel soll somit eine multiperspektivische Auseinandersetzung mit alternativen Sichtweisen auf das Verhältnis von Natur, Wirtschaft und Gesellschaft eröffnen. Es integriert kritische, indigene, ästhetische, postkoloniale und wachstumskritische Perspektiven und erweitert damit bewusst den analytischen Horizont über ökonomische Modelle hinaus. Der hier in diesem Buch verfolgte Ansatz versteht sich als evolutionärer Transformationspfad. Er zielt nicht auf eine Abkehr vom marktwirtschaftlichen System, sondern auf dessen strukturelle Weiterentwicklung im Lichte ökologischer Begrenzungen. Dies geschieht durch eine normativ-analytische Neubewertung der Natur als Kapital, durch erweiterte Steuerungsinstrumente und institutionelle Reformen, die ökologische Realität in ökonomische Entscheidungen integrieren sollen.

In bewusster Abgrenzung zu radikaleren Positionen, wie sie etwa von Kohei Saito (2023) vertreten werden, der eine grundlegende Abkehr vom Kapitalismus und eine demokratisch-sozialistische Degrowth-Ökonomie fordert, setzt das vorliegende Buch auf Wandel innerhalb bestehender Strukturen. Beide Positionen teilen die Einsicht in die ökologische Krisensituation, unterscheiden sich jedoch hinsichtlich ihrer systemtheoretischen Konsequenzen.

Die Aufnahme wachstumskritischer, indigener oder systemalternativer Konzepte im vorliegenden Kapitel erfolgt daher nicht als Zustimmung zu einer bestimmten theoretischen Richtung, sondern als erkenntnistheoretisch motivierte Öffnung. Denn nur in der Relativierung des Eigenen durch das Andere, in der Konfrontation mit alternativen Weltbildern, Wertesystemen und Rationalitäten, wird sichtbar, was im Gewohnten verdeckt

M. H. Müller und A. K. Meyer, *Natur als Kapital: Evolution oder Revolution?*, Ökonomien und Gesellschaften im Wandel,
https://doi.org/10.1007/978-3-658-49415-5_7

bleibt. Transformation ist nicht nur eine Frage der Richtung, sondern auch der Perspektivvielfalt. Die Auseinandersetzung mit pluralen Zugängen dient somit der Schärfung des eigenen Ansatzes und reflektiert zugleich die Unabschließbarkeit der Suche nach tragfähigen Antworten auf die ökologischen Herausforderungen unserer Zeit.

7.1 Globale Machtverhältnisse und politische Ökonomie der Natur

Um das Verhältnis von Natur und Kapital in seiner Gesamtheit zu erfassen, muss die globale politische Ökonomie betrachtet werden. Umwelt- und Ressourcennutzung sind eingebettet in globale Machtstrukturen, die historisch von Kolonialismus und ungleicher Handelsordnung geprägt wurden. Der Begriff der *Imperialen Lebensweise* beschreibt, wie wohlhabende Gesellschaften ihren hohen Konsum durch die Ausbeutung von Mensch und Natur in anderen Weltregionen aufrechterhalten (Brand und Wissen 2017, S. 43). So basiert etwa der Lebensstil im *Globalen Norden* auf einem überproportionalen ökologischen Fußabdruck, während die ökologischen Lasten, in Form von Rohstoffabbau, Umweltzerstörung und Emissionen, häufig im *Globalen Süden* anfallen. Beispielsweise verursachten die reichsten 10 % der Weltbevölkerung in den Jahren 1990–2015 schätzungsweise über die Hälfte der CO_2-Emissionen (Chancel 2022; Oxfam 2020). Solche globalen Extraktionsverhältnisse bedeuten, dass wir an einer kritischen Sicht auf Machtungleichgewichte festhalten müssen. Internationale Konzerne und industrielle Agrar- oder Bergbauprojekte profitieren von laxen Umweltstandards und niedrigen Produktionskosten in Entwicklungsländern, was lokale Gemeinschaften und *Ökosysteme* verwundbar macht. Diese asymmetrischen Strukturen der Weltwirtschaft führen zu ökologischen Schulden. Wohlhabende Länder, so ein oft zitierter Vorwurf, häufen Wohlstand auf Kosten von Naturzerstörung anderswo an (Demaria et al. 2013). Eine Reflexion über *Naturkapital und Natur als Kapital* muss daher die Verteilungsfragen und Gerechtigkeitsaspekte mitdenken, denn wer kontrolliert die natürlichen Ressourcen, wer entscheidet über ihre Nutzung und wer trägt die sozialen und ökologischen Kosten? Ansätze der politischen Ökologie betonen, dass Lösungsstrategien globale Gerechtigkeit einbeziehen müssen, beispielsweise durch faire Handelsregeln und Unterstützung nachhaltiger Entwicklungswege im *Globalen Süden* (Gupta et al. 2015). Im Ergebnis verlangt die Einbindung globaler Machtverhältnisse ein Verständnis, dass Nachhaltigkeit nicht allein eine technische oder betriebswirtschaftliche Frage ist, sondern zutiefst politisch. Es geht nämlich um Macht, Verteilung und Zugang zu *Naturkapital* in einer globalisierten Welt.

7.2 Indigene Naturverständnisse und alternative Ontologien

Während die ökonomische Sichtweise Natur als Kapital (nicht wie im Sinn des Buches, *Natur als Kapital*) betrachtet, bieten indigene Kosmologien und alternative ontologische Ansätze ein gänzlich anderes Verständnis des Verhältnisses von Mensch und Umwelt. In vielen indigenen Kulturen gilt Natur nicht als Ressource, sondern als Mitwelt, ausgestattet mit eigenem Geist, Würde oder Rechten. Beispielsweise betont das andine Konzept des Buen Vivir (= *gutes Leben*) ein Leben in Harmonie mit der Gemeinschaft und Pachamama (= *Mutter Erde*), anstatt die Natur dem unbegrenzten Wachstum zu unterwerfen (Acosta 2015). Diese Sichtweise stellt westliche Vorstellungen von Entwicklung infrage und rückt Gemeinwohl, Gleichgewicht und Solidarität mit der Natur ins Zentrum. Der Soziologe Philippe Descola (2013) unterscheidet vier grundlegende Ontologien (= *Lehren des Seins*) im Mensch-Natur-Verhältnis. Im Animismus, wie er bei vielen indigenen Völkern verbreitet ist, werden Tiere, Pflanzen und Landschaften als beseelte Subjekte mit Intentionalität betrachtet. Diese Vorstellung unterscheidet sich grundlegend vom *Naturalismus* der westlichen Moderne, in dem nur Menschen über Bewusstsein verfügen und die Natur als Objekt gilt (Descola 2013, S. 139 ff.). In solchen relationalen Ontologien verschwimmt die Trennung zwischen Mensch und Natur, die der modernen westlichen Weltanschauung zugrunde liegt. Stattdessen verstehen sich Menschen als Teil eines lebendigen Netzes gegenseitiger Beziehungen. Damit verbunden sind Praktiken des Respekts und der Verantwortung. Rituale, Tabus und traditionelle Regeln sorgen dafür, dass natürliche Lebensgrundlagen geschont werden. Diese alternativen Naturverständnisse haben auch Eingang in moderne Konzepte wie die *Rights of Nature (= Rechte der Natur)*[1] gefunden. Auch wissenschaftliche Gremien erkennen zunehmend den Wert indigener Naturverhältnisse an. So betont der Weltbiodiversitätsrat (IPBES 2019), dass die Erhaltung biologischer Vielfalt ohne Berücksichtigung indigener Wissenssysteme kaum gelingen kann. Viele indigene Gebiete weisen heute höhere Biodiversität auf als staatlich geschützte Flächen. So erkennen etwa Ecuador und Bolivien in ihren Verfassungen der Natur eigene Rechte zu, ein rechtlicher Paradigmenwechsel, der stark von indigenem Denken inspiriert ist (Kauffman und Martin 2017). Die Integration solcher Perspektiven in die Nachhaltigkeitsdebatte erweitert den Horizont. Sie zeigt auf, dass die Auffassung von Natur als verwertbarem Kapital weder universell noch alternativlos ist. Vielmehr existieren vielfältige Ontologien, in denen Natur als Subjekt, als Verwandte oder als heilig

[1] Das Konzept der Rights of Nature basiert auf der Idee, dass Natur nicht bloß als Ressource oder Eigentum betrachtet werden sollte, sondern als eigenständiger Rechtsträger mit inhärenten Rechten, etwa dem Recht auf Existenz, Regeneration und Integrität. Es findet seinen Ausdruck unter anderem in Verfassungsbestimmungen (z. B. in Ecuador oder Bolivien), gerichtlichen Entscheidungen (z. B. zum Whanganui-Fluss in Neuseeland) oder lokalen Rechtsinitiativen. Die Rights of Nature-Bewegung bricht mit anthropozentrischen Denkmustern und stützt sich auf indigene Kosmologien, ökologische Ethik und das Prinzip der ökologischen Gerechtigkeit (vgl. Chapron et al. 2019).

angesehen wird. Diese Perspektiven mahnen zu Demut und einem perspektivischen Pluralismus, wenn wir global nach Lösungen suchen, müssen wir die Stimmen und das Wissen indigener Völker und anderer marginalisierter Gruppen einbeziehen, um unser Verhältnis zur Natur neu zu denken (Whyte 2018). In der erweiterten Reflexion bedeutet dies anzuerkennen, dass Nachhaltigkeit nicht nur durch eine richtigere Bewertung des *Naturkapitals* erreicht wird, sondern durch einen kulturellen Wandel hin zu Empathie, Respekt und Koexistenz mit der nicht-menschlichen Welt.

7.3 Kulturelle, ästhetische und spirituelle Dimensionen von Natur

In Zeiten tiefgreifender Krisen, die ökologische, soziale und demokratische Systeme zugleich unter Druck setzen, wird zunehmend deutlich, dass technokratische und marktwirtschaftliche Lösungsansätze allein nicht genügen. Wie Müller (2023) argumentiert, bedarf es einer *Renaissance des kulturell Invarianten,* also einer Neubestimmung jener kulturellen Grundannahmen, Erzählungen und Werte, die das Selbstverständnis moderner Gesellschaften prägen. Diese kulturellen Konstanten beeinflussen maßgeblich unser Verhältnis zur Natur, unsere Definition von Fortschritt und unser Verständnis vom guten Leben. Transformation im Sinne nachhaltiger Entwicklung bedeutet daher auch eine kulturelle Neuverhandlung, nicht nur von Institutionen, sondern auch von Sinnzusammenhängen, Weltbezügen und dem Bild des Menschen selbst. Dabei wird zunehmend deutlich, dass der Mensch nicht außerhalb der Natur steht, sondern tief in ihre Prozesse eingebunden ist, biologisch, ökologisch und geologisch.[2] Diese kulturelle Tiefenstruktur wirkt nicht nur abstrakt, sondern konkret in den Vorstellungen, Symbolen und Praktiken, mit denen Gesellschaften ihre Umwelt deuten und gestalten. Natur ist dabei nicht nur physischer Raum, sondern auch Träger kollektiver Bedeutung. Neben den materiellen und ökonomischen Aspekten bietet Natur eine Fülle immaterieller Werte, die kulturell, ästhetisch oder spirituell geprägt sind. Viele Gesellschaften verankern in Landschaften und Ökosystemen ihre Identität, Geschichte und Religion.

Eine besonders eindrucksvolle spirituell-philosophische Position nimmt das *Ökologische Manifest* von Michael von Brück ein. Es fordert eine innere wie äußere Transformation unseres Naturverhältnisses, basierend auf der Erkenntnis, dass wir nicht über, sondern in der Natur existieren. Von Brück verbindet dabei religiöse Weisheitstraditionen mit ökologischem Denken und appelliert an ein transkulturelles Bewusstsein der Verbundenheit. Die Natur erscheint hier nicht als Ressource oder Kapitalstock, sondern als Mitwelt, die Würde besitzt und in Beziehung zu uns steht. Transformation bedeutet

[2] Vgl. Halliday (2022). *Urwelten: Eine Reise in die verlorene Welt der Erdgeschichte* verdeutlicht anhand erdgeschichtlicher Rekonstruktionen, dass der Mensch als Teil komplexer natürlicher Systeme verstanden werden muss – nicht als externer Störfaktor, sondern als ein Produkt und Mitgestalter planetarer Dynamiken.

in dieser Sichtweise nicht nur strukturelle Veränderung, sondern auch eine Vertiefung des Weltverhältnisses, eine Rückbesinnung auf Achtung, Demut und Verantwortung im Angesicht des Lebendigen (von Brück 2020). So können bestimmte Berge, Flüsse oder Wälder als heilige Stätten verehrt werden, etwa der Ganges in Indien oder der Ayers Rock (Uluru) in Australien, was ihnen einen Schutz verleiht, der weit über den Nutzwert hinausgeht. Der Uluru wird vom Anangu-Volk als heiliger Ort verehrt und ist tief in der Tjukurpa (= *Traumzeit*)[3] verankert. Seit 1994 ist der Uluru-Kata-Tjuta-Nationalpark aufgrund seiner kulturellen Bedeutung UNESCO-Welterbe (UNESCO 2023).[4] Der Ganges gilt im Hinduismus als Verkörperung der Göttin Ganga. Trotz seiner enormen ökologischen Belastung durch Abwässer und Müll zieht er weiterhin Millionen Pilger an, die rituelle Waschungen vornehmen, um sich spirituell zu reinigen.[5]

Auch in säkularen Kontexten erleben Menschen Natur als Quelle von Inspiration, Schönheit und Transzendenz. Die Begegnung mit unberührter Wildnis oder einem sternklaren Nachthimmel ruft Gefühle des Staunens und der Ehrfurcht hervor, die häufig als spirituell beschrieben werden (Taylor 2010). Der *Biophilia-Hypothese*[6] zufolge besitzen Menschen sogar eine angeborene Verbundenheit mit anderen Lebewesen und natürlichen Umgebungen (Wilson 1984).

Diese Sichtweise findet auch in der Enzyklika *Laudato si'* von Papst Franziskus (2015) eine eindrückliche Entfaltung. Darin warnt der Papst vor einer Technokratie, die alles durch die Brille von Effizienz und Profit bewertet, und fordert stattdessen eine ganzheitliche Ökologie, die das spirituelle, soziale und kulturelle Wesen des Menschen ernst nimmt. Natur sei demnach nicht nur Ressource, sondern Schöpfung, die Würde und Schutz verdiene (Franziskus 2015, S. 6, 13). Die Umweltkrise ist für Franziskus auch eine Krise der menschlichen Beziehung zur Schöpfung, eine Beziehung, die durch Konsumismus, Entfremdung und Verlust an Transzendenz gestört wurde (ebd., S. 93 ff.). In diesem Sinne fordert er eine ökologische Umkehr, bei der das Herz genauso gefordert sei wie der Verstand – also eine ethische wie spirituelle Neuorientierung.

---

[3] *Tjukurpa* ist ein zentrales Konzept in der Weltauffassung der Anangu Pitjantjatjara Yankunytjatjara (APY) und vieler anderer Zentralaustralischer Aborigines-Gemeinschaften. Es umfasst keine lineare „Traumzeit" im westlichen Sinne, sondern bezeichnet die spirituellen Gesetze, moralischen Ordnungen, Schöpfungsgeschichten und Beziehungen zwischen Menschen, Orten, Tieren und Ahnenwesen. *Tjukurpa* ist sowohl Ursprung als auch gegenwärtige Ordnung, eine fortdauernde, gelebte Verbindung zwischen Kosmos, Land und Gemeinschaft. Die oft genutzte Übersetzung als Dreaming wird von vielen indigenen Vertretenden als unangemessen empfunden, da sie die Tiefe und Gegenwart des Begriffs nicht erfasst (vgl. Wierucka 2016; Rose 1996).

[4] Siehe zur Vertiefung UNESCO (2023).

[5] Siehe zur Vertiefung Alley (2002).

[6] Die Biophilia-Hypothese, geprägt von Edward O. Wilson, besagt, dass Menschen eine angeborene emotionale Verbundenheit zur Natur besitzen, eine evolutionsbiologisch verankerte Tendenz, sich zur natürlichen Umwelt hingezogen zu fühlen. Diese Annahme dient als Grundlage für Konzepte wie naturnahes Design, Umweltbildung oder *Nature-Based Therapy*.

Diese emotionale und spirituelle Bindung an Natur zeigt sich auch in Kunst, Literatur und Musik. Seit jeher ist Natur ein Motiv künstlerischen Ausdrucks, von romantischen Landschaftsgemälden bis zur Dichtung von J. W. Goethe oder W. Whitman[7], die die seelische Tiefe der Natur feiern. *Kulturelle Ökosystemdienstleistungen (= cultural ecosystem services)* wie etwa Erholung, ästhetischer Genuss oder spirituelle Erfüllung wurden lange in ökonomischen Analysen vernachlässigt, gewinnen nun an Aufmerksamkeit (Millennium Ecosystem Assessment 2005). Ihr Wert lässt sich kaum monetär bemessen, doch für Gesellschaften und Individuen sind sie unverzichtbar für Lebensqualität und Sinnstiftung. Ein Wald liefert eben nicht nur Holz und CO_2-Speicherung, sondern auch mythische Erzählungen, Heimatgefühl und mentale Regeneration.

Die kulturelle Dimension von Natur erinnert daran, dass *Reduktionismus*[8] auf monetäre Werte zu kurz greift, wenn Natur als Kapital diskutiert wird, dürfen die symbolischen, ästhetischen und spirituellen Bedeutungen nicht als bloße Externalitäten abgetan werden. Im Gegenteil, eine nachhaltige Entwicklung muss kulturelle Vielfalt und spirituelle Bedürfnisse berücksichtigen. Dies kann bedeuten, indigene und lokale Gemeinschaften bei Naturschutzentscheidungen einzubeziehen, kulturelles Erbe von Landschaften zu schützen oder Räume für naturverbundene Bildung und Erfahrung zu schaffen. Letztlich unterstreicht diese Perspektive, auch im Sinne von *Laudato si'*, dass die Mensch-Natur-Beziehung nicht nur im Kopf (Wissen) und in der Hand (Nutzung), sondern auch im Herzen verankert ist.

7.4 Psychologische, soziale und narrative Barrieren der Transformation

Trotz wachsender Erkenntnis über die ökologischen Krisen erweist sich die gesellschaftliche Transformation zur Nachhaltigkeit als außerordentlich schwierig. Dies liegt nicht nur an technischen oder ökonomischen Hindernissen, sondern auch an einer Reihe psychologischer, sozialer und narrativer Barrieren. Psychologisch ist der Mensch mit kognitiven Mustern ausgestattet, die der Dringlichkeit ökologischer Probleme entgegenstehen. So neigen wir dazu, Gefahren, die abstrakt, komplex oder scheinbar fern in der Zukunft liegen, systematisch zu unterschätzen, ein Phänomen der *begrenzten Kognition* in Bezug auf Klima- und Umweltkrisen (Gifford 2011). Gifford (2011) bezeichnet die

[7] Die Dichtung von Johann Wolfgang von Goethe, etwa in den *Metamorphosen der Pflanzen* (1790) oder seinen Naturgedichten, wie auch Walt Whitmans *Leaves of Grass* (1855) zeugen von einer tiefen poetischen Durchdringung der Natur und einem emphatischen Naturverständnis, das rationalistische Trennungslinien zwischen Mensch und Umwelt bewusst überschreitet.

[8] Reduktionismus bezeichnet die wissenschaftstheoretische Annahme, dass komplexe Phänomene vollständig durch die Zerlegung in einfachere Bestandteile erklärt werden können, etwa biologische Prozesse durch Physik oder ökonomisches Verhalten durch rationales Kalkül. In Umwelt- und Nachhaltigkeitsdebatten wird dieser Ansatz oft kritisiert, da er systemische Wechselwirkungen und qualitative Dimensionen ausblendet.

Vielzahl solcher mentalen Hindernisse treffend als *Drachen der Untätigkeit.* Darunter fallen etwa Verleugnung, falsche Hoffnung auf technische Wunderlösungen, das Abwälzen von Verantwortung (Andere sollen zuerst handeln), das Festhalten an Gewohnheiten und Bequemlichkeit, oder auch das Gefühl der Ohnmacht gegenüber globalen Problemen. Auch bei Menschen mit ausgeprägtem Umweltbewusstsein bleibt oft das konkrete Verhalten aus, ein Phänomen, das als *Intention-Behaviour Gap* bezeichnet wird (Kollmuss und Agyeman 2002, S. 240, 242). Gewohnheiten, soziale Erwartungen und ein Mangel an strukturellen Alternativen verhindern häufig, dass Einsicht in tatsächliches Handeln übergeht.

Diese psychologischen Barrieren werden verstärkt durch soziale Dynamiken. So sprechen Soziologen von sozial organisierter Verdrängung, wenn ganze Gemeinschaften trotz besseren Wissens klimaschädliches Verhalten normalisieren und unangenehme Wahrheiten aus dem Alltag ausblenden (Norgaard 2011). Gruppenprozesse, soziale Normen und ökonomische Abhängigkeiten können dafür sorgen, dass alte Muster beibehalten werden und *Status quo*-Interessen Veränderungen blockieren. Hinzu kommen narrative Barrieren, das z. B. die dominanten Geschichten, die sich Gesellschaften über Fortschritt, Wachstum und Wohlstand erzählen, unser Handeln tiefgreifend prägen. In vielen Teilen der Welt gilt das Narrativ vom unendlichen Wirtschaftswachstum oder vom technischen Fortschritt, der alle Probleme lösen wird, noch immer als unhinterfragte Selbstverständlichkeit. Solche sogenannten Meistererzählungen machen es schwierig, alternative Zukünfte zu imaginieren. Eine nachhaltige Transformation benötigt jedoch neue Narrative, Geschichten des guten Lebens jenseits des materiellen Konsumismus, Erzählungen von Wiederverzauberung der Natur und Gemeinschaftlichkeit. Solange in Bildung, Medien und Politik überwiegend Narrative vermittelt werden, die Naturbeherrschung und Konsum belohnen, bleiben transformatives Denken und Handeln randständig. Um die Barrieren zu überwinden, betonen Experten die Bedeutung von Bewusstseinswandel, Bildung und Kommunikation. Klimakommunikation muss emotional berühren, positive Visionen müssen die Angst vor Verlust ersetzen, und partizipative Dialoge können kollektive Handlungsfähigkeit stärken (Stoknes 2015). Diese narrativen Barrieren speisen sich häufig aus einem kulturell tief verankerten Fortschrittsverständnis, das technologischen Fortschritt, Konsum und ökonomisches Wachstum gleichsetzt. Alternative Visionen eines „guten Lebens" ohne Überfluss oder eines postmateriellen Wohlstandsmodells sind in Medien, Politik und Bildung bislang unterrepräsentiert.[9] Letztlich ist die psychosoziale Dimension der Nachhaltigkeit eine Erinnerung daran, dass es nicht allein um Fakten und Politikinstrumente geht, sondern um Werte, Emotionen und Sinn. Eine erfolgreiche

[9] Vgl. zur Vertiefung Kasser (2002) sowie Jackson (2017).

sozial-ökologische Transformation erfordert daher ebenso eine kulturelle Revolution des Denkens und Fühlens für strukturelle Veränderungen.

7.5 Kritik an Naturkapital und Monetarisierung

Die Idee, Natur als Kapital zu betrachten, ist nicht unumstritten. Umweltethiker, Deep-Ecology-Verfechter und Postwachstumsökonomen haben umfangreiche Kritik an der Monetarisierung der Natur geübt. Ein zentrales Argument lautet, dass die Reduktion von Ökosystemen auf ökonomische Kennziffern dem unermesslichen Eigenwert der Natur nicht gerecht wird. Vertreter der Tiefenökologie (= *Deep Ecology*) fordern einen inhärent ökozentrischen Ansatz. Arne Naess (1973) etwa Unterschied zwischen oberflächlichem Umweltschutz, der die Natur nur zum Wohle des Menschen schützt, und einer tiefenökologischen Haltung, die allen Lebewesen einen Eigenwert zuschreibt. Aus dieser Perspektive greift das *Naturkapital-Konzept* zu kurz, weil es weiterhin anthropozentrisch argumentiert, Natur wird geschützt, weil sie *uns* nützt, nicht weil sie als Mitgeschöpf ein Recht auf Existenz hat. Philosophisch knüpft hier auch die *Land Ethic* (= *Landethik*)[10] eines Aldo Leopold an, die eine erweiterte Ethikgemeinschaft von Böden, Wassern, Tieren und Menschen fordert (Leopold 1949). Monetarisierung, so die Kritik, verleite zudem dazu, Zerstörung durch Geldzahlungen abzugelten (Kompensation oder Offsetting)[11], was moralisch fragwürdig sei und ökologisch zu *Feigenblatt*-Maßnahmen führen könne. Umweltökonomische Bewertungsmethoden stoßen an Grenzen, wenn es um irreversible Verluste wie Artensterben oder heilige Landschaften geht, für die es schlicht keinen adäquaten Preis geben kann (Spash 2015). Postwachstumsökonomen wie Herman Daly oder Tim Jackson argumentieren außerdem, dass die Fokussierung auf Kapital und Wachstum selbst das Problem erzeugt hat, eine nachhaltige Zukunft dagegen erfordere die Abkehr vom Paradigma unendlichen Wachstums (Jackson 2017). Eine Postwachstumsgesellschaft würde Wohlstand neu definieren, jenseits von BIP und Konsumfetischismus, und ökonomische Aktivität auf ein Maß reduzieren, das innerhalb planetarer Grenzen bleibe. Aus dieser Warte sei Naturkapital zwar ein Versuch, ökologische Belange in die Ökonomie zu integrieren, laufe aber Gefahr, Kommerzialisierung als Königsweg zu

[10] Die *Landethik* nach Aldo Leopold erweitert den ethischen Horizont über den Menschen hinaus auf die gesamte ökologische Gemeinschaft. Sie fordert, dass nicht nur Menschen untereinander, sondern auch Mensch, Boden, Wasser, Pflanzen und Tiere als Teil eines moralischen Beziehungsgefüges betrachtet werden. „Etwas ist richtig, wenn es dazu beiträgt, die Integrität, Stabilität und Schönheit der biotischen Gemeinschaft zu erhalten. Es ist falsch, wenn es das Gegenteil bewirkt." (Leopold 1949, S. 262).

[11] Die Monetarisierung ökologischer Schäden wird kritisch betrachtet, da sie den Eindruck erwecken kann, dass Umweltzerstörung durch finanzielle Ausgleichszahlungen legitimiert oder „aufgerechnet" werden könne. Besonders im Kontext von Kompensationsmechanismen (z. B. Offsetting) besteht die Gefahr, dass Schutzmaßnahmen substituiert statt ergänzt werden, wodurch systemische Umweltwirkungen ausgeblendet und ökologische Grenzen unterlaufen werden.

betrachten. Kritiker wie Deep Ecologists mahnen hingegen zu einer *Entkommerzialisierung* und *Resakralisierung* der Natur. Wälder, Flüsse und Tiere sollten nicht primär als Finanzposten gesehen werden, sondern als lebendige Mitwelt, der Respekt gebührt (Devall und Sessions 1985). Schließlich wird auch betont, dass Marktlogiken nicht geeignet sind, alle Umweltprobleme zu lösen, viele Güter sind *unersetzlich,* und dort brauche es Verbote, Quoten oder Gemeinschaftsverwaltung statt Preissignale. Die Debatte um Natur als Kapital versus intrinsischen Wert spiegelt den breiteren Konflikt zwischen instrumentellen und intrinsischen Wertvorstellungen wider (Chan et al. 2016). Aus der Arbeit von Chan et al. (2016) lässt sich ableiten, dass darüber hinaus die Bedeutung sogenannter relationaler Werte von Bedeutung ist, also solcher Werte, die nicht im Objekt selbst oder in dessen Nutzen liegen, sondern in der Beziehung zwischen Menschen und ihrer natürlichen Umgebung begründet sind. Diese Perspektive eröffnet die Möglichkeit einer Ethik, die zwar *anthropozentrisch* bleibt, aber dennoch nicht rein utilitaristisch ist. Eine reflektierte Position könnte anerkennen, dass eine wirtschaftliche Bewertung ein Werkzeug sein kann, um Natur im aktuellen System mehr Gewicht zu geben, dies aber politisch und ethisch eingebettet sein muss in die Anerkennung von Grenzen und der Würde der Natur. Kurzum, Monetarisierung darf kein Selbstzweck sein, sondern allenfalls Mittel zum Zweck einer tieferen Wertschätzung der Natur, die über ökonomische Rationalität hinausgeht.

7.6 Umweltrecht, ökologisches Verfassungsdenken und Rechte der Natur

Parallel zur ökonomischen und ethischen Debatte hat sich im juristischen Bereich ein spannender Wandel vollzogen. Umweltrecht und Verfassungsdenken öffnen sich für die Idee, der Natur eigene Rechte oder einen besonderen Schutzstatus zu verleihen. Traditionell betrachtet das westliche Rechtssystem natürliche Elemente wie Flüsse, Wälder oder Tiere als Eigentum, als Objekte, über die der Mensch verfügen kann. In den letzten Jahrzehnten ist jedoch die Bewegung der *Earth Jurisprudence* (= *Erdrecht*) entstanden, welche für einen Paradigmenwechsel im Recht plädiert. Weg vom ausschließlich anthropozentrischen Recht hin zu einem erdzentrierten Recht. Einen Meilenstein setzte der Jurist Christopher D. Stone bereits 1972 mit seinem Aufsatz *Should Trees Have Standing?,* in dem er argumentierte, dass auch Naturgebilde klagebefugt sein sollten (Stone 1972). Was damals visionär klang, ist heute in einigen Ländern Realität, denn 2008 verankerte Ecuador als erstes Land der Welt die Rechte der Natur in seiner Verfassung. Flüsse, Berge und ganze Ökosysteme haben seither im ecuadorianischen Recht den Status von Rechtssubjekten, und jede*r *Bürger*in kann im Namen der Natur vor Gericht ziehen, um ihre Rechte, etwa auf Existenz und Regeneration, einzufordern (Kauffman und Martin 2017). Ähnliche Entwicklungen gibt es in Bolivien (Ley de Derechos de la Madre Tierra) und in Neuseeland, wo dem Whanganui-Fluss 2017 rechtliche *Personhood* (=

Rechtspersönlichkeit) zuerkannt wurde, um die kulturellen Rechte der Māori zu respektieren. Dieses ökologische Verfassungsdenken spiegelt das philosophische Umdenken wider. Mensch und Natur sollen auf Augenhöhe betrachtet werden, zumindest insofern, dass die Natur vor rücksichtsloser Ausbeutung geschützt wird, auch wenn kein unmittelbares menschliches Interesse betroffen ist. In klassischen Rechtsstaaten werden Umweltbelange zunehmend als Staatsziel oder Grundrecht verankert, beispielsweise garantiert ein wachsender Kreis von Ländern ein Grundrecht auf eine gesunde Umwelt, teils sogar einklagbar (Boyd 2012). Das Konzept eines *Verfassungsökologismus* fordert, dass die planetaren Grenzen und ökologischen Gemeingüter in der höchsten Rechtsnorm berücksichtigt werden, um ökonomisches Handeln zu limitieren und zu lenken. Hier schließt sich der Kreis zur Verantwortung, denn rechtliche Innovationen, von der lokalen Ebene (z. B. kommunale Rechte der Natur in einigen US-Städten) bis zur globalen Ebene (Forderungen nach einem Verbrechen des Ökozids im Völkerrecht), sind Ausdruck des wachsenden Verständnisses, dass wir neue Institutionen brauchen, um die Verantwortung gegenüber der Natur verbindlich zu machen (Heinrich-Böll-Stiftung 2025). Ein solcher Wandel im Recht kann ein wichtiger Hebel sein, um Naturschutz und Nachhaltigkeit dauerhaft gesellschaftlich zu verankern, rechtliche Normen prägen schließlich Werte und Verhalten mit. Allerdings bleibt die Umsetzung eine Herausforderung. Rechte der Natur müssen mit bestehenden Eigentums- und Nutzungsrechten in Einklang gebracht werden, was Konflikte auslöst. Dennoch markiert diese Entwicklung einen hoffnungsvollen Aufbruch hin zu einer Rechtskultur der Mitwelt, in der die Stimme der Natur Gehör findet.

7.7 Digitalisierung und technologische Transformationen

Die fortschreitende Digitalisierung und neue technologische Entwicklungen verändern das Verhältnis von Mensch und Natur in vielfältiger Weise. Einerseits eröffnen digitale Technologien enorme Chancen für den Umweltschutz. Nie zuvor hatten wir so präzise Möglichkeiten des Umwelt-Monitorings. Durch Satellitenfernerkundung, Sensorik und *Big Data*-Analysen lassen sich z. B. Entwaldung, Eisschmelze oder Luftverschmutzung in Echtzeit verfolgen. Projekte wie *Global Forest Watch*[12] nutzen KI-gestützte Auswertung von Satellitendaten, um illegalen Holzeinschlag beinahe in Echtzeit aufzudecken (Hansen et al. 2013). Solche Datenplattformen stärken Transparenz und können politischen Druck erzeugen, Umweltverbrechen zu ahnden. Künstliche Intelligenz (KI) wird

[12] *Global Forest Watch (GFW)* ist eine offene, interaktive Online-Plattform, die in Echtzeit Daten zu globaler Entwaldung, Landnutzung und Waldschutz bereitstellt. Sie wurde 2014 vom World Resources Institute (WRI) in Zusammenarbeit mit zahlreichen Partnern gegründet und nutzt Fernerkundung, Geoinformationssysteme (GIS) und satellitengestützte Analysen. GFW ermöglicht Politik, Wissenschaft, Zivilgesellschaft und Unternehmen die Überwachung von Waldverlusten weltweit und trägt zur Transparenz und Rechenschaftspflicht in Fragen der Landnutzung und Biodiversität bei.

auch eingesetzt, um komplexe Ökosystemmodelle zu verbessern, Artenschutz zu optimieren (etwa durch Erkennung von Tieren auf Bildern von Kamerafallen) oder Energie- und Verkehrssysteme effizienter zu steuern (Vinuesa et al. 2020). Digitale Vernetzung ermöglicht zudem neue Formen der Partizipation, wie der Bürgerwissenschaft (= *Citizen Science*) die mithilfe von Apps Beobachtungsdaten zur Biodiversität sammeln, und sich so Umweltinformationen in sozialen Medien global in Windeseile verbreiten. Insgesamt birgt die technologische Transformation große Chancen, die ökologische Krise besser zu verstehen und nachhaltiges Handeln zu unterstützen, von *smarten Stromnetzen* bis zur präzisen Landwirtschaft. Andererseits warnen Forschende vor Risiken und *Rebound-Effekten*[13]. Digitalisierung ist kein Selbstläufer für Nachhaltigkeit. Zum einen hat die Technologiebranche selbst einen erheblichen ökologischen Fußabdruck, man denke an den Energieverbrauch von Rechenzentren, den Rohstoffhunger für Elektronik (Lithium, Seltene Erden) oder den Elektroschrott (IPCC 2022). Effizienzgewinne durch IT können durch Rebound-Effekte aufgefressen werden, wenn z. B. autonomes Fahren zu mehr Verkehr führt oder bessere Energieeffizienz zu billigerem Konsum und dadurch Mehrverbrauch verleitet (York 2012). Zum anderen kann eine globale digitale Kluft begünstigt werden. Während in Ländern des *Globalen Nordens* KI-gestützte Umweltüberwachung oder smarte Stromnetze zunehmend verbreitet sind, fehlen im *Globalen Süden* häufig die technischen, finanziellen oder politischen Voraussetzungen, um von solchen Innovationen zu profitieren. Es besteht zusätzlich aber auch die Gefahr eines technologischen Solutionismus. Der technologische Solutionismus, das kulturell tief verankerte Vertrauen darauf, dass jede Krise durch neue Technologien gelöst werden könne, verfestigt sich durch Mediennarrative, Marktversprechen und politische Kommunikationsstrategien.[14] Diese Haltung birgt die Gefahr, strukturelle Ursachen ökologischer Krisen zu verharmlosen und notwendige soziale oder politische Transformationen zu verschleppen. Zudem wirft die Digitalisierung ethische Fragen auf, etwa im Bereich KI und Umweltpolitik. Wem gehören die gewaltigen Umwelt- und Verbrauchsdaten? Wie verhindern wir, dass KI-gesteuerte Entscheidungsfindung bestehende Ungerechtigkeiten fortschreibt (z. B. durch Standortwahl von Umweltnutzungen zulasten einkommensschwacher Gemeinden)? Eine kritische Reflexion muss also zweigleisig sein. Technologie kann und wird Teil der Lösung sein, aber nur in Kombination mit verantwortungsvoller Steuerung. Konzepte wie eine *Digital-Ökologie* oder *grüne Digitalisierung* fordern, digitale Innovation gezielt zur Unterstützung von Nachhaltigkeitszielen einzusetzen. Ein Beispiel wäre ein *Digitaler Grüner Deal,* der politische Leitplanken setzt, damit Effizienzgewinne tatsächlich in Ressourcenschonung münden (Santarius et al. 2023). Schließlich hat die Digitalisierung auch kulturelle Auswirkungen. Sie verändert unsere Beziehung zur Natur, wenn virtuelle Erfahrungen die

---

[13] Der *Rebound-Effekt* beschreibt den Umstand, dass Effizienzsteigerungen bei Energie- oder Ressourcennutzung oft zu einem höheren Gesamtverbrauch führen, weil Einsparungen durch vermehrte Nutzung oder Kostenvorteile kompensiert werden (z. B. effizientere Autos, mehr Fahrleistung).

[14] Zur Vertiefung siehe Morozov (2013).

realen ersetzen (Stichwort *Natur-Defizit-Syndrom* bei Kindern, die selten im Freien spielen) oder wenn durch Technik vermittelte Naturerlebnisse neue Formen der Entfremdung oder Verbundenheit schaffen. Insgesamt ist klar, dass die technologische Transformation aktiv so gestaltet werden muss, dass sie zu einem Werkzeug der Nachhaltigkeit wird, statt als weiterer Beschleuniger von Konsum und Naturausbeutung zu dienen.

7.8 Zivilgesellschaftliche Akteure, Bewegungen und Experimentierräume

Ein oft unterschätzter Treiber des Wandels hin zu nachhaltigen Lebensweisen ist die Zivilgesellschaft. Abseits von Staat und Markt entstehen weltweit vielfältige Bewegungen, Initiativen und Experimentierräume, die alternative Formen des Umgangs mit Natur und Wirtschaft erproben. Beispiele reichen von lokalen Commons-Projekten bis zu global vernetzten Klimabewegungen. Ein klassisches Beispiel sind Gemeingüter (Commons), die von Gemeinschaften nach eigenen Regeln verwaltet werden – sei es ein Gemeinschaftswald, eine genossenschaftlich organisierte Weide oder open-source Datenpools. Die Nobelpreisträgerin Elinor Ostrom (1990) konnte zeigen, dass gemeinschaftliche Verwaltung häufig erfolgreich ist, wenn lokale Nutzer klare Zugangsregeln und Sanktionen vereinbaren. Solche lokal angepassten Lösungen stellen einen Gegenentwurf zur Privatisierung oder staatlichen Kontrolle dar und betonen kollektive Verantwortung und direkte Teilhabe. In jüngerer Zeit sind im Zuge der Postwachstumsdiskussion zahlreiche Transition Towns, Repair-Cafés, Solidarische Landwirtschaften und Permakultur-Projekte entstanden, in denen Mitwirkende nachhaltige Praktiken im Kleinen vorleben.[15] Diese Experimentierräume fungieren als Reallabore für eine Kultur jenseits von Konsumzwang und Naturausbeutung. Auch soziale Bewegungen spielen eine wichtige Rolle. Die *Degrowth*-Bewegung zum Beispiel ist nicht nur ein akademisches Konzept, sondern eine vernehmbare Stimme im gesellschaftlichen Dialog, auf der Straße und in sozialen Medien (Demaria et al. 2013). Weltweite Klimaproteste wie *Fridays for Future* oder *Extinction Rebellion* haben Umweltanliegen mit neuer Dringlichkeit ins öffentliche Bewusstsein gerückt und politischen Druck erzeugt.[16] Sie fordern nicht nur technische Klimapolitik, sondern einen Wandel der Werte, etwa Klimagerechtigkeit, demzufolge

---

[15] Siehe u. a. Luukkonen und van den Broek (2024), sowie Connors und McDonald (2010), Grossmann und Creamer (2016), Reiff et al. (2024).

[16] Klimaprotestbewegungen wie *Fridays for Future* oder *Extinction Rebellion* haben Umweltanliegen mit neuer Dringlichkeit in das öffentliche Bewusstsein gerückt und politischen Handlungsdruck erzeugt. Zugleich wird kontrovers diskutiert, ob konfrontative oder disruptive Aktionsformen die gesellschaftliche Anschlussfähigkeit fördern oder eher polarisieren. Einige Studien argumentieren, dass diese Debatten oft an den eigentlichen Zielen vorbeiführen, indem sie moralische Legitimität mit strategischer Effektivität verwechseln (Young und Thomas-Walters 2024). Darüber hinaus zeigen kulturhistorische Analysen, dass Protestformen stets im Spannungsfeld von Symbolik, Öffentlichkeit und politischer Wirksamkeit stehen (Fahlenbrach et al. 2016).

reiche Länder mehr Verantwortung tragen sollen. Zivilgesellschaftliche Akteure dienen oft als Gewissen der Gesellschaft und Innovationsinkubatoren. Sie experimentieren mit postkapitalistischen Lebensweisen, sei es durch Tauschhandel, Regionalwährungen oder minimalistische Lebensstile, lange bevor solche Ideen mainstreamfähig sind. Daneben gibt es eine zunehmende Zahl von Städten und Gemeinden, die als Transitionsinitiative agieren oder lokale Nachhaltigkeitsstrategien partizipativ entwickeln, was bürgerschaftliches Engagement institutionell verankert (Hopkins et al. 2020). Insgesamt erweitert der Blick auf die Zivilgesellschaft das Bild von Natur als Kapital um die Dimension Mensch als Gestalter. Gesellschaftlicher Wandel wird hier bottom-up gedacht. Nicht nur staatliche Regeln oder marktwirtschaftliche Preise schützen die Natur, sondern kultureller Wandel, Eigeninitiative und Gemeinschaftsgeist. Allerdings stehen solche Graswurzel-Innovationen oft im Spannungsfeld mit bestehenden Strukturen. Sie können von Nischen zu breiter gesellschaftlicher Relevanz wachsen, stoßen aber auch an Grenzen, wenn übergeordnete Politik und Ökonomie entgegenwirken. Eine umfassende Transformation wird daher ein Zusammenwirken benötigen, engagierte Mitwirkende, progressive Unternehmen, unterstützende Politik. Die Zivilgesellschaft behält dabei die Rolle eines Motors des Wandels, der visionäre Ideen einbringt und oft als Erster tut, was später selbstverständlich sein sollte.

7.9 Degrowth-Ansätze im Vergleich zur Naturkapital-Perspektive: Kohei Saitos „Systemsturz"

Ein besonderes Spannungsfeld ergibt sich im Vergleich zwischen der im Buch vertretenen Perspektive, Natur durch die Linse des Kapitals aufzuwerten, und den *Degrowth*-Ansätzen, welche das gesamte Wachstums- und Kapitalparadigma fundamental infrage stellen. Die *Degrowth*-Bewegung (auch Postwachstum genannt) argumentiert, dass ökologisch nachhaltiges und global gerechtes Wirtschaften nur möglich ist, wenn die Wachstumslogik bewusst durchbrochen wird (Kallis 2018). Statt grünes Wachstum oder Naturkapital-Accounting anzustreben, fordert *Degrowth* eine Schrumpfung des Ressourcen- und Energieverbrauchs in den überkonsumierenden Ländern, gekoppelt mit neuen Formen des Gemeineigentums, der Verteilungsgerechtigkeit und Demokratiefindung in der Wirtschaft. In jüngster Zeit hat der japanische Philosoph Kohei Saito mit seinem Bestseller *Systemsturz: Der Sieg der Natur über den Kapitalismus*[17] dieser Debatte neue Nahrung erneut genährt (Saito 2023). Saito, der aus marxistischer Perspektive auf die Klimakrise blickt, plädiert für nichts weniger als einen Zusammenbruch des kapitalistischen Systems, bevor die Natur vollends kollabiert. Er spricht von einer Art *Degrowth-Kommunismus,* in dem Produktion und Konsum demokratisch geplant und radikal auf das Nötige reduziert werden, um innerhalb der planetaren Grenzen zu bleiben

[17] Kohei Saito (2023) fordert in *Systemsturz* eine ökologische Transformation des Kapitalismus, orientiert an Marx und wachstumskritischen Theorien.

(Saito 2023). Im Gegensatz zur *Naturkapital-Perspektive,* die versucht, Umweltaspekte *in* das bestehende System zu integrieren (etwa durch Bepreisung von CO_2, Ökosystemdienstleistungen oder grüne Investitionen), fordert Saito eine Überwindung des Systems selbst, da dieses auf endlosem Wachstum, Ausbeutung und Profitmaximierung beruhe, also auf einem Widerspruch zu endlichen Ressourcen. Diese radikale Position löst kontroverse Diskussionen aus. Befürworter argumentieren, dass alle andersartigen Bemühungen bisher nicht ausgereicht haben, um den ökologischen Fußabdruck drastisch zu senken; vielmehr steuere der grün angestrichene Kapitalismus weiterhin auf Katastrophen zu, nur etwas langsamer. Aus Degrowth-Sicht bleibt auch das *Naturkapital-Konzept* im Rahmen des problematischen ökonomischen Mainstreams. Es kommodifiziert die Natur weiter und könnte die Illusion erzeugen, man könne die Natur retten, ohne Konsum und Machtstrukturen anzutasten (Büscher und Fletcher 2020). Die im Buch vertretene Perspektive würde demnach als zu *reformistisch* kritisiert, sie suche Lösungen innerhalb des Systems, während Degrowth einen Systemwechsel verlangt. Andererseits entgegnen Kritiker der Degrowth-Schule, dass ein abruptes Ende des Kapitalismus oder ein geordnetes Schrumpfen utopisch und potenziell gefährlich sei. Wie sollen komplexe Gesellschaften ohne Wachstum funktionieren, ohne in Chaos oder autoritäre Planwirtschaft zu verfallen? Auch internationale Institutionen äußern Vorbehalte. So betont etwa die OECD (2019), dass ein abrupter Rückgang des Ressourcen- und Energieverbrauchs, ohne gleichzeitige soziale und wirtschaftspolitische Flankierung, erhebliche Risiken für Beschäftigung, soziale Sicherheitssysteme und politische Stabilität mit sich bringen könnte. Sie plädiert deshalb für einen mehrdimensionalen Wandel, der neue Wohlstandsindikatoren einführt, aber gleichzeitig für sozialen Ausgleich und Übergangspfad-Sicherheit sorgt.

Hier setzt die Perspektive von *Natur als Kapital* anders an. Sie versucht, pragmatische Wege zu finden, um das bestehende System nachhaltiger zu machen, z. B. durch Internalisierung externer Umweltkosten, neue Wohlstandsindikatoren und Innovationsförderung für grüne Technologien. In dieser Sicht müssen radikale Forderungen wie Saitos zwar ernst genommen werden als Mahnung, doch die Umsetzung verlangt breiten gesellschaftlichen Konsens und schrittweise Transformation. Möglicherweise liegt die Wahrheit in einem Spannungsbogen beider Ansätze. Die *Degrowth*-Perspektive liefert wichtige Orientierungspunkte (wie Suffizienz, globale Gerechtigkeit, Gemeineigentum), während die *Naturkapital-Perspektive* Hebel innerhalb heutiger Institutionen bietet (wie CO_2-Bepreisung, Nachhaltigkeitsbilanzen, Naturschutzinvestitionen). Ein *Weiter-wie-bisher* ist in jedem Fall unmöglich – aber ob die Veränderung evolutionär oder revolutionär ausfallen muss, bleibt Gegenstand der Reflexion. Kohei Saitos[18] Thesen provozieren hier ein notwendiges Nachdenken darüber, wie tiefgreifend der Wandel sein muss. Systemanpassung

---

[18] Kohei Saito (2023) argumentiert in *Systemsturz,* dass die ökologische Krise nicht durch grünes Wachstum oder technologischen Wandel im bestehenden Kapitalismus gelöst werden kann. Stattdessen fordert er eine demokratisch-sozialistische Postwachstumsökonomie, die auf kollektiver Bedürfnisbefriedigung, Arbeitszeitverkürzung und Entkommodifizierung beruht. Seine marxistisch inspirierte Kritik unterscheidet sich von anderen Degrowth-Konzepten, etwa bei Serge Latouche,

oder Systemsturz?[19] Die Auseinandersetzung mit Degrowth verdeutlicht abschließend, dass Nachhaltigkeit nicht nur technische Effizienz oder bessere Bepreisung bedeutet, sondern eventuell ein neues Gesellschaftsmodell erfordert. Dieser Diskurs sollte nicht als Widerspruch, sondern als kreative Spannung begriffen werden, in der verschiedene Lager voneinander lernen und gemeinsam nach dem besten Pfad in eine post-fossile, faire Zukunft suchen.

7.10 Verantwortung, Zukunft: Erweiterte Perspektiven für einen transformativen Wandel

Die vorangegangenen Abschnitte haben gezeigt, dass das Verhältnis von Natur, Gesellschaft und Ökonomie weit über eine rein ökologische oder ökonomische Debatte hinausgeht. Ob es um globale Machtasymmetrien (Abschn. 7.1), indigene Naturverständnisse (Abschn. 7.2), spirituelle Bedeutungen (Abschn. 7.3), digitale Technologien (Abschn. 7.7) oder die Kontroverse um Degrowth (Abschn. 7.9) geht, in allen Fällen wird deutlich, dass die Art und Weise, wie wir Natur denken, bewerten und verwalten, strukturell in unsere Institutionen, Erzählungen und Steuerungsmechanismen eingeschrieben ist.

Über die genannten Punkte hinaus gibt es zahlreiche weitere Facetten im Spannungsfeld von Natur, Wirtschaft, Gesellschaft und Verantwortung, die eine Erwähnung verdienen. Ein Aspekt ist die intergenerationelle Gerechtigkeit, d. h. Nachhaltigkeit bedeutet Verantwortung nicht nur räumlich, sondern auch zeitlich. Die heute Lebende tragen eine moralische Pflicht gegenüber zukünftigen Generationen. Philosoph Hans Jonas formulierte dies als Prinzip der Verantwortung, das in der technologischen Zivilisation verlangt, die Folgen unseres Handelns auf das Fortbestehen echten menschlichen Lebens auf Erden stets mitzudenken (Jonas 1979). Diese Ethik gebietet, Vorsorge zu treffen *(precautionary principle)* und Risiken wie Klimawandel oder Biodiversitätsverlust ernst zu nehmen, bevor sie irreversibel die Lebensgrundlagen künftiger Menschen und nicht-menschlicher Wesen zerstören. Eng verwandt damit ist das Thema Umwelt- und Klimagerechtigkeit. Es sind häufig sozial oder global benachteiligte Gruppen, die die Hauptlast von Umweltzerstörung und Klimawandeln tragen – seien es Küstenbewohner, die ihre Heimat durch den Meeresspiegelanstieg verlieren, oder einkommensschwache

der stärker kulturkritisch argumentiert, oder Giorgos Kallis, der Degrowth als geplanten Rückbau ökonomischer Aktivitäten zur Wahrung planetarer Grenzen versteht.

[19] Die Autoren dieses Buches vertreten jedoch einen anderen Ansatz. Sie sehen einen evolutionären Transformationsansatz als geboten. Sie zielen auf eine Integration ökologischer Grenzen in bestehende marktwirtschaftliche Institutionen, etwa durch reformierte Steuerungsinstrumente, naturbasierte Bilanzierungslogiken (wie SEEA oder AESA) und eine Neudefinition von Natur als normativ-analytisches Kapital ab. Im Unterschied zu Saitos Systemkritik versteht sich dieses Buch als Beitrag zur ökologischen Erneuerung ökonomischer Rationalität innerhalb demokratisch legitimierter Rahmen.

Gemeinden, die in der Nähe von giftigen Deponien wohnen (Bullard 1990). Eine ganzheitliche Reflexion muss daher auch Verteilungsfragen und Empowerment ansprechen. Umweltpolitik braucht so eine Gerechtigkeitsdimension, die Beteiligung und Schutz vulnerabler Gruppen sicherstellt. Ein weiterer Gesichtspunkt ist die Bildung und Wissensvermittlung. Ohne ein grundlegendes Verständnis ökologischer Zusammenhänge und planetarer Grenzen in der breiten Bevölkerung wird ein Kulturwandel schwer erreichbar sein. *Bildung für nachhaltige Entwicklung (BNE)*[20] versucht, entsprechendes Wissen und Werte zu vermitteln, von Schulen über Universitäten bis zur Erwachsenenbildung. Doch nicht nur rationales Wissen, auch ästhetische Bildung (z. B. Naturerfahrung, Kunst) kann Empathie und Wertschätzung für die Natur fördern. Schließlich ist darauf hinzuweisen, dass die Verantwortung für Nachhaltigkeit geteilt ist. Sie liegt bei Regierungen und Unternehmen, aber ebenso bei jedem Einzelnen und der Zivilgesellschaft als Ganzes. Die oftmals beschworene neue Kultur der Verantwortung (siehe dazu auch Suchanek 2007) erfordert ein Verständnis dafür, dass individuelle Konsumentscheidungen, berufliches Handeln und politisches Engagement ineinandergreifen. Es bedarf einer Verantwortungsethik, die sowohl im Kleinen (Alltag, Konsum, Lebensstil) als auch im Großen (Institutionen, internationale Kooperation) wirksam wird. Dazu zählen neue Formen der Governance, in denen Bürger direkt partizipieren können, etwa Bürgerräte für Klimapolitik, oder partizipative Budgetentscheidungen mit Nachhaltigkeitsfokus (Elkington 2018).

Im Ausblick zeigt all dies, dass die Betrachtung von *Natur als Kapital* nur ein Puzzleteil in einem viel größeren Bild ist. Wirtschaftliche Bewertung allein wird nicht ausreichen, um die komplexen ökologischen Krisen zu bewältigen, es braucht einen kulturellen und institutionellen Wandel auf breiter Front. Globale Machtstrukturen, indigene Perspektiven, immaterielle Werte, Psychologie, Ethik, Recht, Technik, zivilgesellschaftliche Innovation und Visionen jenseits des Wachstumspfads, all diese Elemente müssen in einen gesellschaftlichen Dialog eingebracht werden. Der notwendige Paradigmenwechsel, den dieses Buch fordert, gewinnt so weitere Konturen. Er bedeutet eine Neuverhandlung des Mensch-Natur-Verhältnisses auf allen Ebenen. Das erweiterte Spektrum an Perspektiven mahnt zur Bescheidenheit und zugleich zur Ganzheitlichkeit. *Bescheidenheit* dahingehend, dass wir anerkennen, wie viele Sichtweisen und Wissensformen (etwa indigene Weisheit oder spirituelle Bindungen) lange marginalisiert wurden und nun Gehör finden müssen. *Ganzheitlichkeit* dahingehend, dass echte Nachhaltigkeit mehr erfordert als das Drehen an einzelnen Stellschrauben, nämlich einen transformativen Wandel, der unsere Vorstellungen von Fortschritt, Wohlstand und Lebenssinn einbezieht.

---

[20] *Bildung für nachhaltige Entwicklung (BNE)* ist ein pädagogisches Konzept, das Menschen dazu befähigen soll, die Auswirkungen des eigenen Handelns auf die Welt zu verstehen und verantwortungsvolle Entscheidungen für eine ökologisch, ökonomisch und sozial nachhaltige Entwicklung zu treffen. Sie zielt darauf ab, Gestaltungskompetenz zu fördern, globale Zusammenhänge zu erkennen und aktiv an einer zukunftsfähigen Gesellschaft mitzuwirken (BNE-Portal 2024; UNESCO 2020).

Eine zentrale Erkenntnis dieser Reflexion ist: Natur ist mehr als Kapital. Natur ist Lebensgrundlage, Mitwelt, Kultur, Erbe und Mitgeschöpf. Die Aufgabe unserer Generation besteht darin, Formen des Zusammenlebens und des Wirtschaftens zu entwickeln, die dieser Erkenntnis gerecht werden. Dabei können die unterschiedlichen hier diskutierten Perspektiven als Kompass dienen, sie markieren wichtige Richtungen, in die wir denken und handeln sollten. Die Herausforderung besteht nun darin, aus diesen vielfältigen Ansätzen konkrete politische Maßnahmen, Institutionen und Alltagspraktiken zu formen, die einen zukunftsfähigen Pfad ergeben. Hier trifft Verantwortung auf Kreativität. Wir tragen Verantwortung, die natürlichen Lebensgrundlagen zu bewahren, aber wir haben auch die kreative Freiheit, neue Wege zu beschreiten, wie dies gelingen kann. Diese erweiterte Sichtweise entlässt uns nicht aus der Pflicht, im Gegenteil, sie macht deutlich, dass jede und jeder gefragt ist, und dass Wissen, Werte und Handeln zusammenfließen müssen. Im Sinne eines abschließenden Gedankens. Die Natur braucht nicht uns, aber wir brauchen die Natur, nicht nur als Kapital, sondern als kulturelle und lebendige Mitwelt. Eine Gesellschaft, die dies beherzigt, wird anders leben, anders wirtschaften und anders Verantwortung übernehmen als die heutige. Diese Reflexion ist eine Einladung, diesen Weg weiterzudenken und mutig zu beschreiten.

Vor diesem Hintergrund ist *Natur als Kapital* nicht als simplifizierende Ökonomisierung der Natur zu verstehen, sondern als reflexives Konzept, das ökonomische Steuerungslogiken im Dienste ökologischer Verantwortung weiterentwickelt. Es macht systemische Abhängigkeiten sichtbar, operationalisiert Verantwortung und schafft zugleich Raum für eine Neuausrichtung von Wert, Wohlstand und politischer Entscheidungsfindung.

Die Vielfalt der in Kap. 7 dargestellten Perspektiven zeigt, dass ein rein ökonomisches Verständnis von Natur als Kapital zu kurz greift. Die notwendige Transformation muss nicht nur Unternehmen, sondern auch gesellschaftliche Narrative und Institutionen erfassen. Kap. 8 bündelt daher die zentralen Erkenntnisse dieses Buches und formuliert die Konturen eines Paradigmenwechsels, der Natur als Grundlage gesellschaftlicher Stabilität und ökonomischer Zukunftsfähigkeit begreift.

Literatur

Acosta, A. (2015). *Buen Vivir: Vom Recht auf ein gutes Leben.* München: oekom.

Alley, K. D. (2002). *On the banks of the Ganga: When wastewater meets a sacred river.* University of Michigan Press.

BNE-Portal. (2024). *Was ist BNE?* Bundesministerium für Bildung und Forschung. https://www.bne-portal.de/bne/de/einstieg/was-ist-bne/was-ist-bne_node.html (Zugriff am 18. Mai 2025).

Boyd, D. R. (2012). The constitutional right to a healthy environment. *Environment: Science and Policy for Sustainable Development, 54*(4), 3–15. https://doi.org/10.1080/00139157.2012.691392 (Zugegriffen am 21. April 2025).

Brand, U., & Wissen, M. (2017). *Imperiale Lebensweise: Zur Ausbeutung von Mensch und Natur im globalen Kapitalismus.* München: oekom.

Bullard, R. D. (1990). *Dumping in Dixie: Race, class, and environmental quality*. Boulder, CO: Westview Press.

Büscher, B., & Fletcher, R. (2020). *The conservation revolution: Radical ideas for saving nature beyond the Anthropocene*. London: Verso.

Chan, K.M.A et al. (2016). Why protect nature? Rethinking values and the environment, Proc. Natl. Acad. Sci. U.S.A. 113 (6) 1462–1465, https://doi.org/10.1073/pnas.1525002113.

Chancel, L. (2022). Global carbon inequality over 1990–2019. *Nature Sustainability, 5*, 931–938. https://doi.org/10.1038/s41893-022-00955-z (Zugegriffen am 21. April 2025).

Chapron, G., Epstein, Y., & López-Bao, J. V. (2019). A rights revolution for nature. *Science*, 363(6434), 1392–1393. https://doi.org/10.1126/science.aav5601 (Zugegriffen am 21. April 2025).

Connors, P., & McDonald, P. (2010). Transitioning communities: Community, participation and the Transition Town movement. *Community Development Journal, 45*(2). https://doi.org/10.1093/cdj/bsq014 (Zugegriffen am 21. April 2025).

Demaria, F., Schneider, F., Sekulova, F., & Martinez-Alier, J. (2013). What is degrowth? From an activist slogan to a social movement. *Environmental Values, 22*(2), 191–215. https://doi.org/10.2307/23460978 (Zugegriffen am 21. April 2025).

Descola, P. (2013). *Beyond nature and culture* (J. Lloyd, Trans.). Chicago: University of Chicago Press.

Devall, B., & Sessions, G. (1985). Deep ecology: Living as if nature mattered. Salt Lake City, UT: Peregrine Smith.

Elkington, J. (2018). *Green swans: The coming boom in regenerative capitalism*. London: Fast Company Press.

Fahlenbrach, K., Klimke, M., & Scharloth, J. (Eds.). (2016). *Protest cultures: A companion* (1st ed.). Berghahn Books. https://doi.org/10.2307/j.ctvgs0b1r (Zugriff am 18. Mai 2025).

Franziskus. (2015). *Laudato si': Über die Sorge für das gemeinsame Haus. Enzyklika*. https://www.vatican.va/content/francesco/de/encyclicals/documents/papa-francesco_20150524_enciclica-laudato-si.html (Zugegriffen am 10. Mai 2025).

Gifford, R. (2011). The dragons of inaction: Psychological barriers that limit climate change mitigation and adaptation. American Psychologist, 66(4), 290–302.

Grossmann, M., & Creamer, E. (2016). Assessing diversity and inclusivity within the Transition movement: An urban case study. *Environmental Politics*. https://doi.org/10.1080/09644016.2016.1232522 (Zugegriffen am 21. April 2025).

Gupta, J., Ros-Tonen, M. A. F., & Pouw, N. A. M. (2015). Towards an elaborated theory of inclusive development. *European Journal of Development Research, 27*(4), 541–559. https://doi.org/10.1057/ejdr.2015.30 (Zugegriffen am 21. April 2025)

Halliday, T. (2022). *Urwelten: Eine Reise in die verlorene Welt der Erdgeschichte*. München: C. Bertelsmann.

Hansen, M. C. et al. (2013). High-resolution global maps of 21st-century forest cover change. *Science, 342*(6160), 850–853.

Heinrich-Böll-Stiftung. (2025, 24. Januar). *Sieben Punkte zu den Rechten der Natur*. https://www.boell.de/de/2025/01/24/sieben-punkte-zu-den-rechten-der-natur (Zugegriffen am 21. April 2025).

Hopkins, D., et al. (2020). Not more but different: A comment on the transitions research agenda. *Environmental Innovation and Societal Transitions, 34*, 4–6. https://doi.org/10.1016/j.eist.2019.11.008 (Zugegriffen am 21. April 2025).

IPBES. (2019). *Global assessment report on biodiversity and ecosystem services*. https://ipbes.net/global-assessment (Zugegriffen am 10. Mai 2025).

IPCC. (2022). *Climate change 2022: Mitigation of climate change. Contribution of Working Group III to the Sixth Assessment Report of the Intergovernmental Panel on Climate Change.* https://www.ipcc.ch/report/ar6/wg3/ (Zugegriffen am 21. April 2025).

Jackson, T. (2017). *Prosperity without growth: Foundations for the economy of tomorrow* (2nd ed.). Abingdon: Routledge.

Jonas, H. (1979). *Das Prinzip Verantwortung: Versuch einer Ethik für die technologische Zivilisation.* Frankfurt am Main: Suhrkamp.

Kallis, G. (2018). *Degrowth.* Newcastle upon Tyne: Agenda Publishing.

Kauffman, C. M., & Martin, P. L. (2017). *The politics of rights of nature: Strategies for building a more sustainable future.* Cambridge, MA: MIT Press.

Kasser, T. (2002). *The high price of materialism.* MIT Press.

Kollmuss, A., & Agyeman, J. (2002). Mind the gap: Why do people act environmentally and what are the barriers to pro-environmental behavior? *Environmental Education Research, 8*(3), 239–260. https://doi.org/10.1080/13504620220145401 (Zugegriffen am 10. Mai 2025).

Leopold, A. (1949). *A Sand County Almanac.* New York: Oxford University Press.

Luukkonen, R., & van den Broek, K. L. (2024). Exploring the drivers behind visiting repair cafés: Insights from mental models. *Cleaner Production Letters, 7*, 100070. https://doi.org/10.1016/j.clpl.2024.100070 (Zugegriffen am 21. April 2025).

Millennium Ecosystem Assessment. (2005). *Ecosystems and human well-being: Synthesis.* Island Press. https://www.millenniumassessment.org/documents/document.358.aspx.pdf?utm_source=chatgpt.com (Zugegriffen am 20. April 2025).

Morozov, E. (2013). *To save everything, click here: The folly of technological solutionism.* PublicAffairs.

Müller, M. H.-P. (2023). A renaissance of the cultural invariant. *Global Policy Journal.* https://www.globalpolicyjournal.com/blog/22/05/2023/renaissance-cultural-invariant (Zugegriffen am 10. Mai 2025).

Naess, A. (1973). The shallow and the deep, long-range ecology movement. A summary. Inquiry, 16(1–4), 95–100. https://doi.org/10.1080/00201747308601682.

Norgaard, K. M. (2011). *Living in denial: Climate change, emotions, and everyday life.* Cambridge, MA: MIT Press.

OECD. (2019). *Beyond growth: Towards a new economic approach.* OECD Publishing. https://www.oecd.org/naec/averting-systemic-collapse (Zugegriffen am 10. Mai 2025).

Ostrom, E. (1990). *Governing the commons: The evolution of institutions for collective action.* Cambridge: Cambridge University Press.

Oxfam. (2020). *Confronting carbon inequality: Putting climate justice at the heart of the COVID-19 recovery.* Oxfam International.

Reiff, J., et al. (2024). Permaculture enhances carbon stocks, soil quality and biodiversity in Central Europe. *Communications Earth & Environment, 5*, 305. https://doi.org/10.1038/s43247-024-014 05-8 (Zugegriffen am 21. April 2025).

Rose, D. B. (1996). *Nourishing Terrains: Australian Aboriginal Views of Landscape and Wilderness.* Canberra: Australian Heritage Commission

Santarius, T., Lange, S., Hofmann, J., & Wenzlaff, F. (2023). Digitalization and sustainability: A call for a digital green deal. *Environmental Science & Policy, 147*, 11–14. https://doi.org/10.1016/j.envsci.2023.04.020 (Zugegriffen am 21. April 2025).

Saito, K. (2023). *Systemsturz: Der Sieg der Natur über den Kapitalismus.* München: dtv.

Spash, C. L. (2015). Bulldozing biodiversity: The economics of offsets and trading-in Nature. *Biological Conservation, 192*, 541–551. https://www.researchgate.net/publication/283040790_Bulldozing_biodiversity_The_economics_of_offsets_and_trading-in_Nature (Zugegriffen am 21. April 2025).

Stoknes, P. E. (2015). *What we think about when we try not to think about global warming: Toward a new psychology of climate action.* White River Junction, VT: Chelsea Green.

Stone, C. D. (1972). Should trees have standing? – Toward legal rights for natural objects. *Southern California Law Review, 45*(2), 450–487.

Suchanek, A. (2007). *Ökonomische Ethik.* Tübingen: Mohr Siebeck.

Taylor, B. (2010). *Dark Green Religion: Nature Spirituality and the Planetary Future.* Berkeley: University of California Press.

UNESCO. (2020). *Education for Sustainable Development: A roadmap.* https://unesdoc.unesco.org/ark:/48223/pf0000374802 (Zugriff am 18. Mai 2025).

UNESCO. (2023). *Uluru-Kata Tjuta National Park.* https://whc.unesco.org/en/list/447/ (Zugegriffen am 10. Mai 2025).

Vinuesa, R., Azizpour, H., Leite, I., Balaam, M., Dignum, V., Domisch, S., ... & Fuso Nerini, F. (2020). The role of artificial intelligence in achieving the Sustainable Development Goals. *Nature Communications, 11*, 233. https://www.nature.com/articles/s41467-019-14108-y (Zugegriffen am 21. April 2025).

von Brück, M. (2020). *Ökologisches Manifest: Für das Leben auf dem Planeten Erde.* Freiburg: Herder.

Whyte, K. (2018). What do indigenous knowledges do for indigenous peoples? *Forestry Chronicle, 94*(3), 326–327. https://papers.ssrn.com/sol3/papers.cfm?abstract_id=2612715 (Zugegriffen am 21. April 2025).

Wierucka, A. (2016). *Tjukurpa – The Concept of Law in Pitjantjatjara Culture.* In: *Studia Religiologica*, 49(3), 193–202. https://papers.ssrn.com/sol3/papers.cfm?abstract_id=3377054 (Zugegriffen am 18. Mai 2025).

Wilson, E. O. (1984). *Biophilia.* Cambridge, MA: Harvard University Press.

World Resources Institute. (2024). *Global Forest Watch.* https://www.globalforestwatch.org (Zugriff am 18. Mai 2025).

York, R. (2012). Do alternative energy sources displace fossil fuels? *Nature Climate Change, 2*(6), 441–443.

Young, K. A., & Thomas-Walters, L. (2024). What the climate movement's debate about disruption gets wrong. *Humanities and Social Sciences Communications, 11*, Article 25. https://doi.org/10.1057/s41599-023-02507-y (Zugriff am 18. Mai 2025).

Fazit: Ein notwendiger Paradigmenwechsel 8

Die in diesem Buch entwickelten Perspektiven kulminieren in einer fundamentalen Einsicht. Die ökologischen, sozialen und ökonomischen Krisen unserer Zeit lassen sich nicht mit jenen Denk- und Handlungsmustern bewältigen, die sie hervorgebracht haben. Es bedarf eines tiefgreifenden Wandels, eines Paradigmenwechsels, der unser Selbstverständnis ebenso betrifft wie die Art, wie wir wirtschaften, entscheiden und Verantwortung übernehmen. Die Vorstellung, dass Natur lediglich Ressource oder externes Beiwerk wirtschaftlicher Prozesse sei, ist nicht nur überholt, sondern gefährlich. Wenn wir Natur ernsthaft als Grundlage unseres Wohlstands begreifen, dann müssen wir auch unsere Vorstellungen von Kapital, Wachstum und Wert grundsätzlich hinterfragen.

Dies macht deutlich, dass wir Natur nicht nur als stillschweigend verfügbare Ressource betrachten dürfen. Vielmehr müssen wir verstehen, dass natürliche Grundlagen gemeinschaftliche Verantwortung erfordern. Es geht weniger um Besitzfragen im klassischen Sinn als darum, nachhaltige Formen der Nutzung und Pflege zu entwickeln. Die zentrale Herausforderung besteht darin, neue Formen kollektiver Verantwortung zu etablieren. Wie können wir die Nutzung natürlicher Ressourcen so gestalten, dass sie den planetaren Belastungsgrenzen entspricht? Wie können Schutz und Nutzung miteinander in Einklang gebracht werden, sodass die natürlichen Lebensgrundlagen auch für kommende Generationen erhalten bleiben? Die Antwort darauf liegt nicht in der Zuteilung exklusiver Eigentumsrechte, sondern in der Gestaltung gerechter, resilienter und zukunftsfähiger Ordnungen der gemeinsamen Nutzung und Bewahrung.

Unternehmen kommt dabei eine zentrale Rolle zu, nicht als alleinige Akteure, sondern als einflussreiche Teile eines größeren Gefüges. Eine zukunftsfähige Gesellschaft entsteht nur im Zusammenspiel von Wirtschaft, Politik, Wissenschaft, Bildung und

M. H. Müller und A. K. Meyer, *Natur als Kapital: Evolution oder Revolution?*, Ökonomien und Gesellschaften im Wandel,
https://doi.org/10.1007/978-3-658-49415-5_8

Zivilgesellschaft. Es braucht eine neue Kultur der Verantwortung, die individuelles Handeln mit systemischen Rahmenbedingungen verknüpft, durch Regeln, Anreize und Strukturen, die verantwortungsvolles Handeln nicht nur ermöglichen, sondern belohnen. Die ökonomische Ethik, wie sie Andreas Suchanek (2007) formuliert hat, bietet hierfür einen fruchtbaren Ansatz. Sie fragt danach, wie moralisches Verhalten auch unter Wettbewerbsbedingungen wirksam werden kann.

Der notwendige Wandel betrifft auch die Grundlagen unseres ökonomischen Denkens. Die einseitige Orientierung am *Bruttoinlandsprodukt* blendet zentrale Aspekte des menschlichen und ökologischen Wohlergehens aus. Es misst Aktivität, nicht aber Nachhaltigkeit. Es zählt, was Preise hat, nicht, was Wert besitzt. In der Folge geraten Pflegearbeit, Biodiversität, soziale Stabilität oder kulturelle Kontinuität aus dem Blick. Ein zukunftsorientiertes Wirtschaften muss deshalb Regeneration und qualitative Entwicklung über quantitatives Wachstum stellen, Resilienz über Effizienz, Suffizienz über Konsumismus.

Dabei wird es zunehmend notwendig, naturbezogene Informationen in wirtschaftliche Entscheidungsprozesse zu integrieren, sei es durch die Bewertung ökologischer Risiken, durch neue Formen der Berichterstattung oder durch die Berücksichtigung von Wiederherstellungskosten. Erste Ansätze zur Integration von Umweltwirkungen in unternehmerische Steuerungssysteme liegen vor. Doch klar ist. Wir stehen hier noch am Anfang. Die Umsetzung ist komplex, die Datenlage oft begrenzt, das methodische Rüstzeug nicht vollständig etabliert. Was zählt, ist die Richtung, hin zu einem wirtschaftlichen Denken, das nicht mehr blind ist für seine natürlichen Voraussetzungen.

Wie Adams und Larrinaga (2019) betonen, erfordert der Mangel an nachhaltiger Entwicklung nicht nur inkrementelle Anpassungen, sondern strukturelle Veränderungen. Dieses Buch versteht sich als Beitrag zu einer solchen Umorientierung. Es plädiert für ein neues Verständnis ökonomischer Verantwortung, eines, dass die langfristige Tragfähigkeit unternehmerischen Handelns in den Mittelpunkt stellt. Denn nur wenn wirtschaftliches Handeln die planetaren Grenzen respektiert, kann es auch dauerhaft Wert schaffen.

Unser Ansatz versteht Natur im weitesten Sinne als Gemeingut, nicht als Ware, die beliebig gehandelt wird, sondern als essentielle Grundlage, die in ihrer Diverstität und Widerstandsfähigkeit erhalten bleiben muss. Die Idee, *Natur als Kapital* zu denken, ist folglich kein Aufruf zur schlichten Monetarisierung der Natur und ihrer Leistungen, sondern ein Versuch, die systemische Bedeutung ökologischer Grundlagen im wirtschaftlichen, politischen und gesellschaftlichen Diskurs sichtbar und anschlussfähig zu machen. Schon Aristoteles, Adam Smith, Thoreau und Humboldt beschrieben die tiefe Verflechtung zwischen Mensch und Natur. Doch mit der *Great Acceleration* seit der Mitte des 20. Jahrhunderts hat sich dieses Verhältnis dramatisch verändert, mit teils irreversiblen Folgen für die Stabilität des *Erdsystems.*

Daraus erwächst für die heutige Geselleschaft eine ethische Verantwortung gegenüber der Zukunft. Und hier kann ein Perspektivwechsel hilfreich sein, das Denken im Futur II. Nicht: *„Was sollen wir tun?“*, sondern: *„Was werden wir getan haben müssen?“*, um mit moralischer Integrität auf das 21. Jahrhundert zurückblicken zu können. Diese Denkweise zwingt uns, die Gegenwart mit den Augen der Zukunft zu sehen. Wenn wir uns vorstellen, im Jahr 2050 oder 2100 auf unsere heutigen Entscheidungen zurückzublicken, stellt sich nicht mehr die Frage, ob wir handeln sollten, sondern ob wir es getan haben werden.

Doch dieser Blick in die Zukunft ist keine rein rationale Übung, denn er fordert unsere Vorstellungskraft heraus. Es braucht Visionen, keine technokratischen Blaupausen, sondern gesellschaftliche Zukunftsbilder, Utopien, die zum Handeln inspirieren. Die Fähigkeit, sich eine andere Welt vorzustellen, die gerechter, solidarischer, und naturverbundener ist, ist nicht minder bedeutsam als wirtschaftliche Effektivität oder institutionelle Innovation. Ohne Imagination gibt es keinen Wandel und ohne die Kraft des Möglichen bleibt das Notwendige unerreichbar.

Gleichzeitig dürfen wir die sozialen Voraussetzungen dieses Wandels nicht aus dem Blick verlieren. Wie Hannah Arendt (2018) in ihrem Werk *Die Freiheit, frei zu sein* betont, ist Freiheit keine Selbstverständlichkeit, denn Freiheit setzt Bedingungen voraus. Menschen müssen es sich somit leisten können, frei zu sein. Diese Einsicht ist entscheidend. Wer im täglichen Überlebenskampf gefangen ist, hat kaum die Möglichkeit, über Nachhaltigkeit, ökologische Verantwortung oder alternative Lebensstile nachzudenken. Die Fähigkeit, bewusst zu handeln und Veränderungen anzustoßen, setzt materielle Sicherheit, Bildung, soziale Teilhabe und freie Zeit voraus.

Wenn wir also von einer Transformation hin zu einer naturkonformen Ökonomie sprechen, müssen wir zugleich die Voraussetzungen dafür schaffen, neue Bedingungen, die es möglichst vielen Menschen überhaupt erst ermöglichen, sich einzubringen und mitzuwirken. Die Ökonomie ist, so gesehen, nicht die Ursache gesellschaftlicher Zustände, sondern deren Resultat. Sie spiegelt gesellschaftliche Bedürfnisse, Wertvorstellungen und Machtverhältnisse wider. Deshalb wird sich auch die Ökonomie erst verändern, wenn sich die Bedingungen gesellschaftlicher Teilhabe und Freiheit verändern.

In diesem Zusammenhang kommt der Politik eine Schlüsselrolle zu. Sie darf nicht nur regulieren und steuern, sie muss auch ermöglichen. Ihre Aufgabe besteht folglich nicht nur darin, Verhalten zu erzwingen, sondern Entwicklungsräume zu schaffen, durch gerechte Bildungschancen, durch infrastrukturelle Teilhabe, durch soziale Sicherung und rechtliche Orientierung. Eine nachhaltige Transformation braucht keine paternalistische Bevormundung, sondern befähigende Institutionen, die Veränderungen möglich machen. Politik darf nicht gängeln, sie muss Bedingungen schaffen, unter denen Menschen sich frei und informiert für eine nachhaltige Lebensweise entscheiden können. Nur so wird aus individueller Handlungsethik eine kollektive Transformationsdynamik.

Manche mögen einwenden, dass alle menschliche Verantwortung letztlich begrenzt sei. Doch diese kosmologische Relativierung verfehlt den Kern. Unsere Verantwortung bemisst sich nicht an der Ewigkeit, sondern an der Qualität unserer Beziehung zur Zukunft. Dass wir sterblich sind, hebt die Pflicht zur Gerechtigkeit nicht auf. Dass unser Planet endlich ist, entbindet uns nicht von der Aufgabe, ihn zu bewahren, für uns, für andere, für jene, die nach uns kommen.

Immanuel Kant[1] (1785) erinnert uns mit dem kategorischen Imperativ daran, dass Nachhaltigkeit nicht nur eine technische oder ökonomische Frage ist, sondern ein moralisches Gebot. Unser Umgang mit natürlichen Ressourcen sollte sich somit daran messen lassen, ob die dahinterstehenden Handlungsprinzipien verallgemeinert werden können, also ob wir als Gesellschaft es akzeptieren könnten, wenn alle so handeln würden wie wir. Werden Ressourcen übernutzt oder ökologische Schäden ignoriert, widerspricht dies einem solchen ethischen Maßstab. Nachhaltigkeit verlangt folglich nach Kant, Verantwortung nicht nur für das eigene Handeln, sondern auch für dessen langfristige Auswirkungen auf Mensch und Mitwelt zu übernehmen. Und sein Gedanke, dass der Mensch niemals bloß Mittel zum Zweck sein darf, lässt sich erweitern. Auch die natürlichen Lebensgrundlagen verdienen Achtung, nicht nur wegen ihres Nutzens für uns, sondern aufgrund ihres Eigenwerts.

Der notwendige Wandel ist somit kein radikaler Bruch, sondern eine bewusste Weiterentwicklung. Eine Transformation, die wirtschaftliche Leistungsfähigkeit mit planetarer Verantwortung verbindet. Die Konzepte und Impulse dafür liegen seit Langem bereit. Es braucht jetzt nur den Mut, Entschlossenheit, und institutionelle Intelligenz. Letztere zeigt sich nicht nur in komplexen Modellen oder technischer Innovation, sondern auch in der Fähigkeit von Institutionen, aus Fehlern und aus Krisen, sowie aus neuen Einsichten zu lernen. Nachhaltigkeit bedeutet nicht Perfektion, sondern ein lernendes System, eines, das Ungewissheiten anerkennt und dennoch handlungsfähig bleibt.

In diesem Prozess wird die Rolle der Zivilgesellschaft weiter an Bedeutung gewinnen. Denn tiefgreifende Transformationen beginnen selten in Ministerien oder Vorstandsetagen – sie werden angestoßen durch Bewegungen, durch wissenschaftliche Impulse, durch soziale Innovationen. Gerade dort, wo bestehende Strukturen verkrustet sind oder aufbruchsfähig scheinen, können zivilgesellschaftliche Akteure Experimentierräume schaffen und neue Praktiken vorleben, die zeigen, dass es auch anders geht.

Alexander von Humboldt (1845) formulierte einst:

„In allem lebt ein ewiges Wirken. Alles ist Wechselwirkung.“

Diese Worte sind mehr als ein naturwissenschaftlicher Befund, sie sind ein ethisches Versprechen. Sie fordern uns auf, das Netz des Lebens nicht zu zerreißen, sondern zu stärken, mit klarem Verstand, mit moralischem Ernst und mit dem Bewusstsein, dass wir auf eine Zukunft zurückblicken werden, die wir heute mitgestalten.

[1] Kants Ethik basiert auf dem Prinzip der Autonomie und Vernunft, dass moralische Rechte nur rationalen Subjekten zuerkannt werden, nicht der Natur.

Und dann, so hoffen wir, werden wir sagen können: Wir haben nicht alles richtig gemacht, aber wir haben alles getan, um Verantwortung zu übernehmen.

Literatur

Adams, C. A., & Larrinaga, C. (2019). Progress: Engaging with organizations in pursuit of improved sustainability accounting and performance. *Accounting, Auditing & Accountability Journal, 32*(8), 2367–2394. https://doi.org/10.1108/AAAJ-09-2018-3691 (Zugegriffen am 21. April 2025).

Arendt, H. (2018). *Die Freiheit, frei zu sein.* München: Piper.

Humboldt, A. v. (1845). *Kosmos – Entwurf einer physischen Weltbeschreibung.* Stuttgart: Cotta. (zitiert nach moderner Ausgabe)

Kant, I. (1785/2021). *Grundlegung zur Metaphysik der Sitten* (Hrsg. und komm. von M. Wenzel). Stuttgart: Reclam.

Suchanek, A. (2007). *Ökonomische Ethik.* UTB.

Glossar

Anthropozän: Die vorgeschlagene geologische Epoche, in der menschliche Aktivitäten das Erdsystem maßgeblich beeinflussen und verändern, besonders durch Industrialisierung, Bevölkerungswachstum und Ressourcenverbrauch seit dem 20. Jahrhundert.

Ästhetische Ökosystemdienstleistungen: Nicht-materielle Leistungen von Ökosystemen, wie kulturelle Inspiration, spirituelle Bereicherung und Erholung, die für Lebensqualität und kulturelle Identität bedeutsam sind.

Biodiversität: Die Vielfalt des Lebens, einschließlich genetischer Vielfalt, Artenvielfalt und Ökosystemvielfalt. Fundamentale Basis für ökologische Stabilität und Ressourcenerhalt.

Biodiversity Credits: Marktbasierte Instrumente zur Förderung des Naturschutzes, bei denen der Schutz oder die Wiederherstellung von Biodiversität in handelbare Einheiten überführt wird. Ziel ist es, durch Investitionen von Unternehmen oder Staaten ökologische Aufwertungen zu finanzieren und regulatorische Ausgleichspflichten zu erfüllen.

Bruttoinlandsprodukt (BIP): Volkswirtschaftlicher Indikator, der die wirtschaftliche Leistung eines Landes misst. Kritikpunkt ist die Ignoranz ökologischer Schäden, sozialer Ungleichheit und langfristiger Nachhaltigkeit.

Carbon Credits/CO_2 Zertifikate: Einheiten, die eine vermiedene oder kompensierte Tonne CO_2-Äquivalente repräsentieren. Sie werden sowohl auf verpflichtenden (z. B. EU ETS) als auch auf freiwilligen Märkten gehandelt und dienen der Internalisierung klimaschädlicher Emissionen.

Club of Rome: Eine internationale Non-Profit-Organisation, die sich für eine lebenswerte und nachhaltige Zukunft der Menschheit einsetzt und einen ganzheitlichen und langfristigen Ansatz verfolgt. Auf den Bericht „Die Grenzen des Wachstums“ (1972) folgten Earth for All-Publikationen, die ebenso auf systemdynamischen Modellen beruhen.

M. H. Müller und A. K. Meyer, *Natur als Kapital: Evolution oder Revolution?*, Ökonomien und Gesellschaften im Wandel, https://doi.org/10.1007/978-3-658-49415-5

Commons: Gemeinschaftlich genutzte Ressourcen wie Wälder, Gewässer oder Atmosphäre, bei denen Übernutzung droht, wenn keine ausreichenden Regeln zur nachhaltigen Bewirtschaftung existieren. Wichtiges Konzept zur Erklärung von Umweltproblemen.

Corporate Social Responsibility (CSR): Unternehmerische Praxis, die soziale und ökologische Belange freiwillig in die Geschäftstätigkeit und Beziehungen mit Stakeholdern integriert.

Degrowth: Ein wirtschaftspolitisches Konzept, das auf eine geplante und kontrollierte Reduktion von Produktion und Konsum setzt, um ökologische Grenzen einzuhalten und soziale Gerechtigkeit zu fördern.

Environmental Profit & Loss (EP&L): Ein bilanzielles Verfahren, das ökologische Auswirkungen eines Unternehmens monetär bewertet und diese als Gewinn- oder Verlustposition integriert.

ESG-Kriterien (Environment, Social, Governance): Kriterien zur Bewertung nachhaltiger und verantwortungsbewusster Investitionen. ESG-Faktoren werden von Unternehmen genutzt, um langfristige Risiken zu managen und Wert zu schaffen.

Existenzwert (Intrinsic Value): Philosophischer Begriff, der besagt, dass die Natur unabhängig vom Nutzen für Menschen einen inhärenten, eigenständigen Wert besitzt.

Externalitäten (externe Effekte): Wirtschaftliche Auswirkungen einer Aktivität, die nicht direkt im Preis enthalten sind und auf Dritte oder die Allgemeinheit verlagert werden, beispielsweise Luftverschmutzung oder Wasserverschmutzung.

Gemeinwohlökonomie: Ökonomisches Modell, das Erfolg nicht an Profit, sondern am Beitrag zum allgemeinen Wohlstand und zur sozialen sowie ökologischen Nachhaltigkeit misst.

Great Acceleration (Große Beschleunigung): Die seit etwa 1950 dramatisch beschleunigte Zunahme menschlicher Aktivitäten (Wirtschaft, Bevölkerung, Ressourcenverbrauch), die zu tiefgreifenden Veränderungen der Erde führt.

Human Development Index (HDI): Ein umfassenderes Maß für gesellschaftlichen Wohlstand, das neben wirtschaftlichen Faktoren auch Bildung, Gesundheit und Lebenserwartung berücksichtigt.

Integrierte Nachhaltigkeitsbilanzierung (Integrated Sustainability Accounting, ISA): Verfahren zur gleichrangigen Bewertung ökonomischer, sozialer und ökologischer Aspekte in der Unternehmensführung und Berichterstattung.

Kreislaufwirtschaft (Circular Economy): Nachhaltige Wirtschaftsweise, die Ressourcen möglichst lange im Kreislauf hält, Abfälle minimiert und die Umweltbelastung reduziert.

License to Operate: Gesellschaftliche Akzeptanz und Legitimation von Unternehmen, die auf Einhaltung sozialer und ökologischer Normen basiert.

Marktversagen: Ökonomisches Konzept, das beschreibt, wie Märkte ineffizient Ressourcen verteilen, etwa durch Externalitäten, asymmetrische Informationen oder unzureichende Berücksichtigung langfristiger Effekte.

Naturbasierte Lösungen (Nature-based Solutions, NbS): Strategien, die natürliche Prozesse zur Lösung gesellschaftlicher Herausforderungen wie Klimawandel oder Wasserknappheit nutzen, z. B. durch Wiederaufforstung, Renaturierung oder nachhaltige Landnutzung. Sie verbinden ökologische Resilienz mit sozialem Nutzen.

Naturkapital: Die Summe natürlicher Ressourcen und Ökosysteme, die als lebensnotwendige Grundlage für Wirtschaft und Gesellschaft dienen und deren Wert für nachhaltige Entwicklung zunehmend anerkannt wird.

Naturmärkte: Ökonomische Arrangements, die ökologische Leistungen (wie CO_2-Bindung oder Biodiversitätsschutz) handelbar machen, um ökologische Knappheiten marktwirtschaftlich zu adressieren. Sie operieren im Spannungsfeld zwischen Effizienz, Regulierung und ethischen Grenzen.

Planetare Gerechtigkeit: Konzept, das Umweltgerechtigkeit global denkt – im Sinne fairer Lastenverteilung zwischen Weltregionen, Generationen und sozialen Gruppen angesichts globaler Umweltkrisen. Eng verbunden mit Fragen der Verursachung, Betroffenheit und Handlungsmacht.

Planetare Grenzen (Planetary Boundaries): Von Wissenschaftlern definierte ökologische Grenzwerte, deren Überschreitung die Stabilität globaler Ökosysteme bedroht. Beispiele sind Klimawandel, Verlust der Biodiversität und Süßwasserverbrauch.

Precautionary Principle (Vorsorgeprinzip): Grundsatz, wonach bei unsicheren, aber möglicherweise schwerwiegenden ökologischen Schäden vorbeugend gehandelt werden sollte, um irreversible Folgen zu vermeiden.

Ressourcenfluch (Resource Curse): Ein Phänomen, bei dem ressourcenreiche Länder aufgrund schlechter Governance, Korruption oder einseitiger Wirtschaftspolitik hinter ihren ökonomischen Möglichkeiten zurückbleiben.

Science-Based Targets (SBT): Klimaziele von Unternehmen, die sich an wissenschaftlich ermittelten Emissionspfaden orientieren, um das 1,5°C-Ziel des Pariser Abkommens einzuhalten. Sie werden von unabhängigen Institutionen überprüft und bilden eine Brücke zwischen Klimapolitik und Unternehmenspraxis.

Shareholder-Value-Prinzip: Management-Ansatz, der allein auf Gewinnmaximierung für Aktionäre fokussiert, zunehmend kritisiert für seine Ignoranz gegenüber sozialen und ökologischen Kosten.

Stakeholder-Theorie: Unternehmensführung, die neben Anteilseignern (Shareholdern) auch Kunden, Mitarbeiter, Zulieferer, Gesellschaft und Umwelt als wichtige Anspruchsgruppen berücksichtigt.

Sustainable Development Goals (SDGs): Die 17 Ziele der Vereinten Nationen zur nachhaltigen Entwicklung, die soziale, ökonomische und ökologische Herausforderungen bis 2030 adressieren sollen.

Tiefenökologie (Deep Ecology): Philosophische Bewegung, die eine grundlegende Neuausrichtung im Verhältnis des Menschen zur Natur fordert, hin zu einer Gleichstellung aller Lebensformen und einem Bewusstsein globaler Verbundenheit.

Triple Bottom Line: Unternehmerischer Ansatz, der wirtschaftliche (Profit), ökologische (Planet) und soziale (People) Dimensionen gleichermaßen berücksichtigt und ausbalanciert.

True Cost Accounting (TCA): Buchhaltungsverfahren, das Umwelt- und soziale Kosten monetär bewertet und in die Preisgestaltung integriert, um realistischere Marktpreise zu erreichen.

Umweltrecht: Juristische Instrumente und Prinzipien, die ökologische Interessen schützen und Umweltschäden durch Rechtsvorschriften vermeiden oder reduzieren sollen.

Verursacherprinzip (Polluter Pays Principle): Ökonomisches und rechtliches Prinzip, wonach Verursacher von Umweltschäden für deren Beseitigung und Prävention aufkommen müssen.

Wirtschaftsethik: Disziplin, die moralische Prinzipien und Werte in wirtschaftliches Handeln integriert und gesellschaftliche Verantwortung von Unternehmen betont.

Zivilgesellschaft: Gesellschaftlicher Bereich zwischen Staat, Markt und Familie, der gemeinwohlorientiertes Engagement fördert und durch Initiativen und Bewegungen zur Nachhaltigkeit beiträgt.

Kolibri 360 GmbH
Ferdinand-Jühlke-Straße 7
99095 Erfurt, Deutschland
produktsicherheit@kolibri360.de